中華大藏經

續編 14

漢傳注疏部（一） 第八册

中華書局

第一四册目録

〇二七四

金剛般若波羅蜜經註講（一）

清行敏述

金剛般若波羅蜜經註講卷上

金剛是金中之精堅者，剛生金中，百鍊不銷，質極堅利，不爲物破，而無物不破，譬如般若能照破衆生貪嗔癡愛一切顛倒之見也。般若者，梵語，華言智慧，性體虛融，照用自在，故云般若。梵語波羅蜜，華言到彼岸，欲到彼岸，須憑般若。此岸者，衆生作孽受苦、墮落沉淪之地。彼岸者，謂諸佛究竟，到人欲盡淨、光明正大之地。經者，徑也，猶云路徑，謂欲到彼岸必由此路徑也。波羅蜜有六種：一、布施，度慳貪；二、持戒，度淫邪；三、忍辱，度嗔怒；四、精進，度懈退；五、禪定，度散亂；六、智慧，度愚癡。各占六度之一，惟一般若能生八萬四千智慧，則六度兼該，萬行俱備。佛言梵語，中國莫識其義。宏始三年，姚秦迎鳩摩羅什至長安，待以國師之禮，請什用中國語翻譯此經，指示後學。盖人之真性，本是虛靈不昧，歷劫常存，惜爲萬欲昏蔽，所以沉淪苦海，受報無窮，我佛慈悲，特説此經，猶乘筏度津，以至彼岸也。所謂金剛者，盖萬物不能逃乎五行，而五行之中，惟金最堅利長久，木有時而朽，水有時而涸，火有時而熄，土有時而崩，以金試之於木則能成器用，沉之於水則光湛常新，投之於火則百鍊愈精，埋之於土則永劫不壞。其位在西北，能摧折萬物，人能用之於身，可以斬一己之邪魔，除萬里之妖孽。儒有龍泉寶劍，安邦定國；道有青蛇寶劍，斬絶情欲；佛有金剛寶杵，降伏魔王。大易以乾爲首，元門以金丹爲首，此經以金剛爲首。得此般若者，證西方無量壽果。西方，金方也。金之爲義，大矣哉，故以金剛爲喻。般若者，智慧也。人生日用間，圖名貪利，奸僞百出，至死時，心尚不足，自以爲乖巧伶俐，不知溺於罪孽苦海，真癡愚也。必以智慧打破癡愚，獨秉乾剛，勇猛精進，明了自性，豈不到彼道岸，與諸佛同清淨身如哉。總之，金剛，喻也；般若，法也；波羅蜜，證果也。此講章乃石公天基所註，於金剛般若波之義所解甚明，故存原講。

姚秦三藏法師鳩摩羅什奉詔譯

姚秦，譯經時也。後秦姚氏，建都長安，爲别秦符氏，故稱姚秦。鳩摩羅什，譯經者之名也。什父名鳩摩羅炎，母名耆婆，祖居印土，家世相國。其父以聰明見稱，避位出家，遊學龜茲。龜茲王聞，以女迫而妻之，乃生什。什處胎日，母增慧辯，如舍利弗處胎相似。什生，母即學佛修行，得證初果。自年七歲，亦俱習佛乘，從師受經，日誦千偈。九歲，隨母到罽賓，依名德法師槃頭達多習小乘經論。十二歲，其母携還，至月氏北山，有羅漢見而異之，謂其母曰：此子當善守之，如過三十五歲不毁戒，度人不减毱多，若破戒者，止可才明儁藝法師而已。又到沙勒國，見佛鉢，隨頂戴之，俄念鉢重，即不能勝，失聲下之。母問其故，即以唯心之義答之。乃還龜茲，名蓋諸國。至於四明五圍諸論，陰陽星算等術，莫不窮微盡奧。後從卑摩羅義[三]學《十誦律》，又從須利耶蘇摩咨禀大乘，乃知從前學小乘之非，如是專習大乘，廣求要義。有頃，什母預知龜茲運衰，辭往天竺，進證三果，臨行謂什曰：方等深教，當闡秦都，但於自身乃有不利，奈何。什曰：菩薩之行，利物亡軀，果其大化得行，雖當爐鑊無恨。乃留住龜茲，止王新寺。後又到罽賓，爲其師槃頭達多具説大乘妙義。達多感悟，反禮什爲大乘師焉。自是道播西乾，聲流東震。當此土前秦符堅建元九年，異星現於西域分野，太史奏曰：當大德智人入輔中國。堅曰：臣[三]聞龜茲有羅什，襄陽有道安，得非此二人耶。於是先致道安，後遣驍騎將軍吕光，率兵七萬，伐龜茲，致什至西凉。光聞符堅爲姚萇所弑，乃自據凉土，即三河王位。什亦留止。萇即位，亦聞師名，屢請，光不允。萇卒，子興立，復請，不允。光卒，子隆立。姚興伐凉，請什至長安，待以國師之禮，當宏始三年時也。因見舊譯經論卒多不與梵本相應，乃集沙門八百餘人，所譯經論九十八部，凡三百九十餘卷。所譯此經名《金剛般若波羅蜜》。什臨滅，集衆謂曰：自以暗昧，謬充翻譯，若所傳無謬，當使焚身之後，舌根不壞。後果如之。是知師舌與如來廣長舌相，等無有異。所以此經六譯，而時所宗尚，皆宗秦本，今疏依之。

佛生於西土闍浮州，當東土周昭王二十四年甲寅歲四月初八日，從母摩耶氏右脇而入，即從右脇而出，涅槃於穆王五十二年壬申歲二月十五日。越一千一十七年，至後漢永平十年戊辰歲，其教始行於中夏。梵音佛，華言覺也，謂於一切有情中能覺悟也，内覺無諸妄念，外覺不染六塵。又云教主也。非相而相，應身佛也。相而非相，報身佛也。非相非非相，法身佛也。釋迦文佛談般若二十二年，計六百餘卷。《金剛般若》乃第五百七十七卷，名曰《斷疑品》，大部《般若》之總要，故獨流通，能令持誦者得堅固、生智慧。惟貴恒誦無間，自然感應，利益無窮也。是經古今刻本最多，每有錯訛，雖經蓮池大師較正，而諸本仍有傳誤。兹刻考訂原文字字端的，更於句下圈點，分爲三類。佛所説者用此○圈，須菩提説者用此◎圈，阿難結者用此、點，俾讀者一目了然，經意不解自明矣。

嗣文佛七十一世孫法輪沙門行敏頂禮謹述。

余所著此經者，因見各家經解甚多，悉心細查，未有傍註，恐讀者不能悟，悟者不能誦，故詳明傍註，使讀者一目了然，可以隨時參悟，知其義理，修一切無相無爲之法，非教人徒然持誦，遂得福德之勝、内修之福田。外修人所共見共聞，謂之陽德。内修人所不覩不聞，謂之陰德。有相有爲自不及無相無爲之福，外修自不及内修之福，陽德自不及陰德之大。以見般若無相之法，六度萬行，皆當體此無相之法修。是以輾轉教人受持讀誦，爲人解説，使人知無相之法，精爲奥妙，可以自修自悟，明心見性耳。盖信受者，要知三藏之大略，先除六根六塵，後除五藴全空，方能入無我人等四相。無我人等四相，則自然民脆〔四〕，物與爲懷；六根六塵，污染不著；則不見有辱之人、受辱於我；自然精進一乘，永不退轉；則四大非有，五藴全空，心心相贖〔五〕，自然清淨；則自性常空，無有障礙，一真顯露，光無不遍，照無不週。佛説經成藏，無無非發明四句之義，佛法包括無餘。故無我人等四相之法，不但爲《金剛》一部之骨髓，寔爲三藏全經之骨髓。讀經者知此四句寔爲經之全體，可謂真能契《般若經》者也。奉佛者能遵此施行，何患彼岸之不到哉。是則余之願也，夫是爲序。

○法會因由分第一

如是我聞至敷座而坐，乃序説法之時、會衆之處，故稱法會因由分。

如是我聞：

如是者，此也。我者，即集經者自謂也。阿難尊者曰：如此之法，乃我親聞之于佛也。

一時，

一時者，謂説《般若》之時也。

佛

佛者，覺也，自覺覺他，覺行圓滿，故名曰佛，即釋迦牟尼佛也。

在

在者，所在之處。

舍衛國

舍衛國者，波斯匿王所居之國。

祇樹

祇樹者，匿王太子名祇陀。園中樹，乃祇陀所植，故名祇樹。

給孤獨園，

給孤獨園者，舍衛國有一長者，王之宰臣，本名須達拏，常好施給孤獨，因名之爲給孤獨長者。給孤獨長者在祇樹園建造精舍，請佛説法，故曰祇樹給孤獨。

與大比丘衆

梵語比丘，華言乞士，謂上乞法於佛，以明己之真性，下乞食於人，以爲世人種福。蓋佛將説真空無相妙理，必得道之深者，方能領悟，豈小比丘所能與哉。比丘者，菩薩、羅漢之類也。

千二百五十人俱。

千二百五十人俱，此諸弟子，凡佛説法之處，常隨侍而同處也。

爾時，

爾時者，彼時也。

世尊

佛爲三界之尊，故稱世尊。三界，欲界、色界、無色界也。

食時，

食時，當午前將欲食之時也。

著衣

著衣，著柔和忍辱之衣，即僧伽之衣。

持鉢，

持鉢，持四天王所獻之鉢。

入舍衛大城

入舍衛大城，園在舍衛國城外，故曰入。乞食。於其城中，

乞食於其城中。佛是金輪王太子，誰無供養，而自持鉢乞食，欲教化衆生之捨離憍慢，去此貪心，並欲使後世比丘之不積聚財寶，以煉種性。正君子謀道不謀食也。

次第乞已，

次第乞已，不越貧從富，不捨賤從貴，如來大悲平等，無有選擇，次第皆到而已。

還至本處，

還至本處，謂乞畢而歸還祇樹園之處。

飯食訖，

飯食訖，謂食飯已完。

收衣鉢，洗足已，

收衣鉢，洗足已，謂收起袈裟、鉢盂，洗足以淨身業。將入禪處，於是收拾其衣鉢，使心無係累也。洗其足，以潔其身也。

敷座而坐。

然後敷座而坐，敷乃排列也，謂排列序次之座而坐。此我佛之去來動靜，任運合道，歷歷我所親見而畢記者，法會之因由如是而起矣。

○善現起請分第二

善現出座問佛，故稱善現起請分。

時，

時者，謂佛自入城還園，敷座而坐時也。

長老

長老者，德長老之謂。衆弟子之中，惟德尊而言之。

須菩提

須菩提，梵語也，華言解空，一名善現，謂能解悟空理，善揚發現也。

在大衆中，

在大衆中者，在千二百五十人衆也。

即從座起，

善現即從自己座位起身，整頓威儀，出座起立也。

偏袒右肩，

偏袒其右肩者，以示不敢倍乎其師。東土以謝過請罪故肉袒，西土以興敬禮儀故偏袒。

右膝著地，

右膝著地者，以示不敢左乎其道。《般若經》云：右是正道，左是邪道。必以右膝著地，偏袒亦以右肩者，用正去邪之意也，以見身業虔誠。

合掌

合掌者，心合於道，道合於心，以示其歸依也。

恭敬

恭敬者，以示其嚴肅，心恭意敬，以見意業虔誠。

而白佛言：

內外虔誠，方啓白佛。白者，啓也。言者，發語讚歎也。

希有，世尊。

希有者，少也，猶言少有我世尊也。

如來

如來者，佛之總稱，如而不生，來而不滅，即或真性之體用。單修智慧曰菩，單修福業曰薩，雙修曰菩薩。諸菩薩，只會下學道之人。如者，以真性之光明，照無量世界而無所蔽，慧通無量劫事而無所礙，能變現一切衆生而無所不可，是誠能自如者也。其謂之來者，以真性能隨所如而來現，故謂如來。

善護念諸菩薩，

善現謂如來入城還園，去來如如不動，密示住心，標榜後進，正是護持注念在會諸菩薩，與以智慧力，上求佛果，使之信受也。

善付囑諸菩薩。

又以食訖晏坐，一念不生，密示降心，模範新意，正是付囑在會諸菩薩，與以教化力，下度衆生，使之奉行也。菩者，覺也，薩者，有情。一千二百五十人，皆善惡俱遣之大比邱，於一切有情中皆能覺悟也。但恐未來衆生不得親覩我佛儀容，無有標榜。

世尊，

故啓咨世尊而問曰：

善男子、善女人

謂世間或有善淑男子並女人，學道之初，

發阿耨多羅三藐三菩提心，

先發此無上菩提之佛心。阿，無。耨多羅，上也。三，正也。藐，等也。三，正也。菩提，覺也。梵語阿耨多羅三藐三菩提，華言無上正等正覺也。以真性湛如，無有更上之者，故云無上。然上自諸佛，下至蠢動，此性正相平等，故云正等。其圓明普照，無偏無虧，故云正覺。得住此性者，智無不遍，用無不周，不言自治，無爲自化。善現良以善男女初發是心，輕若鴻毛，不能同佛隨緣安住。

云何應住。

當如何常住而使之不退轉。

云何降伏其心。

當如何降伏而使之不惑亂我真心也。應者，當也。云何者，如何也。住者，止也。降伏者，制禦之謂也。

佛言：善哉，善哉，

佛因聞善現之所問甚善，寔足以繼往聖之心傳，開後學之□法，故重言善哉以讚美之。

須菩提，

佛呼須菩提曰：

如汝所説，如來善護念諸菩薩，善付囑諸菩薩。

如汝所説如來善護念、付囑二句，原是善發我未發之言。

汝今諦聽，

佛深契善現所問，善發我未發之言。如此，我若不說，則爲失人，故云：汝當詳審諦聽。當爲汝說。

當爲汝說此住心、降心之道。

善男子、善女人

善男下，謂人之一心，朋從往來，攻取日衆，最難發此菩提覺心。

發阿耨多羅三藐三菩提心，

若善男子並女人，既發此無上菩提之真心，則滿腔中純是天理真如，本性自然，顯露自然，常住不滅。

應如是住，如是降伏其心。

應當如是常住不滅，則五蘊自然皆空，如是一切妄心不待驅除而自降伏矣。所謂道心爲主，人心退聽也，譬如日光一照，黑暗盡明。

唯然

善現聞佛所說，篤信於心，隨應之以唯，旋思而復應之以然者，惟恐初發心之善男女，乃[六]現在未來衆生，不能了達一貫之理，必得我如來條分縷晰以開道。

世尊，

是以啓咨世尊而曰：

願樂欲聞。

我等弟子願樂欲聞我佛之分別解說，得以垂經顯法，使現在未來衆生遵循於不朽耳。

〇大乘正宗分第三

是經爲大乘者說，非教小乘者。住大乘，惟降伏其心。不能降伏者，以有我人等四相也。四相既離，妄心自伏，真如自住，非正宗而何，是以謂大乘正宗分。

佛告須菩提：

佛告須菩提，

諸菩薩摩訶薩

佛告須菩提：諸菩薩摩訶薩皆大悟菩薩

也。我謂善男子並女人，發阿耨多羅三藐三菩提心，

應如是降伏其心，

應如是住，如是降伏其心。若果能應如是所發之心常存不昧，則一真顯露，無妄可降，如是降伏其心矣。其所以不能常住此所發之菩提本心者，因妄心迷蔽真心。至是，必須先降伏妄心，使人欲淨盡而天理流行也。汝皆欲上求證佛，下度衆生者也。自度度生，應如是降伏其心矣。

所有一切衆生之類，

所有一切衆生，雖無數無窮，總不外乎四生八變之十二類，故種種一切衆生妄心極難降伏。何以見之。

若卵生，

卵爲想生，或有心易輕舉，飛揚遠適，謂之卵生。

若胎生，

胎因情有，心常流轉，習氣深重，謂之胎生。

若濕生，

濕以合感，心隨邪見，沉淪不省，謂之濕生。

若化生，

化以離應，此四生也，心見景趣，遷變起幻，謂之化生。

若有色，

執相修因，頓起邪思，名爲有色。

若無色，

內守頑空，不修福慧，名爲無色。情想合離，更相變易，有色，情而合，無色，情而離，依胎而變。

若有想，

滯諸聞見，係念染著，名爲有想。

若無想，

靜沉死水，猶如木石，名爲無想。有想，

想而合，無想，想而離，依卵而變。

若非有想

起生滅見，落兩頭機，名非有想

非無想，

非無想。然此九種衆生心皆非菩提真心，一或有之，死即隨類受生，墮於胎卵濕化之物、虛空等神、天魔等鬼，所以輪迴六道，難入涅槃者也。非有色，情離而合，非無色，情合而離，依濕而變。非有想，想離而合，非無想，想合而離，依化而變。故有十二類衆生。

我皆令入無餘涅槃

我者，佛自謂也。皆者，盡也。令者，使也。入者，行至於内也。無餘者，無有餘剩也。梵語涅槃，此云謂無餘涅，大涅槃也。滅，消滅也。度，化度也。佛之意，盖説如前所謂一切衆生妄心，皆不是我菩提覺心，我皆令此受學諸菩薩將此妄心入於清淨無爲之鄉，消融其渣穢，度脱其染者，如紅爐點雪，必使人欲清淨，纖毫不留，造於元默之境。所謂心外無餘道，道外無餘樂也。人有虛靈之性，包括天地，謂之真空，又名法身，亘古亘今所不能滅。即大禹見黃龍負舟，自言：生，寄也；死，歸也。四大色身原是假合，空無毀壞之理。愚人不能明心見性，所以死歸陰趣，隨業受生，遷轉不已。聖人明覺了然，如虛空杲日，當天普照。或出應時，則爲報身、化身隨緣。或不住世，則棄四大如棄敝屣，永證清淨法身，寂然常樂。是其來也從體起用，無所從來，其去也攝用歸體，亦無所去，豈非涅槃常住不滅哉。世人不知，誤以爲死，非也。《楞伽經》云：涅槃乃清淨不死不生之地，一切修行者之所依歸。

而滅度之。

而滅度之滅者，化也，度者，度生也。滅化以度其生，使各遂其生也。

如是滅度

佛說如是以前所言滅度之道，使般若智慧打破種種邪見煩惱。

無量、無數、

故此無限量、無計數，如是滅度天上地下人間、四生七趣十二類之無量無數。

無邊衆生，

無邊際一切衆生之心行，無爲自然之化。

實無衆生

寔無有滅度衆生之相。

得滅度者。

以衆生爲我得而滅度者，今已滅度無餘者，豈我真能使之令入涅槃而滅度之哉。蓋以凡夫原有此無上菩提之心，只爲迷而不悟，今心地一旦豁然開朗，頓見本性空寂，是乃自性自度。本來無此衆生妄心，曷得而滅度之。

何以故。

夫無有衆生得滅度者，何以故也。佛自徵何以故，謂寔無衆生得滅度者，蓋真性即是道，真性虛靈，至公無我，本無我、人、衆生、壽者四相，方是無上正覺之道心。若有我、人等、衆生、壽者，即是衆生，無此四相，即是菩薩。

須菩提，

佛呼須菩提曰：

若菩薩

若諸菩薩摩訶薩皆修無上菩提之因，已證菩薩之果。或若有此四相，則前一切衆生妄心，安能滅度以至涅槃哉。決非菩薩地位中人矣。

有我相、

若計我爲能度，則有我相也。

人相、

若計他爲我度，則有人相也。

衆生相、

若計滅度無量、無數、無邊衆生，則有衆生相。

壽者相，

若更計滅度衆生，經萬劫而不息，歷亘古以如兹，則有壽者相。有此四相，則自心不能降伏，與衆生無異。

即非菩薩。

且我、人、衆生、壽者四相，即是貪、嗔、癡、愛四惡業。貪則惟思我富我貴，逞己之長，炫己之能，爭名奪利，只爲我身之計，是我相也。嗔則嫉人之有，妬人之能，攻人之短，吝人之來，訐人之私，皆人相也。痴則五蕴計其和合六塵，汩没靈源，是衆生相也。愛則執法修因，希冀飛昇，或燒丹煉藥，期求增算，或舍義而貪生，或臨難而苟免，是壽者相也。有此四相，則貪、嗔、癡、愛之心纏綿固結，五蕴六塵之勞擾粘染，如此妄心之執迷則與道相違，而沉淪無窮盡也。若離此四相，則一念不生，全體發現，妄心自伏，真如自住，天地合德，日月合明，四時□序，而生生不息之機與道合真也。況佛説大乘無上菩提之法總不外乎六度波羅蜜。一布施，二持戒，三忍辱，四精進，五禪定，六智慧。若無此四相，則六度兼該。無我人等四相，則自然民胞物與爲懷，即是布施波羅蜜。無我人四相，則六根自無，而六塵污染不著，即是持戒波羅蜜。無我人四相，則不見有辱我之人、受辱於我，即是忍辱波羅蜜。無我人四相，自能精進一乘，永不退轉，即是精進波羅蜜。無我人四相，則四大非有，五蕴全空，心心相續，湛然清淨，即是禪定波羅蜜。無我人四相，則自性常空，無有障礙，一真顯露，光無不遍，照無不週，即是智慧波羅蜜。佛説經成藏，無非發明此四句之義，佛説也[七]括無餘。故無我人等四相之法，不但爲《金剛》一部之骨髓，讀經者此四句爲《金剛》之全體，可謂真能契《般若經》者也，學佛者能遵此四句十一字而修行之，則無上菩提之真心，何患彼岸之不到哉。

○妙行無住分第四

菩薩妙行，法應無住，故謂妙行無住分。

復次，須菩提，

復次者，連前起後之詞也。佛呼須菩提曰：我誚應如是降伏其心之法，滅度無量、無數、無邊衆生，寔無衆生得滅度者，以住我、人、衆生、壽者四相。我故說若菩薩有我人等四相，即非菩薩。

菩薩於法

盖菩薩於六度萬行之法，以布施爲先。

應無所住，

應當無所住，

行於布施。

行於布施也。若四相既無所住，則六根自無所住也。六根既無，彼六塵者又安住何所。所謂不住色布施，

所謂不住於眼，即不住色布施矣。

不住聲、香、味、觸、法布施。

不住於耳、鼻、舌、身、意，即不住聲、香、味、觸、法布施矣。

須菩提，

佛是以呼須菩提曰：

菩薩應如是布施，

汝等菩薩，應如是布施，不住於相也。我謂菩薩應如是布施，於自心衆生捨其所貪，歸於空寂，不於六根六塵上有所係累拘執，但自性虗空，妙圓明淨，隨感而應。

不住於相。

不住於相，何也。

何以故。

佛自徵何以故。

若菩薩不住相布施，

則六根清淨，五藴全空，以湛然明寂之心，行普度衆生之法，圓滿無上菩提之道，則盡

皆善福。

其福德不可思量。

其福德量等虚空，豈人之心思可得而測度忖量哉。非享福報之謂也。

須菩提，

復又呼須菩提曰：我謂不住相布施之福德不可思量。

於意云何，

於汝之意云何。

東方虚空可思量不。

譬如東方虚空，可思量否。

不也，

須菩提答云：以大莫大於虚空，非人之所能測度。故以弗也

世尊。

啓咨世尊而答。佛思不住相布施之福德，猶不止一方虚空之可較量。

須菩提，

佛又呼須菩提曰。

南西北方、四維、上下虚空可思量不。不也，

須菩提意以一方之虚空尚不可思量，而十方之虚空更不可測度而思量矣，故亦以弗也

世尊。

啓咨世尊而答。

須菩提，

佛聞須菩提兩次弗也答之，知須菩提已深悟十方虚空之不可思量，是以呼須菩提而告曰：

菩薩無住相布施，福德亦復如是不可思量。

四方四維上下虚空之不可思量也。

須菩提，

佛呼須菩提：汝要知無住相布施之福德，等於十方虚空之大，不可思量。汝等菩薩之學道者，不必他有所求，

菩薩但應如所教住。

但應如我所教不住相之法，以無住而住之理，便就此上應用之間，湛若十方，空無所住而住，可也。

○如理實見分第五

破執相虚妄習情，始悟真如之理，寔見真性如來，故謂如理寔見分。

須菩提，

佛呼須菩提曰：我謂菩薩應不住相布施，應如我所教，無住相而住。

於意云何，

於汝之意云何，

可以身相見如來不。

可以色身之相好見即是如來之法身否。

不也，

須菩提了達此理，即以弗也世尊。

啓咨世尊而答。

不可以身相得見如來。何以故。

須菩提又自解曰：何故不可以身相見之。

如來所説身相，

盖如來所説身相，不過形體之末，非真空無相之道，豈可指而謂之真如來哉。

即非身相。

即非身相也。

佛告須菩提：

佛聞須菩提所答，已悟身相之不可住故。又呼須菩提，進一層以告曰：汝既知現具身相乃屬形體之化質，

凡所有相，

世間凡有形相可見、可聞、可嗅、可食、可觸、可法，乃天地、人物、山川、草木、昆虫一切有形有色諸相，

皆是虚妄。

皆有生有滅，乃是虚妄，而非真寔堅牢之本體。

若見諸相非相，

若見一切諸相，能體全空之非相，必無執相迷真之失，自能迴光返照，

即見如來。

即見自性中有平等法身之如來，隨處顯現，不致住相布施，得無住之法矣。《刊定記》云：執相迷真，對面千里。虛心體物，天地一家。

○正信希有分第六

正信謂一念不偏，希有謂實爲難得分。

須菩提

須菩提得聞佛説無住布施、無相見佛之法，

白佛言：世尊，

乃白佛言，啓咨世尊曰：我佛説無住布施、若見諸相非相即見如來之義，我已得生寔信矣。但此理奥妙深微，後之學佛者恐不能悟此精藴，以致難生寔信。且衆生布施，大半爲求福之因，希得富貴利達之果，不思成佛。聞無住之因、見佛之果，不獨以爲渺茫難及，抑且所樂不從，以致不生寔信。

頗有衆生

不知頗有衆生，

得聞如是言説章句，

得聞如是無住無相之言説章句，

生實信不。

果能生寔信否。

佛告須菩提，莫作是説。

佛告須菩提曰：汝莫作生寔信否之説。然此無相真空妙理，必有大根基之善人方能任其道。

如來滅後，

設或佛滅後，

後五百歲，

到五百歲之時，乃濁劫惡世之中，不信

佛法之時，

有持戒修福者

　有持戒而諸惡莫作，修福而衆善奉行，因持戒修福之力，悟無住無相之理，

於此章句能生信心，

　又能於經中之一章一句，

以此爲實，

　然生信固以持戒修福助成，而能持戒修福又因宿善所發，

當知是人不於一佛二佛三四五佛而種善根，

　豈於一佛二佛三四五佛種此善根哉。

已於無量千萬佛所種諸善根。

　歷佛既多，則聞法已多，修行亦久，自能了悟無住[八]無相之理，寔修而寔證。汝何可以學佛者不能悟此精蘊而有難生寔信之疑乎。且無住無相之法，我不徒爲善根深者而説，使之寔修而寔證也。善根淺者，自必經年受持、累月讀誦，修菩提之因，證菩提之果，不待言矣。即有善根之淺者，惟知希福。但六祖曰：信般若波羅蜜，能除一切煩惱。信般若波羅蜜，能成就一切出世功德。信般若波羅蜜，能出生一切諸佛。

聞是章句，乃至一念生淨信者。

　佛又告須菩提：若有此善根之人聞得此經之章句，乃至頃刻頓空四相，淨焉而心不亂，信焉而心不疑，布施而三輪體空，利濟而無分人我，一念之中能生淨信。

須菩提，

　佛呼須菩提曰：

如來悉知悉見，

　如來色相雖滅，法性常存，週遍虚空，無微不照。如來悉知悉見，不肯沮其一念淨信之心，必使遂其所求之願。

是諸衆生得如是無量福德。

　我能盡知盡見，此人雖名衆生，而持戒修福之德，善根受用不盡，其福德豈有限量哉。

世間所享者，名福報。信此經者，名福德。

何以故。

佛言：是諸衆生何故得如此之福德。

是諸衆生

盖一念之能生淨信，是諸衆生已深契無住無相之理，頓悟大道至公無我之心。

無復我相、人相、衆生相、壽者相，無法相，

四相既無，諸相自然不有，不執著於心外之法而生妄見，無法相矣。

亦無非法相。

所行布施、方便、持戒、忍辱，亦無非行善去惡之法相矣。

何以故。

佛又轉徵：無我人等相，無法相，無非法相者，何以故耶。

是諸衆生

盖是諸衆生，

若心取相，

若心取相，則有我之見，必私己利己而無濟人利物之心。

即爲著我、人、衆生、壽者。若取法相，

汝若取法相，則必心外求法而不悟本心。

即著我、人、衆生、壽者。何以故。

佛轉徵：何以故。

若取非法相，

若取非法相，則必毁佛謗法而不修明心見性之善因。

即著我、人、衆生、壽者。是故，不應取法，

是故不應取法而生執，

不應取非法。

不應取非法而生疑。

以是義故，

以是無住無相之法，修佛者得大乘智慧，希福者得無量福德之義故。

如來常説，

如來常説，各經中言之詳矣。

汝等比邱知我説法

當知我與汝等説此法者，因汝諸人有此四相，不能了悟真空起於彼岸，我不過假此法門，度脱生死苦海。既見自性證涅槃樂，則我之當棄之，無所用矣。

如筏喻者，

如渡河之筏喻者，渡衆生一切灾厄流離之患難，普濟以慈航，豈以一味教人證佛之法哉。善根深者，寔信寔修，

法尚應捨，何况非法。

功圓果滿，自登覺岸，而證菩提。即善根淺者，能一念淨信，即一念善緣，自獲福報。且無住無相之法原教人明心見性，遷善改過，甯捨法而悟性，不可執法以迷心。如來教人修真悟性之法，尚不可執著而甯捨，何况執我之法爲精微奥妙，學佛者之難生寔信，是取法也，疑佛法不能希求世福，而求福者之不生寔信，是又取非法也。取法取非法，皆非我之法也。汝安得以無人寔信而生頗有之疑乎。傅大士曰：譬如過河須用筏，到岸不須船。

○無得無説分第七

體空無得，言寂無説，是以謂無得無説分。

須菩提，

佛恐須菩提尚未透徹，故云[九]設此問，呼須菩提曰：我謂不應取法，似無法可得、無法可説。又謂不應取非法，又覺似有法可得、有法可説也。盖我之所説者，真空不空之法耳。

於意云何，

於汝之意云何，

如來得阿耨多羅三藐三菩提耶，

以我如來無上菩提之法，果有所求而得之於己耶。

如來有所説法耶。

抑以此法諄諄然有所説而教於人耶。

須菩提言：

須菩提了悟佛意，乘機而答曰。

如我解佛所説義，

解者，曉也。定者，泥於一處而不通也。如我心中解悟佛所説之義理，不應取法，不應取非法之義。無上菩提之寔性，人人具足，或由布施、持戒而成，或因忍辱、精進而證，或修禪定、智慧而悟，六度萬行，皆可默契。

無有定法

則知無上正等正覺[一〇]之法，此吾本來真空，人人所具足者也。

名阿耨多羅三藐三菩提，

如來説法，原爲開衆生之迷悟，但衆生之根器有利鈍，學性有淺深，隨機設教，對病用藥。

亦無有定法如來可説。

如來不盡之法，只無定[一一]法可名，如來不盡法言，只無定法可説。永曰：佛説一切法，爲除一切心。我無一切心，何用一切法。

何以故。

須菩提自徵釋：何以故，無有定法可得，無有定法可説。

如來所説法，

盖如來所説者，無上菩提之法。

皆不可取，不可説，非法，非非法。所以者何。

可以性修而不可以色相取，徒取則何以深造於性理之妙，故云不可取也。可以心傳，而不可以口舌説，徒説則何以超出於意言之表，故云不可説。須菩提所以辨論兩者皆不可也。但可取可説固不可，不可[一二]取不可説亦不可。若執著可取可説，是必住於取住於説，反成邪見。且是法爲開悟衆生而設，非有真寔之法，故云非法。若謂不可取不可説，是住於無可取無可説，即成斷滅。然又須假此以開悟衆生，如離筏渡河，則有沉溺之害，又不可全謂之非法，故云非是非法也。非法非非法，即是如來所説不應取法不應取非法也。所以者何，是須菩提釋非法、釋非非法之義。

一切賢聖皆以無爲法而有差音雌別。

蓋謂法本不無，莫作有見，法本不有，莫作無見。作有則執法，作無則執空，不執法執空則了悟我法雙空，即曰無爲。無爲者，自然覺性，無假人爲。以者，用也。一切賢聖皆用此無爲之法，然法本無爲，悟有淺深，悟得淺者則爲賢人，悟得深者則爲聖人，是無爲之法則一，因有淺深，爲賢爲聖而差別之不一也。佛説不應取法、不應取非法，須菩提總結出一無爲之法，真了悟透徹佛所説之義也。此無爲者，即是無上菩提，即是涅槃，即是如來，即是無相，即是無住，即是這金剛般若波羅蜜也。有爲法，世間法也。無爲法，出世間法也。後學者要知，無爲寔無不爲，可以超三界證菩提，可以得無量無邊福德，其功之大效捷誠莫可思量也。若執著無爲，拘泥空寂，勉強造作，則無爲而寔有爲，反成槁木死灰而無用矣。惟順我至中至正之真性，於日用倫常之間率性而行，各盡其道，不偏不倚，不即不離，得自然而然之妙道，斯爲深悟無爲之旨，深契金剛般若之法。

○依法出生分第八

三世諸佛皆依此法出生功德，是以謂依法出生分。

須菩提，

佛呼須菩提曰：我説離相降心，離相布施，離相即見如來，離相之一念淨信，即得無量福德，汝總結一無爲之法，誠能了達無相之旨，發明我未發之言也。我試以有爲之法而較無爲之法。

於意云何，

於汝之意云何。

若人滿三千大千世界七寶

三千大千世界者，言形容其多也，世間之方位界限也。三千大千，統言一大世界也。此日月所照，爲小世界。其中有須彌山，日月遶山運行，故南爲閻浮提，東爲弗婆提，西爲瞿耶尼，北爲鬱單越，是名四天下。日月運行，乃在須彌山之腰，故此山之高，半出日月之上。山上分四所，每方分八所，中間有一所，三十三所，謂之三十三天。梵語謂之忉利天，是其中間有一所也。日月運行，如此四天下，謂之小世界。如此一千小世界，謂之小千。如此一千小千世界，謂之中千。如此一千中千世界，謂之大千。以三次言千字，故云三千，其寔則一大千耳，如此謂之一大世界。七寶者，金、銀、琉璃、珊瑚、瑪瑙、赤珍珠、玻璃七須〔一三〕也。三千大千世界七寶，極言七寶無數之多也。

以用布施，

以用布施，以此無數之七寶布施於人。布施定有福德，況以七寶滿大千世界之多。這個布施作捨施看，與前篇無相布施不同。

是人所得福德寧爲多不。

此人所獲福德，汝以爲多乎不多。寧字，作是字看。

須菩提言：甚多，

須菩提會佛之意，答云甚多。

世尊。

啓咨世尊而答。

何以故。

又自徵解：何以故。言福德之甚多，蓋藉物而修，僅得身外名禄之福德，而於明心見性了無所得。

是福德，即非福德性，

蓋是福德乃有相之施，於我性中真空無相妙法全不相關，必〔一四〕竟非福德性，所得名禄福德終有盡期，可以計其世代之遠近，可以教其閥閲之多少，非若内修福德[一五]，無盡無窮，不可數計。

是故如來説福德多。

　故如來所言福德者，乃人天小果之因，以名禄之福德有數，可計其多也。佛聞須菩提答畢，而汝云：有爲福德非福德性，所得雖多，終有盡期。

若復有人於此經中

　復者，再也。佛言：如再有人於此《金剛般若經》中也。

受持，

　受持者，受謂領受於心，持謂持守不失也。信力曰受，受之不忘於心也。念力曰持，持之不厭其久也。

乃至四句偈等，

　四句偈等，指無我、人、衆生、壽者四相也。等者，凡有四句等處。

爲他人説，

　更爲他人解説其義，如一燈傳百千萬燈，則是自度度他也。

其福勝彼。

　所獲之福勝彼之七寶施者多矣。住[一六]相布施縱得名禄之福，福盡墮落。此因經悟性，性見心明，福等大虚，歷劫不壞，故云其福勝彼。

何以故。

　佛言：人能受持講説是經，其福勝彼者，此何以故也。六祖曰：以財布施，得身外之福。受持經典，得性内之福。身外之福即衣食，性内之福即智慧。今生豐衣足食而愚鈍者，即是前生布施而不持經典之人。今生聰明貧窮無衣少食者，即是前生持經而不行布施之人。外修福德即衣食，内修福德即智慧。錢財，現世之寶。般若，在心之珍。内外雙修，方爲全福。若要現在子孫及來世生身富貴智慧兼全者，須是雙[七]修。此是論歎持經功德，恐人不知經典之利益，故以勝布施之功德而較量。然佛法六度，亦以布施爲先務，人不可執此而捨彼也，《金剛經》爲大藏之骨髓耳。

須菩提，

佛呼須菩提曰：

一切諸佛

蓋真空無相之理，乃諸佛之本性。一切三世諸佛，

及諸佛阿耨多羅三藐三菩提法，皆從此經出。

皆從此經中所説四句無相之法，悟出真性如來。凡求阿耨多羅三藐三菩提者，舍此更無他法矣。

須菩提，

佛又恐人執著於法，復呼須菩提告曰。

所謂佛法者，

又曰：所謂佛法者，本來無有，不過假此以開悟衆生，使之言下見性，乃虛名爲佛法也。真性中本來空寂，無有相之法，固不可執相生心，又不可執法成病。本性真寔，法非真寔，

即非佛法。

故曰即非佛法。汝當不即不離，以求見性明心可耳。

〇一相無相分第九

一真如相，原無有相，是謂一相無相分。

須菩提，

佛呼須菩提曰：我謂一切諸佛及諸佛阿耨多羅三藐三菩提法，皆從此經四句無相之法悟出真性如來。不但諸佛如是，即四果羅漢，莫不由無相之法而證也。蓋佛與羅漢雖有高下，而真性菩薩無有增減、不稍差別，不過於無相之法悟有淺深，證分高下。佛是以將已得證四果羅漢爲問，以見凡四果得道者必從無相而得，著不得絲毫之相。

於意云何，

於汝之意云何，

須陀洹

已得初果之須陀洹，

能作是念，我得須陀洹果不。

自謂我得此果否。

須菩提言：不也，

須菩提知其不然，乃曰。

世尊。

啓咨世尊而答：

何以故。

我何故謂弗也。

須陀洹

蓋須陀洹初入無相之門，

名爲入流，

得與聖人之流，

而無所入。

而無所入之念。

不入色、聲、香、味、觸、法，

但不能頓悟真空而已，不入色、聲、香、味、觸、法，亦無有不入之相。

是名須陀洹。

是故名爲初果也。

須菩提，

佛又呼須菩提曰：

於意云何，

於汝之意云何，

斯陀含

已得二果之斯陀含，

能作是念，我得斯陀含果不。

自謂我必得此果否。

須菩提言：不也，

須菩提即不然，云。

世尊。

啓咨世尊而答：

何以故。

我何以故謂弗也。

斯陀含

蓋斯陀含已深悟無相之理，尚有一生一滅之心，

名一往來，而實無往來，是名斯陀含。

名一往來，而寔無往來之相，是故名爲斯陀含。

須菩提，

佛又呼須菩提曰：

於意云何，

於汝之意云何，

阿那含

已得三果之阿那含，

能作是念，我得阿那含果不。

自謂我有得果之心否。

須菩提言：不也，

須菩提即不然，云。

世尊。

啓咨世尊而答：

何以故。

我何以故謂弗也。

阿那含

蓋阿那含内無欲心，外無欲境，欲淨而無私意之往來，

名爲不來，而實無不來，是故名阿那含。

名爲不來，寔無不來之相，是故名爲阿那含。

須菩提，

佛又呼須菩提曰：

於意云何，

於汝之意云何，

阿羅漢

已得四果之阿羅漢，

能作是念，我得阿羅漢道不。

自謂我得這箇道否。

須菩提言：不也，

須菩提知其不然，而即否。

世尊。

啓咨世尊而答：

何以故。

我何以故謂弗也。

實無有法

性本自空，寔無有法可得也。

名阿羅漢。

盖阿羅漢已造到情無順逆，境智俱亡，無有所得之念，無有得道之相，寔無有法，名阿羅漢。

世尊，

啓咨世尊而反徵之曰：

若阿羅漢作是念，

設若阿羅漢作得道之念，

我得阿羅漢道，

有我得阿羅漢之相，

即爲著我、人、衆生、壽者。

即爲著我、人、衆生、壽者四相矣。是與凡夫無異，安得謂之阿羅漢哉。

世尊，

須菩提又將平日所得佛説啓咨世尊而印證之曰：

佛説我得無諍三昧，

佛當日曾説我須菩提一念不生，諸法無諍，心無生滅，正定空寂，得無諍三昧。

人中最爲第一，

得此之正見，於諸弟子中，是第一離欲阿羅漢。

許我爲第一，必定是我脱盡人欲，斷絶此念，方是許我爲離欲阿羅漢也。

世尊，

啓咨世尊曰：

我不作是念，

因我不作得離欲阿羅漢之念。

我是離欲阿羅漢。世尊，

復啓咨世尊，又反徵之曰：

我若作是念，

我若是作此思念。

我得阿羅漢道，

我若作我得離欲阿羅漢之念，則四相不空，生滅猶在，我即不是無諍三昧人中第一離欲阿羅漢也。

世尊則不説

佛即不於諸大弟子中説

須菩提是樂阿蘭那行者。

是好樂寂靜之人，有是無諍之行也。

以須菩提

何以見之。以我須菩提不著修無諍三昧之行，

實無所行，

寔無此樂阿蘭之行，

而名須菩提，

方纔名我須菩提

是樂阿蘭那行。

是樂阿蘭那行，即是無諍三昧。以無諍三昧，方受解空、善現、須菩提之名。樂者，好也。行者，功也。樂阿蘭行者，謂好無諍三昧之行也。萌諸心曰念，見諸修曰行。必有是得、有是行而心無是行之念，有所得而心無所得之相，宜乎佛以樂阿蘭那行名之也。

○莊嚴淨土分第十

非外面修飾之莊嚴，乃心地清淨之莊嚴，故謂莊嚴淨土分。

佛告須菩提：

佛恐諸菩薩所得心未除，執著住於有法，不生清淨心，故設是問，呼須菩提曰：

於意云何，

於汝之意云何，

如來昔在然燈佛所，

我當初於然燈佛處，得成無上菩提之道，

於法有所得不。

果然得本師之法否。

不也，

須菩提即解其意，曰弗也。

世尊。

啓咨世尊而答。

如來在然燈佛所，

如來雖在本師處聽法，不過因師開導，寔乃自悟自修。

於法實無所得。

於心外之法，寔無所得也。

須菩提，

佛又呼須菩提曰：世間所謂莊嚴者，造寺作塔，行種種善事，是有相莊嚴也。佛恐人認做這樣莊嚴，故呼須菩提而謂之曰：

於意云何，

於汝之意云何，

菩薩莊嚴佛土不。

菩薩於佛土中，果作善緣福業莊嚴否。

不也，

須菩提隨答以弗也。

世尊。

啓咨世尊而徵釋：

何以故。

何故也。

莊嚴佛土者，

不莊而莊，不嚴而嚴。

即非莊嚴，

即非外貌有相有爲之莊嚴。

是名莊嚴。

乃是心地光明、萬行具足之莊嚴，是故名莊嚴也。

是故，須菩提，

佛聞須菩提之所答，寔可啓當時之妙悟，發後世之心傳，是故呼須菩提曰：

諸菩薩摩訶薩

諸菩薩，指大修行人而言也。菩薩莊嚴，既不在于外飾，則當反而求之於心，使大字之中湛然常虛，無一毫染濁，靈台之內寂然常定，無一絲擾亂。法本心悟，非由外得，土因心定，不在外莊。

應如是生清淨心。

當如是生清淨心。

不應住色生心，

不應住有相之形色生心也。

不應住聲、香、味、觸、法生心，應無所住

應於一切有相有爲之煩惱塵勞無所住。

而生其心。

而生無相無爲、清淨真性之本心，如此得以智慧圓明，光無不照，化無不週，宇宙不能包藏，天地不能覆載，法身超出三界，圓滿十虛矣。

須菩提，

佛呼須菩提曰：我說無所住而生其心，則真如發現，如日月之照臨，光無不遍；如四時之運行，化無不週。

譬如有人，身如須彌山王，於意云何，

於汝之意云何，

是身爲大不。

可以言大否。

須菩提言：甚大，

須菩提深悟佛意，乃以甚大答之。

世尊。

啓咨世尊曰。

何以故。

又自徵釋：何以故謂之甚大。

佛說非身，是名大身。

蓋佛所說之身，乃無相無爲之非身，故言甚大也。若以有相之色身而喻，則須彌山高廣三百三十六萬里，爲衆山之王，色身何能敵其大。惟無相之非身是我清淨之心，乃真性之道體。此心包括宇宙，圓滿大靈，無相無爲，萬法皆從此出，則須彌山之身，在真性道化之中，又不啻一微塵矣。是故佛説非身，是名大身耳。

○無爲福勝分第十一

無相四句，乃無爲之法。受持四句之福，勝恒河沙數七寶布施，故謂無爲福勝分。

須菩提，

佛呼須菩提曰：汝今既明四果，以無相而證釋迦之法，以無相而得佛土之莊嚴，以無相而嚴佛身之大，以無相而大。若能受持無相之法者，其功果之福德，豈可以多寡度量而思議哉。試以恒河沙喻。

如恒河中所有沙數，

我今以衆人之所易見者，先反詰之，恒河之沙固多。

如是沙等恒河。

設或不只一恒河數，其如沙之多恒河。

於意云何，

於汝之意云何，

是諸恒河沙寧爲多不。

是諸恒河多乎不多。西土有河，名曰恒河，從阿耨池東流出，週迴四十里，沙細如麵，佛多在此處説法，故取爲喻。西土只有一箇恒河焉，有許多恒河，亦是假設之言。

須菩提言：甚多，

須菩提答言：甚多。

世尊。

啓咨世尊而曰：

但諸恒河

但河中而有沙者，一沙即爲一恒河，是諸恒河中各有其沙，

尚多無數，

且多無數，

何況其沙。

何況河中之沙乎。言多而又多也。佛設

此喻，以爲較量福德多寡之張本。
須菩提，
佛聞須菩提以河沙無數之多而答，故呼
須菩提曰：
我今實言告汝，
我今以朴寔言語告汝，
若有善男子、善女人以七寶
以七寶等物，
滿爾所恒河沙數
滿爾所恒河沙數，
三千大千世界，
盡三千大千世界。
以用布施，
以用布施與人，
得福多不。
所得之福，多乎不多。
須菩提言：甚多，
須菩提即以甚多答之。

世尊。
啓咨世尊而答。
佛告須菩提，
佛告須菩提曰：汝謂無數七寶布施得福
甚多，此乃有相之福德，雖多而終有窮盡。
若善男子、善女人於此經中，
於此《般若經》中。
乃至受持四句偈等，
信而受之於心，會其妙義而毫無所疑，
堅而持之於心，存其精蘊而毫無所失，必見
自己真如，菩提之智，朗然備矣。
爲他人説，
不〔一八〕能以此真空妙義爲人解説，使人聽
聞之下心地開通，明了自性，可以脱離輪迴，
永超生死，則是人己兼成，自他俱利，得以
漸悟真性，明德新民。
而此福德
此福即無爲福也，無有盡期。

勝前福德。

寔勝前恒河沙數七寶布施之福德也。所獲利益之多，豈恒河布施者可同日語哉。《華嚴經》云：譬如暗中寶，無燈不可見。此喻菩提妙道，非佛法不至。

○尊重正教分第十二

受持此經，天人尊重，故謂尊重正教分。

復次，須菩提，

如來已較量持説雙行者，而此福德勝前寶施之福德。復次者，連前啓後之詞也。呼須菩提曰：我謂於此經中乃至四句偈等，爲他人説，而此福德勝前恒河沙數七寶布施之福德，汝已聞知矣。猶不持説雙行者，有此勝福，即專爲他人説者，亦不必于經中通前徹後，全爲人説。但能於是經中，或至無相降心，或至不住相布施，或至無相即見如來，或至一念能生淨信者無有四相，或至得阿羅漢道者不著四相也。

隨説是經，

若或有人，隨其所在，便能演説此經。

乃至四句偈等，

乃至四句偈等之妙，令諸聽者除迷妄心。

當知此處，

當知此説經之處。

一切世間天、人、阿修羅

自然感得一切天道、人道、阿修羅道。

皆應供養，

皆執幢幡寶盖，侍立左右，供養恭敬。

如佛塔廟。

如佛之真身舍利寶塔，如佛之法體神儀廟堂在此處。

何況有人

何況有人盡能於一經全文。

盡能受持、讀誦。

盡能于一經全文受持而體念于心，讀誦

而研窮其義，則此無住無相之理乃阿耨多羅三藐三菩提之法，真最上而無以加也，第一而無可比也，又絶無而僅有也。

須菩提，

佛呼須菩提曰：

當知是人，

當知是人盡能受持讀誦。

成就最上第一希有之法。

自然成就最上之清淨法身，第一之圓滿報身，希有之千百億化身也。

若是經典所在之處，

若是供養經典所在之處者，

即爲有佛，

即自心是佛，不從外得，經在則佛在也。

若尊重弟子。

若供養經典之人爲尊重佛法之弟子也，經在，法寶在也；有佛，佛寶在也；爲尊重佛法之弟子，是僧寶亦在也。三寶共處，寧有不消災而致福耶。若是者，此經其可不説，其可不讀，其可不有乎。六祖曰：摩訶般若波羅密，最尊最上第一。

○如法受持分第十三

當如金剛般若之法，奉受持守，故謂如法受持分。

爾時，須菩提

爾時，彼時也。須菩提聞前所説成就最上之法，深有歆慕，但未知受持之道何如。

白佛言：世尊，

故啓咨世尊曰：我佛謂盡能受持讀誦，成就最上第一希有之法。是此經功德誠莫可度量，我等心切受持。

當何名此經。

請問此經當何以義命名。

我等云何奉持。

我等當何以道奉持。

佛告須菩提，

現在問答解説者，無非發菩提真性之體用。既有體用，豈無名字。

是經名爲《金剛般若波羅蜜》，

乃無上菩提妙心，無相無住，直至諸佛彼岸，爲最上希有之法。

以是名字，汝當奉持。

汝當奉受而持守也。然以無上菩提真性之體用，而名字曰金剛般若波羅蜜。

所以者何。

其故維何。

須菩提，

佛呼須菩提曰：

佛説般若波羅蜜，

盖以金剛之堅利，能斷碎一切諸有相之物，譬如般若智慧之精明，能照破一切有相之煩惱，得以度脱迷津而登波羅蜜覺岸，是故佛説般若波羅蜜也。

即非般若波羅蜜，

但真性本來空寂，無諸罣礙，亦無有此岸、彼岸之別。人能守其真性，不爲諸境所染，不須奉持此經，即非般若波羅蜜也。

是名般若波羅蜜。

無如凡夫執著我、人、衆生、壽者等相，妄見妄念，迷性惑[一九]心，又不得不假此破執而覺迷，是名般若波羅蜜也。但我所説般若波羅蜜，原欲人了達般若性空之法，豈可執泥言説。其寔真性即是菩提，無妄可破，無岸可登，無法可説。《三昧經》曰：心無心相，不取虚空，不依佛地，不住智慧，是般若波羅蜜真妙理也。大士曰：恐人生斷見，權且立虚名。

須菩提，

佛呼須菩提曰：

於意云何，

於汝之意云何，

如來有所說法不。

般若之法，心法也。如人飲水，冷暖自知。阿〔三〇〕所形其擬議，若有所說，即謗佛也。故佛問有所說法否。

須菩提

須菩提了達性空法空之義，

白佛言：世尊，

啓咨世尊答曰：世尊與諸佛及一切衆生本性中同，具有金剛般若波羅蜜，

如來無所說。

自性自悟，直下何容開口處，所以無得無說矣。

須菩提，

佛又呼須菩提曰：汝謂真性本來堅利空寂，無法可說，但真性雖堅利空寂，而塵世之色相可擾，無奈衆生遇境則觸，遇塵則染，世界微塵細勞，皆能迷蔽真性。

於意云何，

於汝之意云何，

三千大千世界所有微塵

所有微細塵埃

是爲多不。

果爲多否。

須菩提言：甚多，

須菩提意謂：大千世界中一切有色有相、有音有聲之可喜可怒、可哀可樂、可愛可欲，莫非微塵。故言甚多。

世尊。

啓咨世尊而答。

須菩提，

佛聞須菩提甚多之答，乃呼須菩提曰：世界中一切色相音聲之微塵雖多，皆非真寔，終有壞期。若以般若智慧之力照破，凡所有相，皆是虛妄，不爲一塵所染，彼微塵雖多，何能擾我虛靈不昧之府。

諸微塵，如來說非微塵，

原是幻妄之物，雖有色、聲、香、味、觸、法之多，紛紛亂起，而虚靈之府澄徹太空，豈有纖毫塵垢而點污耶，故言不是微塵。

是名微塵。

乃假名微塵也。

如來説世界，非世界，是名世界。

如來所説世界者，盖山河大地，明暗色空，原不是我心中本有的，只因妄想安立故也。人於世界中識得不是世界，則心地廓然，淨無瑕穢，便是出世間法，非世界之所能囿，是名爲世界也。不過種種色相之微塵和合一世界，劫數盡時，終有壞時，是亦虚妄，即非真寔之世界，但是假名爲世界也。若以般若之功深圓明，本來之覺性，超出世界之表，則不爲世界所囿，亦不是有世界。文殊曰：在世離世，在塵離塵，是爲究竟法。正此意也。

須菩提，

佛又呼須菩提曰：如來説世界，是名世界。佛相亦世界中之一色身。

於意云何，

於汝之意云何，

可以三十二相見如來不。

可以三十二相見如來否。

不也，

須菩提深會佛意，以弗也世尊。

啓咨世尊而答。

不可以三十二相得見如來。

如來之相雖勝妙殊絶，不宜以形色求之。

何以故。

又自徵：何以故不可以三十二相得見如來。復自釋曰：

如來説三十二相，

乃色虚妄之化質。

即是非相，

盖如來所説相者，非真相也。妙體如如，

湛然常寂，乃諸佛本心者也。

是名三十二相。

是名三十二相。三十二相，如眼、耳、鼻、舌等類，此乃色身佛也，凡所有相，皆是虛妄者也。

須菩提，

佛聞須菩提於般若性空之法解悟透徹，復呼須菩提曰：世間所重者，莫過於身命。示以誦經功德而曰：我所謂金剛般若波羅蜜者，般若智慧，光明寂然，歷劫不寐，寔如金剛之堅利，能照破一切諸相諸法，如微塵之小、世界之大、佛身之大。佛身三十二相之妙，以般若力，燎然知其虛妄而非真。若能奉受持守，寔能覺妄明真，以至真無妄之心，無往而非善，即無往而非福，所得一切福德無有窮盡，不但以七寶布施福德之福不可比較。

若有善男子、善女人以恒河沙等身命布施，

比此身命布施，如摩頂放踵，利天下爲之，其所獲之福視寶施之福尤有加焉，但不如本性頑福耳。

若復有人於此經中，乃至受持四句偈等，

受持而講說之。

爲他人說，

自利利他。

其福甚多。

其獲福無量，較彼捨身者，不甚多乎。此金剛般若波羅蜜法，汝當受持可也。

○離相寂滅分第十四

離諸形相，自然寂滅分。

爾時，須菩提

爾時者，彼時也。須菩提聞佛言。

聞說是經，

聞說《金剛般若波蜜經》也。

深解義趣，

深解者，心中大悟也。義趣者，義理旨趣也。慧眼者，聖人之心有七竅，一聞千悟，此智慧眼也。深解佛説，用自性真空之般若，如金剛之堅利，能斷除一切諸相之煩惱，以見性空般若寔相之義趣。喜極生悲，自傷聞經之晚，又恐現在未來者不能信解受持，致辜負我佛心傳之妙法。

涕淚悲泣

遂不覺涕淚悲泣。鼻出曰涕，目出曰淚。大痛曰悲，微痛曰泣。謂始而涕淚，繼而大痛，後而微痛。微痛者，收痛將陳也。須菩提聞金剛般若之法，得深解義趣，徹底通明，喜極生悲，不覺涕淚悲泣，一傷自己聞法之晚，一傷現在未來之人恐不能信解受持也。

而白佛言：

啓白佛而言也。

希有，世尊。

讚歎之詞也。希者，少也。世間少有我世尊也。

佛説如是甚深經典。

佛説以本來真空無相之般若，而入真空寔相之般若，如是甚妙深奥經典。

我從昔來，

我從昔修悟以來，性知持守六根，以致不入六塵境界，漸次悟無相之理，漸次脱離欲界，漸次境智俱亡。由今思昔以來，持戒修行，不知費許多苦修苦行，始得第一離欲阿羅漢道。

所得慧眼，

有此慧眼，善能聆悟。

未曾得聞如是之經。

未曾得聞，即用自性真空無相之般若，照破諸相之虚妄，即得見自性真空般若之寔相，遂到諸佛波羅蜜覺岸如是之經也。我今幸入法會，已聞是經，深解之義。

世尊，

啓咨世尊曰：

若復有人

若再有人，

得聞是經，

得聞《般若波羅蜜經》也。

信心清淨，

信自心般若之清淨，不住一切諸相。

即生實相，

即生真空無相般若之寔相也。

當知是人成就第一希有功德。

成就無上菩提之道心，爲第一少有功德也。六祖曰：皆從清淨體中，流出般若波羅蜜多。

世尊，

啓咨世尊曰：

是實相者，

是般若寔相，

即是非相，

空若太靈，無有形迹，當體全空之非相。

是故如來説名實相。

若寔有相，即屬可壞，是不堅之法也。因無相而相，亘古常存，萬劫不壞，是故如來説名寔相也。

世尊，

啓咨世尊曰：

我今得聞如是經典，

我今親承教諭，心聆神會，

信解受持，

能感發信解受持之心，

不足爲難。

故不足爲難也。

若當來世，後五百歲，

年久之時，

其有衆生得聞是經，

不過於文字輾轉誦讀，

信解受持，

信心者即難，解悟者尤難，又何能聆受於心，持守不失。若非多種善根之人必不能也。是人即爲第一希有。

所以是人非一世二世之善根，必屢世種諸善根方能如是，即爲第一希有之人不易得也。

何以故。

何以故。此人不多有也。

此人無我相，無人相，無衆生相，無壽者相。

此人於濁劫之世，獨能信解受持，無我人等四相。

所以者何。

又轉徵：所以然者何。

我相

因此人了悟我相，

即是非相，

本非真寔堅牢之體，即是非相。

人相、衆生相、壽者相

了悟人相、衆生相、壽者相，皆是虚妄終壞之質。

即是非相。

即非四相也。

何以故。

又徵釋：何以故即爲第一希有。蓋此人已無四相之執，既無四相，則不見有因之可修，有果之可得。

離一切諸相，

是離一切諸相，我法皆空，心常湛寂，即是般若真空之真相，即到波羅蜜之覺岸，與諸佛齊驅並駕耳。

即名諸佛。

即名諸佛矣。

佛告須菩提：

佛聞須菩提所解般若之法，離一切諸相，即名諸佛，深契般若之理，故呼須菩提曰：如是，如是。

如是者，所言當乎此理也。

若復有人

佛說若果有人者，無論現在、未來之人。

得聞是經，

得聞般若妙法。

不驚、

不驚異而無疑。心驚者，駭其言之過也。

不怖、

不疑怖而無懼。心怖者，恐其道之高也。

不畏，

不畏避而無退。心畏者，怯其行之難也。

當知是人甚爲希有。

當知是人甚爲希有者，離一切諸相，甚爲希有也。

何以故。

我何以故謂此人甚爲希有也。盖此人善根種深，已默契般若無相之法，無時而行般若，無時而非般若，六度萬行無非般若，故得聞是經，自能信解受持，了無可驚可怖可畏，是人甚爲希有也。

須菩提，

佛呼須菩提曰：汝須知般若無相之法，總攝佛法六度萬行，一切諸佛阿耨多羅菩提，皆不離夫般若無相之法而證也。

如來說第一波羅蜜，

盖我所說第一波羅蜜，乃與空無相，自性自悟，即如如來說第一波羅蜜，乃由布施而到諸佛之彼岸也。佛說三輪體空，內不見布施之我相，外不見受施之人相，中不見所施之物相，并不見第一波羅蜜之法相。

即非第一波羅蜜，

施無所施，岸無所到，即非第一波羅蜜。

是名第一波羅蜜。

不過假此開悟群迷而已，因無相布施，得登彼岸，是名第一波羅蜜。

須菩提，忍辱波羅蜜，

亦復如是無相之忍辱也。忍辱波羅蜜，由忍辱，不生嗔心，以真性而到諸佛之彼岸也。

如來說非忍辱波羅蜜，

但真空本來無相，如來内不見忍辱之我相，外不見我辱之人相，中不見我心中能忍之相，亦不見有忍辱波羅蜜之法相。忍無所忍，辱無所辱，岸無所到，如來說即非忍辱波羅蜜。

是名忍辱波羅蜜。

因無相之忍辱，得到彼岸，是名忍辱波羅蜜，亦即是般若無相之法也。

何以故。

何以故。如來說即非忍辱波羅蜜，是名忍辱波羅蜜。

須菩提，

佛呼須菩提曰：

如我昔爲歌利王割截身體，

我被割截身體時可鑒。

我於爾時無我相，

我於爾時，心乃虚空，不起四相，所以無受割之我相，

無人相，

無割我之人相。

無衆生相，

無畏割之衆生相。

無壽者相。

無護命之壽者相。

何以故。

何以故也。

我於往昔

割截手足耳鼻。

節節支解時，

當初節節支解散時，可謂辱之極矣。

若有我相、人相、衆生相、壽者相，

若有四相。

應生瞋恨。

應生嗔恨之心，而豈尚願先度割截我之

歌利王耶。我不但近世之念賢劫中，能無此四相。

須菩提，

佛又呼須菩提。

又念過去於五百世

再又思念，曾於過去五百世，在莊嚴劫中，作忍辱仙人，

作忍辱仙人時，

於爾所世

曾修忍辱之行，於往世亦無四相之界〔三〕。

無我相，無人相，無衆生相，無壽者相。

亦能無我人等四相，我於近世念賢劫中，及追憶五百世前之莊嚴劫中，我皆無此四相，故今得證佛果。

是故。須菩提，菩薩應離一切相

欲成佛道菩薩者，當空其心。

發阿耨多羅三藐三菩提心。

離去一切形迹，方可發此無上菩提道心，即能安住矣。

不應住色生心，

不應住著於色相而萌可好之心。

不應住聲、香、味、觸、法生心，

不當住著於聲、香、味、觸、法而起可欲之念。

應生無所住心。

當於無所住者而生其心，則此心圓通無礙，真純無欲，非一切相之所繫縛。應生無所住六塵等相之心，方得此心，人欲淨盡，圓通無礙。

若心有住，

若心於六塵上有一住著，便落他窠臼，不能脱灑，即爲非住。

則所住不是菩薩住處，佛因以心有所住，即爲非住。

是故，佛説菩薩心

佛自謂：我説菩薩心者，本虚而明，若住色而爲運用，此心不爲覺矣。是故佛一向説菩薩心，

不應住色布施。

所以不住色布施也。

須菩提，

佛呼須菩提：

菩薩爲利益一切衆生故，

菩薩因衆生而起大悲，因於大悲而生菩薩心，因菩薩心而成佛果，菩薩所以必欲利益一切衆生故。

應如是布施。

應如是不住相布施也。

如來説一切諸相，

如來説離相布施，何有諸相。

即是非相。

故非相也。

又説一切衆生，

又説一切衆生者，以心有四相，名爲衆生。

即非衆生。

若能約己迴光，妄心自離，即無衆生可得，故非衆生也。

須菩提，

佛恐人聞此經之言，便生驚怖畏惧，不能成就，乃開導之，故呼須菩提曰：佛説無相無住之法。

如來是真語者、

我如來所説般若波羅蜜法，皆無上菩提，了悟本性，如來是真而不妄之語。

實語者、

寔而不虚之語。

如語者、

默契真常之理，如如不變之語。

不誑語者、

所言者至誠，非欺誑之語。

不異語者。

所論者至正，非異常之論，不過欲人自性自悟之語。

須菩提，

佛呼須菩提曰：

如來所得法，

如來所得證如來之法，欲言其宲，則無形可見，無相可得。欲言其虚，則智無不徧，用無不週。無相而相，無得而得，寔而不寔，虚而不虚。

此法無實無虚。

欲言其寔，則無形可見，無相可得。欲言其虚，則智無不徧，用無不週。無相而相，無得而得，寔而不寔，虚而不虚。《中庸》曰：君子之道費而隱。正此謂也。

須菩提，

佛呼須菩提曰：凡修行菩薩者，當悟真空，不宜有所住著以爲運用也。

若菩薩心住於法

若菩薩心中，明知法不應住，至行施時，力不自由，依然住於法，

而行布施，

而行布施，則無明障礙。

如人入闇，

如人入暗室之中，即無所見。

昏焉而一無所見，則安心何由而降，覺心安得而住。

若菩薩心

若菩薩心中，既知法不應住，不住法而行布施，

即不住法，而行布施於外，此則金剛眼，然般若灯，圓悟如來，洞達無礙，乃無上真性自見也。

如人有目，

如人本有眼目，

日光明照，

又得日光明照，

見種種色。

見種種色，了知一切妄境，而不爲所縛，則妄心自伏，而覺心自住矣。佛深見般若無相之法，寔足以感發人之善心，懲戒人之惡意。

故呼須菩提曰：

須菩提，

當如來滅後五百歲之世，

當來之世，

若有善男子、善女人能於此經受持讀誦，

設若有善男子、善女人能奉受而持守於心，讀誦而玩味其義，不爲諸境所觸，自能去惡而爲善，離相以布施，離相而忍辱。如來色相，雖已涅槃，而如來法性，常存不昧，洞鑒無遺。

即爲如來以佛智慧，

即到菩提覺位，爲自性如來。佛以智慧清淨之目，

悉知是人，

去惡而爲善，

悉見是人，

不住相以布施，不住相而忍辱。如來本大悲救度衆生之心，惟善人更加護佑，自陰庇默相，使是人滿其所願。

皆得成就無量無邊功德。

此人皆得成就無量無邊見性之功德，周法界而無方，歷萬劫而常在，豈有限量邊哉。

○持經功德分第十五

受持是經，功德無量，故謂持經功德分。

須菩提，

佛呼須菩提曰：我謂昔爲歌利王，割截身骵時，不過引往昔所歷之境，以證明無我、人、衆生、壽者四相，始能忍辱無嗔而得自性之清淨，非教人捨身以求佛也。且佛於曩劫，皆無此四相，方能造入，割無所割，截無所截，

雖身被節節支解，以無嗔念，其身仍還復如故。非已到佛之境界，誰能若此。佛恐人聞此割截身骵之說，反起疑惑難信之心，致住畏怖退悔之念，又恐執迷之人執著捨身之說，徒以身命布施，而於自己心性與他人心性毫無利益，故呼須菩提：我試將以身布施者而較，則可知矣。

若有善男子、善女人，初日分

設有善男子、善女人，於一日之中。自旦至辰時，爲初日分。

以恒河沙等身布施，中日分

自辰至未時，爲中日分。

復以恒河沙等身布施，後日分

自未至戌時，爲後日分。

亦以恒河沙等身布施，

莫謂一人止一身，安得有恒河沙等之身於一日三時布施。設即有無數之身，每日三時布施，

如是無量百千萬億劫以身布施，

至於無量數劫，則無量福報曷可勝言，然止能受世間頑福耳。

若復有人聞此經典，

若有人聞此般若無相之經典，

信心不逆，其福勝彼，

信自心本來清淨，而不著四相以背逆於初心，其福勝彼以身布施者多而且久也。蓋以身布施者，雖多而且久，乃希求成佛，住相布施也。設若經典無相之法，信心清淨，不著四相以背逆於心，則心見性明，萬事同歸，豈不勝彼恒河沙等身布施者執相迷心之福哉。聞信不逆，尚勝彼恒河沙等身布施之福。

何況書寫、

何況自書寫其章句而尋譯其言，

受持、讀誦、

受持、讀誦而解悟其理。讀者一身之中，手眼心意，皆具般若。

爲人解說。

又以是經與人解說其義，則不徒自明己性，且教人各各見性，善根純熟，利益無窮，其福又烏有限量哉。

須菩提，

佛呼須菩提曰：若能明此法門，即見性成佛。

以要言之，

我只得以要言而說其義。

是經有不可思議、

則此般若真經，有不可以凡心測度，亦不可以淺言擬議，

不可稱量、

不可稱讚而度量，

無邊功德。

則此功德之無邊際，雖讚歎所不及矣。

如來爲發大乘者說，

如來爲啓發大乘者說，欲以載度一切衆生也。

爲發最上乘者說。

爲啓發最上乘者說，欲以兼載度諸菩薩也。如此之法，惟大乘之根器，方能持誦。

若有人能受持、讀誦、

若有人能奉受持守於心，讀誦研窮其義，廣爲人說，如來悉知是人、

具大乘之智慧，

悉見是人

具大乘上乘之根器，

皆得成就不可量、不可稱、無有邊、不可思議功德。

此人既成就功德，是莫大之功德。

如是人等

受持、讀誦以明心，廣爲人說以利衆，以先覺覺後覺。

即爲荷擔如來

即能以身挺然任此大道。背負爲荷，肩

挑爲擔，言無上菩提，至重之任。

阿耨多羅三藐三菩提。

將如來阿耨菩提之法荷擔無遺，則自覺覺他，覺行圓滿，功德甯有涯哉。

何以故。

我何以故謂此人荷擔無上菩提之任。

須菩提，

佛呼須菩提曰：盖是人如非大乘上乘根器。

若樂小法者，

若樂小法者，或樂小乘法者，局於見聞之小。樂者，喜好也。小法者，鈍根之人，志意不劣。

著我見、人見、衆生見、壽者見，

不免有人等見之私。

則於此經

即於般若無相之經必不相合，既與道違而不相合，

不能聽受讀誦、

則自己不能聽受讀誦，

爲人解說。

又何爲人解說。

須菩提，在在處處

佛呼須菩提：此經功德，能持讀誦、廣爲人說者，其功之大，其德之多，固不待言。即無論城邑市廛，山陬僻壤，廳堂内室，樓閣亭院，舟車旅邸，在在處處，

若有此經，

若有此持經之人，則功德素著，如摩尼寶瑞。

一切世間天、人、阿修羅

一切世間，天道、人道、阿修羅道，

所應供養。

皆應供養。

當知此處，

當知經在之處，

即爲是塔，

即爲如來真身舍利寶塔。

皆應恭敬，

誰肯生一慢心而不恭敬。

作禮圍繞，

必作禮而五[三]骵投地，圍繞而大衆之歸依。

以諸華香

以諸寶華妙香，如《華嚴經》所謂闍提華香、茉利華香、青蓮、白蓮、赤蓮華香等類。

而散其處。

而布散於經在之處。夫佛經在處，即感動天、人、阿修羅如是之恭敬供養，又何況受持廣爲人説者，甯有不得無量無邊之功德乎。

○能淨業障分第十六

《金剛般若經》能除三世罪業，如云假饒造罪過山嶽，只須妙法兩三行，故謂能淨業障分。

復次，須菩提，

如來於復次呼須菩提曰：我謂此經功德，不惟受持讀誦者所得福德無量無邊，即在在處處若有此經者，一切天人皆應恭敬供養如是之勝。

若善男子、善女人

設若有善男子、善女人，

受持讀誦此經，

既能受持讀誦此經，真可敬重也。

若爲人輕賤，

真可尊貴而反爲人輕賤，其何故哉。

是人先世罪業，

蓋此人必是從前未曾得聞此經之時，著於四相，住於六塵，故有罪過業緣，

應墮惡道。

當墮於惡境下流之地，今世雷誅、法誅、鬼誅等惡道緣，因受持讀誦此經，得以輕報

而償重罪。

以今世人輕賤故，

所以輕賤不恭敬供養故也。

先世罪業

今既持經而真性圓明，是本來無一物，何處有塵埃。已前之罪業

即爲消滅，

即消滅矣。

當得阿耨多羅三藐三菩提。

若能精進不已，不惟先世罪業悉皆消滅，當得無上正等菩提之果。此經功德滅罪消愆，迎祥迪吉之福莫可比議而較勝者也。世者，三十年爲一世也。惡道，猶惡境也。小而憂辱，大而死亡，皆是也。六祖曰：約理而言，先世即前念妄心，今世即是後念覺心。以後念覺心，輕賤前念妄心，妄不能住，故云先世罪業即爲消滅。妄念既滅，罪業不成，即得菩提。又曰：以先世今世，作前念後念，真確論也。不可把先世後世，認作前生後生。

須菩提，

佛呼須菩提曰：我云寶施、身施皆不能較勝於受持聞信此經之功德。

我念過去

我今憶念，於我往昔未發菩提心時，已發菩提心時。

無量阿僧祇劫，

梵語阿僧祇，此云無央數。梵語那由他，此云一萬萬。劫者，世也。

於然燈佛前，

及至於然燈佛前受記之時。

得值八百四千萬億

約計得值八百四千萬億。

那由他諸佛，

即無量阿僧祇劫中，所遇之諸佛也。今以八百四千萬億而計那他者，極言所遇之佛多也。

悉皆供養承事，

　我悉皆如意奉贍以供養，順命侍使以承事，所遇一一諸佛，我皆一一供養承[三]事。

無空過者。

　無有空過一處而不供承者。

若復有人於後末世，

　值人心險薄、世道澆漓之時，彼獨超群拔類。

能受持讀誦此經，

　謂法久弊生，波塵熾盛，人根淺薄之世，況無相無爲之經，佛悟違世之道，率多憎嫉，誰能信順。今日能受能持，能讀能誦，其猶火裡蓮花，故不可等閑論也。

所得功德，

　以是功德，

於我所供養諸佛功德，

　較量我供佛之功德，

百分不及一，

　百分不及受持讀誦此經功德之一分。

千萬億分

　即以我所供佛千萬億分之功德，

乃至算數譬喻所不能及。

　乃至算數之多、譬喻之廣，皆不及持經功德之一分也。

須菩提，

　佛呼須菩提曰：

若善男子、善女人於後末世

　於後末法之時，

有受持讀誦此經，

　有能受持其理、讀誦其言，

所得功德，

　所得無量功德，必無疑矣。

我若具説者，

　我若再盡言其詳，

或有人聞，

　或有鈍根之人聞之，起驚怖畏惧之心，

心即狂亂，

狂焉而無定持，乱焉而無定見。

狐疑不信。

展轉如狐之疑惑不信受，盖不知此經之妙故也。具者，盡也。狐是獸名，野犴其性多疑。果者，功有所成，報者，理有所驗，非今生後世果報之説。

須菩提，

佛呼須菩提曰：

當知是經義

當知此經之義理，乃真空無相，最上一乘，不可以心思言議探其底藴也。至於究竟一受持讀誦之間，先世之罪業消滅，無量之功德難及，此果寔報驗者，

不可思議，果報亦不可思議。

又豈可以思議之哉。真極盛而無以加也。

金剛般若波羅蜜經註講卷上

校勘記

〔一〕底本據《卍續藏》。

〔二〕「義」，疑爲「乂」。

〔三〕「臣」，底本原校疑爲「朕」。

〔四〕「脆」，底本原校疑爲「絶」。

〔五〕「贖」，底本原校疑爲「續」。

〔六〕「乃」，疑爲「及」。

〔七〕「也」，底本原校疑爲「包」。

〔八〕「住」，底本作「往」，據文意改。

〔九〕「云」，底本原校疑衍。

〔一〇〕「覺」，底本脱，據底本原校補。

〔一一〕「無定」，底本作「定無」，據底本原校改。

〔一二〕「不可」，底本脱，據底本原校補。

〔一三〕「須」，底本原校疑爲「寶」。

〔一四〕「必」，疑爲「畢」。

〔一五〕「德」，底本作「修」，據底本原校改。

〔一六〕「住」，底本作「往」，據文意改。

〔一七〕「雙」，底本作「準」，據文意改。

〔一八〕「不」，疑爲「又」。

〔一九〕「惑」，底本作「感」，據底本原校改。

〔二〇〕「阿」，疑爲「何」。

〔二一〕「界」，疑爲「累」。

〔二二〕「五」，底本作「玉」，據文意改。

〔二三〕「承」，底本脱，據文意補。

金剛般若波羅蜜經註講卷下

○究竟無我分第十七

究竟真性，諸法無我，是故謂究竟無我分。

爾時，須菩提

爾時，須菩提聞佛所説經義不可思議，恐有不可言傳之心法。

白佛言：

遂啓白佛言

世尊，

世尊，曰：

善男子、

我前問善男子、

善女人

善女人

發阿耨多羅三藐三菩提心，云何應住，云何降伏其心。

蒙佛輾轉開悟我等，皆淨信無餘。但前所問善男子、善女人不過以凡心初發菩提之一念，未敢希及證佛。今既得我佛示以覺路，聞之者莫不興感理修寔證之心。今善男子、善女人，發理修寔證阿耨多羅三藐三菩提心，復聞經義不可思議，誠恐餘義不能悉達，稍有餘疑，自必動心舉念，致與住心、降心便不相應。願佛於不可思議中，曲垂方便而申釋之，云何應住，云何降伏其心。

佛告須菩提：

佛告須菩提曰：

善男子、善女人發阿耨多羅三藐三菩提心者，

既發理修寔證之阿耨多羅三藐三菩提心者。

當生如是心，

至此當生如如不動之是心。心雖如如不動，但佛法以度衆生而起大悲，以大悲而生菩提心，一切衆生與我一體，我欲滅度，亦欲令彼滅度。

我應滅度一切衆生，

我應滅度一切衆生，乃同體慈悲之道也。然修佛之因，必須滅度一切衆生，而如如之心乃真空無相之體，不應住相生心也。

滅度一切衆生已，

滅度一切衆生已至於盡，不能起能度之我相、所度之衆生相。

而無有一衆生實滅度者。

則般若觀照，常住不滅。凡前所有一切妄心原非真性中所有，如紅爐點雪，消融殆盡，無一衆生寔滅度也。

何以故。

佛云：此何以故也。

須菩提，

佛呼須菩提曰：

若菩薩有我相、人相、衆生相、壽者相，即非菩薩。

若學道之菩薩四相未除，則菩提心無由而發，何以言菩薩。

所以者何。

所以然者何。

須菩提，

佛呼須菩提曰：

實無有法

以性本空寂，渾然天成。其發此心，不過自修自悟，寔無有法

發阿耨多羅三藐三菩提心者。

發此阿耨多羅三藐三菩提心者也。

須菩提，

佛呼須菩提曰：汝已聞我説，寔無有法發心。

於意云何，

於汝之意云何。

如來於然燈佛所，

昔日我爲菩薩時，於然燈佛所。

有法得阿耨多羅三藐三菩提不。

有法可得無上正等正覺否。

不也，

須菩提弗也答之。

世尊。

啓咨世尊曰：

如我解佛所説義，

如我解佛所説無法發心之義。因源既無，有法可發，果海自無，有法可得。

佛於然燈佛所，

佛於本所處，

無有法

乃自性自悟，無有傳授秘法得阿耨多羅三藐三菩提。

得菩提之道也。

佛言：如是，如是。

佛以須菩提之言爲當，故稱如是如是。

須菩提，

佛呼須菩提曰：如是如是之義。

實無有法如來得阿耨多羅三藐三菩提。

寔無有法可得此菩提。

須菩提，

佛呼須菩提曰：

若有法

若曰有法，

如來得阿耨多羅三藐三菩提者，

則能所未忘，我法俱在，心且難降，何堪作佛。

然燈佛即不與我授記：

即不當與我止授一記。

汝於來世，

云我來世，

當得作佛，

方得作佛，

號釋迦牟尼。

號釋迦牟尼。梵語釋迦，云能仁，即度脱一切也。梵語牟尼，云寂默，即心體如如也。牟尼爲體，即是如字。能仁爲用，即是來字。先言釋迦，後言牟尼者，攝用以歸體也，如來者，從體以起用也，總是真性。詳言之則爲阿耨多羅三藐三菩提，略言之則爲如來，又略言之則爲佛。諸法如義者，盖我真寔之性本來自如，其見之於諸法事，亦自然而然〔二〕，來爲應迹，去無留滯，如如不動之義理，即上無爲法也。

以實無有法得阿耨多羅三藐三菩提，

盖本原不從外得，遍〔三〕虚空世界而常自如，所謂一法不立、一塵不染也。

是故然燈佛與我授記，

然燈不過與我授記而已。

作是言，

何曾得法於他。

汝於來世，當得作佛，號釋迦牟尼。

皆是我如來本性也。

何以故。

有法得無上菩提，則不與記。無法得無上菩提，乃與授記。

如來者，

盖如來者，

即諸法如義。

即諸法如如不動之義也。有法可得，心有所動，則不如如。無法可得，一念不生，寔合如如之義也。乃與記不與記之所以也。

若有人言

設若有人言

如來得阿耨多羅三藐三菩提。

我得此菩提之法。

須菩提，

佛呼須菩提曰：汝便向他説到，

實無有法

不知我從寔無有法上得之。

佛得阿耨多羅三藐三菩提。

然我得此法者，寔無有法上得之。

須菩提，

佛呼須菩提曰：即人言

如來所得阿耨多羅三藐三菩提，於是中

得菩提之果，於是中

無實無虚。

以無寔故，無妨如來説一切法，以説有

不有，説空不空也。以無虚故，説有説空皆

是佛法。説有不有爲妙有，説空不空爲真空，

是故，如來説一切法皆是佛法。

皆是般若之佛法也。

須菩提，

佛呼須菩提曰：

所言一切法者，

然人心之大事未明，須賴此法指示迷途，

除去四相。

即非一切法，

若真空既悟，我自得之，法亦非有，方

名佛法也。

是故名一切法。

佛所以隨説而又掃去者，盖謂不可泥於

法耳。

須菩提，

佛呼須菩提曰：

譬如人身長大。

我設一譬喻，如人之一身雖長且大，果

真爲大。

須菩提言：

須菩提已證入深解，不待譬喻之畢，

世尊，

即啓世尊曰：

如來説人身長大，

如來説人身長大者，

即爲非大身，

心不菩提，徒爲妄形，則非真寔大身，

是名大身。

是虚名大身而已。

須菩提，

佛聞須菩提所答之言，即呼須菩提曰：汝謂取相不名大身，離相是名大身，

菩薩亦如是。

菩薩亦如是，不可取相，應當如是離相。

若作是言

若菩薩自言

我當滅度無量衆生，

我當滅度一切衆生，作言自負，則心中寔有我爲能度相，衆生爲所度相，我相、人相皆不能無，取相生心。

即不名菩薩。何以故。

何以故即不名菩薩。盖菩薩應離一切相，有相則有法，無相則無法。法由緣會而生，其性本無有法。無法則無我，無我一切諸相皆空，則妄心不降而自伏，真如自住矣。

須菩提，

佛呼須菩提曰：

實無有法

但真性中，自有無上菩提之妙，本無衆生可度，又何有法可據。

名爲菩薩。

此所以名爲菩薩也。

是故，佛説一切法

是故佛説一切法者，不過隨時順宜，與人解粘法縛而已，豈有能所心哉。

無我，無人，無衆生，無壽者。須菩提，

佛呼須菩提：我謂度生應當離相而度，

法已得聞矣。然不但有情之衆生應當離相而度，即無情之佛土亦當離相而嚴。

若菩薩作是言

若菩薩自説，

我當莊嚴佛土，

謂我能莊嚴佛之刹土，亦是取相。

是不名菩薩。

是著於有相。

何以故。

所以者何。

如來説莊嚴佛土者，

我所説莊嚴佛土者，非爲粉飾外貌之具，乃吾心佛土也。佛土無相，本來清淨，云何可莊嚴哉。

即非莊嚴，

惟不住於相，不莊之莊，不嚴之嚴，

是名莊嚴。

是則所以名莊嚴也。

須菩提，

佛呼須菩提曰：

若菩薩通達無我法者，

若菩薩通達於一切有情無情皆無我法者，則諸相無住，一心清淨，真如自住，妄心自伏。

如來説名真是菩薩。

此如來言説而名稱之曰真寔的菩薩也。

○一體同觀分第十八

二心一體，五眼同觀，故謂之一體同觀分。

須菩提，

佛呼須菩提曰：我謂滅度衆生，無滅度衆生相，莊嚴佛土，無莊嚴佛土相，然燈佛授記釋迦，無法可得相。因果一切，皆無有相。如來成佛之時，無有諸相，成佛之後，亦無有知見相。但佛具五眼，能照見一切衆生根器淺深緣因，故設此五眼、沙界二喻之問。

於意云何，

於汝之意云何。

如來有肉眼不。如是，世尊。

須菩提啓咨答曰：如是，世尊。

如來有肉眼。

觀見障内之色，謂世界中一切凡有形相之色也。

須菩提，

佛又呼須菩提：

於意云何，

於汝之意云何。

如來有天眼不。如是，世尊。

須菩提啓咨答曰：如是，世尊。

如來有天眼。

天眼者，能照見障内之色，如日月星辰旋伏因緣也。

須菩提，

佛又呼須菩提：

於意云何，

於汝之意云何。

如來有慧眼不。如是，世尊。

須菩提啓咨答曰：如是，世尊。

如來有慧眼。

慧眼者，能照見一切衆生慧性根器淺深也。

須菩提，

佛又呼須菩提：

於意云何，

於汝之意云何。

如來有法眼不。如是，世尊。

須菩提啓咨答曰：如是，世尊。

如來有法眼。

法眼者，能照見虚空法相也。

須菩提，

佛呼須菩提曰：

於意云何，

於汝之意云何。

如來有佛眼不。如是，世尊。

須菩提啓咨答曰：如是，世尊。

如來有佛眼。

佛眼者，智無不及，照無不遍，寔照見衆生妄念妄心時起時伏，有恒河沙數之多。世法上論指五眼，爲佛眼睛之眼，以理論則心竅之眼也，眼通於心。大凡衆生皆具此五眼，與佛無二，因四相六塵遮蔽，只有肉眼一件而已。儒書云聖人之心有七竅，即是五眼之謂也。佛有五眼，乃常性真心，非過去、未來、現在之妄心也。

須菩提，

佛呼須菩提曰：

於意云何，

於汝之意云何。

如恒河中所有沙，佛説是沙不。如是，世尊。

須菩提啓咨答曰：如是，世尊。

如來説是沙。

以喻衆生之妄心也。

須菩提，

佛又呼須菩提：

於意云何，

於汝之意云何。

如一恒河中

如是沙等恒河者，一粒沙爲一恒河。

所有沙，

一沙爲一恒河，則恒河亦無數之多。

有如是沙等恒河。

舉此無窮之沙等恒河者，謂一粒沙爲一恒河，廣設譬喻而言恒河也。

是諸恒河

是諸沙數之多恒河。

所有沙數

所有之沙數在佛所説法之世界，處如是無量無數之沙。

佛世界，

佛世界者，三千大千之内，必有一佛設化，謂之曰佛世界。

如是寧爲多不。

果多否乎。

甚多，

須菩提言甚多，

世尊。

啓咨世尊而答。

佛告須菩提，

佛告須菩提曰：不必遠論恒河沙界。

爾所

爾者，近也。

國土中

乃爾之國土中。

所有衆生

所有許多衆生，各具一心。

若干

若干者，許多也。

種心

寔如恒河中若干無數沙之種種妄心，

如來悉知。

如來以清淨五眼，皆盡見知之。蓋一念不生，神鬼莫測，一念將萌，神鬼共鑒。所有衆生妄心如恒河沙數之多，如來智無不照，豈有不悉知者乎。

何以故。

其故維何。

如來説諸心，

如來所説一切諸心皆是衆生妄心，

皆爲非心，

皆非性中常住真心。識得妄心非心，

是名爲心。

若去妄還真，是名爲心。

所以者何。

佛徵釋：所以者何爲非心是心。

須菩提，

佛呼須菩提曰：若能覺悟本心，掃除妄念。

過去心不可得，

思念前事者，爲過去心也。過去心者滅，無滯於物，則過去即無，過去心不可得也。

現在心不可得，

思念今事者，爲現在心不住，何所專主於有，現在心不可得也。

未來心不可得。

思念後事者，未來心不將迎，則念慮未至，神鬼莫測，未來心不可得也。三心了不可得，即見自性如來，所謂見性明心，立地成佛。發進修寔證之菩提心者，可不知勉哉。六祖曰：前念後念及今念，念念不被邪見染。張無盡云：一念不生全體現。

〇法界通化分第十九

福德無故而得福性，圓滿法界，通入化境，故謂法界通化分。

須菩提，

佛呼須菩提曰：我謂過去、現在、未來三心皆不可得。

於意云何，

於汝之意云何，

若有人滿三千大千世界七寶

若人有以滿三千大千布施之福，俗眼爲寔，佛眼爲無，以不可得之心爲因，以滿三千大千世界七寶爲緣，

以用布施，

用爲布施。

是人以是因緣，

是人以是之心不可得之因緣而行布施。

得福多不。

其福德果多否。

如是，世尊。

須菩提深會其理，啓咨答曰：如是，世尊。

此人以是因緣，

此人以是不可得之因緣而行布施，則因如緣如。

得福甚多。

佛聞須菩提得福甚多之答，欲發明福多之解。

須菩提，

佛呼須菩提曰：

若福德有實，

若以有得之心行施，則福德在住相希生之寔。住相行施乃是妄心，便不得福德性。

如來不說得福德多，

如來不印可說得福德多。今以不可得之心行施，則福德無住相希望之故。無住之福，無得之德，則福性等於虛空，無有邊際，故如來印可汝說得福德多。前以寶施身施不及持經之福德。

以福德無故，

今以福德有，寔如來不說得福德多，以福德無故。

如來說得福德多。

如來說得福德多，可見前此較量布施之福德不及持經之福德，非不欲人布施，惟欲人體般若無相之法以布施，自得福德之多。

○離色離相分第二十

色相原妄，離相明真，故謂離色離相分。

須菩提，

佛呼須菩提曰：爾莫錯認如來色身作如來真身看。故因此疑而問：

於意云何，

於汝之意云何。

佛可以具足色身見不。不也，

須菩提深悟佛意，隨以弗也答之。

世尊。

啓咨世尊而答。

如來不應以具足色身見。何以故。

何以見之。

如來説具足色身，

蓋如來説具足色身乃血肉之軀，非法身，則縱横無礙，自在自由，念念無非般若。

即非具足色身，是名具足色身。

豈八十種好所能囿耶。色身中有妙色身存焉，方名具足色身。

須菩提，

佛又呼須菩提曰：汝既謂不應以具足色身見佛。

於意云何，

於汝之意云何。

如來可以具足諸相見不。不也，

須菩提亦以弗也答之。

世尊。

啓咨世尊曰：凡有寔相，即非清淨之體。

如來不應以具足諸相見。何以故。

所以者何。

如來説諸相具足，

蓋如來説諸相具足，亦由因深所感之故，而現有之諸相非無，故無爲之真相。

即非具足，是名諸相具足。

但舉三十二相好之果以勸衆生，信是名諸相具足，良由全法無爲之本體，先起應身相好之用，乃相而無相，見而無見，無見而見者也。

○非説所説分第二十一

佛之説法，隨感而應，非預孰所説，故謂非説所説分。

須菩提，

佛呼須菩提曰：汝既解悟如來不應以具足色身諸相見，自應以無相法身見也。但恐有人謂現在説法者乃具足色相也，致疑有所説則有相，無相則何有説。

汝勿謂如來作是念，

爾切勿自謂，我如來有心作此念頭。

我當有所説法，莫作是念。

爾亦莫作是念，謂如來有法可説。

何以故。

佛自徵：何以故莫作有法可説之念。隨自釋其義而言：

若人言如來有所説法，

設若有人言如來有所説法，乃執法未空，與佛説相違。

即爲謗佛，不能解我所説故。

不能解我所説相空、法空之義。

須菩提，

佛又呼須菩提。

説法者

乃證明無所説之旨。我所説法者，乃隨機施設。

無法可説，

若真性本來明寂，無法可説。

是名説法。

但爲衆生住真降妄而説，是名説法也。如如居士云：終日喫飯，不曾咬著一粒米。終日著衣，不曾掛著一莖絲。所以我佛説法，四十九年未嘗道一字。

爾時，

爾時者，須菩提起問之時也。

慧命須菩提

慧命者，慧以德言，命以壽言，即長老之異名，乃記者之稱須菩提之詞也。須菩提自雖深悟其理，但思佛不可色相見，法不可聲音求，二義俱深，於未來世，衆生善根淺薄，恐難生信。

白佛言：世尊，

是以啓咨世尊而問曰：

頗有衆生於未來世聞説是法，

謂未來世界，有衆生聞説此《般若經》法，

生信心不。

能生敬信心否。

佛言：須菩提，

佛呼須菩提曰：汝勿謂五濁惡世之間俱是不信佛法之人。蓋佛與衆生原非兩類，同具此般若真心。

彼非衆生，

彼雖爲衆生，而真性内原有，不可以衆生目者。

非不衆生。

彼雖非衆生，而業緣現在，固不可以衆生目之。

何以故。

佛告須菩提曰：一切衆生皆有佛性，自能聞法生信，以悟真如，是彼非衆生也。執相生心，迷蔽真性，是不衆生也。佛又自釋：謂彼非衆生非不衆生者，何以故。

須菩提，

佛呼須菩提而釋曰：

衆生衆生者，

以聞法不生信心故也。衆生之性與佛同原，無有差别。

如來説非衆生，

如來説非衆生，因不信無相無住之法，背真逐妄，自喪性靈，故非衆生中人也。

是名衆生。

爲衆生者，豈可自住衆生之相，執迷而不悟哉。是假名衆生耳。

○無法可得分第二十二

本自圓成，豈從外得，故謂無法可得分。

須菩提

須菩提聞佛所説，

白佛言：

而白佛言。

世尊，

啓咨世尊曰：佛得阿耨多羅三藐三菩提，爲無所得耶。

前聞我佛所説，寔無有法得阿耨多羅三藐三菩提。今聞無法可説，是名説法諸義。此理智通妙有，慧顯真空，修證者當深信佛得阿耨多羅三藐三菩提。

佛言：如是，如是。

佛聞須菩提之所説，重言如是如是，以嘉其所説之是。

須菩提，

故呼須菩提，申明其所問之義而答曰：

我於阿耨多羅三藐三菩提，

無上正等正覺之法，不從外得，乃吾之真性也。

乃至無有少法可得，

以真性之德寂，神凝智泯，不以色相取，不以言説求，不但無多法可得，乃至無有少法可得也。

是名阿耨多羅三藐三菩提。

不過强名曰阿耨菩提而已。蓋一念不生，妄盡理融，是名阿耨多羅三藐三菩提。進發修證菩提者，豈可爲法所縛，不悟妙性本空、無有法相哉。

〇淨心行善分第二十三

無四相以淨心，修善法以行善，故謂淨心行善分。

復次，須菩提，

佛又再告須菩提曰：我所説阿耨菩提之法，乃吾本然之性。

是法平等，

蓋自性菩提，是法在凡不減，在聖不增，而平等也。

無有高下，

是色身則有高下，真性則無高下。

是名阿耨多羅三藐三菩提。

所以名爲無上正等正覺也。何以見之。

以無我，無人，無衆生，無壽者，

以我真性原無有我、人、衆生、壽者之妄。若有此妄，則嗜欲深，天機必淺，攻取累，湛一不全。吾見塵旁〔三〕種種異起，何得爲平等法哉。法爲平等，方名無上菩提矣。

修一切善法，

佛又説當修此一切善法，凡布施、持戒、忍辱、精進、禪定、智慧皆是明心見性之善法。依此法修，則虚己明真，崇德履道，造至覺地矣。

即得阿耨多羅三藐三菩提。

即得此阿耨菩提也。然又恐人泥於有法，

須菩提，

故呼須菩提曰：

所言善法者，

所言善法者，乃接引衆生人〔四〕道之門，本來原無此善法，不過假名以開悟人耳。不住四相而修，則修同無修。

如來説即非善法，

若執著善法，便有人我等相矣。

是名善法。

是名善法也。不住四相而修，則修無所修，如是之修，修至阿耨多羅三藐三菩提之因，乃名真修。不住於法而得，得無所得，直得阿耨多羅三藐三菩提之果，乃名真得。是我所謂無有少法可得之義耳。

○福智無比分第二十四

布施爲福，持經爲智，以福較智，福不及智，故謂福智無比分。

須菩提，

佛呼須菩提曰：我説無我、人、衆生、壽者四相，修一切善法，即得阿耨多羅三藐三菩提，良由離此四相，以修善法，則了脱貪、嗔、癡、愛四惡業，并六塵不能相染，而六度亦無所住，心念全忘，意識盡泯，湛然清淨之心，真超入太虛境象，得無上菩提。我思無相修善之法，所得真證無上菩提，如是以清淨無爲之道心，超出三界，永劫常存，其福德甯有比倫乎。

若三千大千世界中所有諸須彌山王，

所有諸須彌山王，上至忉利天，下至崑崙際。

如是等七寶聚，

設將七寶聚如須彌山之高大，

有人持用布施，

其施可謂大。以如是大施之因，必得如是之果，所得福德亦應大而不可窮極。

若人以此《般若波羅蜜經》，

若人以《般若經》，

乃至四句偈等，

并四句偈，

受持讀誦，

受持有得於心，

爲他人說，

爲他人演說，有益於世，

於前福德

比前七寶布施之福德，

百分不及一，

百分不及持經之一分，

百千萬億分，

即百千萬億分，

乃至算數譬喻所不能及。

皆不能及持經福德之一分。人可以布施徒求於外而不求於心哉。蓋以四句偈等受持讀誦，爲他人說，自利利他，直使人我同證無上菩提之大道，至是如如不動之般若，光無不遍，化無不週，乾坤不能覆載，劫火不能毀壞，體物不遺，天人仰賴，以視須彌山之高，不啻大千世界一微塵，其布施之福德，有何可與持經者較量而比議哉。

○化無所化分第二十五

眾生本性皆善，豈有所化，故謂化無所化分。

須菩提，

佛呼須菩提曰：我謂是法平等，無有高下，以無我、人、眾生、壽者，修一切善法，即得阿耨多羅三藐三菩提。蓋謂一切眾生，各具真如之性平等，而無聖無凡，無有高下，眾生與佛同源。若悉能以無我、人、眾生、壽者四相，修一切善法，則眾生即是如來，何有眾生可度哉。

於意云何，

於汝之意云何。

汝等勿謂如來作是念，

凡汝學道諸人，勿謂我如來寔有此意。

我當度眾生。

必有化度眾生之心。

須菩提，

佛呼須菩提曰：

莫作是念。

汝等莫作此如來度眾生之念。

何以故。

何以故莫作是念。蓋是法平等，無有高下，無高則無度眾生之如來，無下則無所度之眾生。

實無有[五]眾生如來度者。

縱有眾生執著四相，迷性惑心，如來不得已說法，破執而覺迷，則如來乃離相說法、離相度生，豈作是念，見有眾生可度、我謂能度乎。度而非度，亦寔無有眾生如來度者。

若有眾生

若有聞經悟道，眾生自然化度，我何度之有哉。所謂平等真法界，佛不度眾生也。

如來度者，

若說一切眾生必是如來化度，

如來即有我、人、衆生、壽者，

如來即有能度之我相、所度之人相、可度之衆生相，即有我已成佛、永劫不壞之壽者相。有此四相，又何能得證如來，抑安能得度衆生耶。

須菩提，

佛呼須菩提曰：如來寔無有我、人、衆生、壽者四相，以證如來。

如來説有我者，

不過尋常隨世流布之言，口雖説我，

即非有我，

如心中即非有我。

而凡夫之人

而執相迷心，凡夫之人，不明離相之意。

以爲有我。須菩提，

佛呼須菩提曰：

凡夫者，

性本平等，與佛同源，無有高下。

如來説即非凡夫，

因執著我、人、衆生、壽者四相，不修一切善法，以致迷蔽真性，

是名凡夫。

是名凡夫也。

○法身非相分第二十六

無爲法身，離有爲相，故謂法身非相分。

須菩提，

佛呼須菩提曰：我謂如來説有我者，即非有我，而凡夫之人以爲有我。無我者即爲如來，有我者即爲凡夫。無相之旨，豈可不深明徹悟哉。前汝已解三十二相不可以見，即是如來雖不可以有相之應身見是如來。

於意云何，

於汝之意云何，

可以三十二相觀如來不。

果以三十二相觀如來否。

須菩提言：

須菩提意謂：應身相好乃法身中流出，有諸内者始形諸外。若不圓滿性中法身，安能有此三十二種相好。

如是，如是。

故答言：如是，如是。

以三十二相觀如來。

欲觀如來，不出此三十二相也。

佛言：須菩提，

佛聞須菩提以相好觀驗如來之答，知須菩提於無相之法尚有細惑未遣〔六〕，故舉近事以質，使之不辨自明。是以呼須菩提曰：

若以三十二相觀如來者，

設若如來可以三十二相見。

轉輪聖王

轉輪聖王，在天爲四大天王，糾察人間，爲聖爲王，亦懲勸人間善惡。曾修三十二淨行，故亦得三十二相好。但不無生滅之心，不能如佛之永脱輪轉，不變不易，無始無終，而道化之常存不息。

即是如來。

如來道性常存，無爲自治，豈轉輪聖王之所及乎。須菩提已證無諍三昧第一阿羅漢道，不能成佛者，惟此毫厘之相未遣耳。茲聞佛轉輪聖王之喻，些須之相一掃全空。

須菩提白佛言：世尊，

故即啓咨世尊曰：

如我解佛所説義，

如我解佛所説轉輪聖王之義。

不應以三十二相觀如來。爾時世尊，

佛知須菩提至此已透徹無相真空之法，但恐現在、未來一切衆生隳於見聞，不悟真性。

而説偈言：

彼時世尊而説偈曰。偈者，發言成句也。

若以色見我，以音聲求我，是人行邪道，不能見如來。

蓋真性之如來，視之不見，聽之不聞，何可以色見聲求。若以色見聲求，是人不了悟。率性之謂道，如舍正路而不由，乃行邪道，何能得見真性之如來。佛以慈悲平等，惟願衆生脱離苦趣，故深戒以向外營求，欲人汲汲乎反求諸己而已矣。色者，如莊嚴佛像之類。見者，親覩之也。聲者，如歌揚梵講之類。求者，索也。我者，佛自謂也。邪道者，因聲色乃是幻妄，惟真性方爲正覺也。如來者，真性法身佛也。

○無斷無滅分第二十七

法無斷滅，故謂無斷無滅分。

須菩提，

佛呼須菩提曰：汝既知不應以三十二相觀如來，如來不可以色見聲求，則無相之法已證深解。斯時汝之心意一物無有，一掃全空矣。但此時又不可執著於無，以墮於斷，蓋執有執無，皆非道中。

汝若作是念，

汝若作此念頭，

如來不以具足相故，

如來不用具足之相，

得阿耨多羅三藐三菩提。

得此無上菩提。

須菩提，

佛呼須菩提曰：

莫作是念

汝切莫以此念而言

如來不以具足相故，

如來原無聲色可求，非三十二相，不假清淨妙行圓滿功德，

得阿耨多羅三藐三菩提。

遽然得此菩提大道也。

須菩提，

佛呼須菩提曰：

汝若作是念

我誡汝莫作是念者，以汝爲衆標榜、後學龜鑑。汝若執著，不以具足相故得阿耨多羅三藐三菩提，作如是之念。

發阿耨多羅三藐三菩提心者，説諸法斷滅，

如我所謂寔無有法發阿耨多羅三藐三菩提心者，以諸法如義，無寔無虚，非謂諸法斷滅也。

莫作是念。

汝若作此念言，於一切法皆斷滅之，大非矣。

何以故。

何以言之。

發阿耨多羅三藐三菩提心者，

發菩提心者，必依般若之法以爲修行之具。若不用此法，則心花何由而發。

於法不説斷滅相。

故於此不説斷滅相矣。

○不受不貪分第二十八

菩薩所作福德，無自受之心，無貪著之念，故謂不受不貪分。

須菩提，

佛呼須菩提曰：我謂如來説有我者，即非有我，不以三十二相觀如來。莫作是念，如來不以具相故得阿耨多羅三藐三菩提。誠以非有我相，則無我執，一切諸法悉皆無我。既無我相，諸相皆空，清淨之心，湛若太虚，故於三十二相不住於有，具足相好不住於無。有而不有，無而不無，隨順因緣，毫無動念，以成就空忍空寂之心，寔證無上無爲之大道。

若菩薩以滿恒河沙等世界七寶，

若發無上菩提大心之菩薩，不悟無我之法，徒以恒河沙等世界七寶，

持用布施。

持用布施，則有貪福之我相，與大道至

公無我之心便不相合，又何能充塞天地、化育群生哉。

若復有人知一切法無我，

若復有人深知一切萬法從我自心而生，湛若太虛，不住不著，無有我心。我者，私己心也。成者，成就也。

得成於忍，

得成就此容忍功德，

此菩薩

此等菩薩

勝前菩薩

勝前寶施之菩薩

所得功德。

所得之功德。

何以故。

何以故也。

須菩提，

佛恐須菩提錯認世間福德，故又呼而告之曰：

以諸菩薩

以諸菩薩原無所得之心，

不受福德故。

不受福德故，是以爲勝也。須菩提擬不受福德之迹，疑果從因。若固執不受，則有必固我之相，豈得爲勝。

須菩提白佛言：

須菩提未解其義，

世尊，

啓咨世尊曰：

云何菩薩不受福德。

云何菩薩不受福德。

須菩提，

佛呼須菩提示以心法。

菩薩所作福德，

無自受之心，一心惟知，我欲滅度一切衆生，但願衆生悉受福德。滅度一切衆生已，不計我爲能度者，亦不知寔有衆生我度者。

不應貪著，

如此不應貪著之心，而得寔證菩提之果。

是故説不受福德。

所以説菩薩不受福德也。

○威儀寂靜分第二十九

去來坐臥四威儀，來去如如爲寂靜，故謂威儀寂靜分。

須菩提，

佛呼須菩提曰：我謂一切法無我得成于忍，是離一切諸相，以見自性之如來。

若有人言：

設若有人不悟此理，言如來以莊嚴相好之身，

如來若來若去，若坐若臥，

若來若去，若坐若臥，爲利益一切衆生。

是人不解我所説義。

是人不解我所説一切法無我得成於忍之心也。

何以故。

何故不解我所説之意。蓋人執著如來應身色相，寔有所來去也。要知人之真性各自具足，本來不生不滅，道化常存。若真知一切法無我得成于忍，不爲六塵所蔽，不爲法相所拘，則如如不動之真性雖無相無爲，自能萬法含容，光無不遍，化無不週，超出三界，永劫常存矣。

如來者，

如來者，即隨自性之所。

無所從來，

如而來，無所從來，

亦無所去，

亦無所去也。

故名如來。

故名如來。發阿耨多羅三藐三菩提心者，

當知一切法無我得成于忍之義，離一切諸相，以來真性清淨之如來，則自然不執如來之來去坐臥而生心也。長水法師云：譬如水清月見，非是月來，水濁月隱，亦非月去，因水有清濁，非月有升沉。心淨見佛，非是佛來，心垢不見，亦非佛去，以人心有垢淨，佛本無來去也。

○一合理相分第三十

一合真性，是爲性理之相，故謂一合理相分。

須菩提，

佛呼須菩提曰：我謂若有人言如來若來、若去、若坐、若臥者，是人執相生心，不解我所說一切法無我之義也。如此執著塵世之中一切妄境，觸而動念者，等於碎爲微塵之多，不可窮極。

若善男子、善女人以三千大千世界碎爲微塵，

碎分爲微細塵埃。

於意云何，

於汝之意云何。

是微塵衆寧爲多不。

以爲多否。

須菩提言：甚多，

須菩提深悟佛意，言甚多。

世尊。

啓咨世尊而徵釋：

何以故。

何以故謂甚多。盖一切塵勞散於塵境，觸境而動念者不可數計，言甚多。但微塵雖多，乃虛妄之體、不堅之質，念動即生，念寂即滅，本非堅寔而常有者。

若是微塵衆實有者，

此微塵衆俱是人心妄想安立。若曰真個有此微塵衆多，

佛即不說是微塵衆。

佛則不説是微塵衆也。

所以者何。

妄塵皆是外來之物，非吾性中之本有。若能心鏡常明，微塵雖多，不爲所觸，安能蔽我靈府。

佛説微塵衆，即非微塵衆，

此非微塵衆。

是名微塵衆。

若不能了悟真心，惑於一切塵境，是名微塵衆。微塵、世界皆是假立色相，既無微塵，何有世界。微塵、世界乃微塵積成，原不真寔。世界在微塵在太虚之中，游氣飄揚任起滅。世界在太虚之中，明暗色空，山河大地任聚散。若真性般若，窮劫不壞，豈二者可比哉。

世尊，

須菩提悟入深解，復啓咨世尊：

如來所説三千大千世界，

皆由妄塵積聚而成，劫數盡時，終有變壞，

此所以虚妄不寔。

即非世界，

不過現在尚存，

是名世界。

是名世界也。

何以故。

須菩提又徵釋：何以故謂之非世界。盖積塵成世界，析界作微塵。世界皆屬虚妄，終有壞時，本非寔有不壞之質，故釋云：

若世界實有者，

若以世界爲寔有者，必是本來真性，自無始以來，常住不滅。以此真寔之性在於世界中，打成一片，有不滞於迹，無不淪於虚。

即是一合相。

即是一而不可合之以爲二，合而不可折〔七〕之以爲離，乃是一合相之真性。

如來説一合相，

然如來説一合相之真性等，於無形可見，

無聲可聞。如來於相離相，説一合相，不可執著寔有。

即非一合相，

又不可執著爲寔無。

是名一合相。

乃强名一合相矣。

須菩提，

佛見須菩提之言已悟入深解，故再呼而告曰：

一合相者，

乃真性虚靈之體，無有形色、聲音者。惟當自省自悟，有而不滯於迹，無而不淪於虚，真空不空，妙不容言。

即是不可説，

即不可言説求者。

但凡夫之人

但庸常之人，不知遇相離相、遇空離空之義。

貪著其事。

貪著塵境事相，以微塵世界爲寔有，以色身六根爲真我，不悟靈明之真性，所以沉淪而無由解脱也。

○知見不生分第三十一

知見無見，此即正見，不生無生，此即常生，故謂知見不生分。

須菩提，

佛呼須菩提曰：《般若經》中於我四句無相之偈反覆辨難，輾轉較勝者，盖因四句之義，信之淺者可以破執覺迷，信解深者可以住真降妄，窮造其極，直使般若智慧圓滿乾坤，超出三界，不動跬步，彈指已到波羅密之道岸矣。我是以不避饒舌之嫌，汲汲乎欲人信解。但相由見生，有相之見則爲妄見，無相之見始爲真見，至又不得不將四見相與辨明，使發菩提心者得以信解，去妄歸真，而同證無上無爲之大道。此我之深意也。佛恐人著於妄見，不能見性，故發此問。

若人言佛説我見、人見、衆生見、壽者見。

　若人言佛説我人等四見。

須菩提，

　佛呼須菩提曰：

於意云何，

　於汝之意云何，

是人解我所説義不。

　是人解我所説真見、妄見之義否。

不也，

　須菩提以弗也答之。

世尊。

　啓咨世尊曰：

是人不解如來所説義。

　四見之義雖簡易，理寔精微。執有、執無皆非真見，非覺悟之深者莫能窺其奥。若是一切之人，不解如來所説之義。

何以故。

　須菩提又徵釋：何以故是人不解如來所説義。

世尊

　啓咨世尊曰：

説我見、人見、衆生見、壽者見，

　盖如來説我見、人見、衆生見、壽者見。見自性之無求無得、湛然常住，以清淨我見也。見人之真性各自具足，以清淨人見也。見真性中本無煩惱可斷，以清淨衆生見也。見自性無變無異、無生無滅，以清淨壽者見也。此四見乃佛所説見自性之真見也。若衆生於是非愛取舍中處處著見，逢色而受，遇境則觸，執一切色相皆有，以墮常見，此固不能信解四見之義也。即深信而不能深解者，聞佛所説無相之法，遂執四相以無爲而不能融通活潑，致墮斷見，猶如槁木死灰而無生發之機，亦不能使般若之體圓通周遍，是亦不能信解四見之義也。

即非我見、人見、衆生見、壽者見，

執有、執無皆是妄見，即非我見、人見、衆生見、壽者見之真見也。

是名我見、人見、衆生見、壽者見。

惟不執於有，不執於無，有而非有，無而非無，不墮常見，不墮斷見，自得法性圓融，湛然常淨，是名我見、人見、衆生見、壽者見也。是我所説未能覺悟深解之，是人不解如來所説義耳。

須菩提，

佛聞須菩提解説四見之義深悟透徹，了達無餘，寔合佛意，遂呼菩提曰：

發阿耨多羅三藐三菩提心者，

若能興起無上正等正覺之真心者，

於一切法，應如是知，

應如是致不墮常墮斷之見。

如是見，

應如是起不墮常墮斷之見。

如是信解，

應如是發不墮常墮斷之信解。

不生法相。

不生知見信解之法相。佛雖示以不生法相，尚應解修證者，難得不生法相。

須菩提，

又呼須菩提曰：

所言法相者，

如來心中無有法相之見，隨係外應，無寔無虚。

如來説即非法相，

不過假此爲人解粘釋縛，使人得以生真降妄。

是名法相。

是假名爲法相而已。法相既非，必無我、人、衆生、壽者之見，而菩提真心所當知見而信解者也。發菩提心者，曷審于此，如是知、如是見，即無上菩提之真知真見也。法者，事也。相者，形迹也。至生法相者，于事之形迹，如我、人、衆生、壽者之見，皆不萠于心也。

〇應化非真分第三十二

夢、幻、泡、影、露、電，皆是應化無常之假質，非真寔常存之本體，故謂應化非真分。

須菩提，

佛呼須菩提曰：如汝所解云見真性中本無我、人、衆生、壽者四相，乃是清淨我、人、衆生、壽者四相之真見。我謂如汝所解之義，應如是知見信解，不生知見信解之法相，則萬緣全空，萬法歸宗，而威儀寂靜，知見不生，性契無上菩提之道，心無餘涅槃之寔相，使湛然清淨之心圓周三界，歷劫常存，無物不生，生物不測。

若有人以滿無量阿僧祇世界七寶

若有人以滿無量無央數之世界七寶。無量阿祇世界者，不止于恒沙也。

持用布施，

持用布施于人，固爲世間福矣。

若有善男子、善女人發菩薩心者，

發菩提普濟之心者，

持於此經，

持于此經偈，

乃至四句偈等，

乃至見自性中無相四句偈等，

受持讀誦，

自見其性，

爲人演説，

又演説于人。推演講説教人，亦得以明心見性。

其福勝彼。

此則出世間之福，成己成物，受福無窮，

寧不勝彼滿無量無央數世界七寶持用布施之福哉。

云何爲人演説。不取於相，如如不動。何以故。

佛又自徵曰：我所謂不取于相、如如不動者，何以故。蓋真性湛然常寂，無相無爲，本自如如。

一切有爲法，

一切賢聖莫不以無爲法而寔證菩提。若世間一切有爲法，皆虚妄不寔。

如夢幻泡影，

如妄夢之非真，如幻術之假化，如水泡之起滅，如身影之恍惚，如夢出無心，幻成有意，夢覺入幻，幻結疑夢，皆從顛倒起也。

如露亦如電，

如朝露之易晞，如電光之易暗，水漚爲泡，泡隨水消，形照爲影，影從形滅，皆虚爲[八]寔也。露以日晞，電以霽散，尤爲倏忽起滅。

應作如是觀。

當作如是六者觀。觀六者生滅無常、虚妄不寔，則知一切有爲之法皆有形有相，妄僞而不真實也。惟我如如不動之真性，無形無相，起萬劫而不朽，不生不滅，歷亘古而常存。能于無相之偈受持讀誦，爲人演説者，其福德寧可較量而思議哉。此六字中，凡人事之感應，山河之安立，天地之變化，都已説盡。此四句剗盡經旨，正如來真切滅度之處，觀無所具空觀、假觀、中觀之妙智也。

佛説是經已，

佛既反覆闡明般若之法，説經已畢。

長老須菩提

首焉起請之長老須菩提，頓悟真空，已聆心印。其時同會聽法者，

及諸比丘、

有比丘而名僧焉，

比丘尼，

有比丘尼而名師姑焉，

優婆塞、
　有居士而謂之優婆塞焉，
優婆夷，
　有道姑而謂之優婆夷焉。
一切世間天、人、阿修羅，
　一切天上、人間及阿修羅等護法之神，
聞佛所説，
　聞佛所説此經，
皆〔九〕大歡喜，
　各各見性，不驚不怖不畏，皆大歡喜，
幸正法之難遇，悦今日之躬逢。
信受奉行。
　莫不信受其言而領于心，奉行其教而演于人。雖歷億萬劫，永證金剛不壞身。佛恩之慈悲，至矣。觀是經者，寧可不宣揚妙法以報佛恩乎。川禪師頌曰：飢得食，渴得漿。病得瘥，熱得涼。貧人遇寶，嬰兒見娘。飄舟到岸，孤客還鄉。旱逢甘澤，國有忠良。四夷拱手，八表來降。頭頭總是，物物全彰。古今凡聖，地獄天堂。東西南北，不用思量。刹塵沙界諸群品，盡入金剛大道場。

金剛般若波羅蜜經註講卷下畢

校勘記

〔一〕「然」，底本脱，據文意補。
〔二〕「遍」，底本作「偏」，據文意改。
〔三〕「旁」，疑爲「勞」。
〔四〕「人」，疑爲「入」。
〔五〕「無有」，底本作注文，據文意改爲正文。
〔六〕「遺」，底本原校疑爲「遣」。
〔七〕「折」，疑爲「析」。
〔八〕「爲」，疑爲「無」。
〔九〕「皆」，底本作「昏」，據文意改。

（李勁整理）

〇二七五

孚佑帝君註金剛經[一]

金剛經序

蓋聞天地之道備乎陰陽，帝王之治統乎人鬼。孔子言民義而必曰敬鬼神，可見鬼神之德之盛原非虚誕也。其曰遠之者，不過恐人專騖[二]於天道之遠，而轉忽於人道之邇。儒家所謂索隱行怪，即佛家所謂邪魔外道也。觀《金剛經》四句偈語云：若以色見我，以音聲求我，是人行邪道，不能見如來。可知邪道亦非佛家所尚也。故孔子曰：未能事人，焉能事鬼。又曰：未知生，焉知死。是示人以事鬼必先事人，知死必先知生，並非謂有人而無鬼，有生而無死也。乃世人不知體玩聖人立教之深心，輒引聖人之言爲口實，甚至於褻慢鬼神，肆無忌憚。見有爲鬼神生死之説者，則痛斥以爲非儒者之教。嗟乎，精氣爲物，游魂爲變，故知鬼神之情狀，儒者之教，何嘗不言鬼神耶。原始反終，故知死生之説，儒者之教，又何嘗不言生死耶。惟是儒者之教務乎實，釋氏之教主乎空。務乎實，則有五常、五倫、五事、六德、六行之目，教人以存心養性，切近之功，此即所以事人即所以知生也。主乎空，則有五蘊、四相、六根、六塵之目，教人以明心見性，滅度之法，此即所以事鬼即所以知死也。然實者原本於空，五行一陰陽，陰陽一太極，太極本無極也。空者總成乎實，空不異色，空即是色也。是則儒教所謂一物一太極，即釋氏所謂一心一如來。儒教所謂主靜以立極，即釋氏所謂無爲以機化。其理，一而二，二而一者也，特事分先後，功無躐等耳。未能事人者，不能事鬼。既能事人，亦當思所以事鬼也。未知生者，自不知死。既知所以生，亦當知所以死也。明乎此，則無妄之理即是存誠，釋書可以作儒書，篤恭之念即是無爲，儒書可以作釋書。苟由此而深造焉，既能事人，又能事鬼，既知生，又知死，是聖人所不敢輕望諸人者，而竟能幾及焉。則爲佛氏所重者，未始非聖人之所嘉也。不審乎此，而任意執迷，日相逐於嗜欲攻取之塲，縱從事《詩》《書》，而塵緣之蔽痼日深，性真之牿亡殆盡，名教中之罪人，即阿鼻地獄之苦鬼。既見棄於佛氏，尤恐得罪於聖人也。由是觀之，言釋者必先明儒理，方有來路。來路認得清，則空虛之理皆造端乎實境，持之既久而自得真空。雖道行有等差，而深者見深，淺者見淺，各有所就，即不必人人盡證佛果，亦萬不致誤入左道，轉滋禍殃也。言儒者，必兼通釋理，方知去路。去路認得真，則真實之境皆統宗於太虛，玩之既久而自得一貫。雖造詣有等差，而希天者聖，希聖者賢，各有所就，即不必人人盡接道統，亦萬不至汶汶没世，草木同腐也。此非理之實有可據，而事之確有可憑者乎。至若果報之説，造道者不必存其心而實有其事。天有顯道，厥類惟彰。有小行者獲小報，有大行者獲大報，儒與釋蓋皆有歷歷不爽者。孔子著書以訓萬世，故受享祀於萬世。如來著經以訓萬世，故亦受供奉於萬世。此即佛經所謂以四句偈語爲他人解説，不住相布施，獲福無量也。至於諸賢諸佛，其獲報之小焉者耳。且從事天道者，以天道報之，從事人道者，以人道報之。如來專言性，性，天道也，故本身得證佛果而歸極樂之界，此以天道報之也。孔子言性兼言教，性，天道也，教，人道也，故不特身爲聖神，享祀萬世，而且後裔綿延，公卿萬代，與國戚休，此非天道、人道兼獲，其無量無邊之報哉。果報既真，則道愈可貴。深於釋者必知儒，深於儒者必知釋，互相發明，交相爲用。有志之士，洵不可不亟亟講貫也。

余幼讀儒書，於經傳章句粗明大意，大都爲舉業計，至聖賢大本大原，茫乎未有領會。丙子夏間，偶住金陵鷲峰寺，晤釋者達宗，持示《金剛經》一卷。余受而誦之，覺與儒書大旨不甚相遠。丁丑冬，因公于役淮陰，借住觀音寺。禪林清淨，與念茲長老日夕講論。既又旁搜釋典，漸開會悟，覺與儒書大有發明。惟嫌向來註釋之家異同各出，亦純雜互見，雖繁言累牘，而大旨總不了了。求之愈深，而轉滋疑惑，若向雲中窺日，間露光明，而旋復掩蔽。因而屏絶煩囂，齋戒焚香，端居靜坐三匝月，細將佛經之語，與儒書所載，逐句逐字，悉心參悟。一旦豁然貫通焉，方悟儒教、釋教所言心性之理，若合符節。特因人不善解悟，故覺元渺難憑，其實即眼前語，與儒經互相表裏。一爲顯揭其旨，直燎如指掌，有何元渺不可知之有哉。爰於各經句下，詳細註明，務期逐句逐字，還其著落。始不過爲自己便於隨誦隨解耳，既而思人之好善，誰不如我。世人誦經者多，能解者少，故不得其旨趣，往往作而復輟，以至好善不終，良可惜也。况佛經云，能生信心，受持讀誦，爲人解説者，福德無量。是烏可自得其解而不爲他人解説乎。爰將所註刊刻印送，以公同好。俾凡有立心向善者，皆得隨時解悟，大澈大通，生實信心，生歡喜心，踴躍進修，不能自已。從此，講釋教者參儒書而覓其來路，講儒教者亦參釋書而識其去路。空而實，實而空，理賅人鬼，而道洽陰陽。兩教會通，相觀而善，豈不幸甚。其在根器深厚者，有過人之智慧，登峰造極，自必別具會心，不必爲管見所拘。然行遠自邇，登高自卑，則余此刻或亦可爲行遠登高之一助云爾。

或曰，三教並行，茲獨言儒釋而不言道，何也。曰：此舉一可以反三之意也。一貫之道，無所不包，既可通於釋，即可通於道。三教之旨，總以窮理、盡性、致命爲歸。而如來《金剛》一經尤通於孔、孟，而高於老聃。其命意，以覺性爲宗，成己成物，體用兼備。其立論，似淺而深，似虛而實。其説原於天命，合於性善，而明於《道德》五千言。此經所以爲諸經之祖也。人苟於是經悉心以求之，不但釋教明，而虛無寂滅之論可以破其惑，而且儒教明，而大本大原之學可以得其宗。至於道教之一理相通，又可不言而喻矣。是爲序。

嘉慶二十三年歲在戊寅孟夏之月吉旦，唯唯道人楊欲仁體之氏撰。

是序原板存於山東德州。惟以道阻且長，碍難續印，茲於光緒十五年菊月穀旦，馬雲峯重刊此序，冠於卷首，以便與後二序考證合參。

校勘記

〔一〕底本據民國十四年濟慈印刷所重刊本《孚佑帝君註金剛經》，尾據《卍續藏》本補。

〔二〕「驚」，疑爲「鶩」。

金剛經序

從古聖人之書，皆所以垂教也。而統智愚聖凡，胎卵濕化，而胥度之者，莫如《金剛經》。是經也，以無念爲宗，以離相爲旨，以斷除貪妄爲功夫，以清淨涅槃爲究竟，誠昏衢之巨燭、苦海之慈航也。自西域傳入中華，上自王侯紳士，下迄牧豎樵夫，靡不家置一編，頂禮而供奉之，較四書六經倍加尊重。然雖明衣潔裳，淨體端容，敲碎木魚，而口之所誦，非心之所知，目之所睹，非意之所會，如入暗室，不見一物，如遊蠻邦，莫辨何言，亦安能起大堅固，生大智慧，而臻無上菩提之岸哉。

門下士黄子正元，憫世人但誦經文，不曉經義，請直解於予。予瞿然曰：此經爲我佛之傳燈，微妙秘密。子何人斯，敢以管蠡之見，妄測高深哉。黄子請甚，力不獲辭，因節取昔賢之論而增損之，謬參己見而串合之。前載註語，既字詮而句釋，後別講旨，復縷析而條分。或過遞下卷，不凌不躐，或迴顧上意，不漏不遺。務使口吻順適，脈絡貫通，俾誦者對其文，曉其義，如親歷祇樹園中，見佛與空生娓娓問答。向之在暗室者，處處開明，向之遊蠻邦者，言言盡解，亦一大快事也。蓋佛書談空，儒書言實，解佛之書，以解儒書者解之，則理順詞通，後學之人一見了然，易於遵循。若於經中之章節問答，起伏聯貫處，概置不講，而多引棒喝堂參之語以作訓詁，如鏡中花，探之不得，如水中月，捉之不能，揆之我佛傳經之心，斷不如是。茲刻壽世，必有尋文究義而得阿耨多羅三藐三菩提者。黄子之功，將與佛土並永，豈特勝於三千大千世界七寶以用布施者哉。

歲龍飛乾隆元年律次夾鐘之月純陽子沐手敬序。

金剛經序

大道無非至善也，《金剛經》《心經》爲佛教傳心之旨，亦如《大學》《中庸》爲儒教傳心之旨也。佛之與儒，皆貴身體力行，並無二道。世之闢佛者，以爲佛法病在空虛寂滅，佞佛者反以爲佛法妙在空虛寂滅。要知個中人正是門外漢，於此經中未得真諦。試觀經中第八分特提出個性字，曰福德性。第十分又提出個心字，曰清淨心。第十七分詳言降伏其心，第十八分細辨人心、道心，第二十六分明示傳心之要，第三十二分又爲發菩提心者指一波羅密之法門性也。心也，即如來也。偈曰：是人行邪道，不能見如來。福德者，天命之謂。清净者，喜怒未發。惟望世人能將此心養得虛靈不昧，止於至善而不遷。是以如是我聞，應作如是觀，爲全經之起訖。無我、人、衆生、壽者，爲全經之綱領。實無有法，爲全經之關鍵。要之三千大千世界中之大道，統歸一心。一部經中，心字凡三十九見，而《心經》中只一見，曰心無罣礙。無罣礙，即清净心，亦即喜怒未發之心也。故孚佑帝君謂，讀《金剛經》而不讀《心經》，是涉博而不知反約也，烏乎可。

桂祥自癸卯被議削職，養疴一年有奇。喜看内典，於此二經尤爲虔信。然朝夕誦讀，不得一解，因遍覓註本。奈言人人殊，且多用棒喝堂參之語，或節外生枝，或依文順義，無註解而其旨晦，註解多而其旨尤晦也。其最善者曰《石註》，本家曉楓端尹已刊刻傳世矣。茲又得孚佑帝君降鸞閩中黄總戎家所註《金剛經》《心經》直解本，實具正法眼藏。於此經旨支分節解，脈絡貫通，詳略相因，巨細畢舉，必使道心常爲一身之主，而人心每聽命焉。嘗讀邵子書有曰：性者，道之形體也，性傷則道亦從之矣。心者，性之郛郭也，心傷則性亦從之矣。道不外心，心即是道。其言之不異，若合符節。因擬讐校重梓，分給諸蘭若，以廣其傳。適紀鳳洲、蔣芝台兩同年，發善信心，樂襄其事。鳳洲又出《金剛經感應》一卷，附刊於後。望後之見此經註者，尋文究義，信受奉行，則《金剛經》《心經》有此直解，亦同《大學》《中庸》之有章句也。於世道人心未必無小補云爾。謹跋數語以誌敬信。

道光乙巳大士涅槃日三寶弟子覺度桂祥薰沐謹跋。

保寧勇禪師示看經知警文

夫看經之法，後學須知當淨三業。若三業無虧，則百福俱集。三業者，身、口、意也。一、端身正坐，如對聖容，則身業淨也。二、口無雜言，斷衆嬉笑，則口業淨也。三、意不散亂，屏息萬緣，則意業淨也。內心既寂，外境俱蠲，方契悟於真源，庶研窮於法理。可謂水澄珠瑩，雲散月明。義海湧於胸襟，智嶽凝於耳目。輙莫容易，實非小緣，心法雙忘，自他俱利。若能如是，真報佛恩〔一〕。

眉批

【一】世人念經，淺見者爲懺悔求福，深識者爲見性達天。其實見性達天，覺得時時明澈，念念慈悲，自度度人，逍遥無礙，斯乃真懺悔、真求福也。彼以世福爲福者，不誠自悮性功而終於淪落乎。〇實見得本身是假，萬相皆空，何有未來之妄冀，何有現在之拘牽，更何有過去之追憶乎。《金經》《心經》便是度己度人真種子，讀者其身體力行焉。弟子潘恩增附記。

祝香讚

爐香乍爇，法界蒙薰。諸佛海會悉遥聞，隨處結祥雲。誠意方殷，諸佛現金身。

南無香雲蓋菩薩摩訶薩。三稱三叩。

南無祇園會上佛菩薩。三稱三叩。

金剛經啟請

若有人受持《金剛經》者，先須至心念淨口業真言，然後啟請八金剛、四菩薩名號。所在之處，常當擁護。

淨口業真言

修利修利　摩訶修利　修修利　薩婆訶

淨三業真言

唵　娑音梭嚩音娃婆嚩秫音述馱　娑嚩達摩娑嚩　婆嚩秫度音陀憾音酣

安土地真言

南無三滿多　母馱喃　唵　度嚕度嚕　地音寨尾薩婆訶

普供養真言

唵　誐音耶誐曩囊上聲　三婆嚩　韈音娃日音子囉音喇斛音吽

奉請八金剛

奉請青除災金剛除一切衆生宿世災殃，主大海。

奉請辟毒金剛除一切衆生瘟毒病患，主災毒。

奉請黄隨求金剛令一切衆生所求如願，主功德。

奉請白淨水金剛除一切衆生熱惱苦，主一切寶。

奉請赤聲火金剛除一切衆生無明見，主生風。

奉請定持災金剛除一切衆生災難苦，主琉璃。

奉請紫賢金剛令一切衆生開解悟，主堅牢藏。

奉請大神金剛令一切衆生智芽成就，主龍王。

奉請四菩薩

奉請金剛眷菩薩大慈也。

奉請金剛索菩薩大悲也。

奉請金剛愛菩薩大喜也。

奉請金剛語菩薩大捨也。

發願文

稽首三界尊　皈依十方佛
我今發宏願　持此金剛經
上報四重恩　下濟三途苦
若有見聞者　悉發菩提心
盡此一報身　同生極樂國

云何梵

云何得長壽　金剛不壞身
復以何因緣　得大堅固力
云何於此經　究竟到彼岸
願佛開微密　廣爲衆生說

開經偈

無上甚深微妙法　百千萬劫難遭遇
我今見聞得受持　願解如來真實義

校勘記

〔一〕底本眉批，今移至各段末，於對應正文處以〔一〕〔二〕等注碼標注，下同。

金剛般若波羅密經直解卷上 般若音鉢惹

註　金剛，金中之剛，利而能斷之意。般若，智慧也。波羅密，到彼岸也，即諸佛菩薩超脱究竟之地。經，徑也，此經爲修行之徑路也。〔一〕

眉批

【一】經中，無我相四句是空心法之偈，以色相求我四句是空身法之偈，一切有爲法四句是空世法之偈。節録《金經因果實録》。

法會因由分第一 說法聚會，由此起因。

如是我聞：一時，佛在舍衛國祇音岐樹給孤獨園，與大比邱衆千二百五十人俱。爾時，世尊食時，著音酌衣持鉢音撥，入舍衛大城乞食。於其城中，次第乞已，還至本處，飯食訖，收衣鉢，洗

足已，敷座而坐。比，音被。飯食，音反四。〔一〕

註　如是，指全經而言。我，阿難自稱也。言此經之所云，乃我親聞於佛者也。佛，教主之稱。舍衛國，波斯匿王所居。樹爲匿王太子祇陀手種，故曰祇樹。給孤獨，名須達拏，樂善好施，人皆稱爲給孤獨長者。須逢深重佛教，向祇陀借園建精舍，用黃金布地，請佛説法，故佛常住國中〔二〕。

講　阿難説，我向者嘗聞，我佛如來在舍衛國祇樹給孤獨長者園中，座下乞士共一千二百五十人。時方正午，當進食之際，佛乃著和柔忍辱之衣，持四天王所獻之鉢，率諸大衆，於舍衛城中乞食。不越貧而從富，不捨賤而從貴，平等無相，次第乞已，還至園中，飯食訖，收衣鉢，洗足畢，排布高座而坐焉〔三〕。

眉批

【一】乞食平等，便大教化。莫將此分草草誦過。

弟子潘恩增敬註。

【二】佛與凡夫同，所不同者心耳。比邱，乞士也，上乞法於諸佛菩薩，下乞食於善信之謂。世尊，佛號也，三界共仰之意。敷，排布也。

【三】一舉一動，無非天理。

善現啓請分第二 善現長老啟請佛訓。

時，長老須菩提在大衆中，即從座起〔一〕，偏袒右肩，右膝著地，合掌恭敬而白佛言：希有，世尊，如來善護念諸菩薩，善付囑諸菩薩。世尊，善男子、善女人發阿耨乃豆切多羅三藐音渺三菩提心〔二〕，應云何住，云何降伏其心。佛言：善哉，善哉，須菩提，如汝所説，如來善護念諸菩薩，善付囑諸菩薩。汝今諦音帝聽，當爲汝説。善男子、善女人發阿耨多羅三藐三菩提心，應如是住，如是降伏其心。唯然，世尊，願樂魚教切欲聞。

註　長老，年高有德之稱。梵語須菩提，華言善現，一名空生。左爲邪道，右爲正道，故偏袒右肩，右膝著地。合掌，心合爲道，道合於心也。白，啟也。希，少也。希有世尊，先歎其少有，又呼佛號也，下倣此。如來，佛之通稱，謂真性自如，隨所來而現也。菩，覺也。薩，情也。義理先具，能覺一切有情之意。阿，無也。耨多羅，上也。三，正也。藐，等也。三菩提，正覺也。應云何住者，言此心當住於何處。諦，詳審也。唯然，既諾而復是其言也。

講　當佛敷座而坐之時，有長老名須菩提者，於大衆中從座而起，袒其右肩，屈其右膝，合掌恭敬，白佛言曰：希有哉，世尊。座下諸菩薩有一千二百五十人，不爲不多，倘如來不護持眷念，俾信受是法，則外誘得以擾亂之矣。不付諉囑託，俾奉行是法，則宗傳有時而斷絶矣。但真性雖人同具，而妄念未易消除。三千大千之内，若有善男子、善女人發無上正等正覺之心者，此心當住於何處，方得降伏其妄念乎。佛曰：善哉，善哉，須菩提，汝云如來善教諸菩薩，所言深合我心。汝其詳審靜聽，當爲汝説除妄之道〔二〕。世間若有善男子、善女人發無上正等正覺之心者，當絶去外緣，一塵不染，念念常住清淨，則能自見其性而降伏其心矣。維時，須菩提心開意解，曰唯，曰然，曰世尊，曰願樂欲聞，極致其領會而讚歎焉。

眉批

【一】勇於修行。

【二】著眼心字，不解住字精義，宜借作存字看。

大乘正宗分第三最大之乘，至正之宗。

佛告須菩提，諸菩薩摩訶薩應如是降伏其心：所有一切衆生之類，若卵鸞上聲生，若胎生，若濕生，若化生，若有色，若無色，若有想，若無想，若非有想非無想，我皆令入無餘涅槃音盤而滅度之。如是滅度無量、無數、無邊衆生，實無衆生得滅度者。何以故。須菩提，若菩薩有我相、人相、衆生相、壽者相，即非菩薩。

註 摩訶薩，梵語也，即華言心體廣大，不可測量之意。卵生，禽鳥也。胎生，人與獸也。濕生，水中鱗介也。化生，蠅蚊等類也。有色，謂但有色身而無情欲也。無色，謂但有靈識而無色身也。有想，方寸之中，尚有計慮也。無想，靜涵萬有，一念不動也。非有想非無想，雖一念不動，不似木石之無知也。此五者皆天上之人。無餘，此外無餘也。涅，不生也。槃，不死也。滅度者，滅盡一切諸相而度化之也。

講 須菩提聞佛所說，心意開解。佛於是復告之曰：須菩提，諸菩薩性量廣大，應如是降伏其心固已，然我之心即人物之心，所有一切衆生之類，若世間之卵生、胎生、濕生、化生，天上之有色無色，有想無想，非有想非無想，雖品類不同，見地各異，我皆令其不生不死，消滅其種種諸相而度化之，使之亦如是降伏其心焉。如是無盡量、無數目、無邊界之衆生悉皆滅度，亦衆生之自滅自度，於我何功哉。所以者何。蓋衆生之滅度，若歸功於我，則此心便有所著，而不免於四相之累矣。如心著於貪一邊，則爲己計私，而有我相。心著於瞋一邊，則分別爾汝，而有人相。心著於癡一邊，則願生諸天，而有衆生相。心著於愛一邊，則希冀長年，而有壽者相。有此四相，尚得謂之菩薩乎。

妙行無住分第四 奥妙之行，本無住著。

復次，須菩提，菩薩於法應無所住，行於布施。所謂不住色布施，不住聲、香、味、觸、法布施。須菩提，菩薩應如是布施，不住於相。何以故。若菩薩不住相布施，其福德不可思量。須菩提，於意云何，東方虛空可思量不音否。不也，世尊。須菩提，南西北方、四維上下虛空可思量不。不也，世尊。須菩提，菩薩無住相布施，福德亦復如是不可思量。須菩提，菩薩但應如所教住。不也之不，音弗。

註　復次，謂再編次佛與須菩提問答之言也。菩薩於法之法，指心與身之所運用酬酢者而言。住，執著也。布，普也。施，散也。色，形像。聲，音樂。香，芬芳之氣。味，烹炮之品。觸，動也，或云男女之欲，亦通。法者，事物之則也。諸法皆緣心生，故屬於意[一]。

講　佛承上無相之義，又告須菩提曰：菩薩於一切心之所運用，身之所酬酢者，皆當無所住著，而布施爲尤甚，何也。凡夫布施，往往希求利益，如目之於色，耳之於聲，鼻之於香，舌之於味，身之於觸，意之於法，一不如其所欲，則必布施以求快其所欲，此住相布施也。菩薩六根清淨，無諸欲之求，惟以法施利益一切衆生，如水在地中，行所無事，所謂不住相布施也。須菩提，菩薩布施必須如是，無六塵之累，方爲真布施，方獲大利益。此何故哉。蓋財施爲凡，法施爲聖。菩薩無住相布施，毫無希冀之心，縱脱生死苦，受大快樂，歷萬刦而不毁，超三界以長存。其福德雖大，亦聽其自然，實不可思維較量。以一經思量，則此心便住於相，而福德反小矣[二]。夫福德固不可思量，而思量亦屬無益。吾試問爾，東方虛空可謂大矣，爾思量不。須菩提曰：此等虛空之處，想之何用，吾不思量也。佛又曰：南西北方、四維上下虛空，尤爲大矣，爾思量不。須菩提曰：此等虛空之處，想之亦無用，吾不思量也。佛曰：爾知虛空不可思量，則知菩薩之無住相布施，其福德亦如虛空一般，斷不可量也。但須依吾之教，心住於無相，則自獲超證矣。

眉批

【一】凡夫受病，即此數端，須當以冷眼，御以平氣，久久自然解脱。〇初學入手工夫，先在能忍，詳二十八分得成於忍數句。〇初學眼根病深，不能即忍，須先念《感應篇》《陰騭文》《玉歷鈔傳》等書，惡漸消，善自長矣。

【二】凡夫布施未嘗非善，只是心不清淨，何以見我佛哉。性如明月，性如清風，性如元氣，其實性只完得個心，方可明心見性，圓滿佛緣。希冀二字，又是凡夫病根。

如理實見分第五 自如之理，乃見真實。

須菩提，於意云何，可以身相見如來不。不也，世尊，不可以身相得見如來。何以故。如來所說身相，即非身相。佛告須菩提：凡所有相，皆是虛妄。若見諸相非相，即見如來[一]。

註 於意云何，發問之詞。身相，謂現具之色身。見，猶看也，非相見之見。

講 佛謂須菩提曰：汝知福德不可思量，則布施當不住於相明矣。豈獨布施爲然哉，即吾現具之形體亦非真實。吾試問爾，可以執四大色身，遂謂如來在是不。須菩提曰：色身滯於官骸，佛與凡夫無異，殆不可以身相見如來也。何以故。佛以法爲身，清清淨淨，如太虛之不著形迹，雖有身相而實無身相。今如來所說身相是法身，非色身也[二]。法身可見如來，色身豈可見如來乎。佛曰：須菩提，爾之言是也。凡人所有之相，皆屬虛妄，虛則不實，妄則不真。以不實不真之相欲見如來，譬若認外寇作家人，終無是處。若人能見諸相非相，則見色身中有法身，而如來在是矣。

眉批

【一】靜心體會。

【二】佛以法爲身，猶言佛以心爲法也。明心見性，身體力行，慎勿錯走了路。持經者其慎之。

正信希有分第六 生正信心，最爲希有。

須菩提白佛言：世尊，頗有衆生得聞如是言說章句，生實信不。佛告須菩提，莫作是說。如來滅後，後五百歲，有持戒修福者於此章句能生信心，以此爲實[二]，當知是人不於一佛二佛，三四五佛而種善根，已於無量千萬佛所種諸善根。聞是章句，乃至一念生淨信者，須菩提，如來悉知悉見，是諸衆生得如是無量福德。何以故。是諸衆生無復我相、人相、衆生相、壽者相，無法相，亦無非法相。何以故。是諸衆生若心取相，即爲著我、人、衆生、壽者。若取法相，即著我人，衆生、壽者[三]。何以故。若取非法相，即著我、人、衆生、壽者，是故不應取法，不應取非法。以是義故，如來常説，汝等比邱知我説法如筏喻者，法尚應捨，何况非法。

註　如是言説章句，指上數章而言。五百歲，約舉之詞，言其遠也。持戒，諸惡莫作。修福，衆善奉行。以此爲實，確信不疑也。種善根，即持戒修福之意。淨信者，心常清淨而篤信之也。如來悉知悉見，心合於佛，佛合於心也。無法相，萬法皆空，無非法相，外緣悉淨。如來常説云者，蓋古佛有是語而佛復述之也。筏，船也。喻，譬也。佛法濟度衆生，譬以船渡人也。

講　須菩提恐佛滅後，傳法無人，後來衆生未能生信，故白佛曰：世尊以大慈之心，著希有之論，座下諸比邱固莫不尊奉矣。倘佛涅槃之後，後來衆生得聞如是言説章句，未知亦能生實信之心否。佛曰：須菩提，性體常明，心燈不滅，爾莫作是説也。蓋此言説章句至微至妙，即如來滅後，至五百餘歲之遠，猶有持淨戒、修天福之人，以此爲真實妙諦而確信不疑者。夫能確信於五百餘歲之後，則其善根必預種於五百餘歲之前，當知是人不於一佛二佛，三四五佛而種善根，已於無量千萬佛所種諸善根，見佛多，聞法多，修行多也。不但持戒修福者善根不可勝記，即世間衆生聞是章句，乃至一念之間生淨信心，此心便與如來相合，如親受教於如來一般。

如來佛慧佛眼，悉知之，而悉見之。是諸衆生所得福德如是無量，此故何哉。蓋已得生、法二空之妙義故也。是諸衆生雖止一念淨信，而此一念已無復有我相、人相、衆生相、壽者相，是生空也。無法相，亦無非法相，是法空也。生、法二空，其義云何。蓋不著相也[三]。是諸衆生若心取相，即爲執生，便著我、人、衆生、壽者。若取法相，即爲執法，便著我、人、衆生、壽者。若取非法相，亦爲執法，亦著我、人、衆生、壽者。生相固不可執，法與非法亦不可執如此。是故持戒修福之人，須令此心空空洞洞，一物不有，不應取法相，亦不應取非法相。此種義理，最爲微妙。所以古之如來常謂大衆曰，爾等諸比邱，知我以法度人，譬如以筏濟渡，人既登岸，筏即無用，人能了悟，法亦無用矣。由此觀之，法尚應捨，何況非法之外道乎。

眉批

【一】以此爲實者，以此心性之學爲實也。不但無福德相，亦且無功德相矣。

【二】廣緣非心正信。

【三】將心此義。

無得無說分第七 空則無得，寂則無說。

須菩提，於意云何，如來得阿耨多羅三藐三菩提耶，如來有所說法耶。須菩提言：如我解佛所說義，無有定法名阿耨多羅三藐三菩提，亦無有定法如來可說。何以故。如來所說法，皆不可取，不可說，非法，非非法。所以者何。一切賢聖皆以無爲法而有差音雌别。

註 得阿耨多羅三藐三菩提耶者，了却真空，無定法可得也。有所說法耶者，因人而教，無定法可說也。不可取，不可以色相取。不可說，不可以口舌說。非法雖有而却無，非非法雖無而却有。皆以之以字，作用字解。

講　佛告須菩提曰：吾教固以無上菩提爲第一義，然或由持戒而得之，或由禪定而得之，功夫不同，獲效各別，爾之意以爲如來於無上菩提有一定之法可得耶。佛門廣大，固不擇人而教，然智者與之言深，愚者與之言淺，資秉不齊，施誨亦異，爾之意以爲如來有一定之法可説耶。須菩提答曰：如我解佛所説義，知佛以無上菩提之義自修，無一定之法可名。以無上菩提之義教人，亦無一定之法可説也。何以故。如來所説之法，可以性修而不可以色相取，可以心悟而不可以口舌説。以爲有法耶。雖有而不滯於有。以爲無法耶。雖無而不淪於無。此所以無一定之法可得也。所以者何。法本無爲，自古聖賢皆用無爲之法誨人，而淺者見淺，深者見深，不能不有差别，此所以無一定之法可説也。

依法出生分第八 諸佛之法，依此生出。

須菩提，於意云何，若人滿三千大千世界七寶以用布施，是人所得福德寧爲多不。須菩提言：甚多，世尊。何以故。是福德即非福德性，是故如來説福德多。若復有人於此經中受持，乃至四句偈音忌等，爲他人説，其福勝彼。何以故。須菩提，一切諸佛及諸佛阿耨多羅三藐三菩提法，皆從此經出。須菩提，所謂佛法者，即非佛法。

註　普天之下，謂之小世界。一千小世界，謂之小千。一千小千世界，謂之中千。一千中千世界，謂之大千。其實一大千耳，斯爲三千大千世界。七寶：琉璃，玻璃，珍珠，瑪瑙，珊瑚，金，銀。福德，修布施之德，享現在之福。福德性，修性中之德性，彌六合，其受福亦如是也。四句偈，當指無我相、人相、衆生相、壽者相，方有著落。謂此偈不必説破者，似屬空滑，不可從。

講 前言法無爲矣，佛意欲顯無爲之福，乃先與之論有盡之福，因設問曰：須菩提，於意云何，若有人於此用三千大千世界之七寶以爲布施，是人所得福德寧爲多否。須菩提曰：凡人布施，原欲希求利益。所得福德豈有不欲其多。但所得者，身外之福德，而非性中之福德也。何以故。聚寶布施，不過借物而修，物有限而其福德亦有限，非性中之福德可比。然如來猶諄諄以是人之福德爲問者，以彼所得雖多，猶可以數記故也。佛曰：須菩提，爾言誠然也。藉物而修，不若率性而修，而修性之法不外此經。若復有人於此經中受之不忘於心，持之不厭其久，乃至四句偈等，爲他人宣說，不但覺一己之性，且將覺億萬人之性，其福德豈不勝彼布施之福德乎。何以故。蓋此經乃修行之徑路，凡一切諸佛，及諸佛無上菩提之法，皆從此出。夫無上菩提之法，即佛法也。而佛法豈可泥乎。所謂佛法者，本來無有，不過假此開悟衆生耳，寧有真實之佛法哉。

一相無相分第九只此一相，本自無形。

須菩提，於意云何，須陀洹音完能作是念我得須陀洹果不。須菩提言：不也，世尊。何以故。須陀洹名爲入流，而無所入，不入色、聲、香、味、觸、法，是名須陀洹。須菩提，於意云何，斯陀含能作是念我得斯陀含果不。須菩提言：不也，世尊。何以故。斯陀含名一往來，而實無往來，是名斯陀含。須菩提，於意云何，阿那含能作是念我得阿那含果不。須菩提言：不也，世尊。何以故。阿那含名爲不來，而實無不來，是故名阿那含。須菩提，於意云何，阿羅漢能作是念我得阿羅漢道不。須菩提言：不也，世尊。何以故。實無有法名阿羅漢。世尊，若阿羅漢作是念我得阿羅漢道，即爲著我、人、衆生、壽者。世尊，佛說我得無諍三昧，人中最爲第一，是第一離欲阿羅漢。世尊，我不作是念我是離欲阿羅漢。世尊，我若作是念我得阿羅漢道，世尊則不説須菩提是樂阿蘭那行恒去聲者。以須菩提實無所行，而名須菩提，是樂阿蘭那行。阿那俱平聲。樂音要。

註　能作是念，謂尚萌得道之念也。前四我字，乃代須陀洹等設想之詞，非佛自稱也。梵語須陀洹，華言預流，謂初入真流也。梵語斯陀含[三]，華言一來，謂色身一住天上，一生人間也。梵語阿那含，華言不來，謂不來受生慾界也。梵語阿羅漢，華言無生，謂相滅生盡也。無諍，毫無爭競之意。梵語三昧，華言正見，謂遠離邪見也。樂，好也。阿蘭那，即無諍也。樂阿蘭那行者，蓋佛嘗有是語，而須菩提舉以爲證也。

講　前言無爲之法不可取、不可説，則諸菩薩修行，俱當以無念爲宗，而不可存得果之心。故佛設問曰：吾教大衆修阿羅漢道者，大約有四等，曰須陀洹，曰斯陀含，曰阿那含，曰阿羅漢，用功不同，得果亦異。須菩提，於意云何，須陀洹當修行之時，若預作得果之念，便得須陀洹果否。須菩提曰：不也，世尊。何以故。須陀洹得預聖人之流，名爲入流，而心無所得，不著入流之相，不入色、聲、香、味、觸、法之六塵境界，謂之須陀洹，其以是與。佛曰：須菩提，於意云何，斯陀含當修行之時，若預作得果之念，便得斯陀含果否。須菩提曰：不也，世尊。何以故。斯陀含色身一往住天上，一來生人間，雖曰一往一來而心無所得，不著生滅之相。實無欲阿羅漢者，以我不存得果之念故也。若我稍存得果之念，謂我可以得阿羅漢道，則此心便有所著，世尊不應稱我爲樂阿蘭那行者矣。以我樂阿蘭那行而實無所行，故佛深契之，而以樂阿蘭那行名之也。則凡欲得果者，可不去其所得之心哉[三]。

眉批

【一】不去此心，仍非清淨。

莊嚴淨土分第十 成就莊嚴，淨明心地。

佛告須菩提，於意云何，如來昔在然燈佛所，於法有所得不。不也，世尊，如來在然燈佛所，於法實無所得。須菩提，於意云何，菩薩莊嚴佛土不。不也，世尊。何以故。莊嚴佛土者，即非莊嚴，是名莊嚴。是故，須菩提，諸菩薩摩訶薩應如是生清淨心：不應住色生心，不應住聲、香、味、觸、法生心，應無所住而生其心[一]。須菩提，譬如有人，身如須彌山王，於意云何，是身爲大不。須菩提言：甚大，世尊。何以故。佛説非身，是名大身。土讀度。

註 如來，佛自稱也。然燈佛，釋迦牟尼授記之師。一大世界，必有一佛設化，故曰佛土莊嚴，如寫經造寺，供養布施之類。是故須菩提諸菩薩，皆概稱也。應無所住而生其心者，謂心當住於無所住處也。須彌山，高廣三百三十六萬里，爲衆山之王。非身，法身也，乃如如不動之真心。

講 前須菩提自言所證之果，既不存得心矣，佛終恐其所得之心未盡，故又從而點化之曰：須菩提，於意云何，爾謂我昔日在然燈佛所受記，於法有所得否。須菩提曰：不也，世尊，如來一心清淨，雖在然燈佛所受記，於法實無所得也。佛曰：一大世界必有一佛設化，故謂之佛土。不知菩薩居是土，亦寫經、造寺、供養、布施，使佛土莊嚴否。須菩提曰：不也，世尊，莊嚴不過外相，於自性無涉，菩薩必不爲此也[二]。何以故。蓋佛土即淨土也。淨土不事修飾，所謂莊嚴者，非真莊嚴也，不過虛名爲莊嚴而已。是故吾教之，須菩提，諸菩薩雖性量廣大，俱應如是生清淨之心。清淨云何。不應住於有形色者而生心，不應住於有聲音、馨香、滋味及觸與法而生心。惟應屏絶六塵，於無所住處而生其心也。佛又曰：須菩提，譬如有人，身似須彌山王，爾之意以爲大否。須菩提曰：甚大，世尊。但此身雖大，究不足爲大。何以故。凡有形相者皆屬有盡，色身縱如須彌山王，畢竟還有生滅。必如佛所説之非身，方可名爲大身耳。夫非身者，法身也，即真心也。可以包太虚、藏世界，豈僅如須彌山王而已哉〔三〕。

眉批

【一】空字字義如此，世人以虚無解空，殊爲侮佛。

○心本至清至淨，爲塵緣所染，所以昧卻本來。一掃塵緣，還了本然面目，則心契佛，佛即心，自度度人，極樂世界。

【二】本來無相，心有所著，即有所住而失其清淨之心矣。無所住處而生其心，則一私不掛，萬善熒〔三〕然，春月秋雲，活潑潑地。

【三】真心無相。

無爲福勝分第十一 修無爲福，勝於布施。

須菩提，如恒河中所有沙數，如是沙等恒河，於意云何，是諸恒河沙甯爲多不。須菩提言：甚多，世尊，但諸恒河尚多無數，何況其沙。須菩提，我今實言告汝，若有善男子、善女人以七寶滿爾所恒河沙數三千大千世界，以用布施，得福多不。須菩提言：甚多，世尊。佛告須菩提，若善男子、善女人於此經中，乃至受持四句偈等，爲他人説，而此福德勝前福德。

註　恒河周四十里，在西土人所共見，故佛取以爲喻。等，同也。

講　前第八分言，三千大千世界七寶以用布施，不如持經。佛又推廣其義而言曰：須菩提，恒河周四十里，可謂大矣。其中所有沙數，難以悉計。若一沙各爲一河，俱等於恒河之大，爾之意以爲此諸恒河之沙，甯爲多否。須菩提曰：甚多，世尊。一沙即爲一河，一河各有其沙，河尚無數，何況其沙乎。佛曰：須菩提，我今實言告汝，若有善男子、善女人將七寶滿爾所説恒河沙數三千大千世界以用布施，是人得福可云多否。須菩提曰：甚多，世尊。佛曰：布施得福雖多，究竟不若持經。若善男子、善女人於此經中，乃至四句偈等，非特受持，自見其性，且爲他人解説，使之亦見其性，則彼此共證無上妙道，此種福德視彼七寶布施福德，豈不相懸萬萬乎。

尊重正教分第十二 受持正教，天人尊重。

復次，須菩提，隨説是經，乃至四句偈等，當知此處一切世間天、人、阿修羅，皆應供養，如佛塔廟，何況有人盡能受持、讀誦。須菩提，當知是人，成就最上第一希有之法。若是經典所在之處，即爲有佛，若尊重弟子。

註 隨説隨順衆生而爲説法，心無分別也。此處，即此心也。世間，世上之人。天人，天上之人。阿修羅，阿，無也，羅，衆也，即不修之衆生、魔王等類是也。殯佛之身爲塔，供佛之像爲廟。尊重弟子，弟子中之可尊可重者，若諸菩薩是也。

講 上言特説福德勝於布施，則經不可不説，故佛又呼須菩提曰：經功甚大，不可思議。如有善信之人，隨順衆生高下，逢凡説凡，逢聖説聖，爲之講解是經，乃至四句偈等，多方演説[二]。當知説經一偈之處，一切世間天、人[四]、阿修羅皆當以香花、瓔珞、幢旛、寶蓋、香油酥燈，恭敬供養是人，如藏佛身之塔，與供佛像之廟一般，何況有人盡能受持讀誦一經全文者乎。須菩提，當知是人所成就者爲世間第一希有之法。蓋是經所在之處，便是佛在之處[三]，人皆清淨奉持，即與佛無異，與可尊可重之弟子、諸[五]大菩薩無異矣。

眉批

【一】誦於口，尤當會於心。會於心，更當體諸身。

【二】佛在之處，便是心在之處。

如法受持分第十三 當如此法，承認行持。

爾時，須菩提白佛言：世尊，當何名此經，我等云何奉持。佛告須菩提，是經名爲《金剛般若波羅密》，以是名字，汝當奉持。所以者何。須菩提，佛説般若波羅密，即非般若波羅密，是名般若波羅密。須菩提，於意云何，如來有所説法不。須菩提白佛言：世尊，如來無所説。須菩提，於意云何，三千大千世界所有微塵是爲多不。須菩提言：甚多，世尊。須菩提，諸微塵，如來説非微塵，是名微塵。如來説世界，非世界，是名世界。須菩提，於意云何，可以三十二相見如來不。不也，世尊。不可以三十二相得見如來。何以故。如來説三十二相，即是非相，是名三十二相。須菩提，若有善男子、善女人以恒河沙等身命布施，若復有人於此經中，乃至受持四句偈等，爲他人説，其福甚多。

註 微塵，塵中之微者，譬衆生妄念之多也。佛分身成化，於諸世界之中，示現無邊大佛力，使一切衆生在塵離塵，在世出世，故云非微塵非世界。三十二相莊嚴端好，指全身而言。俗本謂頭如何，脚如何，未免太拘，蓋佛不一佛，相不一相故也。末言布施不如持經，重言以結上文之意。

講 須菩提白佛言：世尊，持説是經，成就希有之法。既聞命矣，不識此經當以何命名，我等云何受持乎，願明以教我。佛曰：須菩提，是經當名爲《金剛般若波羅密》，蓋明是經者，其智慧如金剛之堅利，斷絶外妄，直達諸佛菩薩之彼岸也[二]。以是名字，汝其遵奉而持守之。然真性本空，無可執著，智慧達彼岸之説，吾性中亦豈有是哉。何以故。須菩提，佛所説般若波羅密，實非般若波羅密，不過虛名爲般若波羅密，以引誘衆生耳。真性本來清淨，如此則知一切諸法總屬外相，更有何法可説乎。吾試問爾，如來有何所説否。須菩提曰：如來萬法皆空，有何可説。即不得已而有説，亦與無説等也。佛曰：須菩提，於意云何，三千大千世界所有微塵，是爲多否。須菩提曰：甚多，世尊。佛曰：須菩提，我今明言告汝，微塵雖多而無定體，世界雖大，數盡則壞，皆爲虛妄。如來所説微塵非真實微塵，是虛名爲微塵。如來所説世界非真實世界，是虛名爲世界。惟真性至真至實，自古及今無變無壞也。夫真性即法相，非身相也。佛恐須菩提不解，故又曰：須菩提，於意云何，可以三十二相見如來否。須菩提曰：不也，世尊。不可以三十二相見如來。佛曰：三十二相乃現具之色身，而不可以此見如來者，此何故哉。蓋如來雖現色身，涅槃則盡，不能久存[三]。如來説三十二相，非真實相，是虛名爲三十二相。由斯以觀，色身既屬空虛，則著相布施獲福寧有幾何。益信持説之福勝矣。須菩提，若有善男子、善女人捨身命布施，並恒河沙布施，俱屬著相因果，何益於事。若復有人，於此經中乃至受持四句偈等爲他人説，自利利他，其福甚多。可見人、法兩空，吾前言所謂不著相布施，於此益信矣。

眉批

【二】富貴功名之事，與本性何干，豈非外乎。未來難必之爲，爾越分以求，豈非妄乎。

【三】無論聖凡，色身誰能久存，無論聖凡，真性歷刦不滅。

離相寂滅分第十四 離諸形相，自得寂滅。

爾時，須菩提聞説是經，深解義趣[一]，涕淚悲泣而白佛言：希有，世尊，佛説如是甚深經典。我從昔來，所得慧眼，未曾得聞如是之經。世尊，若復有人得聞是經信心清淨，即生實相[二]，當知是人成就第一希有功德。世尊，是實相者，即是非相，是故如來説名實相。世尊，我今得聞如是經典，信解受持，不足爲難。若當來世，後五百歲，其有衆生得聞是經，信解受持，是人即爲第一希有。何以故。此人無我相，無人相，無衆生相，無壽者相。所以者何。我相即是非相，人相、衆生相、壽者相即是非相。何以故。離一切諸相，即名諸佛[三]。佛告須菩提：如是，如是，若復有人得聞是經，不驚、不怖、不畏，當知是人甚爲希有。何以故。須菩提，如來説第一波羅密，即非第一波羅密，是名第一波羅密。須菩提，忍辱波羅密，如來説非忍辱波羅密，是名忍辱波羅密。何以故。須菩提，如我昔爲歌利王割截身體，我於爾時無我相，無人相，無衆生相，無壽者相。何以故。我於往昔節節支解時，若有我相、人相、衆生相、壽者相，應生瞋恨。須菩提，又念過去於五百世作忍辱仙人，於爾所世無我相，無人相，無衆生相，無壽者相。是故，須菩提，菩薩應離一切相，發阿耨多羅三藐三菩提心[四]。不應住色生心，不應住聲、香、味、觸、法生心，應生無所住心。若心有住，即爲非住。是故，佛説菩薩心不應住色布施。須菩提，菩薩爲利益一切衆生故，應如是布施。如來説一切諸相，即是非相。又説一切衆生，即非衆生。須菩提，如來是真語者、實語者、如語者、不誑語者、不異語者。須菩提，如來所得法，此法無實無虛。須菩提，若菩薩心住於法而行布施，如人入暗，即無所見。若菩薩心不住法而行布施，如人有目，日光明照，見種種色。須菩提，當來之世，若有善男子、善女人能於此經受持讀誦，即爲如來以佛智慧，悉知是人，悉見是人，皆得成就無量無邊功德。解，上聲。

註　實相，法身也。前屢言福德，此獨言功德者，蓋功成果滿，福不足道也。波羅密有十種：一、布施，二、持戒，三、忍辱，四、精進，五、禪定，六、智慧，七、慈，八、悲，九、方便，十、不退。今云第一波羅密者，指布施而言也。非第一波羅密者，拂去假名，不住於相也。下言非忍辱波羅密，亦是此意。梵語歌利王，華言無道極惡君也。歌者，慧也。利者，刀也。王者，心也。是用慧刀，斷除無明煩惱之心也。割截支解等句，俱係喻意，不可認作實有其事。應生無所住心者，謂凡有住著處，不得起心也[五]。此即第十分之意，推而廣言之。

講 上言受持之法，爾時須菩提深解無相義趣，涕淚悲泣，傷值遇之晚，白佛言：希有世尊，佛說如是甚深經典，我從昔來修行，雖具慧眼，聞法甚多，未曾有如是之妙者。世尊，若復有人得聞是經，生篤信心，湛然清淨，則色身中有法身[六]，即生如來實相。此人成就功德，誠爲第一希有。世尊是實相者，譬若太虛，若謂有相，即是非相，是故如來所說實相，總屬鏡花水月，豈真有實相之可名哉。世尊，我今聞是經典，信而不惑，解而不疑，受而不辭，持而不厭，不足爲難。若當來世，五百歲後，其有衆生聞是經者，亦能信解受持，此人即爲第一希有。何也。此人依是經修行，屏除妄念，不著諸相，無我相，無人相，無衆生相，無壽者相。所以者何。我相即是非相，人相、衆生相、壽者相即是非相。何以故。蓋了悟四相皆空，方能離一切諸相，成無上菩提，名爲諸佛不難矣。佛曰：須菩提，信如爾之言也。蓋大乘之法，非具大乘根器者，聞之未免驚焉而恐懼不寧，怖焉而憂疑不定，畏焉而退縮不前。若不驚、不怖、不畏，諦聽受持，永無退轉，此人甚爲希有[七]。何以故。如來到彼岸之法，第一曰布施，次則曰忍辱。如來有布施之名，而不著布施之相。是知如來所說第一波羅密，即非第一波羅密，不過假名爲第一波羅密而已。如來有忍辱之名而不著忍辱之相，是知如來所説忍辱波羅密，即非忍辱波羅密，不過假名爲忍辱波羅密而已。由斯以觀，人苟不驚、不怖、不畏，則布施、忍辱二相皆空，諸相從此俱空，謂爲希有，寧爲過與。即如我昔日曾爲歌利王割截身體，若非得無相妙義，則被伊節節支解時應生瞋恨心，乃我則毫無瞋恨，以忍辱力，身復如故，非惟無苦，且復樂也。然忍辱豈僅一世哉。又念過去五百世後，作忍辱仙人，於爾所世，雖遇外侮，亦無我相、人相、衆生相、壽者相，此豈獨我然哉。須菩提，凡屬吾教之諸菩薩，俱應離一切相，發無上正等正覺心，不應住於色而生心，不應住於聲、香、味、觸、法而生心，應生無所住之心。若心有住，則住非所當住，即爲非住，而非菩薩之心矣。所以古之如來嘗有言曰：菩薩之心，莫不欲布施。但衆生之本，眼根清淨爲先，不應住於色而爲之布施也[八]。須菩提，菩薩布施原爲利益一切衆生，若心住於色，便是眼有財物，則布施有時而窮，故應如是無住相[九]布施，方獲真利益。然心無住矣，若稍存施受之念，終爲著相。故如來常説一切諸相畢竟虚妄而非真實，即是非相。又説一切衆生能悟真空，離衆生相，即非衆生。須菩提，如來此語，是真語而非假也，是實語而非虚也，是如語而常理也，是非誑語而欺人也，是非異語而駭聽也。夫一切諸相，既非真性所有，則一切諸法又豈真性所有哉。須菩提，如來所得法爲衆生而説，原非真實，然又不可不藉此以悟真性，又非虚假。有而不有，無而不無，真空之妙如此。須菩提，若菩薩之心住於法而行布施，則教化衆生無由開悟，如人入暗室，昏昏冥冥，一無所見。若菩薩之心不住於法而行布施，則教化衆生，皆得開悟，如人有目，又得日光明照，種種諸色無不畢見。夫真空無相，莫如此經。須菩提，當來之世，若有善男子、善女人能於此經受持讀誦，非但爲口耳之功，抑亦究心學之妙[九]，即爲如來所眷顧，用無上智慧知見是人而照鑒之，不但利於一身，且將普於羣生，不但利於一時，且將及於千萬億刧，而無量無邊功德皆得成就矣。

眉批

【一】得其精理則知義，得其滋味則知趣。深解二字，讀者須着意。

【二】實相方是真相，其實即真性也，亦無相之可云。

【三】體會此義，除無所住而生其心句外，此又透骨語。

【四】又一妙義。

【五】天下本無事，凡夫自擾之。凡自住著處，皆非好住處，皆非當住處。〇精則色相聲音，粗則功名富貴。

【六】法身原在色身中。

【七】苦修一生，已參義趣，不知度人，爲小乘法。半修已，半度人，爲中乘法。上極天，下極淵，中極幽明人物，自度成佛之後，又逐人逐物皆度成佛焉。

【八】眼根不淨，在仙人應謫紅塵，罰受磨刧，在世人諸端積孽，陽譴陰刑。不早回頭，悔時晚矣。眼前榮華，非汝實有，大限一到，兩手空空，百萬金珠帶不去，一生只有孽跟身。想到此間，渾身冰冷。何不乘此刻氣存，多培善果乎。

【九】宜從心裏過，毋作口頭禪。

持經功德分第十五 受持此經，功德無量。

須菩提，若有善男子、善女人，初日分以恒河沙等身布施，中日分復以恒河沙等身布施，後日分亦以恒河沙等身布施，如是無量百千萬億刧以身布施，若復有人聞此經典，信心不逆，其福勝彼，何況書寫、受持、讀誦、爲人解說。須菩提，以要言之，是經有不可思議、不可稱量無邊功德，如來爲發大乘者說，爲發最上乘者說。若有人能受持、讀誦、廣爲人說，如來悉知是人、悉見是人，皆得成就不可量、不可稱、無有邊、不可思議功德。如是人等，即爲荷擔如來阿耨多羅三藐三菩提[二]。何以故。須菩提，若樂小法者，著我見、人見、衆生見、壽者見，即於此經不能聽受讀誦、爲人解説。須菩提，在在處處，若有此經，一切世間天、人、阿修羅所應供養。當知此處，即爲是塔，皆應恭敬，作禮圍遶，以諸華香而散其處。樂音要。

註　信心不逆者，生篤信心，不相違背也。乘，車也。阿羅漢獨了生死，不度衆生，謂之小乘緣覺之人。半爲人，半爲己，謂之中乘。菩薩普度一切，謂之大乘。發，猶啟也。最上乘者，兼菩薩而載度之，佛乘也。荷擔，仔肩之意。樂，好也。小法，外道也。諸華香，即《法華經》所載末利、青蓮、白蓮等香是也。

講　佛恐世人執忍辱之説，徒以身布施，墮入貪癡障中，故呼須菩提曰：若有善男子、善女人，初日分寅卯辰時以恒河沙等身命布施，中日分巳午未時復以恒河沙等身命布施，後日分申酉戌時亦以恒河沙等身命布施，如是一日三分，歷無量百千萬億劫，以身行布施，世間所斷無之事，即有之，亦不過得世間福耳[三]。若復有人聞是經典，信之於心，順而不逆，其所得之福尚勝於彼，何況更能書寫、受持、讀誦、爲人解説者乎。須菩提，要而言之，此經不可以心思，不可以口議，不可以器物稱量，功德廣大，無有邊際。然非遇發大乘心、發最上乘心者，如來斷不與之説也。若果有人受持讀誦，逢凡説凡，逢聖説聖，廣爲闡發，使後學各見性中無相之理，則是人，心即是佛，佛即是心。如來佛智佛慧悉知之、悉見之，皆得成就不可量、不可稱、無有邊、不可思議功德，如來無上菩提，不難以一身荷擔之矣。豈樂小法者所可同日語哉。蓋樂小法之人迷於外道，恒著我見、人見、衆生見、壽者見，即於此經不能聽受、讀誦、爲人解説，不知此經普度一切，至微至妙。須菩提，在在處處，有此經典，便如摩尼寶珠瑞光燦爛，一切世間，凡在天道、人道、阿修羅道者，莫不至心供養。當知此處，與藏佛真身舍利寶塔一般，皆應恭敬，作禮圍遶，以諸華香而散其處。所謂一人辦心，諸天辦供者，此類是也。

金剛般若波羅密經直解卷上

眉批

【一】滿胸私慾，難悟真空。爲善，善道也，爲善而思報，則善中有惡，而真性泯矣。○善字所賅甚廣，除忠孝節義外，下如念佛、持齋、傳善、救人，一切有益世者皆是。○空字作虚字解，即所謂虚靈不昧也，非空寂之空。

【二】投身飼虎、割肉喂鷹云云，亦只言克欲之剛決耳，非不有其身便爲功德也。

校勘記

〔一〕「道」，底本作「過」，據文意改。

〔二〕「含」，底本作「合」，據文意改。

〔三〕「熒」，底本作「瑩」，據文意改。

〔四〕「人」，底本作「上」，據文意改。

〔五〕「諸」，底本作「請」，據文意改。

〔六〕「相」，底本作「的」，據文意改。

金剛般若波羅密經直解卷下

若淨業障分第十六 若能清淨，業障盡消。

復次，須菩提，若善男子、善女人受持讀誦此經，若爲人輕賤，是人先世罪業，應墮惡道，以今世人輕賤故，先世罪業即爲消滅〔一〕，當得阿耨多羅三藐三菩提。須菩提，我念過去無量阿僧祇劫，於然燈佛前，得值八百四千萬億那由他諸佛，悉皆供養承事，無空過者。若復有人於後末世，能受持讀誦此經，所得功德，於我所供養諸佛功德，百分不及一，千萬億分，乃至算數、譬喻所不能及。須菩提，若善男子、善女人於後末世有受持讀誦此經，所得功德，我若具説者，或有人聞，心即狂亂，狐疑不信。須菩提，當知是經義不可思議，果報亦不可思議。那平聲。他音陀。分去聲。

註　輕賤，謂疾病、貧窮諸衰相，爲人所憎惡也。惡道，地獄、餓鬼、畜生也[三]。梵語阿僧祇，華言無央數。梵語那由陀，華言一萬萬。具説，詳言也。

講　持誦此經，宜爲天、人恭敬供養，而往往不免人之輕賤，鮮不以持誦爲無益矣。故佛曰：須菩提，若善男子、善女人受持、讀誦此經，反爲人所輕賤，是人生前罪業深重，當墮地獄、餓鬼、畜生三惡道中，以今生持誦之功故，祇爲人輕賤而已，前生罪業即於消滅，來世無上正等正覺佛果當得成就。須菩提，即如我往日曾歷無量無央數劫，於然燈佛前，得遇八百四千萬億那由他諸佛，悉皆供養承事，無空過者。然祇求福而已，不能出離苦海。若復有人於後末世能受持、讀誦此經，自悟本性，永脱輪迴，其所得功德，以我所供養諸佛功德較之，百分不能及其一分，極而千萬億分，乃至算數之多，譬如微塵恒沙，皆不能及。蓋供養爲財施，受財施之報者日漸少，而終至於有盡。持誦爲法施，受法施之報者日益增，而終至於成佛。然則此經豈人所易聞者乎。須菩提，若善男子、善女人於後末世有受持、讀誦此經者，其所得功德，我若詳言其妙，下根之人聞之，甚者心即狂亂，次者狐疑不信，皆以我言爲夸而驚怪矣。須菩提，當知此經之義趣與功德之果報，皆不可以心思而口議，我又何庸具説爲哉。

眉批

【一】爲善不得福，爲惡不遭殃，亦是此種。

【二】此爲三途苦。

究竟無我分第十七 成佛究竟，本無我相。

爾時，須菩提白佛言：世尊，善男子、善女人發阿耨多羅三藐三菩提心，云何應住，云何降伏其心。佛告須菩提，善男子、善女人發阿耨多羅三藐三菩提心者，當生如是心：我應滅度一切衆生，滅度一切衆生已，而無有一衆生實滅度者。何以故。須菩提，若菩薩有我相、人相、衆生相、壽者相，則非菩薩[二]。所以者何。須菩提，實無有法發阿耨多羅三藐三菩提心者。須菩提，於意云何，如來於然燈佛所，有法得阿耨多羅三藐三菩提不。不也，世尊，如我解佛所説義，佛於然燈佛所，無有法得阿耨多羅三藐三菩提。佛言：如是，如是，須菩提，實無有法如來得阿耨多羅三藐三菩提。須菩提，若有法如來得阿耨多羅三藐三菩提者，然燈佛則不與我授記：汝於來世，當得作佛，號釋迦牟尼。以實無有法得阿耨多羅三藐三菩提，是故然燈佛與我授記，作是言：汝於來世，當得作佛，號釋迦牟尼。何以故。如來者，即諸法如義。若有人言如來得阿耨多羅三藐三菩提，須菩提，實無有法佛得阿耨多羅三藐三菩提。須菩提，如來所得阿耨多羅三藐三菩提，於是中無實無虚。是故，如來説一切法皆是佛法。須菩提，所言一切法者，即非一切法，是故名一切法。須菩提，譬如人身長大。須菩提言：世尊，如來説人身長大，即爲非大身，是名大身。須菩提，菩薩亦如是，若作是言我當滅度無量衆生，則不名菩薩。何以故。須菩提，實無有法名爲菩薩，是故佛説一切法無我、無人、無衆生、無壽者。須菩提，若菩薩作是言我當莊嚴佛土，是不名菩薩。何以故。如來説莊嚴佛土者，即非莊嚴，是名莊嚴。須菩提，若菩薩通達無我法者，如來説名真是菩薩。

註　梵語釋迦，華言能仁。梵語牟尼，華言寂默也。由爾時以下至實無有法發阿耨多羅三藐三菩提句，雖與第三分相似，但第三分言滅度一切，在生如是心，此言生如是心亦非真實，語同而意有淺深。由於然燈佛所以下至無實無虛句，雖與第七分、第十四分相似，但第七分言無有定法，尚有法在，此言實無有法，則併法俱空矣。第十四分不著四相，專指布施忍辱而言，此則兼一切而言也，較前更覺精深潤大。由是故如來説一切法句以下至末，雖與第十分相似，但第十分非莊嚴、非大身等語虛論其理，此言通達無我法，便可直登彼岸，兼論其效，更得引誘後學之意。

講　此經既不可以心思而口議，則受持讀誦不容已矣。爾時，須菩提白佛言：世尊，善男子、善女人發無上正等正覺心者，此心當住於何處，方能降伏其妄念乎。佛告須菩提：善男子、善女人發無上正等正覺心者，當生如是超證一切衆生心，舉一切衆生皆消滅其妄想而度化之[三]。滅度一切衆生盡已成佛，而無有一衆生實滅度者，良由衆生自滅自度，我無功也。所以然者，何也。蓋存滅度之念即爲著相。若菩薩之心一著於相，即有我、人、衆生、壽者之見，而即非菩薩矣。夫無相可著，則無法可名，不但塵緣外感盡屬空虛，即所謂發無上正等正覺心者，亦吾性中自具，豈是循途守轍、依於法而後然哉[三]。吾試問爾，我昔日在然燈佛所多蒙授記，得無上菩提，爾謂有一定之法否。須菩提曰：不也，世尊。如我解佛所説義，空諸一切，則知於然燈佛所無有法得無上菩提也。佛深以其言爲然，曰：如是，如是。須菩提，實無有法如來得無上菩提。若如來得無上菩提果有一定之法，然燈佛即不與我授記，當即傳以成佛之法矣，何待沾沾然向我言曰汝於來世當得作佛號釋迦牟尼乎。惟實無有法得無上菩提，故然燈佛與我授記，作是言，謂汝於來世當得作佛號釋迦牟尼云云也。夫記乃如來得果之妙諦，而如來者即真性也。真性貫徹三世，綿亘十方，即諸法皆得自如之義。豈有定法之可名哉。若有人言如來得無上菩提，必有定法，此皆妄語而不足信也。庸詎知如來得無上菩提，皆由積功累行之久，具心領神會之妙，萬緣淨而諸相空，實無有法可得。然無法可得，而又不可謂非得，得而無得之中，實而不實，虛而不虛，所以如來常説一切諸法皆是用之以修行而成佛之法也。夫用以修行，即虛而不虛也。而成佛初不在是，即實而不實也。此豈可泥乎。須菩提，如來所言一切法，非真實一切法，不過假此修行，虛名爲一切法耳。此義可借喻而知之矣。須菩提，譬如人身[三]長大，果真寔否。須菩提曰：世尊，如來説人身長大，然有生滅，有限量，非真實大身，不過虛名爲大身而已。佛曰：須菩提，菩薩教化衆生，非爲真實，亦如大身之不真寔。若菩薩作是言，謂無量衆生皆由我而滅度之，知此見識是成佛有法矣，尚得名之爲菩薩乎。何以故。蓋真性空空洞洞，非惟無法，併菩薩之名亦屬虛假，寔無有法名爲菩薩[四]。是故佛説一切諸法，無我、人、衆生、壽者。既無四者，又安得有所謂菩薩乎。至於離相以度衆生，使一切世界皆爲清淨，正是真莊嚴處。若菩薩不於此是求，反曰我當以金珠等寶莊嚴世間佛土，直凡夫之見耳，不得名爲菩薩。何以故。如來説莊嚴佛土者，不過外飾之莊嚴，非真莊嚴，但强名爲莊嚴而已。夫起度化心，著莊嚴相，不得名爲菩薩。畢竟發何等心方得名爲菩薩乎。必也四通八達，深明無我之法，遠離一切諸相，人、法兩忘，則度化之心與莊嚴之心俱不起矣。故如來説名真是菩薩。

眉批

【一】直截了當。

【二】汝不自度，何人度汝。

【三】實解得，虛空粉碎。

【四】推而廣之，臣盡其爲臣則爲忠，子盡其爲子則爲孝。忠孝字樣爲不忠不孝者立法耳。

一體同觀分第十八 萬法歸一，更無異觀。

須菩提，於意云何，如來有肉眼不。如是，世尊，如來有肉眼。須菩提，於意云何，如來有天眼不。如是，世尊，如來有天眼。須菩提，於意云何，如來有慧眼不。如是，世尊，如來有慧眼。須菩提，於意云何，如來有法眼不。如是，世尊，如來有法眼。須菩提，於意云何，如來有佛眼不。如是，世尊，如來有佛眼。須菩提，於意云何，如恒河中所有沙，佛説是沙不。如是，世尊，如來説是沙。須菩提，於意云何，如一恒河中所有沙，有如是沙等恒河，是諸恒河所有沙數佛世界，如是寧爲多不。甚多，世尊。佛告須菩提，爾所國土中所有衆生，若干種心，如來悉知。何以故。如來説諸心，皆爲非心，是名爲心[二]。所以者何。須菩提，過去心不可得，現在心不可得，未來心不可得。

註 見衆生形色，名曰肉眼。見大千世界，名曰天眼。見自性般若，名曰慧眼。見一切法，無一切法，名曰法眼。無自性可守，無諸佛可求，放大光明，破諸黑暗，名曰佛眼。如是，世尊，既然而復稱之也。若，如也。干，數也。謂衆生之心，種種有差别也。非心，妄想之心也。是名爲心，不起妄想，即是本心也。過去、現在、未來謂之三世。不可得，猶言不可有也。

講 上言通達無我法，而後可名爲菩薩。然真空之中，自有實見。故佛曰：須菩提，於意云何，如來有觀見衆生之肉眼否。須菩提曰：如是，世尊，如來有肉眼。佛曰：須菩提，於意云何，如來有普照世界之天眼否。須菩提曰：如是，世尊，如來有天眼。佛曰：須菩提，於意云何，如來有返觀内照之慧眼否。須菩提曰：如是，世尊，如來有慧眼。佛曰：須菩提，於意云何，如來有見諸法皆空之法眼否。須菩提曰：如是，世尊，如來有法眼。佛曰：須菩提，於意云何，如來有真性常昭，上自諸天，下至九幽，毫無障碍之佛眼否。須菩提曰：如是，世尊，如來有佛眼。佛既具此五眼，則所知極廣，豈有不能覺一切衆生之心乎。故佛又曰：須菩提，於意云何，如恒河中所有之沙，佛説是沙否。須菩提曰：如是，世尊，如來説是沙。佛曰：須菩提，於意云何，如一恒河中所有之沙，分之各爲一恒河，而諸恒河中所有之沙，分之各爲佛世界，佛世界如是，寧爲多否。須菩提曰：甚多，世尊。佛曰：須菩提，彼佛世界雖多，所有一切衆生，若干種心，總名妄心，如來悉能知之，誠以性體光明無不偏照也。無不偏照者，常住之真心，歷萬刼而不變者也。何以故。如來説一切諸心總屬虚假，皆爲非心。若識諸心非心，是名爲心，又安有過去、現在、未來之妄想哉。所以者何。須菩提，凡思念前事爲過去心，思念今事爲現在心，思念後事爲未來心。此三種心本來無有，乃因事而生。今真心常住，則萬法皆空，三種心於何而有哉。

眉批

【一】非心，非本心所有而名爲心者，無非姑名爲心而已。識其非心爲非心，是名爲心。

法界通化分第十九 法身徧界，通化無邊。

須菩提，於意云何，若有人滿三千大千世界七寶以用佈施，是人以是因緣得福多不。如是，世尊，此人以是因緣得福甚多。須菩提，若福德有實，如來不説得福德多。以福德無故，如來説得福德多。

註　因緣，即因由也。福德有實者，以福德爲有而妄生希冀也。福德無故者，以福德爲無而不著一切相也。此與第八分相似，但第八分言七寶布施不如持經，是望人藉經行布施，此言七寶布施福德有限，是望人離相行布施，較第八分更覺空濶。

講　心有所著，即爲非心，可見福德不宜執著而生希望矣。故佛曰：須菩提，於意云何，若有人滿三千大千世界七寶以用布施，是人以是布施因緣得福多否。須菩提曰：如是，世尊，是人以是因緣得福甚多。佛曰：修因得果，報應之常。七寶布施，得福甚多，理固然也。但下乘之人以福德爲有，藉布施以求遂其私，此爲妄心，福德雖多，終屬小果，未免有盡，故如來不説得福德多。惟大慧之人以福德爲無，藉布施以修己之性，此爲佛心三。所得福德，譬如虚空，無有邊界，故如來説得福德多也，豈彼住相布施所可同日而語哉。

眉批

【一】佛心如是。

離色離相分第二十 色相皆妄，離妄見性。

須菩提，於意云何，佛可以具足色身見不。不也，世尊，如來不應以具足色身見。何以故。如來説具足色身，即非具足色身，是名具足色身。須菩提，於意云何，如來可以具足諸相見不。不也，世尊，如來不應以具足諸相見。何以故。如來説諸相具足，即非具足，是名諸相具足。

註　具足，毫無虧欠也。色身，三十二相也。具足諸相，變化神通，不止三十二相而已也。此與第五分、第十三分相似，但第五分言凡所有相皆是虚妄，是欲人於有相之如來，見無相之如來，此言具足色身，又云具足諸相，是欲人於神妙不測之如來，見真性一定之如來。第十三分言與其見如來三十二相之假，不如持經之真，是引人持經，此言不但三十二相是假，即變化神通亦非真也，是極贊如來，語同而意自別。

講 前言諸佛所證乃無爲福德，又何身相之可見乎。故佛曰：須菩提，於意云何，可以三十二相具足之色身見佛否。須菩提曰：不也，世尊。一切色身皆爲虛假，不應以此見佛也。何以故。如來說具足色身，即非具足色身。惟真性無變無壞，方可名爲具足色身。佛曰：須菩提，於意云何，具足色身既不可以見如來，可以變現神通具足之諸相見如來否。須菩提曰：不也，世尊。色身既屬虛妄，諸相亦非真實，亦不應以此見如來也。何以故。如來說諸相具足，即非具足，惟真性靜涵萬有，方可名爲諸相具足。總之，身相，華也，真性，實也。欲見如來，奈何不求之於其實，而徒求之於其華哉。

非說所說分第二十一 法無可說，所說非法。

須菩提，汝勿謂如來作是念我當有所說法。莫作是念。何以故。若人言如來有所說法，即爲謗佛，不能解我所說故。須菩提，說法者無法可說，是名說法。爾時，慧命須菩提白佛言：世尊，頗有衆生於未來世聞說是法，生信心不。佛言：須菩提，彼非衆生，非不衆生。何以故。須菩提，衆生衆生者，如來說非衆生，是名衆生[一]。

註 莫作是念者，教須菩提不可存此念也。慧以德言，命以壽言，即長老之稱。此分前半與第七分如來無所說之義相似，後半與第十四分一切衆生即非衆生之義相似。但第七分乃須菩提自作答語，此則就須菩提所已明者而復進之也。第十四分言之略，此則言之詳也。

講 色身諸相既不足以見如來，則爲人說法又豈足以見如來乎。故佛曰：須菩提，汝見如來日與衆生講解，遂謂如來有法可說耶。汝莫作是念也。何以故。蓋明真性者，則無法可說。若人言如來有所說法，是謂如來不明真性，即爲謗佛，良由不能解我所說法空之義故也。須菩提，所謂說法者，不過爲衆生斷除外妄，不得已而有說耳。若衆生既悟，則此法應捨，實無可說，但虛名爲說法而已。爾時，長老須菩提心開意解，白佛言：世尊，頗有衆生於未來世，聞說是法，生信心否。佛曰：須菩提，彼具真一之性，與佛同源，非衆生也。然現具衆生之相，又不可謂非衆生。何以故。衆生衆生者，如來說非真實衆生，但虛名爲衆生而已。若衆生能生信心，了悟真性，亦即是佛，又安有衆生之名哉。

眉批

【一】佛法平等，聖凡一也。其實自度度人，終無法之可言。

無法可得分第二十二悟性空故，無法可得。

須菩提白佛言：世尊，佛得阿耨多羅三藐三菩提，爲無所得耶。佛言：如是，如是，須菩提，我於阿耨多羅三藐三菩提，乃至無有少法可得，是名阿耨多羅三藐三菩提。

註　上言無法可說即無法可得，此言真性清淨空虛，不但無法可得，並無上菩提之名亦屬虛假，較第七分之義更深。

講　須菩提聞佛無法可說之義，恍然有悟，白佛言：世尊，有法可得，是名法縛。無法可得，方謂解脫。今佛得無上菩提，於法殆無所得耶。佛深以其言爲然，曰：如是，如是，須菩提，我於無上菩提毫不著相，乃至無有少法可得，亦併無名可名，但虛名爲無上菩提而已，蓋萬法皆空，故得而無得也。

淨心行善分第二十三以清淨心，行諸善法。

復次，須菩提，是法平等，無有高下，是名

阿耨多羅三藐三菩提。以無我、無人、無衆生、無壽者，修一切善法，即得阿耨多羅三藐三菩提。須菩提，所言善法者，如來説即非善法，是名善法。

註 是法，指真性而言。平等，佛與衆生無高下也。修一切善法，謂常行方便，隨順衆生而爲説法，令悟真性也。

講 如來無少法可得，則諸相皆空，尚安有人已之見哉。故呼須菩提曰：人皆以佛爲高，以衆生爲下，不知法皆平等。上自諸佛，下至螻蟻，皆含真性，無所分別。蓋色身有高下，而真性無高下，是以名爲無上菩提也。然所以名爲無上菩提者，以真性中本無我、人、衆生、壽者故也。若能悟此四相皆空而修一切善法，則得無上菩提不難矣。然一切善法，佛不過借此以開悟衆生耳，究竟本來無是也。須菩提所言善法者，如來説即非善法，是虚名爲善法而已。善法者，真性也。真性豈可謂之法哉。真性我所本有，又豈可謂之得哉[一]。

眉批

【一】身外皆虚，惟此真性爲我所本有耳。

福智無比分第二十四 福智甚大，無物可比。

須菩提，若三千大千世界中所有諸須彌山王，如是等七寶聚，有人持用布施，若人以此《般若波羅密經》，乃至四句偈等，受持讀誦，爲他人説，於前福德百分不及一，百千萬億分，乃至算數、譬喻所不能及。

註 此分之義，第八分言之，第十一分、第十九分言之，至此又言之。但第八分言聚寶布施不如持説，重在持説，此言持説福德勝於布施，重在福德。第十一分，以恒沙河譬，極言福德之多，此以須彌山王譬，極言福德之大。第十九分歸重福德無故，言福德亦屬虚假，與此毫不相複。總之，後十數分與前十數分語同而意别者甚多，世人不察，謂如來爲續到者重言之。不知如來敷宣妙義，著而爲經，諸大弟子皆可按簡尋求，何必爲續到者覆説一遍乎。且此經爲阿難尊者所記，若有複語，自應删去，豈有重疊敘入之理。

講　前言修一切善法，即得無上菩提，則持説福德寧有限乎。故呼須菩提曰：大世界中，所有須彌山王，若有人聚三千大千世界之七寶如須彌山王之高，持以布施，其福德似不可量矣，然非性中之福德也。若人以此《般若波羅密經》乃至四句偈等受持、讀誦、爲他人説，是修自性福德，聚自身七寶，不但自利，亦且利他。如此無量福德，以前七寶布施之福德較之，百分不能及其一分，極而至於百千萬億分乃至算數之多，譬如微塵恒沙，皆不能及也。蓋世間福有時而盡，出世間福無時而窮，豈可相提而并論哉[一]。

眉批

【一】此經專爲出世之法。

化無所化分第二十五 聖凡同性，化無所化。

須菩提，於意云何，汝等勿謂如來作是念我當度衆生。須菩提，莫作是念。何以故。實無有衆生如來度者。若有衆生如來度者，如來即有我、人、衆生、壽者。須菩提，如來説有我者，即非有我，而凡夫之人以爲有我。須菩提，凡夫者，如來説即非凡夫，是名凡夫[二]。

註　此與第三分、第十七分相似。但第三分言滅度衆生，如來不居其功。第十七分言滅度衆生，如來實無有法。此言衆生本非凡夫，所以能自滅度。語句雖同，各有精義。

講　持説有無量福德，則此經洵能滅度一切矣，然與如來無與也。故呼須菩提曰：於意云何，汝等勿謂如來作是念，我當以此經度衆生。汝莫作是念也。何以故。蓋衆生自滅自度，如來不過爲之指示出頭路耳，實無有衆生爲如來度者。若有衆生爲如來度者，如來即有我、人、衆生、壽者四相矣。如來既無四相，因何有時而稱我。須菩提，當知如來説有我者，乃對凡夫而言。所謂有我者，即非有我，而凡夫之人以爲如來有我耳。然佛此性，凡夫亦此性，佛與凡夫寧有異乎。須菩提，凡夫者，如來説即非凡夫，是名凡夫。蓋凡夫能悟自性，便是如來，不過虛名爲凡夫而已，豈有真實之凡夫哉。

眉批

【一】凡夫以色身爲我，不知以法身爲我，可嘆可惜。種福之地而不種，如入寶山空手回。

法身非相分第二十六 清淨法身，非屬相貌。

須菩提，於意云何，可以三十二相觀如來不。須菩提言：如是，如是，以三十二相觀如來。佛言：須菩提，若以三十二相觀如來者，轉輪聖王即是如來。須菩提白佛言：世尊，如我解佛所説義，不應以三十二相觀如來。爾時世尊，而説偈言：若以色見我，以音聲求我，是人行邪道，不能見如來[一]。

註 轉輪聖王即四大天王，管四部州，如車輪之轉。邪道，外道也。此與第五分、第十三分相似。但前二分乃須菩提已悟三十二相不可以見如來之旨，自作註語。此則佛恐須菩提執相之見未除，故就其已悟者而復申明之也。

講 真性中既無佛與凡夫之别，則相之不可執也明矣。故佛呼須菩提曰：於意云何，可以三十二相觀如來不。須菩提疑佛與凡夫既無異性，則凡夫有身，佛亦有身，故答曰：如是，如是，可以三十二相觀如來。佛曰：三十二相，外貌也，非真性也。若以此觀如來，則色身莊嚴者莫如轉輪聖王，彼亦可謂之如來矣。如來恐不在此區區外貌間也。須菩提疑心頓釋，白佛言：世尊，如我解佛所説義，則知色身有盡，法身無窮，不應以三十二相觀如來，有斷然矣。佛於是迎其機而作偈曰：如來者，真性也。真性即我也。視之不見，以形色相見，不可也。聽之不聞，以音聲相求，不可也。若見我求我於形色音聲之間，是人徒觀外貌而不識真性，則所行者邪道，豈能見常住之如來、聞無上之妙義哉。

眉批

【一】大衆聳聽。

無斷無滅分第二十七 依法修持，不應斷滅。

須菩提，汝若作是念，如來不以具足相故得阿耨多羅三藐三菩提，須菩提，莫作是念，如來不以具足相故得阿耨多羅三藐三菩提。須菩提，汝若作是念，發阿耨多羅三藐三菩提心者，說諸法斷滅，莫作是念。何以故。發阿耨多羅三藐三菩提心者，於法不說斷滅相。

註　諸法斷滅者，謂一切法皆不用也。於法不說斷滅相者，謂未悟時必須依佛法修行也。此分凡二段，前段是賓，後段是主。前段首句，不以具足相故，不字係衍文，古本皆無此字。

講　如來常言無法可說，又恐人執著無字，流入空寂，故呼須菩提曰：汝若作是念，謂如來以具足相故，得無上菩提，是以有相視如來，汝莫作是念也。蓋如來之無上菩提，不以具足相而得者也。然萬法雖空而修行有徑，法又豈可斷滅乎。須菩提，汝若作是念，謂發無上菩提心者，說一切法皆當斷滅，是以空寂視如來，汝莫作是念也。何以故。蓋發無上菩提心者，於一切法相不說斷滅故也。譬如渡水，既渡之後，不須舟楫，未渡之先，豈可無舟楫乎。

不受不貪分第二十八 一塵不染，何貪何受。

須菩提，若菩薩以滿恒河沙等世界七寶，持

用布施，若復有人知一切法無我，得成於忍，此菩薩勝前菩薩所得功德。何以故。須菩提，以諸菩薩不受福德故。須菩提白佛言：世尊，云何菩薩不受福德。須菩提，菩薩所作福德，不應貪著，是故說不受福德。

註　聚寶布施，福德有限，前屢言之，俱是虛論其理。此則示以下手工夫，使學者有所遵循，不致浮虛掠影。

講　法固不可斷滅，若欲受福德，又未免貪著，故呼須菩提曰：若菩薩以滿恒河沙等世界之七寶持以布施，福德終屬有盡。若復有人知一切法本來無有我相，忍之於六塵未接之先，忍之於六塵方接之際，忍之於六塵既寂之後，忍之又忍，至於成佛而後已[一]。此菩薩所得功德，勝前七寶布施之菩薩所得功德。何以故。須菩提，以諸菩薩之心活潑潑地，洞若太虛，不受世間一切福德故也。爾時，須菩提得聞妙義，白佛言：世尊，菩薩濟渡衆生，原爲希求福德，今反云不受，何也。佛曰：須菩提，菩薩本不爲作福德而度衆生，此心不應少有貪著，是故說不受福德。究之不受福德而福德隨之，有不期然而然者已。

眉批

【一】忍字初學入手工夫，始於苦忍，終於無相，由勉而安，超凡入聖。

威儀寂淨分第二十九 真性寂淨，不假威儀。

須菩提，若有人言如來若來若去，若坐若臥，是人不解我所說義。何以故。如來者，無所從來，亦無所去，故名如來。

註　若來若去，猶云若住若行。無所來、無所去二句，形容贊歎之詞。三如來，俱指真性而言。

講　菩薩之心既不求福德，則諸相皆空，尚何威儀之外著乎。故佛曰：須菩提，來、去、坐、臥謂之四威儀。若有人言，如來若來若去，若坐若臥，是以有相視如來，而於我所說無相之義殊未解也。何以故。所謂如來者即真性也，真性放之彌於六合，無所從來，斂之藏於一心，亦無所從去。去來皆得自如，方可名爲如來。既無來去，自無坐臥，蓋空空洞洞而威儀寂淨也。

一合理相分第三十 一合之理，實無有相。

須菩提，若善男子、善女人以三千大千世界碎爲微塵，於意云何，是微塵衆寧爲多不。須菩提言：甚多，世尊。何以故。若是微塵衆實有者，佛則不說是微塵衆。所以者何。佛說微塵衆，即非微塵衆，是名微塵衆。世尊，如來所說三千大千世界，即非世界，是名世界。何以故。若世界實有者，即是一合相。如來說一合相，即非一合相，是名一合相。須菩提，一合相者，即是不可說，但凡夫之人貪著其事。

註　微塵，妄念也。衆，猶多也。一合相，真性也。貪著，依戀也。事，即色身中六根也。

講　凡夫妄念紛紜，不可勝計，故佛借喻曰：須菩提，若善男子、善女人以三千大千世界碎爲微塵，爾之意以爲是微塵衆甯爲多否。須菩提曰：甚多，世尊。何以故。若是微塵衆是實有者，佛即不說是微塵衆。所以不說者，何故。蓋佛說微塵衆，即非微塵衆，是虛名爲微塵衆而已。知微塵衆非真實，則知世界矣。世尊，如來所說三千大千世界亦非實有，不過末劫之人强名爲世界耳。何以故。若世界是實有者，即與一合相無異矣。一合相者，真性也。真性彌淪六合，有而非有，無而非無，故一而不可二，合而不可分也。若世界則是假合，刼盡則壞，故不可與真性相比也。然所謂一合相，豈果有相乎。如來說一合相，即非一合相，亦虛名而已，豈真有一合相哉。佛曰：須菩提，一合相者，包涵萬有，是誠不可以言説也。所以不可説者，因凡庸之夫貪著性中所現之事，如目遇色則爲色引，耳聞聲則爲聲誘，六根不淨，了悟無期，即與之説，彼亦不解，故不如不説之爲愈也。

知見不生分第三十一 如是知見，法相不生。

須菩提，若人言佛説我見、人見、衆生見、壽者見，須菩提，於意云何，是人解我所説義不。不也，世尊，是人不解如來所説義。何以故。世尊説我見、人見、衆生見、壽者見，即非我見、人見、衆生見、壽者見，是名我見、人見、衆生見、壽者見。須菩提，發阿耨多羅三藐三菩提心者，於一切法，應如是知，如是見，如是信解，不生法相。須菩提，所言法相者，如來説即非法相，是名法相。

註 如來言不著四相之見屢矣。始則令諸學人除去粗重四相，如大乘正宗分中所説是也。次則令諸學人見性之後，復除細微四相，如究竟無我分中所説是也。此言理中清淨四相，由淺而深，循循善誘，所以開悟學人者至矣。

講 凡夫貪著其事，以有我、人、衆生、壽者之見也。故呼須菩提曰：諸相皆空者，佛也。若有人言佛尚説我見、人見、衆生見、壽者見，此等妄議之人，汝之意以爲是人解我所説無相之義否。須菩提曰：不也，世尊。妄議之人，墮於癡迷，不解如來所説義。何以故。蓋此四相之見，真性中本來無有。世尊説我見、人見、衆生見、壽者見，即非我見、人見、衆生見、壽者見，是虚名爲我見、人見、衆生見、壽者見而已。須菩提悟佛不著四相之見，則知見廣而信解深矣。故佛又曰：須菩提，四見既屬空虚，則發無上菩提心者，凡於一切法，皆應如是知、如是見，應如是信解，而後人已胥忘，畛域俱化，不生一切法相。須菩提，所謂法相者，如來説非真實，是虛名而已。蓋初入道時，不假法相，無門可入。既見性後，當離法相，不宜執著，所謂渡河當用筏，到岸不須船者也。

應化非真分第三十二應現設化，亦非真實。

須菩提，若有人以滿無量阿僧祇世界七寶持用布施，若有善男子、善女人發菩提心者，持於此經，乃至四句偈等，受持讀誦，爲人演説，其福勝彼。云何爲人演説。不取於相，如如不動。何以故。一切有爲法，如夢幻泡影，如露亦如電，應作如是觀。

佛説是經已，長老須菩提，及諸比丘、比丘尼，優婆塞、優婆夷，一切世間天、人、阿修羅，聞佛所説，皆大歡喜，信受奉行。

註　如如者，自如之極也。有爲法，布施等類是也。夢、幻、泡、影、露、電，皆不長久者也。全經大旨，無非欲人由法相而悟真空。持説之功，勝於聚寶布施，故於篇末重言以結之。男僧，謂之比邱。女僧，謂之比邱尼。居士，謂之優婆塞。道姑，謂之優婆夷。

講　上言發無上菩提心者，在不生一切法相，然則無上菩提於何而得哉，則莫若持説此經。故終呼須菩提而告之曰：若有人以滿無量無央數世界之七寶持以布施，其所得之福可謂多矣。然所得乃世間之福，有時而盡，況因受福而又作惡乎。若有善男子、善女人發菩提心，於此經中乃至四句偈等，受持讀誦，爲人演説，此出世間福歷劫無窮，殊勝於彼也。云何爲人演説。如欲爲天、人演説，則現而爲天、人，欲爲異類演説，則現而爲異類，隨感而應，不拘定相，自如之極，而實寂然不動，此所謂無爲法也。何以故。凡一切法皆屬有爲，縱得世間福，不過如夢耳、幻耳、泡耳、影耳、露耳、電耳，應作如是等觀，而不得長久也。惟知萬法皆空，悟真性爲實，則智慧生而到彼岸不難矣。前所謂應如是住者，正住此如如不動之真心也，如是降伏者，正降伏此有爲之妄心也。全經大義，不於此而益明哉。佛説是經已畢，長老須菩提及一切大衆聞此妙義，盡生歡喜，敬奉承受而奉行不怠焉。蓋聖凡悉濟，而人天胥度云。

閻羅天子敕取藏中補闕真言：出《金剛靈驗》。

唵　呼嚧呼嚧　社曳穆契　莎音梭訶

補闕真言：

南無喝囉音拉怛音達那音陀　哆囉夜耶　佉音茄囉佉囉俱住俱住　摩囉摩囉　虎囉吽音烘　賀賀蘇怛拏吽　潑抹拏　娑婆訶

般若無盡藏真言：

南無薄伽音茄伐帝　鉢喇若音惹波羅密多曳怛音達姪音知他　唵　紇音革唎　地音剔唎　室唎　戍音樹嚕知音底三密栗知音底佛音弼社曳莎訶

金剛心真言：

唵烏倫尼　娑婆訶

普回向真言：

唵　娑摩囉　娑摩囉　弭音米摩曩　薩縛訶　摩訶斫音卓迦羅嚩吽

金剛讚：一、廻向真如實際，心心契合。二、廻向無上佛果菩提，念念圓滿。三、廻向法界衆生，同生淨土。

斷疑生信，絶相超宗，頓忘人法解真空。般若味重重，四句融通，福德歎無窮。

又讚：

金剛般若，功德難宣，四句妙義廣無邊。須菩提，信力堅，無説無傳，應作如是觀。

南無祇園會上佛菩薩。三稱三叩。

金剛般若波羅密經畢[一]

夫斯經者，乃大雄氏之準繩，昔[二]孔聖之《大易》，老子之《道德》，斯三者，竊陰陽之造化，奪宇宙之精華，誠雨粟夜哭之再發明也。故其後略窺門牆者，無不以奉此三者爲尺璧寸珠之奇珍焉。然而履其國，歷其階，雖千萬人，無一往矣。

其孔老之教，一以理數匡時，爲萬世之木鐸，一以修真度衆，作九轉之金鍼。惟佛氏之書皆以莊嚴借喻，空寂傳宗，自有爲而徹無爲，因四相而參滅相，其意奥，其旨玄，欲求洞其一班者解〔四〕矣。雖有昭明之縷分，純陽之箋釋，自六朝以至今日，紛紛解晰，不已千百餘家，各了各〔五〕乘之奥妙，其不能特贈與人也。不過按圖索驥，究其省識，則廬山面目失其本真矣。但其不可思議之碩果，定不以異語謊後學人也。努志者貴堅修持誦，何必以窮章徹句，摘底搜源，作禪門之苦惱乎。奚不悟如如不動，一旦慧覺而不知焉，故非法非非法，即可以識西來意之本源者也。

旹道光辛丑年仲春月，定光佛降筆於西江芝陽同善堂。

何須遠慕見蓮臺　但把菩提心地栽

悟得真空無一物　此身便是活如來

校勘記

〔一〕「身」，底本作「提」，據文意改。

〔二〕以下據《卍續藏》本《金剛經注解》補。

〔三〕「昔」，底本原校疑爲「若」。

〔四〕「解」，底本原校疑爲「鮮」。

〔五〕「各」，底本原校疑爲「大」。

（李勁整理）

〇二七六

金剛經彙纂〔一〕

金剛經彙纂原序

清孫念劬纂

《金剛》一經，括盡諸經奧義，一切諸佛及諸佛阿耨多羅三藐三菩提法皆從此經出，經已明言之矣。其大旨總在破除我執，以無住爲本體，以降伏爲入門。如法受持，能使人在欲忘欲，居塵出塵，不使我爲境用，而使境爲我用，誠煩暑中一服清凉散也。竝非一味談空，具有實用。乃有善信之人，但知讀誦此經，懵然不解其義。亦有學者究心經註，或屬言煩，或苦義略，是非可否，靡所適從。即或粗知經義，不究精微，止求持誦以釋愆，無有信心而修證，則於如來至妙之心法，遂無由夢見，而佛教亦緣此似明實晦，不深可歎哉。念劬根鈍習深，苦纏蔽集，晚節末路，履蹈惟艱。嘗發憤於是經，不知而求其知，不解而求其解，以自祛其煩惑。爰取諸家註説，爲之剪訛削膚，提綱挈維，節要以存義，參互以明體，反覆以示藴，專録以啓奥，兩存以質疑，以爲是説也，殆庶幾近之。凡三閱寒暑而成，名曰《彙纂》。雖用力之勤，艱苦不辭，而謂於是經之大旨已無不詳、無不合，所不敢知也。賴藉衆力，鐫梓以公善信，上根之人頓以明心，次根之人漸以窮理。世之軋軋焉，惟利欲是溺，迷失本來，墮煩惱障而不知悟者，盍向清冷中覓一波羅蜜乎。

乾隆五十八年歲次癸丑三月望日潔齋孫念劬謹識。

校勘記

〔一〕底本據《卍續藏》。

重刻金剛經彙纂序

三藏教文，無非證明心體，爲成佛階梯。惟《金剛》直指無住本心，以顯般若之真智妙用，不捨一法，不存一法。是中出生諸佛，慧命不斷。在最上利根，隨機涣釋，直下承當，固得金剛正眼，即在下根，苟知信受奉行，亦能破欲離塵，遣諸煩惱，度苦濟厄，靈應超然。然此經解説紛如，未易窺其崖略。諸解或博而寡要，或簡而多遺，或字析而章未聯，或章聯而義猶隱。若欲專從一家，則談理深奥者，有妨於初學，立辭顯易者，恐棄於高明，或詳事相而簡精微，或指本源而脱章句，各有所長，難於竝美。念劬不揣冒昧，於昔年會集諸家，纂成一帙。然局於見聞，搜輯未廣，意義之膚淺，闡發之未透，殊有所不自知。因遠方同志索者甚衆，甲寅春仲，倉猝付梓，讐校未細，字訛句脱，不可勝指，故印二百部即行停止。觀察章公，樂善心切，竟將此訛本刊刻，印送已多。念劬自誤誤人，孽非淺鮮。仗佛之靈，數年内連得佳本，披覽之下，悔悟交迫，因廣爲搜輯，易稿再鐫。凡原刻之引義膚淺，闡發未透處，一一有以補其不逮。剪訛削膚，庶幾精實詳盡，顯豁貫穿，挈領提綱，本末洞徹，至此而稿已七易矣。欲救前刻之失，鐫刻反不容緩。於丁巳仲春告竣，以公同志，較原刻已十增其四。蓋此經義藴甚深，非詳不達。學者當具細静心，反覆推勘，求明自性，則演説靈文，愚迷立破，聖階可接。若存虚妄心，入文字障，或存粗率心，入邀福障，是反將金剛種智鏟斷矣。雖誦讀萬卷，豈能窺見佛法耶。經即佛也，佛即心也。無住心者，常住真心也。常住真心者，不生滅心也。不生滅心者，金剛心也。得金剛心之謂應住心，得應住心之謂降伏其心。云何應住，得無所得也，住無所住也。無住，何嘗有。生其心，何嘗無。讀者以心學佛，毋以口學佛。於泡影見無住，不於無住見斷。於金剛見常住，不於常住見常。斷常雙遣，人法兩空，豈不到彼岸，與諸佛同登安樂哉。

嘉慶元年歲次丙辰臘月望日述甫孫念劬謹識。

金剛經註説彙纂凡例

一、此經註解，自晉梁迄今，不下數百種，或由大德，或自通儒，義無不備，非後學所可更加。然解者日衆，觀者日紛，論説註證，累牘難盡，抉疑闡奥，發明固多，而臆註岐言正復不少。是編彙集各本，由博取約，因異求同，棄其粗淺，選其精要，未諦當者概不採入，疑難處必精求其是。

一、經解雖繁，而足以傳留者，亦只有十餘種。其最善者，唐之圭峰有《疏》，宋之長水有《記》，明之憨山有《決疑》，曾鳳儀有《宗通》，大圓居士張有譽有《義趣廣演》，如如居士張國維有《註説》，數書實堪羽翼大乘。近代剩閒居士龔概綵有《正解》，誠齋居士盛符升有《五釋》，又彙集各家而採其精要，可稱善本。以上各種，是編採録最多。

一、近今刊送諸本，字比句櫛，依文解義者，十有見其八九。提綱挈領，貫通脈絡，闡發全經宗旨者，百止見其二三。是編廣搜善本，棄粗擇精，解必求其切實，旨必求其貫穿。於全經之綱領脈絡，承接關照處，融會闡發，於各章各句解説引證，仍不敢略。

一、是編凡遇論説引證及暢發旨趣處，註解同異處，俱各冠以姓氏，或即冠以原書之名。其解釋字句及文義俱雜摭各書，不列書名姓氏。

一、三十二分各有原題，如經眼目。每分先明題義於前，并即冠以經旨，使大意炳如，讀者易曉。

一、每分中文長義奥者，列註必多，今逐節分註，以便觀覽。每分後加以總註，務使旨趣詳暢，脈絡貫通，并將要領標於上方，以清眉目。

一、集説次第，俱由淺至深，隨順文義，不以人代爲敘。或註中又有義須解釋者，竝補列於上方。

一、各本中有論説冗長者，限於短幅，不能全載，俱從節録。觀者幸弗以割截爲嫌。

一、諸本引證多用偈語及詩句，是編概不採入。彌勒作偈釋經，無著、天親俱作論以釋偈，天親更爲明切。倘若列偈，又須釋偈，太覺煩冗。偈本可以另觀，若引詩則甚無足取。

一、此經各本只用句點，但孰是如來語，孰是須菩提語，在明眼自易分辨，而初學不曉。此刻凡如來語句，俱用圓圈，須菩提語句，俱用尖圈，阿難結集語用點，起止加以方匡，則問答分明，瞭如指掌。

一、此經各本，只用點以釋句。此刻凡係功夫密旨，及緊要眼目處，皆用連圈，或用尖圈，或加連點。

一、此經前後凡六譯，一、後秦羅什，二、後魏流支，三、陳真諦，四、隋笈多，五、唐玄奘，六、周義淨。六法師皆稱三藏，今所流傳乃秦譯本。魏本與秦本稍異。

一、此經三十二分定自昭明太子。王真如謂其品節詳明，有功佛教，而人反有議其割裂者。然如無著論本已分十八住，天親論本已分二十七疑，總是婆心，欲與人一箇入路耳。今將十八住、二十七疑釋於上方，而昭明太子每分所標名目仍列經前，使讀者易於記憶，且與經義無違，後學不得妄生訾議。顓愚師曰：若十八住爲準，則天親不宜分二十七疑。若二十七疑爲準，則無著何又判爲十八住。二大士既難爲準，餘者可知。是則但隨各人所見，成就各人一段金剛智，皆與實相不相違背，非以一美能絶其後，亦非一得盡廢其前，以理無盡，智亦無盡也。

一、經義以能斷立名，故彌勒第五偈中即有斷疑之説。天親因之，分作二十七疑。總是佛之知見，無所不徹，所以躡前語跡，斷後疑情。有是説，即當有是發明，亦非必逆揣尊者意中預有此疑也。

一、經中問答約二十九處，其間妙義，出於佛言者二十四，出於當機者十六。是集務求其所以呼示，所以酬答，所以發明之故，順節而遞釋之。至經中文句每多重複，又求其所以重複之故。如言不可相見者四，度無可度者四，説無可説者四，菩提無所得者四，無四相者九，寶施命施者九，要歸雖一，取義各殊，亦逐處疏別。

一、經中句字，增減同異，從無畫一，如十三分是名般若波羅蜜，是名忍辱波羅蜜，二十五分是名凡夫等句，有遺失者，古本亦無。按以經義，不可少也。若非無想上減去若字，如照九類，理應除之，有則似分二天矣。至若取非法上六分何以故三字，定爲衍文。八分若復有人句上有佛言須菩提五字，即非佛法句下有是名佛法四字，俱照盛、龔二氏定本改正，非敢擅專，而文義亦定當如此。此外尚有增減之字，無大關係，亦不備載。

一、則與即二字，各本每多不同。嘗考其由，起於高麗王名稷，彼人欲避其音，故於經中去即改則，因此以僞亂真。海虞嚴氏折衷諸辨，謂合兩之義爲即，相仍之義爲則，即或可用之相仍，則不可用之合兩，此説最爲諦當。

一、是經分卷，或一或三或二，每多不同。按全經大意，自尊者再行啓請，與前文淺深各見。昔人云，前言粗執，後言細執，前爲初發心者言，詳於發心之論，後爲已發心者言，直云心無可發。憨山辨上下卷甚明，當仍之。

一、是書原刻多訛，板已燬去。遠方善士刷印流通，須用此定本，弗踵前訛。念劬庶可救疏誤之愆，不至抱隱憾於無窮矣。

一、誦持此經，全在口讀其文，心思其義，使微言了徹，全旨貫通，信解受持，方爲有益。若是急急趕讀，含糊圖快，口到心不到，縱然讀過萬遍，亦與不讀者等。

潔齋居士謹識

引用書目

隋 天台智者大師《疏》法名智顗。

唐 曹溪法師《直解》六祖法名慧能。

圭峰禪師《疏論纂要》法名宗密。

宋 長水大師《刊定記》法名子璿，纂集諸家。

中峰禪師《略義》

龍舒居士王日休《註》

致政陳雄《註》

明 憨山大師《決疑》法名德清。

宗泐禪師《經解》法名如玘，又名曉月。

曾鳳儀《宗通》

李騰芳《集解》

張有譽《義趣廣演》號大圓居士。

張國維《疏解》號如如居士，抄本。

似空法師《金剛鎞》法名廣伸。

王化隆《直指》

蓮池大師《註説》

洪蓮和尚《集註》採集五十三家。

本朝 剩閒居士龔概綵《集解》

誠齋居士盛符升《五釋》

黄成采《經貫》

王履昌《句解》

無名氏《芥疏》抄本。

顧旦初《圓旨》

范季珍《如解》經旨提要俱摘大圓居士。

石成金《註論講證》採讀法四條。

附記 陸騰《金剛經演説》字漁雲，國初松江人，此書甚佳，購之未得。

以上各書引用最多者，長水之《記》，憨山之《決疑》，張有譽、張國維兩家疏解，龔概綵、盛符升兩家集説。此數種書，經疏中最爲精美，令人有觀止之歎。張有譽、張國維兩家疏解，精實透闢，得未曾有，而龔氏《集解》尤明備詳悉，得所折衷。惜此三書得之最後，致有禍棗災棃，自誤誤人之恨。

總説採摘各書

此經要義有五：一、以法喻爲名，二、辨實相爲體，三、明無住爲宗，四、論斷疑爲用，五、判大乘爲教相。若昧法師曰：法身真智曰般若，法身理果曰彼岸。必以真智爲先導，然後能斷煩惱，出生死，圓證理果，故曰智慧到彼岸。實相常住爲體，體即法身。觀照契理爲宗，宗即般若。文字斷疑爲用，用即解脱。般若二字，包括宗、體、用，而獨標般若爲名者，以法身非智慧不顯，解脱非智慧不成也。智者大師曰，般若有三種，實相、觀照、文字。實相即第一義諦，觀照即智慧，文字能作詮，亦爲般若。無著云：金剛難壞，堅也。金剛能斷，利也。堅喻般若本覺，利喻般若始覺。《記》云：本即實相，始即觀照也。實相是體，心本無相，以本來真理爲實相，是生實相妙解真詮。即如來藏自性清淨心。觀照是用，心本有覺，以真智所現爲觀照，即相應本覺之妙慧。體用雙疏，理智互發，分明的當，一讀一快。故體用雖分，理智則一。《疏》云：即智之理爲實相，即理之智爲觀照也。破的語。般若正翻曰慧，今云智慧。慧即智體，智即慧用。《記》云：金剛般若有二種，實相者理也，觀照者事也，離理無智，離智無理，故能斷一切，即堅即利也。此經爲衆生性中所有，人自不見，但知誦讀文字，衹於身外覓佛，向下求經。若悟得本心，始知此經不在文字，始知諸佛皆從此經出。學者持内心經，以立見性之法，即此經不假立法矣。此經通部總是發明大乘義理，善現恥小慕大，故特爲啓請，有應住、降伏之問，此問直開千萬世教門心法。經云，是經爲發大乘者説，爲發最上乘者説，明以大乘爲教相也。

此經以發阿耨多羅三藐三菩提心十字爲綱。一點菩提心，却是金剛正眼，萬法總持。要看得十分鄭重，方知切實下手工夫處。菩提心一發，智光便現，名爲般若，一切萬行從此而生。所以學佛人，初從淨信，直至成佛，總離不得發菩提心。倘不發此心，則不應住而住，當降伏而不降伏，即護念、付囑不信從矣。是以經中於發阿耨多羅句，凡二十九見。《金剛經》佛説無相，但去妄念，不去天理。若併天理去了，豈非行屍走肉，虚生世間。故於第十四分中説出生實相三字，慧根人虚於此著眼。要知説無相處俱是説實相處，乃是佛家命脈。紫栢老人云：後人目釋氏爲空門，殊非釋氏本旨。吾儒不去細究，但言佛氏虚無寂滅，豈不罪過。《圓旨》云：般若固在離相，然必以離相般若貫徹於施忍等五度中間，實實去行，方能打成一片。故經文説般若，必從布施忍辱等處見之。修學人心有解悟，而未從事上證過，所見終不實落。空生既悟實相，佛復爲説忍辱一大段經文，正欲其從極難忍境界一一歷過，毫不動念，方是真正實相般若也。離相般若，原從森羅萬象中見，竝非斷滅相也。佛一路説離相般若，入後陡提可以三十二相觀如來試空生，空生直答云可以觀，正見其所見諦當處。後人不知佛意，見轉輪王一難，便謂空生不該如此説，埋没空生多矣。

布施爲六度之首，是修行中一大事。首言滅度無量無數無邊衆生，實無衆生得度，是如來之般若法施也。此經句句是般若法施、菩薩心施，與財寶施、身命施不同。一無住著，不落根塵，故第四分中即云菩薩於法應無所住行於布施。○末世以布施爲修行，以施捨爲布施，又藉布施以求福利，是執四相以求佛也。根塵不淨，性海弗澄，修行者豈其如是。

經中屢言清淨，蓋一切諸相有清有濁，有垢有淨，實相般若一切捨離，故清淨二字惟實相般若足以當之。長老説信心清淨，則生實相，苟未清淨，不名信心。舍利弗告佛言，菩薩有四清淨行法，情清淨、法清淨、願清淨、佛土莊嚴功德清淨。此經徹底掀翻，一味鞭撻妄情，直下如迅雷杲日、古劒太阿，無物不摧，無微不照。所謂般若如大火聚，觸著便燒。直使法法皆無所得，頭頭始是家珍，而本來清淨之體見矣。

《金剛經》無前半部，演説不開，無後半部，搜括不盡。自十七分中復説云何應住一段，收拾全旨已後，先詳者略之，先略者詳之，節節相承，各有妙義。上半部説無相三昧，是菩薩法。下半部説第一義諦，是佛法。菩薩即佛因，佛即菩薩果，所謂因該果海，果徹因源。

第六分中一信字，與第二十八分中一忍字，相爲表裏。信是入道之門，忍是守道之根。

大圓云：十三分以前，止説根本智，結經名《般若》。十四分後，從六波羅蜜説起，直至得菩提，俱明一切法皆佛法，連差別智亦説完了，恐人疑般若外别有善法可修，故二十四分又提出《般若》經名，以見差別智即在根本智内，總名般若。因以修善法福德，較量結之。十六分前，説解行發心，是從根本説到差別。十七分後，説證發心，皆從差別攝歸根本。

自十七分至二十五分，是證發心，意在泯一切法，以通達無我之真如法。以一切法無我爲義，以菩提無得而得爲趣。二十六分至三十一分，是破一切見，以顯如來知見無見之正見，總爲發菩提心人説。以知見無見爲義，以不生法相爲趣。二十五分前是教人通達無我法，二十六分後是教人破除有我見。欲通達無我法，先須破除有我見，通達無我法，要合得渾成，合得渾成，方能破一切相，所以將即非是名三句一時説。揀破有我見，要分得清楚，分得清楚，方能破一切見，所以將即非是名三句劈開説。我見不出有無一異，二十九分説出無所從來，亦無所去，故名如來，方是三句一時説，而有無四句之我見破盡矣，三十分斷法身、化身一異疑，説個塵非塵、界非界、一合非一合，而一異四句之我見又破盡矣。如如不動，不取於相二句，是以離相會如爲説法之式，而本之觀法妙智，非根本、差別二智俱圓，不能成此一觀，故一部般若以此結之。

聖賢差別，不在實相理體上，却在觀照智用上。説出般若，即非般若。連覺照亦無住著處，然後遍塵遍界，即相非相的大身一時現出，空生方纔解得實相即是非相，衆生相即是非相，離一切諸相即名諸佛。佛眼、法眼一時開矣，不住相的般若，方得徹底。根本智已得，纔可去行六波羅蜜。忍辱下，便教他將這離一切相約智慧，貫入萬事頭邊，實實行將出來，俾衆生咸受利益。自此至不可思議，總在功德上説，所謂迴理向事也。及再問離相如何發心，却又從度生説出實無有法發菩提得菩提。十七分自如來所得阿耨多羅以前，是迴事向理。無實無虚，至真是菩薩，是事理無礙。五眼、福德、相好、言説四章，是離即離非，是即非即，教中則雙照雙遮，宗門則所謂同生同死也。到此方了得三四分之度生行施不住相之案，一經大旨方完。後面有無一異，將四句劈開，正所以顯即非是名三句一時説妙旨。以見分之即成我、人、衆生、壽者四相，有個一合在，四見亦未全忘，直到有無一異俱離，一合相亦不可得，方是四見俱離之正見。因示人以受持之法，教以演説之方。已上四説俱摘張有譽。

宗密曰：此經爲對治我法二執，煩惱所知二障，二執若除，二障隨斷。爲除二執，故説此經。宋徵輿曰：凡夫計五蘊以爲我，名我執。外道二乘計諸法有性，名法執。由我執起煩惱，爲煩惱障。由法執起所知，爲所知障。故曰二執若除，二障隨斷也。

陳雄曰：植善根者，始而誦經，終而悟理。得堅固力，金剛是也。具大智慧，般若是也。度生死海，登菩提岸，波羅蜜是也。五祖大師常勸僧俗，但持《金剛經》，自能見性，必至成佛。

盛誠齋云：觀大乘諸部，多諸菩薩互相參證，而是經當機獨一空生尊者，或啓請，或呼示，或領受，淺深粗細，自成條理，當於前後一貫中求之。諸經問答每以逆徵取證，而空生領受，語語順承，隨機所觸，迎刃輒解，故毋煩辭費。大乘所論，如五法、三性、八識、二執，界、入、處有種種多名，而是經惟説一心。前有無住生心一語，後有不可得三言，枝葉悉空，獨標根本，斯爲了義。第三時後，一味譚空。而是經所説，空字亦所不立，惟以無相爲實相，即無住爲應住。自發心以至心無可發，再以無實無虚統而明之。

《金剛經》中，佛言其大，則謂如須彌山王，言其多，則謂如恒河沙等，言其久，則謂如無量阿僧祇劫。實因極大、極多、極久，無盡之數也，非如來形容過當，亦非如來好爲此等語以駭世俗，讀者當求其理。

《金剛經》第八依法出生分中滿三千大千世界七寶布施，不如持經之福。第十一無爲福勝分中，恒河沙世界七寶，比大千又多矣，亦不如持經之福。第十三如法受持分中，以恒河沙等身命布施，不徒七寶矣，較之受持解説，終不能勝。第十五持經功德分中，以恒河沙等三度身命布施，視前又甚矣，終不及持經功德。能淨業障分中，自敘供養諸佛之多，視七寶身命布施大有間矣，亦不如持經解説之萬一。第二十四福智無比分中，以須彌山王之七寶比喻，又多且高大矣，亦不及持經解説之福。言雖重疊，意實一步緊一步，總表此經乃見性要旨。能見自性，即得成佛，豈布施之福所能比量哉。佛知末法劫中多以布施當修行，不知解説見性要旨，所以諄切反覆言之耳。

讀《金剛經》者，當先有慈悲喜捨四無量心，又須靜坐觀心，心無其心，然後可入大道而悟《金剛》之義。七祖所撰《開經偈》，先請八金剛，欲轉身中之八識也。次請眷、索、愛、語四菩薩，乃慈悲喜捨四無量心，吾身中之菩薩也。能見自性，何必於身外覓佛。

全經綱領

若菩薩有我相、人相、衆生相、壽者相，即非菩薩。三分。

若見諸相非相，即見如來。五分。

一切聖賢皆以無爲法，而有差别。七分。

應無所住而生其心。十分。

信心清淨即生實相。若心有住即爲非住，此法無實無虚。俱十四分。

實無有法，通達無我法。俱下卷十七分。

過去心不可得，現在心不可得，未來心不可得。十八分。

一切法無我，得成於忍。二十八分。

應如是知，如是見、如是信解不生法相。三十一分。

爲人演説，不取於相，如如不動。三十二分。

各分經旨

一分是證信序。

二分是詢求要旨。

三四是正答住、降。

五分明有相皆妄，而顯無相之真佛。

六、七明非法皆相而顯無爲之真法。

五分至十四分明諸佛總是離相見佛。

九、十是歷徵一切聖賢證修處，皆不可取説。

十一、十二較量經勝。

十三示以經名，并示奉持之法。

十四教以從解起行，離相發心，以利益衆生。

十五、十六明行持此經功德難量。

下卷

十七分詳言實無有法，以明諸法之如義，而以通達無我法結之。

十八至二十一正明一切法無我。

二十三、二十四言修善法不外般若。

二十五分説如來度生，實無滅度。

自十七分至二十五分總名忘法證如。

自二十六分至三十一分總是破見顯智。

二十六分明著有者之爲邪道。

二十七分明著無者之爲斷滅。

二十八分明無我之功德獨勝。一切法無我，是成於忍，非忍則不能守道。

二十九分約法身破有無以明無去來。

三十分約塵、界破一異，爲諸人掃除貪著事相，以界喻法身，以塵喻化身。

三十一分約止觀破我法二見。我空法空，故能無住。無住故能住，此是般若究竟。

三十二分以流通終焉。

金剛經三十二分總提

明王化隆撰

此一卷經，俱談真空無相。佛初於鹿苑三轉四諦法輪，不過令人知有，迷人遽執有相以修行。佛又恐人著有，方說此經，名破相宗。蓋云凡所有相，皆是虛妄，必悟有而非有，空而不空，始是本來真性也。始爲羣弟子聚會說法，法會因由分。而須菩提致一問端云：此菩提心如何住，安心如何降伏。善現啓請分。佛告以胎、卵、溼、化，色相想，非色相想等，皆是衆生妄心結習所致，皆當滅度。若無我、人、衆生、壽者四相，乃爲大乘正宗之教。大乘正宗分。故凡有布施，不可住相，妙行無住分。以其虛妄不實，必見相非相，則照心啓而如來見矣。如理實相分。此其理最宜篤信，而不多得者也。正信希有分。皆爾本有之性，自悟自修，何假言說。無得無說分。是諸佛皆從此經之所流出，依法出生分。四果皆從此理之所印證。一相無相分。吾心清淨，始爲莊嚴。莊嚴淨土分。吾心無爲，始稱福德。無爲福勝分。乃最上第一希有之法，所當尊而重之者也，尊重正教分。又當受而持之者也。如法受持分。離一切諸相，則寂滅現前。離相寂滅分。能誦讀演說，則功德無量。持經功德分。凡有業障，悉皆清淨。能淨業障分。究竟將來名爲菩薩無我法。究竟無我分。所以然者，蓋由過去、現在、未來之心本無可得，一體同觀分。虛明湛寂，渾然一法界也。法界通化分。三心既泯，則色相俱離，離色離相分。言說俱亡，非說所說分。又何一法可得。一體同觀分。但當悟平等性，淨心行善分。施妙智福，福智無比分。凡聖互融，安知有衆生可化度，化無所化分。有如來可相求乎。法身非相分。夫曰無相，則落於頑空矣，故於法不說斷滅相。無斷無滅分。妙湛圓通，時或布施，心不貪受，（不受不貪分。）時或應感，理無來去，（威儀寂靜分。）則理與相合，表裏兼該，（一合理相分。）妄見盡融矣。（知見不生分。）然此經教人誦讀演説，只是一個真空本性，而凡應用感化曷嘗有真實哉。（應化非真分。）一言以蔽之曰：不取於相，如如不動，斯言至矣盡矣。能直下承當，一字尚無，何用三十二分。不然渡河藉筏，過海須船。此經皆當奉持，幸諦觀之。

全經大綱

述甫纂録

此經初序分有二：初陳信、聞、時、主、處、衆以證信，次陳戒、定、慧以發起。自二分至三十一分爲正宗。佛告須菩提起至如所教住，（二分至四分。）是略説般若。自須菩提於意云何至應作如是觀，（五分至三十二分。）是廣談般若。《智度論》所謂廣略二門是也。略中分三。佛告須菩提節，（第三分。）略説降伏，内具四心，是菩薩所修理觀也。復次須菩提節，（第四分上。）略説應住，外行六度是菩薩所修事行也。何以故節，（第四分下。）是較量功德，爲遮斷滅見故，福等虚空是菩薩所得果報也。廣中分七。上卷三段，是菩薩無相三昧，正答應住而降伏在其中。初約菩薩果以明無相，如來現身無相，（第五分。）説法無相（第七分。）是也。次約菩薩位以明無相，教通十地，即菩薩之位也。首言四果以無相證，（第九分。）二言辟支以無相證，三言菩薩以無相證，（第十分。）四言佛以無相證是也。三約菩薩行以明無相，行六度，修忍辱，即菩薩之行也。（第十四分。）首即慧度發明無相，次即忍度發明無相。更即布施以申言之，而極言相無可住之故，爲離相究竟了義，以結前起後。中間爾時須菩提白佛言一段，乃破我見以入中道，爲承上接下之文，文故重起。（此重起者，見經家重敘，非是須菩提之重問也。）下卷分四段，是如來第一義諦，正答降伏而住修在其中。初約如來見智安立第一義。五眼能見，明見淨也，第十八。三心不可得，明智淨也。次約如來三業安立第一義。非相是相，爲身具足，二十分。無法可説，爲語具足，二十一分。得無所得，爲心具足。二十二分。三約如來度生安立第一義。見有衆生，是凡夫偏計。不見有衆生，是二乘空觀。實無衆生得滅度，如是而度，所謂即空、即假、即中，方是如來第一義諦。二十五分。四約如來來去安立第一義。如來法身徧一切處，安得有去來。衆生緣熟則見其來，二十九分。譬如微塵之合爲世界，衆生緣盡則見其去，譬如世界之碎爲微塵，故以世界、微塵作喻。天親論作一處異處釋之，立義可云精矣。段段較量功德，《起信論》所謂如實不空也。末云應如是知見信解，正結答前云何應住、云何降伏等問也。我見破，法見無，故能無住，無住故能住。此經以無相無主，故以不生法相收拾全經。末後又標不取於相，以爲演説之要，示以六喻，爲般若正觀要門，諸修行人宜從此入。

第三十二爲流通分，有二：一、較福勝，二、喜奉行。

金剛經彙纂

金剛般若波羅蜜經 經題有喻有法，此經合法喻爲題。

【解】(一)此經以無相爲宗，無住爲體，妙有爲用，般若爲正法，大乘爲教相，降伏爲入門。〇金性最剛，取爲堅利之喻。堅者其體，一切物不能壞。利者其用，能剖破一切物。以喻般若之堅，愛見莫侵，般若之利，疑執立破也。般若言慧性，湛寂虚融，諸相盡空，一法不立，性光徧現，全是一真法界，方顯得真如妙用不思議處。若徒以智慧解之，則淺矣。波羅蜜，是證果，謂之到彼岸，言至佛地位也。

金剛是喻，般若是法，假喻彰法也。金中之剛，最堅最利。金取不變爲義，喻般若之體真常清淨，雖緜歷多生，流迸六道，不遷不變，即實相般若也。剛取斷截爲義，喻般若之用，此慧顯時，見五蘊諸法皆空，斷一切有漏惑業，即觀照般若也。梵語般若，華言智慧，乃不動智光離相之真見，所謂佛智慧也。智慧不爲諸相所迷，而能剖破諸相，金剛似之。梵語波羅蜜，華言到彼岸，謂造道之極也。人著諸相，如入苦海，涉中流，歷風波，最易沈溺。能有智慧，離一切相，心常清淨，即登彼岸，所謂涅槃是也。經，正也，至正無邪。經，常也，常道不易。經，徑路也，盡人當行。

釋文：金剛，天上寶名，帝釋有之。又云，護法力士所執杵即此寶也。

翁集英曰：五金皆謂之金，凡止言金，謂鐵也。此言金剛，若刀劍之有剛鐵。

《疏》云：般若乃本心現量無漏之聖智，非識心比量知見推測之妄智，是以經文不譯華語，所以别於世俗所云智慧也。

《集解》：般若爲成佛正法。

陳雄曰：波羅蜜有六。布施度慳貪，持戒度淫邪，忍辱度瞋恚，精進度懈退，禪定度散亂。惟一般若能生八萬四千智慧，是故如來以智慧力鑿人我山，以智慧因取煩惱鑛，以智慧火鍊成佛性精金。夫植善根者，始而誦經，終而悟理，得堅固力，金剛是也。具大智慧，般若是也。度生死海，登菩提岸，波羅蜜是也。五祖大師常勸僧俗，但持《金剛經》，即自能見性，必至成佛。

釋旨：無所住而生其心一句，是全經之要旨。所云住與降伏，先在不執於相，次在不泥於法，其功夫在無我，其究竟在如如不動。上半卷説空三昧，是菩薩法。下半卷説中道第一義，是佛法。菩薩即佛因，佛即菩薩果，所謂因該果海，果徹因源。

○法會因由分第一【解】法即大乘法，會即會於祇園。此法會乃作經之因，由阿難迦葉自敘其聞法之始。

説法聚會，由此起因。○一部經，只是一片説話。昭明太子科作三十二分，欲與人一條入路，亦便於記誦耳。傳流已久，今仍其舊。〇此分全是阿難迦葉結集之詞。

如是我聞：

是，此也，指此一經之所言也。我，集經者自謂。言如是金剛般若之法，非我臆説，乃親聞之於佛。

《集解》：如是我聞四字，重在遵前信後，令知法有自授，非隱覆之語，直示般若無秘密故。

〇《經貫》：如是二字最要著眼，正直揭全經之宗旨。以後曰如是住、如是降伏、如是生清淨心、如是知、如是見、如是信解，俱照應此如是二字。曰如來、如語、諸法如義、如如不動，諸如字亦照應此如字。如者不動，是者不非也。如其真性，不變動本體，乃爲是而無非也。此懸指般若而言，當下直指也。

一時，佛在舍衛國祇樹給孤獨園，【解】佛者，覺性圓滿之稱。一時，説此《般若》時也。佛是釋迦牟尼。佛者，梵音，華言覺也，內覺無諸妄念，外覺不染六塵。

盛註：覺有三義。一、自覺，異凡夫。二、覺他，異二乘。三、覺滿，異菩薩。

舍衛國，中天竺波斯匿王所居。祇者，匿王太子祇陀。樹是祇陀所植，故名祇樹。祇陀太子有園大八十頃，方廣嚴潔。有長者名須達拏，給濟孤獨之人，稱給孤獨長者。欲卜勝地，請佛説法，乃往懇之。太子戲曰：爾布金滿園，我即與汝。須達拏不吝重價。太子鑒其誠，將園并樹施之，同建精舍，請佛在此説法。

與大比邱衆千二百五十人俱。【解】已上爲證信序，具信、聞、時、主、處、衆〔三〕六成就。

比邱，僧也。梵語比邱，華言乞士，謂上乞法於諸佛，下乞食於世人，乞食資身，乞法資心也。大比邱，則得道之深者，乃菩薩、阿羅漢之類。

李文會云：去惡取善，名小比丘。善惡俱遣，名大比丘。

盛註：佛度比丘甚多，獨標千二百五十人者，以歸佛最先，又常不離佛，故諸經首列大衆皆云千二百五十人俱。

舊說，佛成道時，先度憍陳如等五人，次度迦葉三兄弟并徒衆千人，次度舍利弗及目連，各兼徒百人，次度耶舍長者子等五十人，合成千二百五十五人。不言五者，略也。俱，謂一時一處。○此一節爲證信序。十一善法，信居其首。如是者，證信之辭。聞字，兼耳識與意識言。此序中有六種成就，曰信，曰聞，曰時，曰主，曰處，曰衆，必緣具而教興也。

【解】憍陳如即歌利王。

爾時，世尊食時，著衣持鉢，【解】佛爲三界之尊，故稱世尊。三界謂欲界、色界、無色界也。○僧梨，上品九條，至二十五條衣。

爾時，當是時也。佛爲三界之尊，故稱世尊，乃佛十號之一。食時，謂將食時，非受食時也。經云：諸天神旦食，諸鬼夕食，諸佛日中食。乞食當辰巳，受食當午時也。衣，即二十五條大衣，制象水田。鉢，即紺琉璃鉢，應量器也。六祖云：著衣持鉢，爲顯教示迹。

入舍衛大城乞食。

園在城外，自園入城，乞食必於人衆聚處也。佛是金輪王子，豈無供養之者。況祇陀太子與給孤獨長者同建精舍，請佛說法，我佛又豈少食者。而猶行乞，欲歷頭陀苦行，示同凡僧，亦使後緇徒不殖資産，去彼貪心，折其憍慢，以煉種性也。

於其城中，次第乞已，還至本處。【解】便是無住相圖畫。

佛心平等，無有分別，不越貧先富，不捨賤先貴，故曰次第。乞已者，應量而止，不求多也。本處即祇園。

飯食訖，收衣鉢，洗足已，敷座而坐。【解】已

上爲發起序，具戒定慧三義。

飯字，作餐字解。訖，猶畢也。收起袈裟鉢盂，屏資緣也。佛行跣足，故洗之，淨身業也。佛每會説法，必自敷坐具，以般若出生諸佛，表敬法也。四威儀中，惟坐爲勝，從定發言，言無不當。

〇此一節發起序也。乞食是戒，趺坐是定。戒能資定，定能發慧，故以戒、定發起般若正宗。

《疏》云：祇園法會，表佛與大衆平等，具足無言説之金剛般若波羅蜜。而以著衣乞食，序列經前，顯示甚深般若不離尋常日用也。

《圓旨》云：佛動靜不二，豈待還禪林而入定。佛身即是金剛，無生熟藏，豈復須食。佛妙圓明，無作本心，原無所著，豈待收衣鉢而後休息攀緣。佛行離地四指，蓮華承足，豈染塵垢。總順世示現以垂範也。

△此第一分，序説法之因由也。

大圓曰：證信中，如是，法也。佛在，佛也。大比邱，僧也。三寶不具，法會不成，故經首必列此數語。發起中，乞食，威儀，戒也。敷座，定也。自世尊言之，則皆慧也。戒定慧不可相離。此經雖專言慧，而首言持戒修福，勸行六波羅蜜，實兼戒、定，故以此發端。

《如解》云：將欲説般若，先序如來乞食動止，以見無上智慧不在語言文字間，只在尋常日用内。要人於著衣吃飯，行動坐息處，及時中節，向庸言庸行邊識取自家本來面目耳。

《經貫》云：佛依人性説法，非於人性之外另有法可説也。人性是無字經，佛之説法不過是註疏，知法不離性，自修自度，不從人得，即解自性釋迦矣。此卷經隨説隨掃，又隨掃隨説，何也。只爲接引衆生之未明本性者，不得不權立文字而詳説之。譬之無筏

安得以渡，借筏到彼岸，則捨而不用矣。夫人，不藉語言文字自悟而度者上也，其次則假法矣。能悟不須法，未悟尚須法，法安得不説，只要知説歸無説耳，故有下分善現之啓請。佛之欲言，至三十二分，説法始完。

○善現啓請分第二

善現，即須菩提名。起身請問佛法。

○此是詢求要旨。

大圓曰：一部《金剛般若》，全從空生一問發起。般若真空，非解空者不能與佛激揚，故此經以須菩提爲當機。

時，長老須菩提在大衆中，即從坐起，偏袒右肩，右膝著地，合掌恭敬而白佛言：【解】須菩提啓請説法。

德長年長曰長老。須菩提，譯云解空，亦稱善現、善吉、空生。長老生時，相師占之，惟善惟吉。又隨緣利物，能應現利人，爲善現。空性出生萬法，爲空生。全空之性，真是菩提，故名須菩提。袒肩、膝地、合掌，皆修敬之儀儀。皆從右，其俗右爲順，左爲逆也。

《疏》云：右爲正，左爲邪，示去邪歸正之義。偏袒右肩，全身擔荷也。右膝著地，屈己順承也。合掌，心合於道，道合於心也。所以收斂起敬，總是整理威儀以伸問詞。

希有，世尊。【解】須菩提能深觀佛心，故開口便歎希有。

希有者，讚佛之詞，謂難得也。如來曠劫難逢，是時希有。三千界中惟一佛，是處希有。實相般若，惟佛窮底，福慧超絶無比，是德希有。已證實智，具大慈悲，極巧度生，演無量法門，是事希有。下護念付囑，正是希有之事。

釋文，佛有十號：一、如來，二、應供，三、正偏知，四、明行足，五、善逝世間解，六、無上士，七、調御丈夫，八、天人師，九、佛，十、世尊。經中須菩提俱稱世尊稱如來，而佛之自稱亦曰如來也。

如來善護念諸菩薩，善付囑諸菩薩。【解】如來二字，兼佛之體用言之。如者，真性之本體。來者，真性之應用。此經專爲大菩薩說。諸菩薩，應指三賢以上地位人。

二句起引全經，以後凡佛所言，皆是善護念善付囑。如來，佛之總稱，真性自如無礙曰如，真性隨所來現曰來。諸菩薩，指凡學於如來者。善護念，謂護念現在。善付囑，謂付囑未來。

盛註：付者，將小菩薩托大菩薩。囑者，命大菩薩化小菩薩也。梵語菩薩，本云菩提薩埵，欲省文便稱，故止稱菩薩。菩提者，覺也。薩埵，謂有情衆生。有情不能自覺，菩薩能自覺，而又能覺一切有情衆生也。

大圓曰：善護念，謂護念現在信根成熟永無退轉者，與實智力，令證真如，與權智力，令化衆生。付囑者，謂付囑未來根未熟菩薩，已得大乘者令其不捨，未得大乘者令其精進。蓋不護念，恐惡魔或得惱亂，不付囑，恐勝法有時斷絶。故須菩提於大衆聽法之初，不遑他說，惟願如來護念、付囑而已。

《如解》：瞿曇設教，廣爲衆生，此何以護念付囑專在菩薩。緣衆生根劣，未契上乘，菩薩悲智俱深，能信解所說，又能爲人演說，世尊爲衆生故善護囑之。護者，防其偏邪。念者，護之切，有顯加冥加之力。付者，傳以正道。囑者，付之殷，兼口授心授之宜。善者，權實互施，聖凡等際，曲盡利濟衆生之法也。【解】《如解》，即如如居士張國維之解。後倣此。

世尊，善男子、善女人發阿耨多羅三藐三菩提心，【解】阿耨菩提，諸佛所證也。學者欲證菩提果，當先發菩提心。既發心已，必須修行方成正覺，而其功在住降。一經所說，不越乎是。護念付囑，惟此而已。

言菩薩初修行，皆發此廣大心。阿，無也。耨多羅，上也。無上，無以加也。三，正也。藐，等也。菩提，覺也。皆梵語也。無上正等正覺心，即是佛心，人之真性也。真性包含太虛，無得而上之，故云無上。然上自諸佛，下至蠢動，此性正相平等，故云正等。其覺圓明普照，無偏無虧，故云正覺。

如如居士曰：學人證果，先正其因，故首問發心。前云護囑菩薩，此却以善男子、善女人爲問，以衆生俱可證菩薩也。發阿耨多羅三藐三菩提心者，非外自心而求佛，乃發吾當下具足之菩提心也。無上正等正覺乃諸佛之果，如何未修行人便已具得。蓋心爲覺體，包含萬象，澄瑩周徹，本是至正至徧的。惟菩提乃可爲心，非於心中有菩提心，只因衆生爲無明所覆，然一悟則全體俱發。佛菩薩之修者，修此而已。得果報者，得此而已。

云何應住，云何降伏其心。【解】空生問降住二義，直開千萬世教門心法。不惟於此證修因，當即於此成聖果。善哉之嘉，非屬過譽。長水云：欲得正覺果，故發正覺心。長老慮發心菩薩未必皆出於正覺，故首發二問，而佛稱爲善也。〇履昌云：善現恥小慕大，特爲啓請。

言善男淑女學道之初，發此無上菩提之佛心，當如何常住而使之不退轉。妄心若起，當如何降伏，使不惑亂我真心。

盛註：二句是一經綱領。言未發心時，住六塵境，既發心已，住何境界。未發心時，心逐妄生，既發心已，妄將安伏。俱切發心菩薩言。

無著云：須菩提問，有六因緣，一、斷疑，二、起信解，三、入甚深義，四、不退轉，五、生喜，六、正法久住，皆令佛種不斷故。

《決疑》云：小乘住空，只知自度，不知度生。既發大心，將以下化衆生，上成佛果。然捨前空，未得真空，恐執佛果可求，便以求佛果爲住處。又見滿眼衆生，未度如何成佛，急於求住，心將不安，故問安心之法，令發心者知所修行也。

如如居士曰：發心三句，一氣貫下，意謂所發之心如何安住，所住之心如何降伏。降伏不作制妄説，蓋發心無安住之處，則屬偏空，然安住之心不可無，亦不可著，故須用降伏。定中攝持，有不即不離之妙，下文莫作是念是也。空生此問，深得般若之意。

法忍居士參：上下兩心字相應。菩提心，乃最初真心也，原係故主，今爲物遷而作過客，若非安住，則倏去而倏來矣。其心，煩惱顛倒之妄心也，本是外賊，誤認作子，與我最親，若不降伏，則盤結而難解矣，是最能障菩提者。故發此心者，安住、降伏，並不容己。其實煩惱與菩提，真妄雖殊，而心總是一個。迷則即菩提爲煩惱，悟則即煩惱爲菩提。故工夫亦無兩樣，若能降伏，則安住在其中矣。故下首標降伏。

佛言：善哉，善哉，須菩提，如汝所說，如來善護念諸菩薩，善付囑諸菩薩。汝今諦聽，當爲汝說。【解】言果是本懷，所言非謬。

善現請問妙契佛心，故重言善哉以美之，而印可其護念付囑之說。因囑以詳審真實而聽，言勿以生滅心聽真實法也。

善男子、善女人發阿耨多羅三藐三菩提心，應如是住，如是降伏其心。【解】善男三句，是述須菩提所說，既知菩提道便是當止之地，即其言而印證之。應住，作常住安住解。降伏，是降伏一切取相之心。覺心難住，只爲妄心難降，能降方纔能住。問雖兩端，意實一貫。所以下文佛答，先從降伏說起。所謂既盡凡情，別無聖解。

發菩提心，乃千佛入道之總門。如是者，只這是也，即指菩提心言。

長水曰：如是二字，即懸指向下總答之文。

《正解》云：如是二句，承上起下，上承發菩提心來，下照度生布施去，要含蓄不露，纔得語意。

大圓曰：既發無上正等正覺之心，即應如其所發之覺心而安住，如其所發之覺心而降伏。兩如是，言這裏便是，不待他求也。住是本體，降是工夫，即本體是工夫，即初心是究竟。燎原之火，由於始然，放海之泉，因乎始達，非於菩提外别有倚著修爲也。

蓮池師云：二句一串看，所當住者住之，則所不當住者自然伏之矣。不是應如是住，又如是去降伏也。

《如解》云：此經爲末世開佛知見，其所請問，正是菩提心行相。如來答以不住一切法，是真住，降伏一切取相之心，是真降。不住一切法，即降伏取相之心。既降伏取相之心，即不住一切法。

按：當知世尊意中則然，口中不曾説破，而以虚詞總答。不即詳言者，鄭重其説，欲其諦聽也。

○唯然，世尊，願樂欲聞。

願聞安住、降伏之詳也。須菩提領略大意，故唯而然之。又欲知其詳，故復請曰：願樂欲聞。

如如居士曰：聞字最細。説無所説，聞無所聞，方是箇中授受。願樂欲三字，乃聞道之引磁針也。願是誠心，如寒士之急功名。樂是鼓舞心，如審音者之聽鼓樂。欲是迫切心，如飢渴者之見盤餐。有此三心，如能諦聽，故繼以涕泣，終於歡喜。

△大圓曰：問箇發菩提心，是入大乘的要門。發菩提問箇應住，是要合他本然的覺體。問箇云何降伏，是要顯他本具的智用。問得極其真切，所以如來直捷提示，説箇如是住、如是降伏，一如菩提住降，所謂始覺合本覺之謂佛。後面説箇如來無所説，又説箇實無有法發菩提，實無有法得菩提，正顯如是二字之旨。

《宗鏡》云：菩提心爲金剛正眼，此心發處，即是佛所住處，安住而不遷，便是降伏。故降伏即在住修中，而住修即在發心中。

《經貫》云：以如是二字答云何之問，又應開章如是二字以起下文。如是二字，便含下無住，及以無住爲住，無住便無相，無相便無諸相，無諸相即是實相，即衆生之本性也。

〇大乘正宗分第三

最大之乘，至正之宗。

〇此答降伏之問。

〇此章是答降伏，而安住即在其中。

雖答降伏、安住，實正説發阿耨多羅三藐三菩提心也。彌勒偈分出四心，謂廣大心、第一心、常心、不顛倒心，即菩提心。乘，載也。載度一切衆生，而不見能度所度，乃正大之宗派。

佛告須菩提，諸菩薩摩訶薩應如是降伏其心。

【解】此一段是説入門大頭腦，入門之法只是一箇降伏其心。

此句語意，直貫到實無生得度句始全。摩訶，大也，謂心量廣大也。是大覺性人，又高菩薩一頭地。未發心稱善人，已發心稱菩薩。應如是降伏其心是複述語，下文詳之。蓋這箇降伏，不僅僅在自家身心上檢點，作箇自了漢已也。菩薩與衆生不分二心，發菩提與度衆生不分二事，降伏正在度生上見。如下文度盡衆生而不見有衆生得滅度者，方無四相，方爲降伏其心而成菩薩。

所有一切衆生之類，【解】《楞嚴》十二類生，此經只舉九類，以有色等指上界二天。而以十二類俱攝入四生者，《楞嚴》欲明業果故偏舉劣趣，此經意在普度故兼指勝趣也。按：九種衆生，舊説上四種謂欲界衆生，下五種謂色界無色界諸天人。六祖則俱貼人心説。傅大士以上四種爲欲界受生差别言，下五種只以心念差别言。

該下文九種而言。

盛註：三界衆生，不出五道，有十二類，以此四生攝之。四生中不過色心二法，故以九種分之。此總標，下析言也。

若卵生，

無明覆蔽，因想而生。六祖曰：迷性也，迷故造諸孽。

若胎生，

煩惱包裹，因情而有。六祖曰：習性也，習故常流轉。註謂習氣深重。

若溼生，

愛水浸淫，以合而感。六祖云：隨邪性也，隨邪心不定。註謂心隨邪見，沉淪不省。

若化生，

欻起煩惱，以離而應。六祖云：見趣性也，見趣墮阿鼻。謂心見景趣，遷變起幻，每多淪墮。〇此四種，是欲界受生差別也。

若有色，

六祖云：起心修行，執有之心，妄見是非，内不契無相之理。

若無色，

六祖云：内心守真，執著空相，不修福慧。

若有想，

六祖云：心想思維，愛著法相，口説佛行，心不依行。

若無想，

六祖云：坐禪除妄，無有作用，猶如木石，不學慈悲喜捨智慧方便。

若非有想，若（此若字古本無。）非無想，

六祖云：不著二法想，而求理在心者。教中經云，有無俱遣，語默雙忘。有取捨愛憎之心，不了中道。〇此五種，俱指心念差別言之。

〇《正義》：四生者，卵以想生，胎以情有，溼以合感，化以離應，此欲界受生差別也。有色是四禪天，有身形，無情欲，無色是四空天，以受、想、行、識爲身，此依止差別也。而無色界中，空識二處爲有想，第一、第二天也，無所有處爲無想，第三天也，非有想非無想在三界頂，爲第四天，此境界差別也。舊註皆同，惟六祖俱指心説。

按：名曰衆生，以在五蘊法中受生也。真性既迷，則爲胎、卵、溼、化，遷流無極。六祖則就性習上剖示其受性轉變之所以然，其意要人自悟，非謂人心如此即謂之卵生，人心如彼即名爲溼生、化生也。

《疏》云：九種衆生心，皆非菩提真心，一或有之，死即隨類受生，墮於胎、卵、溼、化之物，虛空等神，天魔等鬼，所以輪迴六道，難入涅槃。

覺非曰：一切衆生，皆從業現，所謂只因一念錯，現出萬般形。

我皆令指上九種。入無餘涅槃而滅度之。【解】此我字乃常樂我淨之真我，最廣最大，正是無我人衆壹〔三〕的體量。若不體認真我而求諸四相，無有是處。涅槃爲果，無住爲因，先言涅槃，後言無住者，顯果海以正其宗也。無衆生得滅度，即是無我等相。下反釋之。

我者，對衆之稱，代度生菩薩，設爲自任之詞，非佛自謂也。入者，入於其中。大涅槃，一切修行者之所依歸，蓋指本來清淨真空心境也。

《疏》云：不生爲涅，不滅爲槃。是圓滿清淨，能所全消，超脫輪迴，出離生死，即究竟到彼岸地位。誤認爲死，則大謬矣。無餘，六祖作無餘習氣煩惱解，蓮池師作無剩義解，《經貫》作智慧無餘剩，造道之極至解。

按《釋義》，二乘亦有涅槃，能破煩惱障，不能破所知障，能離分段生死，未離變易生死，則尚有身智之餘，爲有餘涅槃。惟二障都盡，二死永離，無身智餘剩，方謂無餘涅槃。蓋無妄可斷，無真可證，不著於有，不著於無，此正我佛化度衆生之術也。滅，消滅盡一切愚癡煩惱。度，化度，度脫生死苦海。

如是滅度無量、無數、無邊衆生，實無有衆生得滅度者。

大乘佛法在度衆生，而佛絕不著度衆生之相。蓋衆生本性原有佛，原能自度，即使度盡一切衆生，不過還其本然而已，我無功也。

《疏芥》云：一切衆生，皆從業現，而業緣無有實性，當體即空。業緣既空，衆生何有。既無衆生，又滅度甚麽。降伏四相，即得身住於無餘涅槃，亦能令衆生安住於無餘涅槃。經中實無衆生一語，正降伏之要。何以故。須菩提，若菩薩有我相、人相、衆生相、壽者相，即非菩薩。【解】若有我能度人，人爲我度之心，即有四相矣，何爲降伏。

如來惟無此四相，故度而無度也。

大圓曰：衆生有衆生的四相，從色心内有主宰而起。菩薩有菩薩的四相，是證悟法相而起。若菩薩見有無餘涅槃，便是菩薩的我相，見有涅槃可以度人，便是菩薩的人相，見我所滅度無量無邊，便是菩薩的衆生相，見我與衆生同到涅槃，便是菩薩的壽者相。有此四相，則一切廣大心、第一心、常心，盡成顛倒心，而不可稱正智心，何以爲菩薩。所以實無衆生得滅度，而後爲正智也。能除四相，謂非降伏其心乎。【解】無著論此下分爲十八住，此分是第一發心住。

《挈領》云：既先囑其度生，而又説實無衆生得滅度者何。由真如界内絶生佛之假名，平等會中無自他之形相。若著相者，自度不暇，焉能度人。故如來折之曰，即非菩薩。即此一句，便是斬釘截鐵降伏其心，不落於凡情聖見之金剛王寶劍也。

《如解》云：無四相四句，正《金剛經》中的試金石。若四相果無，降伏是真降伏，無住是真無住，一切皆真。若四相尚存，則一切皆假矣。【解】此經自始至終，總破妄相以顯真空，故於正宗分標此四相，爲一卷張本。以後反覆言之，而終結之曰不取於相。《圓覺經》云：未除四種相，不得成菩提。四相爲諸相之根，故經文前後統言四相。我相又爲四相之根，故十七分以後專明無我。

△此一節，先答降伏，言菩薩當内具四心以降伏無明，是菩薩所修理觀也。

《盛釋》云：此就降伏之問而答之。尊者首請應住，次問降心，而世尊先酬次問者，以菩薩所發大心爲度生之心，故以度生開示之。三界九地悉歸所度，而無度生之心，亦無度生之相，便是降伏也。偈論列爲四心，所有衆生，下及胎卵溼化，上及非非想天，是廣大心，令入無餘是第一心，實無滅度是常心，無四相是不顛倒心，具此四心，即菩提本心也。實無滅度者，以衆生性中自具般若，各完本性，便爲滅度。所爲自性自度，乃名真度也。故曰度生者，如度虛空，内無能度心，外無所度境，中無度生法。此處稍有繫念，即爲四相。四相者，諸相之總名，亦諸相之根本，以我相爲主，餘皆由我而生。

○《决疑》云：此佛示安心之法也。前問住降，此止言降伏者，以凡夫二乘執著住處，總是名言習氣。求大乘者，遣此習氣，捨此名言，其心不待降伏而自安矣。既盡凡心，別無聖解，故言降不言住，佛不以實法繫屬於人也。

○《宗通》云：問中住降並舉，此惟標降伏者何。蓋無上菩提，本無相狀，如微細無明，隱隱生發。即離本位，不得名住。密爲防閑，便落勉強，不得名住。念念不舍，又落住著，不得名住。惟真如自體，具金剛慧，足以照破而降伏之。有此降伏之智，不但心不住時能降之使住，即心得所住，又能降之使無所住。無住而住，是爲真住也。

○妙行無住分第四

【解】此分答應住在行不住相的大行，意實一貫，即降即住，無二法也。長水云：前令不住，後教令住於不住，不住而住，即住真空。菩薩於法者，總標一切空有之法也。應無所住者，一切諸法當無所住著也。下文詳言法字，皆本於此。萬行不出六度，六度總名布施。行於布施句是總説，所該甚廣。

妙行，謂修無上正覺精妙之行。無住，不拘泥執著也。

○此答應住之問。

覺非曰：依妙明真性而行，行無轍迹，故曰妙行無住。如等虛空，舉一布施，六度萬行，皆歸妙明，而如是住、如是降伏矣。〇前説度生，專談理相，此説布施，則兼事相。蓋理非事，則功行不成也。

復次，

次，坐次也。須菩提先於坐起，跪而請問，至是使還坐而告之。又云，謂再編次佛與須菩提問答之言，是集經者自謂。又云，佛言也，復呼須菩提而告之也。二説存參。經中言復次者凡四。

須菩提，菩薩於法應無所住，行於布施。

上文雖説菩薩發心，未曾説菩薩修行，故復呼名而告之曰：凡發心菩薩，不但四相不可有，即於世間一切空有諸法稍有所著，便非清淨覺體，當無所住著於心也。但菩提心量，遍該法界，又當以無所住之心行於布施，使人人亦無所住，則自他俱利，而修證之功盡矣。

《疏》云：法字總六度萬行諸法，所該甚廣。下文六塵，從法字抽出來，以六塵爲日用切要也。六度以布施爲首，布施有三，一、資生施，二、無畏施，三、法施。此主法施言。

履昌云：此經句句是般若法施、菩薩心施，與財寶施身命施不同，一無住著，不落根塵，是教諸大菩薩之最上乘法，非辟支佛之樂獨善寂，非聲聞人之自求涅槃。故上云四相非菩薩，下云樂小法著四相。

《疏芥》云：無住布施，則心心是菩提妙心，事事是菩提大用。所謂即度處見滅，而寂滅不墮偏空，於滅處行度，而度生不著色相。此二句，便是菩薩日用間度衆生除我相的真把柄了。

如如居士曰：法門無盡，皆修行所依。然一著於相，則法與非法總障性真。下文詳言法字，皆本於此。前云應如是住，此何云應無所住，蓋如是住之住，下文忍字是註脚，應無所住之住，下文著字是註脚。心惟無著，乃能安也。下文言無法相，即兼言無非法相，此何止言於法應無所住。蓋凡邊見著於無，則障於有。大乘中道不著於有，即不著於無。無所住之義，兼空有無二執。

所謂不住色布施，不住聲、香、味、觸、法布施。【解】無住是智，不住是行，智行交修，是爲無相可住。六塵從法字抽出來。人心都住六塵，以六根不淨故也。不住六塵，乃在欲而忘欲，便是六通。

無住行施維何。所謂不住色布施，不住聲、香、味、觸、法布施是也。如是布施，乃真布施。若六塵未淨，則四相未離，欲人我兼修，豈可得乎。

《疏芥》：六塵爲日用切要，一切布施脱不得六塵。曰不住，是不住於六塵之相也。世人行施，心希果報，便爲著相。菩薩行施，了達三輪體空，內不見能施之己，外不見受施之人，中不見所施之物，故能不住於相。

大圓云：觀行於布施行字，非是斷滅。對塵有根，即根爲我，無塵則無根，無根則無我。不住色等布施，即不住我等布施也。色、聲、香、味等名六塵，由眼、耳、鼻、舌、身、意所攝。菩薩化度衆生，教以清淨六根，不染六塵，可以證解脱乃法施也。

《疏》云：佛有六通，謂入色界不被色惑，入聲界不被聲惑，入香界不被香惑，入味界不被味惑，入身界不被觸惑，入意界不被法惑。達此六種皆是空相，不能繫縛，即是無依道人，即是地行菩薩。觸字該得廣，凡一身所感皆是。法是方法之法，謂一切計較也。

須菩提，菩薩應如是布施，不住於相。【解】布施不著空，無住不著有，此爲無住，此爲應住。以所謂不住二句引起，以應如是布施二句接上，則不住於相應指不住六塵。如作三輪體空并忘布施解，則另是一意，與上文氣不貫矣。

如如居士曰：菩薩應如是布施句，結上不住色等二句，其義已盡。復云不住於相者，言非屏却色等諸境也，但不住相耳。此相字不專指六塵，上攝四相，下含法非法，總是心住布施，即降伏色等布施之心也。

《正解》云：應如是布施，承上複一句，引起下節意。如是不住相施，乃照見身心法相皆空者方能之，故菩薩應如是也。

履昌云：經中所説不應者，皆當作降心解，所説應如是者，皆當作安住修行解。此二句是勸勉力行之詞。○此以上，是答應住。言菩薩外修六度，當住於無相，是菩薩所修事行也。布施是檀波羅蜜，無住是般若波羅蜜，何以行施處離相，離相處行施。以檀施能攝六波羅蜜故。偈云：檀義攝於六，資生無畏法，此中一二三，名爲修行住。檀者布施也，六者六度也，謂布施能攝六度。此中一二三，一即資生施，二即無畏施，三即法施。名爲修行住，修行者應住此中也。

何以故。若菩薩不住相布施，其福德不可思量。【解】何以故下，言離相布施之福德甚大，而以虚空喻之。

所以然者何故。菩薩若能如上布施，行妙行而不住於相，不泥著色、聲、香、味、觸、法，則自性運用，所有善根純熟圓滿，永得無上菩提之道，其福德與十方虚空等，不可以心思量度也。

《正解》云：佛恐人疑不住相，則落頑空，故言福德以唤醒之。福德無量，福報亦無量。佛止言福德者，菩薩但修福，不望福報也。

《疏芥》云：不住相，則心如虚空，福德不可思量，是指心境如如也。蓋福德是言不住相之妙，不可思量又是言福德之妙，而虚空又是喻思量之無可容，以顯福德自然之妙。

須菩提，於意云何，

於汝意中自謂如何。經中多用此四字，爲發問之端。

東方虚空可思量不。○不也，世尊。○須菩提，南西北方、四維上下虚空可思量不。○不也，世尊。

言及虛空，則思維路絶，故答云弗可思量。語畢復呼世尊者，敬之至也。凡問之不字音否，答之不字音弗。

〇須菩提，菩薩無住相布施，福德亦復如是不可思量。【解】蓮師云：上云説不住相，此何又説到福德。以對下乘者説，欲啓人好善之心，接佛種子，非謂無住相注脚也。然佛法之廣大，實可與天地參，福德不可思量，並非虛語。

菩薩如上布施，不住於相，則自性運用，無住之福徧滿一切，究竟莫窮，與十方虛空等，不可以心思限量也。真性如虛空，妙行如虛空，福德亦如虛空，豈復有住相妄心哉。

《疏》云：佛貴無相，何説得福德。蓋憫衆生被六塵染，未可遽化，姑誘之也。因以虛空喻之，東西南北，四維上下，如是盡十方界，佛總要透出一箇大字。

如如居士曰：何以故者，合承上滅度布施言。經文於此，止言布施，不言滅度，以修證無二義，言一即二。於意云何者，恐空生疑福德是有爲之業，故標虛空二字，以明不可思量。有福德不著福德，名曰虛空。下文福德性，福德無，皆闡明虛空之義。

無著云：虛空有三因緣。一、徧一切處，謂色非色中皆有虛空，空雖無相，非謂無空。福雖無住，非謂無福也。二、高廣殊勝，高則竪窮三際，廣則徧横十方。殊勝者，四相不遷，猶之三災不壞也。三、究竟不窮，世界有盡，虛空無窮，有漏之福有窮，無漏之福無量也。

須菩提，菩薩但應如所教住。【解】末句雙結兩文，勸人如法受持也，即付囑意。六祖曰：不住是菩薩住處。履昌云：此是如來之于教，菩薩之正學，一切衆生之正等正覺也。此段共有七住字，上六住字俱作執著意解，末一住字作止住義解。此分是十八住之第二，名應行住。

如來教菩薩法，不過住無所住。菩薩受如來教，亦但當如其所教，以無住爲住也。

以無住爲住，是全經大旨。

大圓曰：須菩提兩問住降，佛答以度生不住我相，布施不住法相，單説降伏一邊。然有度有施，不著於無，無度無住，不著於有，兩頭不住，離相離名。菩提本來如是，發心修行，亦復如是。無住而住，乃爲真住，所謂如是住也，故以應如教住結之。

如如居士曰：末句應如所教住者，總承上文言。因地果報，總一無相，是爲無上菩提。菩薩如是住心，不必於住外求降伏矣。教與説微分，説以言傳，教兼意授。佛以付囑寓護念，以所説寓不可説，故不言住於所説而言住於所教也。自諸菩薩摩訶句至此，皆言無相，以酬應住降伏之問。但衆生執情太重，此相旋袪，彼相旋伏，無日於相中去相，祇是心上加心，故下文層層淘汰，始證無相之體，然其要不外此段也。○此一節略較功德，以遮凡夫斷滅見，而言福等虚空，即是菩薩所得果報也。恐人疑云既離相施，則無福報，故佛告以離相之施，其福轉多，以施契性空，性空無邊，故福施無邊。此段較量已爲極至，爲總較量。後文躡此，復有七番較量，爲别較量也。

△此分正答云何應住之問，所謂理觀兼修事觀也。不住是理，布施是事。上第三分答降伏，在發不住相的大心，此分答應住，在行不住相的大行，意實一貫，即降即住，無二法也。【解】按：此二若言降言住，總無定解。其實降中有住，住中有降。離四相者，是降即是無住，不住相即降也。天台云，前約願言，主發四心，此約行言，主無住行施，必有所願而行不徒行，有所行而願非虚願，不得以兩段分作兩事也。《經貫》云：此分言不住布施，實概上文不住四相，并呼起下文，不住菩提，不住法相，不住非法相。

大圓曰：降伏之法，上章已説盡，即安住之法，亦已説盡。若便結箇如所教住，亦無賸義，但滅度二字，中間有許多事在。上章只在理上說，不曾在事上說，恐人將六度萬行與菩提涅槃，打作兩橛，便要坐在無相處又成住著，所以此章說箇應無所住。又在事相上指點出滅度實際處來，因而點出福德不可思量來，方顯得箇福足慧足。然後結出住字，則以無住爲住，所謂應如是住也。

《疏芥》云：此解應住，舉布施爲言者。根者，能住之主。塵者，所住之物。施者，有住之反。一根能施，即一根不住，六根能施，即六塵不住。得六不住，即得六應住矣。不住、應住，無兩法也，故結之曰：菩薩但應如所教住。

長水云：準此問答，便已經終。如來知見，恐聞者於句下生疑，所以預爲斷之。斷已復起，展轉滋多。此下天親分爲二十七疑，皆是躡前語跡，斷後疑情。經中雖無疑詞，而實伏在文内。

《經貫》云：佛答二問已竟，已爲善護念、善付囑矣。此下復有若干未盡之意者，恐人隨語生疑，有一相於心，終不能住，終不能降，終非善護念、善付囑也，故有下文至末許多經文。然疑有二，有須菩提顯有疑詞者，有世尊逆知其有疑而爲之斷者，須知不是斷須菩提之疑，是斷在坐大衆及天下後世之疑也。

釋旨：按《智度論》，般若有廣略二門，以上佛告須菩提，至應如所教住，是略說般若。以下須菩提於意云何至應作如是觀，是廣談般若。略中分三：理觀、事行及果報是也。廣中分七，前三段是菩薩無相三昧，後四段是如來第一義諦。各段之旨，並二十七疑，俱標於上方。

〇如理實見分第五【解】初約菩薩果以明無相，此分直指真空實相，不落有無二邊，不空而空，空即不空也。若在身相上透得，則前不住義亦透。若在身相上打不透，則前不住義亦不透。故以身相啓問。一斷求佛行施住相疑。〇此疑從不住相布施來，爲求佛果行施，即是住所求佛相，云何無住。此是預徵所疑，後並同。

○此第一番探驗。

破執相虛妄習情，始悟真如之理，實見真性如來。

○此言不住身相。

○覺非曰：色身有相，法身無相，有相見形，無相見理，故曰如理實見，謂實見本性如來也。

《正解》：凡人之形色，皆屬虛妄，非真實也，所見非真見也。惟此如如之理，乃人本性，是爲真實。不以目見而以心見，不求相見而求理見，是爲實見。

○此章是明有相皆妄，而顯無相之真佛，要人具無相正見。

大圓曰：上文説箇不住相，尚未説出所以不當住相之故。得無量福德，只説得無相的果報，是應化邊事，不曾説得無相的源頭。至此分説凡有所相，皆是虛妄，虛妄豈可住著。若見諸相非相等，乃知此無相處，即如來法身也。此經是破相宗，無相是真佛，乃從源頭上破。恐二乘以相見佛，於不住相起疑，故舉佛果以問，令知果實無相，自然於因不疑無住矣。

須菩提，於意云何，可以身相見如來不。

身相者，謂佛應身三十二相也。見如來，指法身言。

《正解》云：佛恐須菩提雖聞無相之旨，所悟尚未盡澈，故舉身相以徵詰之。

大圓曰：前説無住相施，降伏其心，是成佛之因，恐空生疑佛果是有爲身相，故舉此以問。

《集解》云：此如來，指法身言，乃謂真性佛也。佛欲人見自性佛，故呼而問之，是佛第一問。

如如居士曰：佛於此問，特爲提出見如

來三字，此六度萬行之指南。入法門者，首當體認，於諸相中獨拈身相者，蓋衆生無始顛倒在於妄認身相，須識幻身，乃證法身。

《盛釋》：此是現身說法，見得身相可無，諸相皆無可住也。

○不也，世尊，不可以身相得見如來。此謂法身。何以故。如來此是佛號。所說身相，即非身相。

須菩提解佛問意，應聲曰不可。蓋如來所說應身，是有生住異滅的，佛體異此，此爲幻形，非真實身相也。身之不可執應以當法，猶鏡之不可執影以當光，安可以應身當之。身相原是四大假合，故不可以身相見。此須菩提自爲問答以釋也。

○佛告須菩提：凡所有相，皆是虛妄。【解】圭峯云：四句偈，此爲最妙義，具四句持說，即趨菩提。長水云：斯則約有無等爲四句，此四義能通實相。

《盛釋》：佛乃印可其言而推廣之，言非但佛身爲然，凡有爲之相皆從妄念而生。能生之妄念本空，所生之諸相何實。此二句是全經要領，然非於相外別有一無相法身，故又云：見相非相，即見如來。

《如解》：善現已知身相虛妄，佛即爲迎機而擴之曰：凡所有相，皆是虛妄。幻身既滅，諸幻亦滅也。又爲下一轉語曰：若見諸相非相，即見如來。知幻即離，離幻即覺也。見非相，不落於有，見相非相，不滯於無。有無雙遣，中諦逼觀。見如來者，見衆生本性之如來，即菩提心是也。

若見諸相非相，即一作則。見如來。【解】諸相兼空有。言凡四相，法相非法相，皆在其中。○非字莫作無字解，非字活，無字呆。○即見如來，即見自身中真性。

法忍居士曰：佛恐須菩提離此有相之妄，別求無相之真，仍墮二乘見中，佛乃引進之，而以即相無住告之。即妄即真，即有即空，原無二體。若能見諸相當體全空之非相，則真妄不二，空有一如，此第一義諦，大乘之見也。諸相非相者，蓋言有無諸相，性本空故。不見空性者，非著相，即離相。如見色住色，是凡夫之常見也。見空住空，是二乘之斷見也。凡夫二乘，隨諸相轉，墮落有無，只見得一邊。若見到色即是空，空即是色，則不有不無，非即非離，是爲菩薩之正見。得見真空實相，故曰即見如來。

黄上彩曰：見諸相非相，是破相。即見如來，是顯性。破相正所以顯性。見字要看得細，乃無見之真見。

王履昌曰：此乃破相宗之四句偈也。經所謂四句偈，當即指此。下經若以色見我四句，即此見相非相二句，如夢幻泡影四句，即此凡所有相二句。【解】此分是十八住之第二欲得色身住處。

△此一節言，如來現身無相也。菩薩果即是如來。如來法性如虚空，論其功德，不過現身説法。若離此二事，别無有如來。佛恐善現以相爲佛，故先徵之。

長水云：三十二相，是鏡智之上所現影像，既涉有爲之數，當爲生住異滅四相所遷。若法身如來，前際非從無而有，後際非自有而無，無有變異，不可破壞，所以異於有爲之相也。

宗註云：有相者，應身也。無相，法身也。法身是體，應身是用，了知用從體起，應即是法，所以無相。故論云：如來所説相，即非相。若能了達此意，則一切世間之相，無非真如無爲佛體。

《直解》云：法身不住諸相，譬如虚空，體非有相而不拒諸相。若於諸相之中了見本性非相之相，此不離當念，即見如來也。

《决疑》云：法身亦非無相，即於諸法相上見其非相，即見如來，非捨諸法之外别有一相狀也。

覺非曰：諸相非相者，亦非相外另有一箇非相也。以故二十七疑，只一相字盡之。

斷二十七疑，只一破字盡之。不獨破生死相，亦破涅槃相。不獨破煩惱相，亦破菩提相。因相、果相、有相、無相，一異諸相，無不破之，直至破無可破，而本來清淨之見顯矣，住相云乎哉。〇已下有八番探驗，三番結勸，五番較量。此第一番探驗也。

〇正信希有分第六【解】二斷因果俱深無住疑。〇此疑從上無住行施非相見佛二段來。

學道以信爲本。大乘法，無住無相乃是正宗。聞之而不疑懼，故爲正信。此人不可多得，故爲希有。

〇此申言不住諸相，以起正信。

〇覺非曰：能信諸相非相，則不惟無四相，無法相，亦無非法相。如是則法眼明澈，永離塵勞妄想，普現一切清淨，與佛無二矣。故曰正信希有。

〇此分與下七分，明非法皆相，而顯無爲之真法，要人具離相淨行也。末世學人有二種障，一則著相見佛，二則執法修行。所以五分破身相，六分、七分破法相。

須菩提白佛言：世尊，頗有衆生得聞如是言說章句，【解】此須菩提第二啓請也。欲令後世之人，共生深信，故有是問。空生開口說言說章句，即存一法相於胸中，下故以無法暗破之。持戒修福四字，要看下文生信心種善根，以至一念淨信，及無復諸相等，俱植根於此，須一氣貫下。信須三德兼修，謂持戒修福種善根也。

即指上三、四、五分之辭，與無住行施，無相見佛之說。

生實信不。

開口說信者，信爲道元功德母，長養一切諸善根，舍信不能入佛法也。然人必真知確見而後能信，況信曰實，尤必滿其信之量者乎。此須菩提所以有難辭也。

曾鳳儀曰：此疑從無住行施、非相見佛來。無住行施，因深也。無相見佛，果深也。因果俱深，人法雙泯，末世鈍根豈能信受。

若不信受，將無空説耶。

○佛告須菩提：莫作是説。如來滅後，後五百歲，有持戒修福者於此章句，能生信心，以此爲實。

作是説，不但輕視衆生，阻人信根，亦且取著章句，長人法見，故云莫作。後五百歲者，言佛滅後，分爲五世。初五百歲名解脱，次名禪定，皆正法也。三名多聞，四名塔寺，皆像法也。五名鬬諍，爲末法，乃邪見增長之世。以此爲實者，非空説而有實理，信此章句爲真實之諦也。莫謂今日無實信人，雖世遠年湮，猶且信從如此。

黄上彩曰：持戒修福，戒定也。信心，慧也。能生者，戒定既具，智慧自生，故照萬法之空而見般若之實，否則不能也。修福者，衣食爲身福，智慧爲性福。身福，布施供養之所招。性福，受持讀誦之所感。

論云：戒出三途，定出六欲，慧出三界。

當知是人不於一佛二佛，三四五佛而種善根，已於無量千萬佛所種諸善根。【解】實信人善根深遠。

《如解》：若論實信之由，當知此人不可輕看。此人必從諸佛同源一本之所，斷除惡業，栽植善根者也。

盛註：此必善根深厚，多生植福，承事諸佛之人。

解義：謂見佛多，聞法多，修行多。所，猶處也。

聞是章句，乃至一念生淨信者，【解】持戒修福，種諸善根，方能實信。純一不貳，諸法無染，方名淨信。淨信是入道之門。

一念一心一意，無他念雜之，謂之淨信。

履昌曰：上云實信，以佛語爲實而信之。此云淨信，信諸相之虚妄而不生妄想，信如來在自性而舉心立見。蓋衆生不淨，事障理障，心念不一，遂不能信。此曰一念淨信，是不轉念不雜念之正憶念也。

須菩提，如來悉知悉見，是諸衆生得如是無

量福德。【解】於淨信中自具福德，所以堅衆生之信根也。○善根福德却是相兼。

此人能生信心，心便能如來相合。佛智佛眼，無不知其存心，見其行事。是諸衆生，現心雖暫得無爲，後果必圓成無漏，當得無量清淨福德。

○《如解》云：善現已生信心，此但爲衆生釋疑。章首如是字，指見如來説，見如來乃是頓教。然功行必藉修持，故又指出持戒修福。一念者，歷萬行如一念，言信之不二也。淨信者，我執與法執兩空也。前云見如來，此云如來悉知悉見是諸衆生，蓋衆生見佛，則佛在衆生心中，佛見衆生，則衆生在佛心中，總此菩提心平等相照耳。

何以故。正言之。是諸衆生無復我相、人相、衆生相、壽者相，無法相，亦無非法相。【解】此釋生信得福由於生法兩空也。無四相是生空，無法相亦無非法相是法空，二執俱空，即無人我，無法我。○正顯出淨信之淨。

盛註：又言所以得福者何。淨信中空性自圓，了知無我，即知諸佛衆生各無有我。故四相不生，是人空也。四相不生，諸法無從得立，故不住法相而爲有，不住非法相而爲無，是法空也。二執俱空，正得佛知見，成就淨信之本。

大圓曰：無四相，則人空。無法相，則法空。無非法相，則空亦空。三空既證，而實相生焉。以清淨無相心，故受清淨無相福。

如如居士曰：善現云頗有衆生，似未必旦暮遇之。世尊云是諸衆生，則言信心不擇人而見矣。三言諸衆生，諄諄切切，直欲喚醒羣夢。

何以故。反言之。是諸衆生若心取相，即宜作則。爲著我、人、衆生、壽者。反釋生空。若取法相，即著我、人、衆生、壽者。反釋法空中之無法相。何以故。弗讀。《盛釋》及各正本俱定爲衍文。若取非法相，即著我、人、衆生、壽者。反釋法空中之亦無非法相。【解】何以故下，反結上文，申明一心字，蓋佛與衆生同此一心，當下便是，轉念即乖。

承上言法與非法總皆成相，著一相則四相因之，斯皆法執，總非法身無相，豈能得清淨無爲之福哉。

《盛釋》：取相者，妄立知見，妄起生滅也。取法相者，心外求法也。取非法者，除法爲空也。惟淨信心不取相，則生相空，而法執空執當下皆空。四相前已申明，此重在明法相非法相之不可有。【解】蓮師云：首段心字貫串三段，首段單講，下二段對講。○此推明法相非法相之不可取。

《如解》云：取字是爲諸相根本。取字上加一心字，心之所之即爲取。取則成著，不言物與而言我取，較物交斯引之義更爲微細。若心取相二句，反釋無我執。相字，就我人四相言。若取法相五句，反釋無法執。即無我執，其若取非法相句，加一何以故，言非法之細執尚屬我相，況取法相，非我執乎。著則不淨，不淨則不實，種種惑業，從茲相續，故著爲疑根，無著爲信根。

○此段是反上文而證之。

是故，不應取法，不應取非法。【解】結歸離相下文，引喻以明。○有無雙遣，方是真空。

以是一取皆成四相之故，所以若取法相，即有法執，若取非法相，即有空執。故不取法相而爲有，不取非法相而爲無，不著有無二邊，方是清淨心，方是金剛真諦。此二句順結，下以如來常説之言證之。

以是義故，如來常説，汝等比丘知我説法如筏喻者，法尚應捨，何況非法。【解】此引如來常説之言作證。此十八住之第四，欲得法身住處。○法身有二，一言説法身，即此分頗有衆生等。二證得法身，亦有二，一智相，七分如來得阿耨等，一福相，八分若人滿三千大千等。

如如居士曰：佛恐空生見法與非法兩無所取，遂一味躭空，故示以如來於法未嘗無説，然終日説終日捨如筏者，津梁到彼岸之濟具也。用筏之時，見岸不見筏。法者，法界到彼岸之方便也。說法之時，見心不見法，即此是捨。若待到彼岸而捨，則說與捨又成兩相。

又云：比丘借法明心，悟心便當捨法。夫法是度生之具，有體相可循，是可取著者也。尚不應戀筏作家，況非法乃遣執之言，無體相可據，是無可取著者也，何可縛空作筏乎。此段是結上文而證勸也。末世衆生，能人相與法相俱空，空見與有見並捨，可稱實信矣。

△此分是言無相衆生方能信此無相之法，以見衆生之不可輕，并明法相之不可取也。善現極言無相見佛之難，而佛極讚淨信者得福無量，因勸一切衆生慎毋以生滅心，聽說實相法。前半是引衆生入淨信門，後半是表淨信出言說外，可見佛言應身固是相，佛所說之法亦是相，必并法與非法之相俱空，方可以名淨信也。佛恐人看衆生大輕，看言說太重，遂有執法修行，外心求法之病，故如此云。

〇《圓旨》云：空生聞見相非相即見如來之語，覺得此義甚深，難信難解，故爲衆生疑慮。不知佛之言此，非徒言說章句，乃表自清淨心也。衆生之信此，亦非徒信佛言說章句，乃信自清淨心也。此清淨心，即衆生可以成佛作祖之善根，雖在纏百劫千生，而此善根終不泯滅，故即後五百歲，佛道陵替之時，自有持戒修福者。一念淨信，千佛印可，福德難量。此福德非有爲之福德，即清淨心現，而我、人、衆生、壽者俱粘不上，而上同佛心之福德也。即以佛言爲言說章句之法相，與對治法相之非法相，亦粘不上，而千佛同源之福德也。若生一取相心，則非清淨心矣。即生一取法相與取非法相心，亦非清淨心矣。譬之渡河用筏，到岸即捨，法何有焉，而況易墮偏空之非法乎。

〇無得無說分第七。【解】三斷無相云何得說疑。

〇前云佛非色相法不可取，是無佛無法矣，何現見佛成菩提，現今說法。此第二番探驗。

了悟真空無法可得，無言可說。

○大圓曰：此章是承上不可取法取非法，而明無得無說之真法也。

覺非曰：法體空寂，不著有無，安有定法。既無定法，安有定說。

○此言不以實法繫人，而無住大旨已完。

須菩提，於意云何，如來得謂得於己。阿耨多羅三藐三菩提耶，如來有所說謂說於人。法耶。

《盛釋》：此承上法尚應捨，作第二番探驗。既言身相可離，又言法相非法相可離，恐尊者疑佛法俱無，故以有所得、有所說兩詰之。不但福相不可住，即智相亦不可住也。此言法身真如實際離有無相、言說相，但以衆生故，現種種形相語言，無得而得，得即無得，無說而說，說即無說也。

《圓旨》云：佛得無上菩提，非真有所得也，不過得自本心耳。佛爲衆生說法，亦非有所說也，不過隨機應現耳。上文雖爲諸菩薩掃除法相，恐其於佛法二見終有未忘，故呼空生而以如來得菩提，有所說反徵之。

○須菩提言：如我解佛所說義，無有定法名阿耨多羅三藐三菩提，亦無有定法如來可說。【解】佛所說義，頂上章以是義故義字來，指不應取法取非法說。

如如曰：上文言信，此言解，是知見信解之次第也。外道計常計斷，執爲定有定無，即爲謗法。故言無有定法，以闢邪見。無有定者，不偏有，不偏無，兼法與非法言，所謂非法非非法也。然善現所答，猶屬一間未達，蓋爾時尚未了一切法即非一切法，故不直曰無有法，而曰無有定法，尚未了得爲無所得，故不直曰無可得，而曰無可名。

《疏芥》云：法者，隨時而運，因人而施，何定之有。法闡於說，說依於法，法不可執，說豈可執乎。

何以故。如來所説法，皆不可取，不可説，非法，非非法。【解】申言無定之故。○是法則有實相，勿是法則落空相。非有非無，法無不備，所謂真空不空也。

若果可取説，即非不定，今則如來所説法無上菩提，即是本來正覺心，周匝空有，不住空有，安得以定法名之。非法者，一切法無取相故，非非法者，彼真如無我實相有故。

《集解》云：如來所説乃無上菩提法也。可以性修，不可以相取，可以心傳，不可以言説。非法則不有，非非法則不無，此申言無定之故。

所以者何。一切賢聖皆以無爲法而有差别。

【解】菩提法所以不可取説之故。○長老先言無定，次言無爲，悟入聖境矣。以無爲法，可見離無不是佛法，執無亦不是佛性。菩提是無爲法，説不得，取不得，亦得不得而福最勝。下文欲較量無爲之福勝，而先以有爲寶施發其端。

無爲法者，乃自然覺性，不假人爲者也，即是無上菩提之别名。但聖人具足清淨，故名爲聖，菩薩自聲教而悟，故成其賢。悟有淺深，故所證遂有差别，然總一不可取説清淨無爲之法而已。

《盛釋》：此菩提法之所以不可取説者何故。凡一切賢聖皆得人法兩空之理，俱是無爲，但三乘差别，修證不同耳。

《經貫》云：一切與皆字，見不獨如來爲然。以無二字當一頓，再讀爲法二字，纔得旨。曰以無，則非法。曰以無爲法，則非非法。以無爲法非有差别，特因人而有差别，悟深者得自深，悟淺者得亦淺。存參。按：無爲者，以正覺還我真性，本來無假作爲，即是無住。無住即無相，無相即無起，無起即無滅，蕩然空寂，鑒覺無礙，乃真是解脱佛法。説本六祖。《疏鈔》云：未了人空法空，皆名執著。了此二法，即曰無爲。

△此以上，言如來説法無相也。

《疏》云：無有定法，即是性空。解窮

相盡，謂之菩提。無相故不有，假名即不無，不有不無，何實可得，何定可說。

大圓曰：此承上不可取法、取非法，而明無得無説之真法。前文説箇若見諸相非相，即見如來，此兩句該得全經意旨。但見如來處中間有箇岐路，落在實相上則成法相，落在非相上則又成非法相，所以第六分將法與非法兩路截斷。此分却將如來所得所説徵詰者，兩箇如來字，正根第五分如來字來，要勘他信處落在那裏。空生答箇無有定法，不可取説，活潑潑地，恰在箇中。末後説箇一切賢聖皆以無爲法而有差别，不是脚踏實地，怎能説得如是諦當。只此一語，爲衆生説，可以出生死，趨菩提，故下文遂以持經功德較量。但無爲法一句，依舊落在實相上，故下文又以佛法即非佛法點撥之。

○依法出生分第八【解】此乃較量功德以顯勝，復遺佛法以顯玄。○經即文字般若，能生佛法。此第一番較量。此分佛深契須菩提將佛所説離相降心，離相布施，離相見如來，離相淨信，而得福，總結成一無爲之法，舉寶施之福以較勝，欲顯以無爲法之福無量也。三千大千，另有全註，因冗未載。性彌六虚，福德亦如是。

法即此經之法。依者，不違之謂。諸佛之法，盡依此出生。

○此分是較量受持此經功德之勝。蓋法雖不可取説而不空，佛恐人因不可取説，住在無相無爲處，便欲毁棄言教。言教若毁，將何信解。所以又明一切佛法俱從此經出，而隨轉一語，曰：佛法即非佛法，不令他有存住處。

○前教、理、行、果四法皆備，大旨已彰，故即較量其宏功，以啓發真性耳。

覺非曰：住相布施，福德輪迴，與性遠隔。若依般若法，則令自他皆見性成佛，故曰依法出生，以見非他功德可比。

須菩提，於意云何，若人滿三千大千世界七寶以用布施，是人所得福德寧爲多不。

大圓曰：上文從無相、無住、無人、無法、無得、無説，歸到無爲，則般若真宗空生已了然矣。佛恐人將無爲法認作枯寂，住在這裏，殊不知菩提一現，萬法具足，無量福德，無邊佛法，皆從此出，不可取，却是取不盡的，不可説，却是説不盡的，故遂以福德較。世界者，世間之方位界限也。有小千、中千、大千之名，以其三次言千，故云三千大千，實則一大千耳。這布施，謂施捨。七寶者，金、銀、琉璃、珊瑚、瑪瑙、珍珠、玻瓈是也。佛欲顯無爲福，先將有漏之福問之。

〇須菩提言：甚多，世尊。何以故。是福德，即非福德性，是故如來説福德多。

是福德者，事福也。即非福德性者，謂非般若福德種性，既非理福，不趨菩提，止成世間有漏之事福而已。如來説福得多，以其有限，得以計其多寡也。

陳雄曰：世人多以寶施爲求福地，不知修性中福德，故設爲之問以較優劣。持經精進者，率性而修也，性彌六虚，福德亦如是，是之謂福德性。聚寶布施者，藉物而修也，物有限，其福亦有限。故須菩提辨論以明之。

〇佛言：須菩提，五字較訂補正。若復有人於此經中受持，乃至四句偈等，爲他人説，其福勝彼。

【解】因經悟性，性見心明，福等太虚，歷劫不壞，故云勝彼。〇此一問答，重受持爲人解説二句，上句自修功，下句及人功。乃至四句偈等，經中凡六見。

持經之福勝於寶施，正見此經即般若性也。受文字曰受，持義曰持，是自利行。爲他人説，是利他行。總重因性悟性，非徒誦説也。發言成句爲偈。四句偈，諸解不一，或指經中二偈，或指無我相四句，圭峯謂凡所有相四句最妙。須知佛止説偈，未嘗執一，且從經中受持説來，上標乃至，下繫以等，乃是自多至少之意，豈可執四句以求著落乎。

《盛釋》：諸經佛偈，多用四句，應作

通解，故説一等字。有經而後有偈，故下乃至二字。

剩閒云：圭峯以凡有所相四句，爲偈中最妙，未嘗廢餘偈也。

陸騰曰：大槩經典以四句爲一偈，不過曰自一經以至一偈云爾。説者紛紛，真屬無謂。

宗註：言舉少以況多。

廣伸云：上有乃至字，則由一部一章而至於一偈，下有等字，則由一偈半偈而至於一句，皆可也。

剩閒曰：四偈之外，經中尚多偈句，自一、二、三、四，各拈出以見例。如阿耨多羅三藐三菩提，一句偈也。不取於相，如如不動，二句偈也。佛説般若波羅蜜，即非般若波羅蜜，是名般若波羅蜜，三句偈也。如來者，無所從來，亦無所去，故名如來，四句偈也。隨經受持，任人領會，一説附參。

何以故。須菩提，一切諸佛及諸佛阿耨多羅三藐三菩提法，皆從此經出。【解】此釋上其福勝彼之故。諸佛之身，及所證之法，無不從般若而生。

持説甚約，得福甚奢，此何以故。蓋以諸佛之身及所證之法，皆從此經而出。

《疏》云：菩提名法身，不生不滅，人人具有，但以煩惱覆之則隱。今以持説之力，妙慧自彰，觀破煩惱，法身顯現，如燈照物，名爲了因，是法從此出也。報化名福身，本來無有，是萬行齊備所致。今以持説之行能成福身，如種得水土，芽苗自發，乃名生因，是佛從此出也。

王日休曰：菩提謂真性，菩提法謂諸佛求真性之法也。何佛非心，何佛法非心法。故曰皆從此經出，所以般若稱爲佛母。

僧若納〔四〕曰：皆從此經出者，非單指經文語句言，乃指所説實相般若，即是一心徧爲諸法性體，一心能生一切法故。

須菩提，所謂佛法者，即非佛法，是名佛法。

【解】佛又恐人住在佛法上，故云即非佛法，以掃之。非佛法即前云無爲法，即後云無法可説意。

四字較訂補正。佛纔説箇出生佛法，恐人在佛法上又生執著，故復呼須菩提以醒之，蓋佛法在心而不在教。非佛法者，不執法也。

六祖曰：所説一切文字章句，如標如指，依標取物。依指觀月，月不是指，標不是物。但依經取法，經不是法。經文則肉眼可見，法則慧眼能見。若無慧眼，但見其文，不見其法。若不見法，即不解佛意。不解佛意，徒然誦經，不成佛道。

○筏喻曰佛法即非佛法，申明無爲法也。下章問答四果，申明一切聖賢皆以無爲法而有差别也。

△此節乃躡前略答中遮衆生斷見，爲第一番較量功德也。尊者領悟，指出一性字，見得真性福德無量無邊，持經勝於寶施，正見此經即般若性也。佛法皆從此經出，言此經爲般若真諦，能爲法身作了因，能爲報化作生因也。佛恐人執著經相，即於言下掃之。

《盛釋》云：佛法者，真諦之理，即如來圓覺妙心。

憨山云：般若，乃是能出生佛法者，本非佛法也。

剩閒曰：般若本非佛法，指實相般若言，若觀照般若與文字般若，便可云佛法矣。

秦大音曰：下文四果，當直接差别一氣説，云何插入福德。蓋此經宗旨遮有遮無，才説無爲，恐人墮在無邊，忙中急下一轉，遂言福德佛法，以明有佛有法，又恐人執定佛法，遂成法相，故言即非以掃之。轉轉層翻，一團圓義。

○《盛釋》云：已上數段，無住降心是實相般若妙行，即見如來是實相般若真體，無法可得是實相般若真果，無法可説是實相般若妙教。後此擴充小行俱歸大乘，使三乘同一解脱也。【解】佛教真詮。

○一相無相分第九【解】次約菩薩住以明無相。四斷聲聞得果是取疑。○前云如來説説法皆不可取，故疑聲聞得果是取。

四果似有一相，而實無有。

○此言四果皆以無爲法。

覺非曰：有法可得，有道可成，即是有爲，未免著相。四果雖淺深不同，而無爲則一，故曰一相無相。

○此第九分與下第十分，是歷徵一切聖賢證修處皆不可取説，以證佛法即非佛法之意，全要看如來鉗錘妙密，空生解悟深微處。

須菩提，於意云何，須陀洹人名，乃梵語，華言入流。能作是念，【解】此第三番探驗。四果修行得道有淺深，根性不同，所悟所證隨異。若次第而修，則無上菩提可到。若萌有得之心，即著四相，不能深造。故設此四問。

指下得果之念，能字，各本俱未及解，疑指證果時説。

我得須陀洹果不。【解】四何以故下，俱以名釋義，見以無爲法而不著得果之相，始得證果，其名即隨果定。

佛氏有因有果，能修是因，即得是果，如種桃得桃，種李得李。我指四果之人，念我得果與否也。

○《盛釋》：此承上不可取不可説來，作第三番探驗。上言無爲法不可取，恐聲聞各取自果，而須菩提正四果中人，故問以得果之人，作念我已得果不。尊者一一辨論，言所得之實即言無念之故，末復以己之無念無行，切爲證明之。

○須菩提言：不也，世尊。謂證果人不作是念。何以故。何故不作。須陀洹名爲入流，而無所入。無取着心。不入色、聲、香、味、觸、法，是名須陀洹。

入流者，謂初入其門，能見道位，得預聖人之流也。無所入者，不著入流之相也。但未能頓悟真空，僅能離粗重煩惱，不入六塵境界耳，名須陀洹，以是之故。

此聲聞初果，自聲教而悟者曰聲聞，能逆凡流，故入聖流。○此言初果以無相證，此果已斷見惑，離四趣生，然未能捨離塵境。

○須菩提，於意云何，斯陀含華言一來。能作是念我得斯陀含果不。

○須菩提言：不也，世尊。何以故。斯陀含名一往來，而實無往來，是名斯陀含。【解】見惑者謂能障人見道故。思惑中惟貪嗔癡慢四者，乃是細惑與生俱來。障於修道，故謂之修惑。全註因冗不載。

一往來者，謂一往天上，一生人間，便得涅槃。

六祖云：前念起妄，後念即止，前念有著，後念即離。目覩諸境，此心還有一生一滅。無第二生滅，故言一往來。然已悟真空，究竟能出離生死，不受輪轉，實無往來之相也。名斯陀含，以是之故。此聲聞第二果，比入流又高一級。

○此言二果以無相證，此果人於欲界九品修惑，前六品盡，後三品未斷，故雖往上界，仍來欲界受生，惟能斷盡餘惑，始無往來。

○須菩提，於意云何，阿那含華言不來，亦名出欲。能作是念我得阿那含果不。

○須菩提言：不也，世尊。何以故。阿那含名爲不來，而實無不來，是故名阿那含。【解】四果，初爲見道，二三爲修道，四爲無學道。

不來者，人間報謝，直生四禪天上，更不還來欲界受生。實無不來者，本性清淨光明，真空無我，不見可欲，本無欲界，故實無不來也。名阿那含，以是之故。

此聲聞第三果，比尚有往來又高一級。

○此明三果以無相證，此果斷欲界九品修惑淨盡，故直往天宮，不來欲界。

○須菩提，於意云何，阿羅漢

華言無生，謂諸漏已盡，無復煩惱，更不於三界内受生。亦云無學，究竟真理，無法可學也。【解】宗無學之説爲是。

《集解》：阿羅漢，具無煩惱、不受生、應供養三義，謂三界見思煩惱盡，不受後世所有之身，應受人天廣大供養。

能作是念我得阿羅漢道不。

阿羅漢得無相之理，人法俱空，已證涅槃，聲聞之道至此圓滿而至極，故不名果而名道。

《正解》云：前三段言果，猶華之結果，有功夫成實義。阿羅漢言道，至此徹悟，有於理得證義。

○須菩提言：不也，世尊。何以故。實無有法名阿羅漢。世尊，若阿羅漢作是念，我得阿羅漢道，即爲著我、人、衆生、壽者。【解】以上一爲入流果，一爲一來果，一爲不來果，一爲阿羅漢果，皆無得果之念而以無爲法。

李文會曰：實無有法者，謂無煩惱可斷，無貪嗔可離，情無逆順，境智俱忘，無絲毫之法可取，斯名之爲阿羅漢也。若作念謂我得阿羅漢道，即著四相。與阿羅漢地位隔，何以稱阿羅漢耶。

《經貫》云：實無有法，塵心淨盡，無法可學也。學到無法可學，方得阿羅漢道。若作是念，我得其道，即無異著四相，降伏之且不暇，豈能無法可學乎。

○此明四果以無相證，此果斷三界見思煩惱俱盡。

○四果人俱無得果之心，可見聖賢皆以無爲法全不住相矣。但四果只是了一身，不度衆生，佛門謂之小乘。

世尊，佛説我得無諍三昧，人中最爲第一，是第一離欲阿羅漢。【解】末以尊者自得之果證之。○三昧亦云三摩地，又云三摩提。三字總作正字解。世人以三昧作妙趣解，謬甚。○有四相而不離欲，則不能無諍。無諍則三昧矣。作是念，所謂若心取相也。○凡作是念，便是有心，層層掃却。前掃却諸法，此掃却諸心。

諍者，爭也。塵念欲行，道念欲遣，猶如水火不相和合，兩念相爭也。無諍，則理欲俱忘，一念不起，是爲三昧。

《疏》云：無諍者，離智、惑二障也。離惑則不著有相，離智則不著無相。一念不生，諸法無諍。又心無生滅去來，惟有本覺常照，故名無諍三昧。

《廣録》云：三昧，此云正定，心無生滅是也。亦云正受，心不受一法是也。亦云正見，又云正覺，遠離九十五種邪見是也。

按：四義當以定爲主，見乃定之見，覺亦定之覺，受亦定之受也。

剩聞曰：即是本來靜覺心，經中不取於相，如如不動，即三昧正定之註脚也。

人中，謂弟子之中。離欲者，斷盡見、思影子，并不作一證心，即無得無説之真旨也。

世尊，我不作是念，我是離欲阿羅漢。

我却不作是念，謂我是離欲阿羅漢。

世尊，我若作是念，我得阿羅漢道，世尊則一作即。不説須菩提是樂阿蘭那行者。

阿蘭那，華言寂靜，亦云無事。

顔丙曰：阿蘭那行者，謂無我人行也，即是清淨行。外不見所行之法，内不見能行之心，是行而不以爲行也。行者，作修行人看。言我若以離欲之想自存，則佛於諸弟子中不應以我爲好樂阿蘭那行者矣。

以須菩提實無所行，不著行相。而名須菩提是樂阿蘭那行。作一句讀。【解】外雖有行，心中無一可得，即是以無爲法。此分是十八住之第五，於修道得勝中無慢住。○自此至十六住，如次對治十二種障。

實無所行者，本性空寂，雖隨緣赴感而實無所行也。無得阿羅漢道心，故行而不以爲行，此之謂真行，所以名樂阿蘭那行。○此明辟支佛以無相證。

《集解》云：此節蒙上第四果須菩提自述其所造，以證無爲法也。四果證處，皆無法可取，可悟佛法即非佛法矣。

△上文説無爲不可取、不可説，則修行

當以無念爲宗、無著爲用。佛恐諸菩薩求佛果心急，則有所得心難忘，故舉四果以設問。《決疑》云：此示無住真宗也。佛言法非可取，佛不可求，恐聞者進退無據，故以四果逆徵之，俱從賢聖無爲中差別來。及須菩提詳言三果，復自爲證明，了無執著，則四果皆無住處，足見如來菩提必無可住之理矣。

○徐士英曰：佛説四果，自有等級。第一云不入色、聲、香、味、觸、法，是知欲境當避，如初生果。第二云一往來，是蹈欲境不再，如方碩果。第三云不來，是去欲如遺，如已熟果。第四云離欲，是無欲可除，如既收果。宋儒謂釋氏有上達而無下學，觀此亦是下學上達處。

王真如曰：此是漸教如此。若是無上菩提，頓悟真空，即此金剛般若波羅蜜，超入佛地矣，又何四果之足云。

剩閒曰：今生頓超佛地，必從前生漸修中來。若是白地凡夫，豈能頓悟。故經以大乘爲宗，兼説二乘，正見頓之不可無漸，而漸之不可自畫於頓也。

宋徵輿曰：果可證，無可得，道可成，亦無可得。無得之得，其庶幾乎。

○莊嚴淨土分第十【解】五斷受法時有所取説疑。○此疑亦於三疑中不可取不可説來。○此第四番探驗。○憨山曰：此示究竟無得之旨。尊者雖悟菩提無住，恐疑佛果必定得法而成。世尊故以授記之因，親爲證明。

非外面修飾之莊嚴，乃心地清淨之莊嚴，故謂莊嚴淨土。

○此言佛菩薩皆以無爲法，而爲無意已完，是佛亦以無相證。

○覺非曰：自性本來清淨，無假莊嚴。但莊嚴亦不在莊嚴上，淨心乃所以莊嚴也。

○此分是證明佛菩薩之授記、嚴土

不可取說，結勸諸菩薩無住生心，因發喻以明無相身之大，而空生深解也。

佛告須菩提，於意云何，如來釋迦自稱。昔在然燈佛所，於法有所得不。

上言聲聞不作得念果，蓋就證果時言也。若在因地修行，師資授受，必須有箇契合證據處，豈可亦言無取耶。所以佛將自己因地中事問之：若道有所得，得個甚麼。若道無所得，因何授記。

然燈佛即定光佛，是釋迦佛授記之師。佛生時，有光於眼耳口鼻百孔中放出，如燈之明，故號然燈。此問全欲空一得字。

〇不也，世尊，如來在然燈佛所，於法實無所得。【解】大圓曰：言實無，所以息大衆之疑。此十八住之第六，不離佛世時住。離第二少聞障，不離佛世則具多聞。

大圓曰：尊者答云實無所得，即自果中實無有法之理也。蓋謂成佛由本心覺悟，雖然燈有說，釋迦有聞，然語言從緣，無自性體，非智證法。如來當日，惟以自無分別智證自無差別理，智與理冥，神與境會，豈有所取所說耶。不過印契此心而已。

如如曰：昔在然燈佛所，其時尚未作佛，似不能不依法修行，於法難言無得。不知如來修幻之時，即離法幻，豈待證果。方照蘊空，於法無得，不是屏除一切，乃無法相，亦無非法相也。實字與上文實字相應，無得原是實相，不屬斷滅。

〇此第四番探驗。

〇須菩提，於意云何，菩薩莊嚴佛土不。【解】六斷嚴土違於不取疑。〇若法不可取，云何諸菩薩取莊嚴淨土。〇此第五番探驗。菩薩所住之處謂之佛土，以有一世界必有一佛設化故也。有意作善緣福業，謂之莊嚴。聽法而無所得，莊嚴而非莊嚴，清淨極矣。

菩提受記，不可取說，固矣。如來爲菩薩時，修六度萬行，莊嚴佛土否。

盛註：欲顯法性真土，先舉相土問之。莊嚴佛土，如金地寶林之類，凡造寺寫經，布施供養，總是著相莊嚴也。

《正解》：莊嚴佛土，是從境説，答亦從境答。談境正所以徵心，見心爲真實，境爲虚假，境本乎心，因心現境，故菩薩不事境而事心也。

剩閒曰：修行度衆，必假清淨佛土者。心固可以現境，境亦可以攝心，此佛所以既説心宗第一義，而又説淨土第二義以度衆也。佛爲度衆生而現土，菩薩爲度衆生而修現土因。修現土因者，生清淨心，兼修六度萬行也。經不言者，舉心以該行也。

○不也，世尊。何以故。莊嚴佛土者，即非莊嚴，是名莊嚴。

菩薩修六度萬行，佐揚佛化，非不莊嚴佛土，但不取外相莊嚴。六度萬行皆無爲法，清淨行不曾著相。佛土用意莊嚴，佛土因佛而有，佛遷化而度亦壞，則莊嚴非實有，一時虚名爲莊嚴耳。

《盛釋》：莊嚴佛土，謂相土也。《維摩經》云隨其心淨則佛土淨，乃性土也。尊者知自性佛土本來具足，不假莊嚴，故云即非莊嚴。心常清淨，無嚴而嚴也。又云是名莊嚴，性空處，有不壞相，即實相莊嚴也。下文佛以淨心莊嚴示之。○此言嚴土不可取。第五番探驗，見得佛果無住，佛所住處亦無爲住也。

《廣録》：莊嚴，以境言。莊，端正裝飾也，嚴，齊整謹飭也。以心言，真性不亂曰莊，邪妄不入曰嚴。佛土，以境言，謂佛世界，以心言，指本來心地。謂之佛土者，佛心不失本來，能全心地，猶儒家言道，歸之聖人耳。五行，土居中央，出生萬物，心居中道，出生萬法，故以土喻心。

○是故，須菩提，諸菩薩摩訶薩應如是生清淨心：點明問意。不應住色生心，不應住聲、香、味、觸、法生心，應無所住而生其心。【解】第一番結勸。○此承上離相莊嚴之土，而正示離相莊嚴之行。從前説破相，只説得箇無住。此從無住處，點出生心二字，可見此清淨妙體包裹太虛，故下文有須彌山王之問。心無所住，乃爲清淨。生猶生存之生，於無所住處而存其心。蓋恐如槁木死灰，入於頑空，落在無事甲中耳。今人閒坐而倦思生，即是不能生其心也。此十八住之第七，爲願淨佛土住，離小攀緣作念修道障。緣形相土則小，無緣則大，契法界故。

須菩提能領佛旨，佛於是順其詞而語之。菩薩莊嚴，既不在外飾，則當内求於心。心本清淨，知誘物化，乃不清淨。既知佛法無所得，又知莊嚴非莊嚴，此無取無著清淨心也。諸學道菩薩，當如是湛然常虛而不染，寂然常定而不淆，以生清淨心，不當住在色、聲、香、味、觸、法上生心。一有所住，便爲六塵所縛，妄念旋起，不能清淨矣。須知清淨心妙圓周徧，不泥方所，本無所住也。當於無所住處而生其心，斯真莊嚴，斯真清淨。

《盛釋》：此世尊以淨心莊嚴示之，乃第一番結勸。前以不住六塵爲無相布施，此以不住色等爲清淨心，爲無相莊嚴，總結歸度生無生，及無住而住也。無住降心，是一經大旨。

此心是正智，是真心，但住著於境，則隱而不現。心若不住，般若了然。生其心者，顯現本有真心，非突然生起也。

〇如如曰：前言菩薩莊嚴，是標其功行，此言諸菩薩，則護囑之人也。應如是生清淨心，指上無所得，及非莊嚴說。

前云生淨信，是一念之覺。此清淨心是全體，六度萬行，總爲修此。清淨是本來地，即究竟地。前云不住色等布施，此云不住色等生心，攝事歸心，言不住較細。

此生字，是生滅之生，生其心之生，乃以不生不滅爲生，無生所以生也。不住，與初果之不入迥異。不入，止證離欲，故以不來無生爲淨。不住，則不離色等而無色等，故曰如來。曰生心，以能來能生爲淨。

前云應無所住行於布施，此云應無所住

而生其心，并不著行於布施之相，清淨之不已處即是生也。

所謂無降之降、無伏之伏，千聖心法在此。所以六祖一聞此語，頓悟如來。

○此兩節，明菩薩以無相證。

《疏要》云：菩薩事業，不外得法嚴土二者。上節言得菩提無相，次節言度衆生無相，應如是下點明問意。無所住句，全經大旨。

須菩提，譬如有人，身如須彌山王，於意云何，是身爲大不。【解】七斷受得報身有取疑。此第六番探驗。無住生心，心界廓周沙界，故託大身以問之。

《盛釋》：此舉受樂報身爲第六番探驗也。前言三十二相，是化身之應現。若報身者，實行所致，勝相難忘。然使身相可住，縱勝須彌，仍據形量。世尊欲取寔相，託大身以啓問。

《正解》：問意，佛法既無爲無取，所得報身豈非有取。恐有此疑，故設喻爲問。梵語須彌，華言妙高，山之極大，故名山王。人身寧有是大，不過假設其詞，如七寶滿三千大千之類。

顔丙曰：報身即是色身，色身雖大如須彌山王，畢竟非大，爲有生滅，佛説非身纔是我之清淨本心，乃真法身，法身充滿法界，是名大身也。

○須菩提言：甚大，世尊。何以故。佛説非身，是名大身。【解】此從報身轉出法身。按：此節解説不一，當以從報身轉出法身爲是。須彌極大而不自取我是山王。報佛得無上法王體，能現千重化，然而離著不取亦然。此十八住之第八，爲成熟衆生住，離捨衆生障。若見大小，不能濟物。

《正解》：答言身如須彌山王，誠大矣。若以色相身言，寧有是大。佛所説者，非色相之身，是乃名爲大身也。

《盛釋》：須菩提見得從法起報，報即法身。能見非身之身，報身亦不可取。總以明無住真心徧滿法界，不當住於身相。

《廣録》：此示報身離六塵相，法身離心緣相。心境皆空，以顯報身無住境，法身無住心，是推明法報合一。

宋徵與曰：法身充滿法界，不可以大小論也。今佛以須彌爲問，是指報身爲喻耳。報身爲喻，可以大小論，故答言甚大。又恐人執取報身，故復言佛説非身是名大身，此直指法身而言也。

《經貫》云：非身謂法身，即真心本性也。非身名大身者，蓋指真心之無住，足以包大虛藏沙界也。言至此，無住之義已盡。人不求之清淨，而求有得，求莊嚴，得毋反小視其心乎。

《圓旨》云：佛於無住顯真心，空生即於非身見大身。問答至此，乃見身土皆空，心境雙絶，不言福德而福德難量矣。下文遂較量福德。

○此節明佛以無相證。

△此分及前分俱從離相推至無取，而此更以受記、嚴土申之。中段點明問意，説出一生字，結勸諸菩薩無住生心，淨心常生，法身圓滿。此常生之心，豎深橫遍，無去無來，因發喻以明無相法身之大，而空生深解也。不曰心之生，而曰生其心者，此心是正智，是顯現本有真心於無所住中生之，並非落寂滅見。佛設大身之問，而尊者即於非身悟大身，益見身土皆空，心量之廓周無盡。

○蓮師云：上言心下言身者，非反説到身外也。身字，即作心字看。如來蓋欲廣須菩提之心，故以須彌山王之身問之耳。

此段問答，言無所得，無有莊嚴，而至於心無所住，則此心方爲廣大。託大身設問，此又是如來開悟須菩提一則也。自須陀洹起，直説到菩薩，層層駁入，俱是須菩提善解處。言四果中人，即答以小乘之旨。言阿羅漢，即答以無諍之旨。言佛，即答以無所得之旨。

言菩薩，即答以非莊嚴之旨。隨問隨答，而中間須菩提自説佛名之一段，是須菩提以身自證之意。佛又説然燈佛一段，是如來以身證須菩提意。針針相對，絶不支離，當以此番問答爲兩人本地風光。

○大圓曰：若不知非身是名大身，則諸相非相，渾身墮在非法相裏，何處有出身之路。若不知大身即是非身，則一切賢聖終身落在差别路上，何日見全身之現哉。到這裏，方知無爲法三字未足以名此經，不得不問此經之名矣。

○無爲福勝分第十一【解】上章言無爲法身之大，下章言無爲福德之多。此第二番較量。以下皆較量福德之勝。

無爲，法也。持經功德，人己俱利，無爲之福，勝於寶施。

○覺非曰：前以四果無念，釋迦無得，申明一切賢聖皆此無爲法。恐人信持不及，故又較量福德。

須菩提，如恒河中所有沙數，如是沙等恒河，於意云何，是諸恒河沙寧爲多不。【解】欲明福勝，先説河沙。既約多河以辨沙，復約多沙以彰福，皆爲寶施張本。○此先以外財較量。

恒河，西土天竺之河，從阿耨池東流出，周迴四十里，沙細如麵。佛多在此説法，故取爲喻，弟子所習見，使易曉耳。其中沙數無量，沙等恒河，是倒裝文法，謂恒河如沙之多也，是諸恒河，其中之沙，寧爲多否。亦是假設之喻，不過言數之極多，以喻世界之極大耳。

○須菩提言：甚多，世尊，但諸恒河尚多無數，何況其沙。

如恒河中所有沙數，是一沙即爲一恒河，是諸河中又各有其沙，河尚無數，何況其中之沙也。

○須菩提，我今實言告汝，若有善男子、善女人以七寶滿爾所恒河沙數三千大千世界，以用布施，得福多不。

前只説三千大千世界之寶施，此增言恒河沙數，總見布施之極多耳。

《正解》云：前已有一番較量，然未説四果無心，釋迦無得，佛土不嚴而嚴，佛身無取而取，猶未是般若極則。今斯義既明，法理兼深，由是復取甚多之福以較量之，使受持者益知所趨向也。

○須菩提言：甚多，世尊。【解】受持經偈，以無所住而生其清淨之心，且爲人傳説，使皆無住無得，成非身大身，是人已得法王大寶，豈世寶所能及哉。○王日休曰：財施不出欲界，法施能出三界。此十八住之第九，遠離隨順外論散亂住。恒河寶施不及持經，如何外學不修正法耶。

謂如此布施，得福豈有不多之理。但不知世尊以爲何如耳。

○佛告須菩提，若善男子、善女人，於此經中，乃至受持四句偈等，爲他人説，而此福德勝前福德。

七寶布施亦是難事，而持説尤爲福勝者，布施總屬有爲，福德雖多，終有窮盡，不如受持經偈，輾轉教人，皆得入佛知見，彼此利益，成無上道，脱離輪迴，永超生死。此法施福德，歷劫常存，故勝河沙布施也。

大圓曰：七寶，乃世間之寶，難以比佛法出世之至寶。恒河中所有沙，不若此經中出生佛法之多。如是沙等恒河，不如此經佛法中各各具非佛非法之無爲法身。是諸恒河所有沙數世界，又不及非佛非法非身中，生出無量無邊諸佛法之廣大。布施止得世福，受持則得性福，世福止及自身福盡還墮，性福轉化衆生福普益多，豈可同日而語哉。

△此第二番較量比八分較量，更深一層。蓋七分以前，止説得清淨法身，八分即以福德較量，因言佛法皆從此經出。

八分以下，歷舉聲聞菩薩俱從無爲法中現出許多差别，究竟歸於無爲。然後結勸諸菩薩無住生心，而託大身作喻以驗之，則清淨法身中之全體大用一齊俱現矣。此較量功德，所以一步深一步也。

如如居士曰：既爲大身，福德何量，故持説能獲勝福。然揀外以表内，名爲福德性，本内以彰外，名爲大身，不是兩義，如何此福德勝前福德。蓋前説法固極元妙，然有賢聖差别之階。此則四果與菩薩同歸無得，大小渾融，以經義之轉圓，顯持説之殊勝。若所説心性，前後無淺深也。

○又云：自須陀洹能作是念句至此，以大身顯無相之殊勝也。統括其意，謂如來清淨法身，原無法可得，若不能總持一切法門，未足爲大。今以佛之無得，蕩四果之無得，足引小乘爲大乘。以菩薩之無得，印佛之無得，足化大乘爲最上乘。法輪所轉，點鐵成金，一身清淨，多身清淨，是名大身。其爲福德，豈可思量。又何疑於持説者之獲福乎。無相之殊勝又曉然矣。

宋徵輿曰：前分言非莊嚴名莊嚴，非身名身，恐人撥置因果，故復申言福勝，或以無遺有，或以有遺無，此爲以有遺無也。直至無無可遺，庶乎無爲矣。

○尊重正教分第十二【解】上言持經功德之勝，此是申言其所以勝。正教貴於受持，受持期於成就。不曰成就功德而曰成就法者，以法可以利衆生也。盡能受持讀誦此六字中，有無量功行在。

佛教正大，受持者天人皆生敬重。

○極言正教尊重，以起經名。

正教即無爲法，佛以菩提法立教，皆是盡性至命之理、正大無邪之論。人能尊崇而敬重之，明心見性，了悟真空，爲受持正教，天人皆生敬重。

○大圓曰：此分是申明此經功德之所以勝，以足上十一分之義。初、明處可敬，二、明人可尊，三、明處有佛，總是申明福勝之所以。

復次，須菩提，隨説是經，乃至四句偈等，當知此處一切世間天、人、阿修羅皆應供養，如佛塔廟，何況有人盡能受持、讀誦。

如如居士曰：前兩言獲福，以受持與爲他人説並提，恐學人徒逐章句，虛務福勝，而於第一義諦未能思維修習，則自己不能成就，何能利益他人。故歸重受持以示説法之本，下文云何爲人演説，正同此意。

黄上彩曰：隨説與後盡能相應，隨説是經四字一氣貫注，不得分開。或半部，或一章，乃至最少如四句偈等，乃是隨舉經文之義。陳雄謂隨順衆生而説，則隨字屬聽法之人。王日休謂隨其所在之處，則隨字屬處，混入下文處字去，皆與盡能二字不相呼應。

《疏》云：隨説者，一節之般若也。盡能者，全體之般若也。世間天、人、阿修羅，謂天道、人道及魔道也。塔，藏佛舍利者。廟，樹佛形像者。説是經，須跟定清淨不住相講，本清淨心説法，便是如來法身，恭敬之者，何殊塔廟。説經處且尊敬如此，何況不但隨説，盡能受持讀誦者乎。

須菩提，當知是人，成就最上第一希有之法。

【解】成就謂見性也。能趨菩提，名最上。諸乘不及，名第一。世間所無，名希有，即佛果也。偈云從聞思修入三摩地，即三慧也。

如如居士曰：經之所以貴於持説者，以此經爲最上第一希有之法也。化導他人，不妨隨説句偈，若自己成就，必期盡能受持。盡能之人所成就之法，乃最上第一希有之法也，寧不愈感天人恭敬耶。受者，領會其意，思慧也。持者，服膺弗失，修慧也。對本曰讀，離本曰誦，聞慧也。

論三慧次第，先讀誦，次受持。此云受持讀誦者，未受持而讀誦，領益猶淺，既受持而讀誦，取精乃深。萬行修持，俱攝在四字内，故能成就第一。盡能云者，金剛深慧無一不入。受持是不從章句討生活者。

最上第一希有之法，即前所云阿耨多羅三藐三菩提法也。正等正覺爲第一，第一是體，最上即無上是第一之相，希有是第一之用，所以下文止括第一，以該無上、希有。不曰成就功德而曰成就法者，以受持者成就善法，以利衆生，不徒以功德自了也。亦須法成就，然後功德成就，故下文乃言成就功德。

若是經典所在之處，即爲有佛，若尊重弟子。

【解】經所在，即法所在，故當敬視如佛。

《正解》：不特持誦能感動而已，若是經典所在之處，即爲有佛，不待外求。經在是，佛即在是，而大弟子亦在是，直是三寶共居。

宋徵輿曰：若，猶言及，謂佛及佛弟子俱在也。

如如居士曰：二若字，不是虛字眼，乃成就第一者意中深信之詞。蓋其智與理冥，視經典所在則如有佛，即上文之見如來也。皈依護持，自視爲尊重大乘之弟子，與文殊輩無異，即下文之荷擔如來也。否則，末世之糟粕經典者多矣，若執塗人而告之曰經典之有佛有弟子，豈不以爲迂誕。

金剛智珠云：經典在何處，即在此心。若盡能持誦之人，自心誦得此經，自心解得經義，自心體得無著無相之理，念念精進，常修佛行，即自心是佛，故曰即爲有佛，是名佛子，故曰弟子。此三句，是讚持說者心常清淨，得真如妙性，自利利他，福勝恒沙布施，其爲天、人、修羅供養也宜矣。

△上言無爲福勝，以是經法勝也。是經雖少至句偈，爲人解說，即能破衆生之貪、瞋、癡而滅度之，故天、人、神鬼皆供養起敬。況於盡能受持、讀誦，則最上第一希有之法，是人定能成就之，更爲天人所敬仰矣。

一切諸佛皆從此經出，故此經在處即佛所在，即如護法之弟子所在，則此經即是正教所在，不以説時便有，不説便無，有人誦讀則在，無人誦讀則不在，所以繼往開來，傳法度人也。

長水曰：何況二字有二意。一是説經之處尚如此，而況説經之人。一是隨説四句尚如此，而況受持全經之人。觀當知此處與當知是人，兩個當知字，可見。

大圓曰：此經受持，得最上法，故講經處及經所在處，即當尊敬供養，正欲人處處見此經，在在持此經耳。然受持必先知經名，故下請名及受持法。

○如法受持分第十三【解】佛見他説法上已會受持，更要他件件都如此會，如細而微塵，大而世界，妙而應身，處處見性，都不著力，方是真受持。○般若實際，一塵不留。

當依此般若之法，承受行持。

○覺非曰：法名般若，照見萬法皆空。法喻金剛，專指一真不壞。依此受持，便知本性湛然，一塵不染，法法頭頭，無非般若。

大圓曰：此章特示經名，是一部經點眼處。這般若，是上半部經的眼目、下半部經的根原。

即非般若三句，是言智體無相，以見此經迥脱根塵，不拘文字也。此三句，根前非身名身來，伏下半無法得菩提之根。

三千大千一段，是言法界非相，法法皆同般若也。伏下半一切法皆佛法之根。

三十二相一段，是言佛身無相，例明法界無相，并顯智身無相也。至此方知非身大身的實落處，因以捨身功德喻之。

爾時，須菩提白佛言：世尊，當何名此經，我等云何奉持。【解】尊者備聞經勝，故請命經名，并問奉持之法。

如如居士曰：此經能成就第一法，則當

立總題之名，俾可奉持，故以何名爲請。前既言受持、讀誦，此何以復言云何奉持。蓋受持、讀誦是修行常軌，空生妙悟所及，有求珠於罔象之意。佛嘉其問，故下文以所以二字徵之。

盛註：佛説皆經也。初稱言説章句，次稱法，第七段稱經，至此乃備言經勝。

○佛告須菩提，是經名爲《金剛般若波羅蜜》，以是名字，汝當奉持。【解】佛告二句，答以經名。以是二句，答以奉持。所以者下，又詳答奉持之法。○金剛般若，能斷一切疑執，故當奉持。○言金剛者，法喻雙顯。下則止言般若，標正法也。

大圓曰：上文言佛法皆從此經出，又言寶施不及持經，而未説出此經名目。欲知義趣，須先識名，因問示名，庶不使奉持無法。

從前説降伏安住，並未説出般若。其間如度生破盡度相，布施破盡施相，見佛破盡身相，淨信破盡法相，是箇甚麼物如是堅固，如是猛利。説箇真如無爲，猶是鈍置，全是般若的力用。唤作金剛劍，亦唤作金剛眼睛，此眼一開，則纖塵不留，四相俱掃，在四果非四果，在菩薩非菩薩，在佛非佛，在法非法，著不得一毫修證，一毫漸次。所以佛將此二字安名，又加以金剛二字，以見至堅至利，不與萬法爲侶，乃一切俱空，一切具足，乃是到彼岸之般若，而非精進、禪定分別之般若也。須菩提解空第一，非無般若，爲他樂修阿蘭那行，亦只是精進、禪定兼修之般若，而非無上正等正覺之金剛般若也。若不是世尊與他點破，則從前所説安住、降伏之法，未免依舊落在修證差別路上去，安能使其涕淚俱下，頓見實相哉。所以佛但云以是名字，汝當奉持，直下一了百當，不可更贅一語也。

如如曰：是經名爲《金剛般若波羅蜜》，但躡上文，不攬下意，與題目之金剛般若波羅蜜，其義不同。因果無相，至於不可取、不可説，非法非非法，生清淨心，是爲金剛般若。得而無得，證福德性，以成大身，是爲到彼岸。此中原無一切，故不壞於一切，能壞一切，而亦不必壞一切。鋒不利而銛，岸不移而到，故以強名耳。【解】確論快論，非深於此道者不能説出。

所以者何。【解】以下詳答奉持之法。〇法性本空，不可執著。〇佛説般若，至如來無所説，是顯金剛無相，以遣法相也。又復引世界微塵三十二相以反結者，深明智相也。以諸相非相看般若，方爲善奉持者。

言所以奉持者當何如，呼起下數節。

須菩提，佛説般若波羅蜜，即非般若波羅蜜，是名般若波羅蜜。

秦譯古本無此句。

大圓曰：有名即有相，佛既教人離相，却立一箇經名，豈非又生一相。殊不知般若即非般若，本來無相，則名亦非名也。蓋般若即是人清淨心體上的一點靈光，把不住，取不得的，住處無方所，用處無痕迹。這箇面目，須在無所住而生其心識取。盤山云：心月孤圓，光吞萬象。《圓覺經》云：有照有覺，俱名障礙。所以般若即非般若。然而又不是無覺無照的。世尊於即非般若處轉一語曰：是名般若波羅蜜。離一切相，即一切法，盡大地無有一法是般若存住處，亦無有一法不是般若放光處。只此三句，逢有破有，逢空破空，并中道亦不立，描出箇金剛般若的樣子，分明爲般若點睛，亦即爲奉持二字點睛。

〇《盛釋》：此經從性體立名，中有真覺，爲般若之智慧，如金剛之能斷，超證菩提。汝當奉持，只奉持此心而已。此心之外，別無般若波羅蜜，所謂即心即佛是也。佛恐人於句下求法，故云即非。覺性無體，何有於名。自説自翻，直欲使奉持之人胸中不留一箇字脚。

須菩提，於意云何，如來有所説法不。〇須菩提白佛言：世尊，如來無所説。【解】此第七番探驗。佛恐尊者聞説經名，不認自心徒認作法，故復問之。而尊者於即非般若中已悟無法可說也。○功德施論曰：般若波羅蜜中無法可得，是故如來亦不能說。

大圓曰：佛説般若三句，如來但爲點醒。若向自家迴光一照，方知三句只是一句，一句實無一字，本來原是如此，所以如來急急問道，如來有所説法否，探他一探。空生便一句領過曰：如來無所説。只此一句，便與如來打箇對同印子，與如來把手同行，此方是真能奉持的人。空生悟到這裏，已是十分圓滿。然而理上見則易，事上見則難，所以下文又將世界微塵發問。

如如曰：善現已知名字當空，但經中如許深義，未免尚懷愛樂。佛恐其以空名字即爲清淨，故以是經所説之法問之。此與前如來有所説法耶語同意異，前説字承如我説法句，泛言教授，此説字專言此經。空生直悟爲無所説，既空其名，并空其義矣。前云無有定法如來可説，猶存空有二義，此直云如來無所説，所謂第一義諦無聲字也。前云佛説般若即非般若，猶作説般若觀，此則并無佛説之相，是奉持者之空觀也。○此第七番探驗。

○須菩提，於意云何，三千大千世界所有微塵是爲多不。○須菩提言：甚多，世尊。【解】此第八番探驗。○舉世界微塵爲喻，是極言無相以顯般若之用。

大圓曰：今人見到圓同太虛，無欠無餘田地，往往避三界如牢獄，視塵世如畏途，殊不知總是自家屋裏事。所以世尊將世界、微塵發箇問端，向這裏得箇活路，方不向無所説處坐定。空生只識得自己真空面目，至於大而世界，細而微塵，却没有這箇心胸眼目，去包羅得他，辨析得他，故只於事相上答箇甚多。

○須菩提，諸微塵，如來説非微塵，是名微塵。此示塵刹皆法身也。如來説世界，非世界，是名世界。【解】如來將般若即非般若道理鋪撒開來，大包千界，細入微塵，法應不異，塵界一如，真大莫載、小莫破矣。此與第五分之義小異，前破執情，故云不應住色聲香味觸法生心，不可以三十二相見如來，此破實法，故云非微塵，非世界，非三十二相。情器俱名世界，情謂一切人物有情之類，器謂山河大地日月星辰等也。所謂塵衆則器世界，衆生則有情世界。

此十八住之第十，色及衆生身摶取中觀破相應行住。

大圓曰：世尊只得與他點破，呼名而告之，這至多的微塵，衆生在裡許流轉，二乘向裡許脱離，若自如來看來，却是當體全空的。向即非微塵處與他安名曰是名微塵，依舊無所説也。如來説這三千大千世界，衆生向此中頭出頭没，二乘向此外無生無滅，自如來視之，亦當體全空的，向即非世界處與他安名曰是名世界，依舊無所説也。

如如曰：般若之體，離名字，離言説，離心緣，今名説俱離，心緣安在。因塵界乃有心緣，然塵界果爲實有乎。微塵者，八萬四千塵勞也。世界者，衆生世界也。三千大千世界所有微塵，所謂衆生無邊，煩惱無盡

也。空生曰甚多，尚帶情器，不知諸微塵佛説非微塵，塵勞本清淨，無塵可捨。既無可捨，則微塵何必不有。是名微塵而已。如來説世界非世界，世界皆法界，無世界可離。既無可離，則世界何必不有，是名世界而已。塵塵無礙，刹刹互融，是奉持者之假觀也。

○《盛釋》：尊者既領説即無説之旨，世尊復舉塵性根性之皆空，爲第八番探驗。以塵性言之，微塵是别，世界是總。聚塵成界，析界爲塵，互成互破，體色皆空。佛謂文殊曰：在世離世，在塵離塵，是究竟法。即非塵非界之義也。故曰塵界是俗諦，非塵界是真諦，塵界不二是中諦。

《解義》云：此説衆生性中妄念如世界中所有微塵，若能修般若無著無相之行，了妄念塵勞，即清淨法性，故云即非微塵。了妄即真，真妄俱泯，故云是名微塵。性無塵勞，即佛世界。性有塵勞，即衆生世界。了諸妄念，

湛然空寂，故云非世界。證得法身，普見塵剎，應用無方，故云是名世界。

《決疑》云：此示塵剎皆法身也。若以塵界觀之，則滿目萬象，森然塵境。若以非塵界觀之，則一道虚閒，真空真寂。所謂寂滅虚靈，寄森羅而顯象，縱横幻境，歸一性而融真。

《圓旨》云：般若心光，大包千界，細入微塵。

長水云：盡十方世界是自己光明是也。

須菩提，於意云何，可以三十二相見如來不。此示法化冥一也。〇不也，世尊，不可以三十二相得見如來。何以故。如來説三十二相，即是非相，是名三十二相。【解】此段連上文説，下總在第八探驗中，見細而微塵，大而世界，妙而應身，皆屬虚妄，惟一性爲真實也。見如來，指法身言。

大圓曰：如來説到這裏，將如來非身的大身一時寫出，猶恐空生未會，却將從前所問明的身相重來點撥他。

曹溪云：觀相原妄，無可指陳，不妨相即無相，故曰即非身相。觀性原真，塵塵妙覺，不妨無相即相，故曰是名三十二相。

《疏》云：非相假名身相，只以身爲非身，不是遺除身別有一非身也，亦非遺相別有無相，相無不一不異。【解】履昌云：世界微塵是依報相，聖凡所依住也。三十二相是正報相，如來於因地中修百福乃成。長老以慧眼觀之，皆無毫髮之相可得，而實相宛然矣。〇五分説可以身相見如來，未指明何相，至此始言三十二相。〇始於足下安平，終於頂相高圓。

如如曰：善現前云不可以身相見如來，是偏説虚空，此云不可以三十二相見如來，是了知應、化，悟境懸殊。蓋説身相非相者，乃翻結業成解脱，故佛曰即見如來。説三十二相非相者，別有爲於無爲，故空生曰不可見如來，是真不爲法輪轉者。即應化離應化，是奉持者之中觀也。

《決疑》：此離應化，示法化冥一也。三十二相，本非無相，而相即非相，則化身即法身矣。三身一體，莫謂有相非佛也。

《圓旨》云：上文佛言，塵界俱是心光，則當身自不作色相會，宜空生之應聲如響也。

王日詮曰：所説之法既是無法，則所現應身，亦豈有身。觀世界微塵可見矣。應身三十二，相即是無相，應本無應，法身無相，即是三十二相，法本無法，法應不異，塵界一如。此與下一合理相分互發，此先喻而後身，下先身而後喻也。

〇須菩提，若有善男子、善女人以恒河沙等身命布施，若復有人於此經中，乃至受持四句偈等，爲他人説，其福甚多。【解】第三番較量。〇此以內財言。〇疏云：再舉內財者，依報易捨，正報難捐也。〇前兩以寶施之福問，而空生答，此則不待再問而直告之，急切引人向慕經教也。

大圓曰：世間最寶惜者身命，非千界七寶之比，然猶見有身可捨，是未知身相即非身相也。猶見布施有恒河沙之多，是未知布施不住於相也。自救不了，終成苦果。若受持演説，自度度人，俱離名相，施等虛空，豈不天壤懸殊哉。【解】此十八住之第十一，供養給侍如來住。

《正解》云：受持是法身因，故福最爲殊勝。經文前以奉持始，後以奉持終，極宜留意。蓋真能奉持者，稱性而行，本心而現，莫非金剛全體。

〇如如曰：自隨説自經至此，以奉持顯無相之殊勝也。統括其意，謂説法先觀受持，受持期於成就。今奉持是經者，空名字相，空言説相，離塵界相，離應化相。如此成就，豈非第一希有。以此爲他人説，是以第一希有之法，利益他人，故其福甚多，無相之殊勝顯然矣。

《盛釋》：此仍結到持經福德。初以大千寶施較經勝，次以河沙寶施較經勝，皆外財也。至此説到身命布施，是内財也。較財施雖優，總是有漏因果，此爲下文較量身命之始。

△此分是一部經點眼處。所以者下，申言般若以答奉持之法。般若即非般若三句，言智體無相，以見此經迥脱根塵，不拘文字，隨引塵界色身對顯之，正見塵界全是法界色身，不異智身。法身無邊，功德亦無邊矣。故以捨身功德不及受持結之。【解】綱領了然。

《宗通》云：是經離文字相，故無所説，離煩惱相，故非微塵，離人天相，故非世界，乃至離佛色身，故非三十二相，離般若自性，故非般若波羅蜜。如此法門能受持者，豈非成就第一希有之法。寶施、身命施，安足彷佛其萬一乎。故下文但讚歎能契此理，轉教人者，其福無量。【解】條目分晰。

○憨山曰：空生未聞此法時，其心未安。初請降伏，以所知所見滿目塵境，衆生與佛，穢淨殊途，取捨異趣，故其心不安，難以降伏，特起種種疑情。初疑衆生難度，則告以衆生本空。又疑佛果難求，則告以佛不必求。次疑布施難周，則告以三輪體空。次疑佛土難嚴，則告以心淨則嚴。次疑報身無寄，則告以法身無依。到此空生羣疑冰釋，佛心披露，故領旨請名也。佛隨説隨掃，空生言下即悟，於説法處已能領會矣。佛更欲其處處如此領會，如細而微塵，大而世界，妙至三十二相，都無所著，方是般若法，方是真受持，故皆非之而皆是名也。【解】原委透徹。【解】觀於微塵世界爲粗相，觀於三十二相爲親相，未爲正覺體性，惟受持此經能爲法相因住。

○離相寂滅分第十四【解】離相者離有爲相，寂滅者不住相不生心也。人能離却諸相，則一切妄念息皆不生，直下頓空，即證金剛般若。

脱離一切形相，則真心寂靜，妄念消滅。

○此實證諸相悉是非相，而持經意已完。

覺非曰：本性空寂，原來無相，直至割截身體，如風過空，方是離相實際處。

○此空生聞經深解，言信心清淨，即生實相。如來印可其説，因教從解起行，於六波羅蜜上一一離相發心，以利益衆生也。

○此分通段不出理、行、果三法，既示實相之理，令人信解，又明無住之行，使人修行，又顯無得之報，令人證入。三法已明，正説畢矣。故此下至十六分，但顯勝功德，勸讚流通。

爾時，須菩提聞説是經，深解義趣，涕淚悲泣而白佛言。【解】此章分三段。首段空生聞經深信，自陳悟解，欲信經之人實相離相。

大圓曰：空生知捨命所感之福不如持説，心悟真空無相之義趣，傷其覺悟之晚，故感極涕零也。空生向在實相上用心，未向諸相非相處開眼，所以法見未忘。如來點出經名《般若》，然後透出金剛眼睛，方知實相即是非相，衆生四相即是非相，凡聖情盡，人法雙忘，一切相離，目前依正根塵無非是佛境界，所謂深解義趣也。義乃名中之義，經以般若爲名，般若以破相爲主，不住於相，便是此經之義。義之究竟歸著處爲趣，不住於相，即生實相，便是義中之趣。

空生解後，既喜其聞，且悲其晚，又愍當時衆生及未來衆生聾瞶是法，不覺涕淚俱下也。

希有，世尊，佛説如是甚深經典，我從昔來所得慧眼，未曾得聞如是之經。【解】甚深經典，即般若，非般若，空而不空，不空而空，所以爲甚深。前歎希有，讚佛以盛德而行大行，此讚希有，謂以言説章句令人悟入實相。此爲現在者勸。即生實相，是如來實地功夫。○即是悟見自性，即是真如也。生者，顯著之謂。《正解》云：是經者，文字般若也。實相者，實相般若也。生，實相般若現前，即顯自性也。凡所有相皆是虚妄，則真空自性爲實相矣。

大圓曰：前贊希有，在度生上説，此贊希有，在説法處説，前淺後深。佛説如是甚深經典，不惟人空，而且法空，并般若智相亦空。昔得慧眼，止空人執，今聞是經，并空法執，歎其希有，因欲起教以示未來。

如如曰：兩聞字要重看，與前願樂欲聞聞字相應。如是説須如是聞，乃足荷其護囑。聞説是經三句，是結集者摹寫空生之聞境。我從昔來三句，是空生自寫其聞境。不直曰深解義趣，先曰聞説是經，惟聞乃能解也。世尊，若復有人得聞是經，信心清淨，即生實相，當知是人成就第一希有功德。

大圓曰：空生自陳已悟，猶恐會上有聲聞小乘聞而未必信者，故言若復有人得聞是經，而信得此外别無有法，此中亦無法相可得，人執、法執俱捐，人空、法空雙顯，便見真實性相，即從此無相中生出，猶鑑空即能照也。

這箇得聞便是聞慧清淨，這箇信心便是思慧清淨，這箇實相便是修慧清淨，全體真如。

實相未生，縱修功德，不出有爲有漏作用，總是染緣幻相。實相既生，法身中具有恒沙性功德，自然觸處圓成，皆是第一義諦，故云希有。變福言功者，功成果滿，福不足道也。

蓮師云：實相二字，是如來實地功夫。若未從實相處修持，泛言空相，便落寂滅，何處發生。故言實相，以使人從此實地生出空相，從此修持也。

陳雄曰：性中具如來法身，是之謂實相。夫悟理而至於證實相，吾知成就法身，功德莫出其右，故云第一希有。

李騰芳曰：信心者，信及無我等四相，而修不住相之行也。清淨者，即人法兩空之心，不住於相也。實相者，即清淨法身，非有非無，不生不滅，如如不動者也。則生實相者，蓋人心本自清淨，以住相故生虚妄，以不住相故生實相。因對虛妄説，故説實相，因對虛妄滅，即説實相生。實則相歸無相，生豈有生。故空生自下轉語云：是實相者，即是非相。

世尊，是實相者，即是非相，是故如來説名實相。【解】是故二字，結歸前説。以非相爲實相，出自尊者領悟之深，遂爲全經了義。

空生又恐人聞實相之名，遂生實相之想，急轉一語掃之。是實相者，所謂真體全空，二邊不立，中道不安，如太虛空，無形相可以執著，故云即是非相。

《集解》：實相，即是本性空淨，非有少法可尋的相。若執經求悟，便抛却自己真經，畢竟非實。又，如來以非相爲實相，以有相爲幻相，只説實相無相，不是説無實相也。莫要錯會。又，既曰實相，又曰非相，既曰非相，又曰實相。譬如虛空，於十方中求不可得，然非無虛空也。

世尊，我今得聞如是經典，信解受持，不足爲難。若當來世，後五百歲，其有衆生得聞是經，信解受持，是人即爲第一希有。【解】此爲將來者勸。須菩提繳勸情深，既曉同會大衆，更欲流傳末世，而不無後慮也。

如如曰：空生甫幸自聞，即以能聞望人，且望來世後五百歲之衆生，一則曰第一，再則曰第一，與佛之以獲福歆動持説者同一惓切。蓋實知受持、讀誦，能成就第一法也。又恐衆生誤認受持、讀誦全在章句，於自家善根不能生發，故先言信以清淨，次言信解，以示受持、讀誦之本。

《盛釋》：此尊者深信法勝，既曉同會大衆，更欲流傳末世也。得聞是聞慧，信解是思慧，受持是修慧。信中又具四義：一、信萬法不外一心，二、信是經決能開性靈出生死，三、信衆生各具一心三般若，四、信日用中心體空寂，便是受持大法力，故云第一希有。下文復徵希有之故。

何以故。此人無我相，無人相，無衆生相，

無壽者相。【解】復徵希有之故，作三層印證。

何以見其希有。正以此經義甚深，非僅受持文字可稱信解。惟四相俱無，所以能悟般若妙義，信解受持也。○此人空也。

所以者何。我相即是非相，人相、衆生相、壽者相即是非相。【解】所以者何下，明此人無四相之意。何以故下，明四相非四相之意。顯因中最勝，明標第一波羅蜜也。

又，須知是人所以能持是經而無四相者，何也。爲他信心清淨，了知五蘊本來空寂，我相即是非相，彼此原來絶待，人相即是非相，萬象一法所印，衆生即非衆生，億劫不出刹那，壽者即非壽者。既悟諸相非相之旨，四相所以不煩斷滅而當體全空也。此法空也。

何以故。離一切諸相，即名諸佛。【解】三空同證，方是離一切諸相，離一切諸相，乃爲清淨，即名諸佛，所謂生實相也，顯著如來法身矣。

又，何以知四相非相。蓋但云無相，二乘亦能，止得人空。既知相即非相，則法本無法，法相空，則空見亦忘。淨悟三空，契合實理，性靈發現，可證清淨法身矣。此并空見亦忘也。

如如曰：前云見諸相非相即見如來，未指其如何見。言一切諸佛從此經出，未指其如何出。今解悟所到，作決定義，曰離一切諸相，即名諸佛，如是見如是出也。妙在離字，凡無與有對，非與是對，離則有無雙遣，是非不立，無妄無真，湛然圓覺，故佛重言以印之。

○佛告須菩提：如是，如是，若復有人得聞是經，不驚、不怖、不畏，當知是人甚爲希有。【解】次段自如是如是，至見種種色，是如來印可其言，因推言離一切相之義，以見發菩提心人六度萬行皆不可住相。不驚不怖不畏，則必直向無上菩提，荷擔如來，故爲希有。

須菩提信生實相，我法兼忘，直至相盡名佛，言言見諦，深契如來之旨，故以如是如是印可之。不惟信解受持爲希有，聞是經而不驚其言之過，不怖其道之高，不畏其行之難，此人亦爲希有。下徵其故。

如如曰：佛慮善現執第一之見，仍未離相，故纔爲印許，隨以竿頭進步，奪其所據。蓋善現深解悲泣，悲生於喜，喜生於驚，驚則怖與畏相因而起，終有第一之相在，故説此示之。不驚、不怖、不畏之詣甚深，須得於信解受持之後。驚者，愕也。怖者，恐也。畏者，猶豫也。驚與愛對，怖與樂對，畏與鋭對。人能智與理冥，不生愛想，不作樂想，渾無鋭精，則可以名此。

何以故。須菩提，如來説第一波羅蜜，即非第一波羅蜜，是名第一波羅蜜。【解】般若波羅蜜，諸波羅蜜之般若爲第一，又併第一而遣之，經義所以微妙。此十八住之第十二，遠離懈怠利養，不起精進障。

空生既能深解，如來便要他實實去行六度，故此下以六波羅蜜示之。

大圓曰：六波羅蜜中般若是法身正因，餘五度爲助緣。法身最大最無上，惟般若能成就法身，故云第一。

前言般若即非般若，是就般若一波羅蜜而言，自無體性也。此第一即非第一，是對餘五波羅蜜而言，而説六度總一般若，萬行同成第一，以起下忍辱、布施離一切相之意也。

如如曰：非第一者，是清淨之心。是名第一者，乃圓證之旨。

《圓旨》云：須菩提所云希有者，是能見實相之人。佛所云希有者，乃實相現前而不驚不怖不畏之人也。蓋金剛般若貫徹五度，爲第一波羅蜜，然不驚怖而作第一會者，是名第一。有驚怖則非清淨心相矣，何得爲第一希有乎。

須菩提，忍辱波羅蜜，如來説非忍辱波羅蜜，是名忍辱波羅蜜。【解】三約菩薩行以明無相□忍辱。八斷持説未脱苦果疑。若昧云：是名第一以上，佛引慧度以發明無相意，忍辱下，更引忍度以發明無相意。

秦譯及古本無是名句。

如如曰：前云非般若波羅蜜，非第一波羅蜜，猶恐衆生未能通達於五度，故再拈忍辱示之。持戒、精進、禪定、般若，悉在心上修習，布施、忍辱則見於應爲。菩薩饒益有情，正於應爲徵心，故經中言布施、忍辱以攝餘度。起修貴於能捨，故以布施攝修。得果貴於能忘，故以忍辱攝果。

大圓曰：六度中最難離相者，無如忍辱一度。被人毀害曰辱，我能安受曰忍。此見性之後習定修慧最緊要關頭，所以菩薩當行忍辱波羅蜜。然見有辱可忍，即不能忍矣。此忍辱原從般若而出，本源之心，寂然不動，外不見有所辱之相，內不見有能忍之心，是般若體中本無我、人，誰加誰忍。

何以故。須菩提，如我昔爲歌利王割截身體，一證。我於爾時無我相，無人相，無衆生相，無壽者相。【解】引此段者，必勘驗至此，方顯離相真實際，不此虛見虛知。歌利王事，所見不同，詳載《正解》，今摘其略。證之。

徵其所以忍辱非忍辱者，將己行之行

《集解》：忍辱實有此事相，何以言非忍辱。只爲能離四相故。如來引己事明之。歌利，華言極惡。如來昔因中，證初地已，山居修道。王帶宮女出獵，因倦而寢。諸人入山禮仙，王覺大怒，入山尋之。問：仙得果否。答曰：未得。又問：以何爲戒。答曰：以忍爲戒。王割其耳，容顏不變，又劓其鼻，截其手，其臣爭諫不聽。四天王雨沙石，王怖畏懺悔，仙復身如故。王後皈信受記。

何以故。我於往昔節節支解時，若有我相、人相、衆生相、壽者相，應生嗔恨。反明非忍。【解】反明非忍。

有四相，便見有辱。有辱即有恨，有恨即有忍，有忍即有住，住於有忍，即非無忍矣。如來惜己苦行，轉人貪、嗔。若有嗔恨，則被截者與加害者同一無明，即非慈悲，何能化導。

〇盛云：上言第一波羅蜜，此又於六波羅蜜中舉一忍辱，以證身命亦無住也。説非忍辱，是忍而無忍，如我一證，是極苦忍亦非忍也。無四相，正明非忍，與前度生無四相，持經無四相，互爲發明。見得名雖忍辱，體總般若，如菩薩苦行，直造本源，不成苦果。

須菩提，又念過去於五百世作忍辱仙人又一證，於爾所世無我相，無人相，無衆生相，無壽者相。

【解】此十八住之第十三，爲離不能忍苦障，忍辱極難離相。如來自引往昔二事以證之。以上正明菩薩行行無相，舉一度以該六度。此第二番結觀也。〇兩是故，總束前文。〇此正言忍行，何故忽言發心。蓋未修行人先當發心也。〇發阿耨多羅三藐三菩提心，此十一字若能悟明，即可成佛，不住六塵生心，心即無住，前文已詳言之，此以證明離相發心句。

且此忍辱之行，不但於歌利王如此，未遇歌利以前，曾於過去五百世作忍辱仙人，修忍辱之行，已經脱離四相，住世已無四相之累，歷劫自能頓悟真空。言佛所修，非止一世一事也。是知忍辱乃學道之先務，首要破其嗔心，方離四相。〇四相總歸我相，我相於布施、忍辱盤結甚堅，故此疊言忍辱無相，下又言布施無住，無非示菩薩以無我之義。

是故，須菩提，菩薩應離一切相五字總貫下文。發阿耨多羅三藐三菩提心。

如如曰：以上詳言離相，以立修行之準，此乃就發心者説。佛意謂聞經之人去佛甚遠，而能無驚怖諸相，忍辱仙人尚未成佛而已無我等四相，汝莫謂離一切相是諸佛極詣，菩薩皆當以此發心者也。經中言菩薩無四相，即言衆生無四相。言衆生無法相、無非法相，即言如來非法、非非法。言離一切相名諸佛，即言應離一切相發菩提心，總是平等本際，決定衆生是佛也。空生前問如何住、降，不問如何發心，佛却示以離相發心。所謂本起因地，澄水必於其原，滋木必於其本，識得離相發心，不必別求住、降矣。此段爲離相提挈要旨處。不應住色生心，不應住聲、香、味、觸、法生心，應生無所住心。點明問意。若心有住，即爲非住。【解】凡説色等心，以色字單提一句，可見下五字皆從色相而起。六根不淨，以眼根不淨爲先，故儒家言四勿，以勿視爲先，言九思，以忠明爲首。布施。

如如曰：離相發心，則所發之心即無所住之心也。發則生矣。故不應住色生心，不應住聲、香、味、觸、法生心，即生無所住心可也。

不應住色二句，已見上文，此更申言。上是不應以有住生心，此是不應生有住之心，意微有異。

前云應無所住而生其心，恐人認作兩層，有無所住之心，又有所生之心，轉非清淨，故直曰生無所住心。言生此原無所所住之心，更不必以無所住而生也。前云不住於相，及應如所教住，義原合一，此云若心有住即爲非住，合一之義於此發明。

大圓曰：要離我人四相，先離六塵，我人四相由住著六塵而起也。不應住色等者，誡著相生心而修行也。應無所住等者，勸離相生心而修行也。若心有住即爲非住者，謂住於色等，即不住於菩提。入此出彼，幾微之際，不可不慎。

是故，佛説菩薩心不應住色布施。須菩提，菩薩爲利益一切衆生故，各本無故字。應如是布施。

【解】引前佛説布施一度，申明離相發心之義。

盛云：不應住色布施，又承不住生心，結歸離相本旨。此色字只應作相字看。

如如曰：此色字，該聲、香、味、觸、法在內。上先言不住相等布施，再言不住色等生心，此則言不住色等生心，即不住色布施，以融合上文兩義。

○上文詳言離一切相，至於無所不空，慮空生因此遂以已所證無生，即是佛之離一切相，而於一切衆生置之度外，故急呼而示之。布施，指法施言。滅度衆生，即是利益衆生。佛恐行人認無滅度爲虛無，故以利益二字指示實際。蓋必利人福德，益人智慧，實實有其功用，始成其滅度。此是菩薩宏誓之量、勸修之本。上文離一切諸相，總爲此耳。因衆生住著根塵，故廣行化導。若布施者，先有住著，何以化彼住著之心。所以決當如是布施，然後自性獲清淨無爲功德，而衆生亦受清淨無爲之利益也。

如來說一切諸相，即是非相。又說一切衆生，即非衆生。【解】此文申明相無可住之故，爲離相究竟了義，以結前起後。

大圓曰：所謂應離相布施，不聞如來之言耶。如來說，一切諸相因緣所生，盡是假合，相即非相。一切衆生，悉皆佛子，迷則爲衆生，悟則不是衆生，生即非生。夫相既非相，則布施有何色相可住。衆生既非衆生，豈可以有相之布施利益之乎。

《集解》：又將本來寂滅、生佛同源的法性說明，以見相無可住之故。

《正解》：一切諸相是法境，即是非相，顯法空。一切衆生是人境，即非衆生，顯人空。然此人法二相本是空無，衆生不知，妄執爲有。如來說者，意令知而離之也。

〇《經貫》云：此節結前起後。如來一切諸相二句，承上菩薩應離一切相，以結前諸相非相意。一切衆生二句，因上詳言利益衆生，恐人又生衆生相，故又舉衆二字詳明之，以結前滅度無量衆生實無滅度意。

一切諸相非相者，謂諸相非本性所有而離之，乃本性所無而爲非相，不但不應住，原無可住也。一切衆生非衆生者，各明本性離一切相即是諸佛也。

須菩提，如來是真語者、實語者、如語者、不誑語者、不異語者。須菩提，如來所得法，此法無實無虛。點明問意。【解】九斷能證無體非因疑。○疑不住於相則一切皆空，即能證之智亦無體矣。無體之法，安可作因而取果耶。○曾云爲説無實無虛，原不屬於有無，又何疑於無體之法不能作因而取果耶。一路反覆申明，而以無實無虛四字結穴。以上一段點明問意，深勸發心菩薩應離相行，而信如來言也。

佛恐人不契無相之理，或疑佛語轉説轉深，故以五語堅人信心，是語真實。無妄無虛，是語如如。契真如理，非欺誑之語，非變易怪異之語。總是説無上菩提，欲人了悟佛法耳。

如如曰：如來所語之法，即如來所得之法也。前云不應取法，何又言得法。蓋非其有者爲取，還吾所有者爲得。此心空空洞洞，萬法從此而生，取則失其空洞之原。心失則法失，無取則還吾本來清淨地，心得則法得。此法字見其别於小法。前言虛空，言虛妄，恐執此則礙於實。言生實信，言以此爲實，恐執此又礙於虛，故又并空之曰無實無虛。此所謂不二法門也。

大圓曰：此即空不空如來藏也。非實故六度兼行，而心不住於有。非虛故離一切相，而法未始墮於無。定慧齊行，寂感一致，正是菩提妙境，佛之所得者此也，所説者此也。

李云：此法即此心。無實者，心體空寂。無虛者，妙用無方。

盛云：法乃無爲真如之法。法體空寂，無相可得，故云無實。非相即相，有真空體，故云無虛。不得言中執有，不得離言執無，即無住也。

蓮師云：虛實二字，合説有味。虛中想出實際，實中想出虛理，虛實相形，乃成如來妙法。

須菩提，若菩薩心住於法而行布施，如人入闇，則無所見。若菩薩心不住法而行布施，即指法施。如人有目，日光明照，見種種色。【解】十斷如徧有得無得疑。疑真如一切時處恒徧，何故有得有不得。答云：住法行施則不得，無住行施則得。法指六塵空有等法。○此極毁著相之失，而極贊離相之得。

如如曰：如來法無虛實，所以利益衆生也。則菩薩以布施行利益者，可住於法乎。法者，一切世間出世間等化衆生之法也。上文反覆言離一切相，自利功滿。菩薩爲利益一切句以下，則詳言利他之行。

曾云：闇謂無智，明謂有智，明與闇對，是對法也。智生則無智滅，明生則闇滅。

《集解》：日能破闇，如智破惑，目能見空，如智證理，二喻合成一智。

〇《盛釋》：此第三番結勸也。上言此法無實無虛，已見法無可執，故以住無住之得失示之。身之無住，由於心之無住，故究其原而以心言之。住則著相，爲煩惱所障，故云入闇。無住則人我兩忘，智光獨照，故云種種色。

須菩提，當來之世，若有善男子、善女人能於此經受持、讀誦，牧歸持經以起下段之意。則爲如來以佛智慧，悉知是人，悉見是人，皆得成就無量無邊功德。【解】此言離相持經功德，以印可空生第一希有功德之語。

《盛釋》：此無住之法，自度度人，無所不可，雖在末世，有受持修行者，皆在如來智慧之中悉知悉見。又結歸經勝也。

《經貫》云：以能字貫下。俱以不住於法言，即爲如來。以同具般若言，無量無邊。以不特覺己性，且覺人性，不特覺一時，且覺及千萬世也。利益衆生而爲功，長養菩提而爲德，周法界而無方，歷萬劫而常在，其成就豈有限量邊所哉。

長水云：得真如由心淨，心淨由不住法，不住法由有智，有智由聞經。當知此經有其勝德，故須讚歎以示將來也。

△上文歷言持經之效，而經以般若爲名，般若以破相爲主，不住於相，即生實相。尊者自陳悟解，嘆信經之人，實相離相，功德希有。佛因於離相之義，推極言之，舉忍

施以例其餘，教以從解起行，於六波羅蜜上一一離相發心，以利益衆生。一路反覆申明，推見相無可住之故，使修行者知所從事。而以無實無虚，括此經之宗旨，末又借入闇處明，以喻經勝。洵知心法無住，而如來之説詎有謬乎。受持讀誦者，若能頓悟自心，真空無住，不事色相之求，而周沙界之益，從性起修，真福德性也。發心至此無不降伏，無非菩提矣。

【解】此十八住之第十四，離寂靜味住。曰三時捨身恒河沙數，不及信經，如何惟專禪定，耽寂靜味，闕於智慧，而不持説。

○自第五分起，至此分即名諸佛止，總是離相見佛，自此分如是如是起，至第十六分止，總名行解相應。

○持經功德分第十五【解】圭峯云：此分經文屬前第十疑中。此第四番較量。○暢説持經之義。

行持此經，功德難量。

○此正説持經功德之勝。上章以佛智慧四句是綱，下文節節承上説來，歸結到不可思議爲人解説上。言捨命不及持經，以要言之。下言經義深妙，非小根人所能擔荷，正釋福勝之所以。在在處處下，言經中有佛全身，人當尊敬。

覺非曰：捨身布施，不能見性，果報有盡。大乘經典，直下見性，爲衆説明，即爲荷擔佛法，所謂功德在自性也。

須菩提，若有善男子、善女人，初日分以恒河沙等身布施，中日分復以恒河沙等身布施，後日分亦以恒河沙等身布施，此暢説持經之義。如是無量百千萬億劫以身布施，若復有人聞此經典，信心如前信心清淨。不逆，如前不驚、不怖、不畏。其福勝彼，何況書寫、受持、讀誦，爲人解説。即後云承當是法，流通是經。【解】此章亦分三段，首言以身布施不及以此經之不住於相教人功德尤勝。佛所謂捨身布施，非真有此事，即儒家損己益人之謂。後世體認一差，醜怪百出。○信心，識得自心即佛。不逆，隨順其説而不違逆。

前者如法受持，無爲福勝，猶是從修見性，而非從性起修。今茲心不住法，而全經受持，無邊功德，皆得成就，則是大乘道法，不可思議，故呼須菩提而告之。初日，中日，後日，以一日言，早、中、晚三時也。恒河沙，言其多，無量劫，言其久，皆借喻也。但捨身命，不能見性，仍爲有漏業因。聞經信心，頓見自性，一志修行，更無退轉，此人得般若之福，大勝命施之福。何況又能爲人解說，使人皆從性起修，其無邊功德，可思議乎，可稱量乎。

陳雄曰：佛恐世人執著如來忍辱之說，徒以身施，而於自己性與他人性無分毫利益，故於十三分言之，至此復言，屢救其失。○下即推言所以福勝之故。

須菩提，以要言之，是經有不可思議、不可稱量、無邊功德。【解】此下言經義深妙，非小乘所能擔荷。○以要言之句妙，若具顯此經之功德，則不能盡，只好以要言之，說其不可思議不可稱量而已。

人之福勝，由於經勝，而經之勝，讚歎所不能窮。以要言之，此般若之體廣大而無名相，其功德亦廣大而無名相，不可以心思，不可以口議，不可以器物量，不可以邊際測。所以如來不輕爲人說，惟爲發菩提心，趨菩薩乘趨最上乘大根氣人說也。是經即文字中所詮實相般若。

如如曰：要者，宗也。應機不妨施權，歸宗在於顯實，所謂頓教詮無二無三，言思斯絕，是爲經之要也。不可思議，故不可稱量。財施，身施，多劫思俱莫能較，故功德無邊。

如來爲發大乘者說，爲發最上乘者說。【解】謂此經是與以能度衆生爲己任者說。王日休謂：起發之發，是發屬如來。看下文，樂小法者，還屬修行人發心是。

大乘，謂菩薩乘也。最上乘，謂佛乘也。聲聞獨了生死，不度衆生，名小乘，如車乘之小者，止能自載也。緣覺，半爲人，半爲己，所度無多，名中乘。菩薩能度一切衆生，爲大乘。佛能兼衆生菩薩而皆度之，爲最上乘，此上不復有乘也。發，乃起發之發，謂起發此乘以濟度衆生也。

蓮師云：乘即車乘，取通遠之義，雖有大、小、上、中、下之分，爲乘則一。乘有輪始可轉行，故以法爲法輪。有法而不能流通，猶之有乘而不用以行遠。謂之大乘者，取義法輪轉通之意也。

如如曰：發大乘最上乘，即是發阿耨多羅三藐三菩提心。菩薩爲已發最上乘之人，善男子、善女人爲能發最上乘之人，衆生爲未發最上乘之人。然未發上乘，實是能發上乘者。如來護囑菩薩，爲已發上乘者説，正爲能發上乘者説，爲能發上乘者説，正深於爲未發上乘者説，所以下文廣爲人説，如來即悉知悉見是人。

若有人能受持、讀誦、廣爲人説，如來悉知是人，悉見是人，皆得成就不可量、不可稱、無有邊、不可思議功德。【解】持經者人也，故歸之於人。以發大乘望之，以荷擔望之，然則人之責非輕矣，受持豈易事哉。○前言經中自有之功德，此言人所成就之功德。

如如曰：受持、讀誦是自利，廣爲人説是利他。自利乃利他之本，利他即自利之實，自他不二，方爲最上乘心量。

廣爲人説，正欲使人如己受持，乃是無我人等相以滅度衆生，故得成就功德。

其曰如來悉知悉見者，以是人廣爲人説之心，與如來爲發最上乘説之心，同此公普也。

以經義而言，須由體以達用，故自不可思議，以及於不可稱、不可量、無有邊。

以人之成就而言，則由用以顯體，故自不可量、不可稱、無有邊，以歸於不可思議。

皆得成就四句，以功德言，應上文成就第一功德。下如是人等二句，以法言，應上文成就最上法。

如是人等，即爲荷擔如來阿耨多羅三藐三菩提。何以故。須菩提，若樂音效小法者，著我見、人見、衆生見、壽者見，又反言以明之。即於此經不能聽受、讀誦、爲人解說。【解】自利利他，能令佛種不斷，故曰荷擔。又將小乘止知自度，法見未忘，不能荷擔，即不能聽誦而爲人說，以反釋能荷之義。〇言樂小法者不能，非外之也，正勉之使樂大法耳。

如如曰：如來阿耨多羅三藐三菩提，所謂大乘法，最上法也。何不曰自得菩提，而曰荷擔如來菩提。佛恐空生認得菩提爲自證善果，故以菩提本於如來，示正法授受之宗。如來護念付囑，專是求荷擔之人。荷擔之義，從乘字生來。然乘是運至佛之法界，荷擔直將佛之法界肩承在自身上，更爲諸佛所倚賴者。不度衆生成佛，則無息肩日子，豈樂小法者能幾及乎。若樂小法三句，正反釋最上乘乃能無相。無相及能受持、解說，成就功德也。前云我相，此云我見，更切病源。人生生死輪迴，由有妄見，見則有取，取則有著，著則成相，故妄見又爲妄相根本。有四種見，則不能見種種色矣。

須菩提，在在處處，若有此經，一切世間天、人、阿修羅所應供養。當知此處即爲是塔，皆應恭敬，作禮圍繞，以諸華同花香而散其處。【解】此經在處即爲有佛，收足持經之義，圓滿周徧，蓋盡人望之矣。

此經所具功德不可思議，此經在處可輕慢乎。此經中具諸佛全身，但流布處，即是法身常住，故凡有此經之所即爲有佛。所以，一切天、人、阿修羅，無不當恭敬於內，供養於外，以諸寶華妙香布散於其處也。重其處者，重其法也。法所在處尚可重，而況持法之人乎。所以信心持說者，便能荷擔菩提，而百千萬億劫以身布施，不足較矣。

〇前言塔廟，是說經處，此是有經處，各有分別，總名經勝也。前言四相，主六塵說，尚粗，此言四見，主六根說，稍細。

△此第四番較量，所以終經勝之說也。

信心不逆，即獲福德，何況流通是經，承當是法，能令人見性耶。然大法必須大機，故以大乘最上乘尊而重之。蓋佛以説法度生爲己任，如大擔在身。是人能發人心，自利利他，令法久住，則如來大擔直下承當，非小乘人所能與也。此經在處即爲有佛，三界天人無不恭敬，況能如是受持，如是廣説，其功德寧有限量哉。○此分兩言功德，前言經中自有之功德，後言人所成就之功德。

《宗通》云：受持、讀誦是自利行，廣爲人説是利他行。二利兼行，能令佛種不斷，故曰荷擔。行菩薩行者，以大悲下化，以大智上求，以大願雙運，於精進肩上，念念不住，必自他一同解脱，方捨此擔也。

○能淨業障分第十六

淨心受持，能消業障。

○申言持經功德，不可思議。

覺非曰：前十六分點色爲空，後十六分點空即色。前破我執，後破法執。不了經義，即是業障纏綿。若能淨心持經，直下見性，不惟業消，應得正覺，豈供佛可比。

○此總言功德不可思議也。首段(五)言滅罪不可思議，次段言證果不可思議，末段總結不可思議。經義二句，又是結中之結。

復次，須菩提，若善男子、善女人受持讀誦此經，若爲人輕賤，是人先世罪檗，應墮惡道，

【解】此章亦分三段，首段言滅罪不可思議。○惡道，猶惡境。翁云：暢言持經之旨，極人世之罪孽，皆能除之。

地獄、餓鬼、畜生，三惡道也，即三塗苦。先世，指前生。有云昔日作惡，今日向善，在世上更換一番，亦爲先世。附參。

六祖云：約理而言，先世即是先念妄心，今世即是後念覺心。此是説做工夫的法，不可以此作經文註解也，人不體味約理而言四字耳。

以今世人輕賤故，先世罪業即爲消滅，當得

阿耨多羅三藐三菩提。

持經功德，已是天人恭敬，而反有爲世人輕賤者，當是宿業所招，應墮惡道，止得輕賤，轉重罰而薄懲也。

按：此段經義，專爲修善法而得惡報者說。恐其不知先業而道心退，故并以能得菩提示之。

蓮師云：此又爲下乘開一自新法門。

如如曰：應墮惡道，今但爲人輕賤，則受持是經之力也。以今世人輕賤故一句，大有忍辱功行在。惟我能慈愍於人，則不覺人輕賤，正於此行我導示拯濟之心，渾忘我相，委曲利他，如此乃爲擔荷之人，不止藏垢納污，不報無道已也。故入福德門，則先世罪孽消滅，入智慧門，則得阿耨菩提。

須菩提，我念過去無量阿僧祇劫，

阿僧祇，華言無央數。劫，猶世也。

於然燈佛前，【解】又復自舉前因以較經勝。

謂未遇然燈佛以前。

得值八百四千萬億那由他諸佛，

那由他，華言一萬萬。值，猶遇也。

悉皆供養承事，無空過者。

盡以香華旛燈、繒蓋衣食等物而供養之，復以身給侍左右而承事之，無有一佛空過者。

若復有人於後末世，能受持讀誦此經，所得功德，於我所供養諸佛功德，百分不及一，千萬億分乃至算數譬喻所不能及。【解】次段言證果不可思議。

此第五番較量。翁云：暢言持經之旨，極佛祖之供養，皆無以過之。

功德施曰：供佛之福，不證真實，持此法門，速疾得證。世尊供無數佛，經無數劫，方得成佛。今經即得菩提，超過如來劫數之多，故曰速證。

上言得菩提，爲罪重者說，因經滅罪，精進修持，來世當能成佛。此云速證菩提，爲無罪者說，因經悟信，遂超入如來地也。

如如曰：佛復自爲貶損，以顯受持之功

德。供養者承事無量佛，不知受持者荷擔一如來，是言供養不及受持，非是佛不如末世之人也。受持、讀誦，兼爲人解説在内，前俱以福德較量。此言功德，不復言福德者，福德之果報在身，功德之存濟在物。菩薩爲利益衆生起修，故即以存濟爲果報。

須菩提，若善男子、善女人於後末世有受持讀誦此經，所得功德，我若具説者，謂盡説也。或有人聞，心即狂亂，狐疑不信。須菩提，當知是經義不可思議，果報亦不可思議。【解】此是總結不可思議。○末二句又是結中之結。

上既歷讚持説是經無相之功德勝，此總結之。具説功德，人反狐疑，何也。此經義趣，是無相之旨，所謂離心緣相，離言説相，離名字相，故其果報亦如菩提之果，非可以心緣、名字、言説求也。下根人於無相之義未必參得，何能知其功德極大，所以反生疑惑。佛言及此，正於難信中望人堅信也，故以當知經義結之。

如如曰：諸相非相，爲虚空之體。乃衆生聞言説，則生實信淨信，受持功德，爲實修之效。乃末世聞其説，或狂亂狐疑不信，何也。能見非相，即見實相，離相則印心。具説功德，即爲著相，著相則迷心。狂亂狐疑，乃心中不淨之象。此佛示人當實修功德，又不當騖心功德也。證法身，得菩提，爲果。證報、應二身，得福德，爲報。以經義不可思議，故果報亦不可思議，顯大乘之不不[六]求果報也。

△此第五番較量也。前云持經得福，此言亦可滅罪，雖宿業者亦可與於上機，總見無人無地，最勝惟經也。又復自舉前因以較經勝，雖供養多佛，不足以方其萬一，較之極，量之至矣。此後讚較俱絶，故以不可思議結之。

○按：罪福從來相對，言福不言罪，則此疑不破。且罪性本空，但能受持，生清淨心，業障自無處安著。直下見性，不惟滅罪，當得無上菩提。

〇自以要言之至此，以大乘最上乘明無相之殊勝也。受持功德皆從經出，人能離相發心，受持廣説，與樂小法者何啻霄壤。成就功德，荷擔如來，消滅罪業，得成正覺，豈供養諸佛所可較量哉。總由經義不可以相取，故果報亦不可以相測，無相之殊勝顯然矣。

已上總計八番探驗：一、以身相見如來；五分。二、如來得法説法；七分。三、證説四果；九分。四、受記；五、嚴土；六、大身；俱十分。七、如來有所説法；八、三千大千世界微塵。俱十三分。

三番結勸：一、應如是生清淨心，應無所住而生其心；十分。二、離一切相，發阿耨多羅三藐三菩提心，應生無所住心；三、引入暗處明之喻，示以住無住之得失。俱十四分。

五番較量：一、大千界寶施；八分。二、河沙數世界寶施；十一分。三、一河沙數身命施；十三分。四、一日三時以河沙等身命施；十五分。五、供養諸佛功德。十六分。至此更無可較説，無相之功德勝，其義已盡。後來較量，俱是別意，以之斷疑而已，非專論經勝也。

以上爲上半卷，談般若法。以下爲下半卷，申明法無我，正般若實際處。

雲棲大師曰：此經義離心緣相，離言説相，所以擬心即差，動念即錯。直饒緘口忘言，依舊落在無記般若。若説到人法兩忘，猶未是不可思議處。空生亦解不到這裏，所以下文重問發心，正從不可思議來。

金剛般若波羅蜜經卷上

金剛般若波羅蜜經卷下【解】上卷是答應住，下卷是答降心。萬法本空，若於□有得，是爲執相。一心無礙，若於覺有證，是爲有我。必能所俱可，方是無降除降，無住可住。《正義》云：上卷首言降伏，次言應住，乃歸結降伏應住之問，此則屢言無有法可發菩提，無有法可得菩提，重複説來，掃去我法二執，歸結發菩提之問，是意各有所主也。

大圓曰：上半部要人離相見佛，下半部要人通達諸法無我。不離相見佛，則不能通達法無我，不通達一切法無我，亦不能親證離相之佛。

覺非曰：前半卷純談般若，後半卷申明法無我，正般若究竟實際也。無上正覺，乃因緣果滿，全盡本性之稱，亦即人人自具之種性。般若法，不過即種性中自具之覺照，反照自有之種性，無別法也。故於種性上發自心苗，無法心之我也。於種性上得自法性，無得法授記之我也。於種性上修無作妙行，無莊嚴之我也。通達無我法，則三際心空，無我心也。法界通化，無我福也。離色離相，無色相之我也。非説非得，無説得之我也。淨心行善，無我行也。化無所化，無我度也。色、聲非我，斷滅非我，無斷常之我也。知法無我，得成於忍，而法身法界悉無有我，一片空明之性見矣。到此萬法如如，諸妄不降而降，真心無住而住，自性之《金剛般若經》衍説不盡。此後半卷大旨也。

《集解》：前説人無我，後説法無我。人無我云者，謂斷見惑，法無我云者，謂斷思惑。須菩提前所問者，降伏俱生我執之意居多。後所問者，降伏俱生法執之意居多。我法二執皆言俱生者，以與生俱生也。

《正解》：空生再理前問，佛如前答，而加以實無有法發心一語，見發心尚無法，何況降心、住心豈更有法乎。須菩提求法之心未化，是我法細執未忘。佛佛直從根源處剪除，説箇實無有法，我法細執蕩盡無餘矣。

〇自此至二十五分，總名忘法證如。

〇究竟無我分第十七【解】十一斷住修降伏是我疑。

曾氏云：前云何應住，欲其降伏而安住也，此云何應住，疑其降伏而安住也。若有我存也，爲内心修行有法我在，即是智障，與無住之理違背，不得名菩薩。

直下究竟，本無我體。

〇此分覆理前説，以明無我。無我即是無四相。但云無我者，四相皆因我相而生，故無我即無四相也。究竟無我有二義，一是自然體，一是勉然法。經因自然體，而示人以勉然法，與《中庸》明則誠義相似。

覺非曰：萬法皆空，無我發心，無我降、住，無我度生、授記、莊嚴。若於此通達得去，方見法法無我，而本來清淨之我見矣。

大圓曰：此分分三段看。實無有法發菩提以上，是言菩薩發心必須離相，推本於發菩提本來無法也。自然燈佛所至大身，即如來之無法得菩提，以明菩薩之無法發菩提也。菩薩亦如是下，言菩薩度生無我，亦如佛之得菩提無法，以申明實無衆生得滅度之意。惟發菩提無法，所以度衆生無我，是一串事。

爾時，須菩提白佛言：世尊，善男子、善女人發阿耨多羅三藐三菩提心，云何應住，云何作即是解。降伏其心。【解】空生疑離相後之發心如何住降，所以又問。

張有譽謂：疑端從十四分離相發心來。

《盛釋》：此尊者再行啓請，問辭雖同，意義實別，云何以應住爲降伏也。故下卷廣答降心，正見應住即是降心之故。

大圓曰：空生聞説經名，應離一切相，則人法皆空，已是了然。至此重復起疑，疑既已離相，心如何發。若欲并此所發之菩提而亦離之，則此心全無著落。菩薩行六度時，安住何處。并能發之法而亦離之，則菩提全無把柄，行菩薩行時，有許多難調伏處，此心又如何降伏。所以復申前問也。

如如居士曰：與初問語同意異，意謂發菩提心者，無取，無住，無得，離一切相，至於不可思議，覔一心不可得矣，誰爲住，誰爲降伏乎，其法安在。此於無法中強求法也。

是另起疑端，不是重申前請。其初問時，止現發心，未識住降，故示以修行方便。再問時，慮著住降之相，轉捹能發之心，故并爲掃除一切。前答是酬其所問，此答是遮其所問也。

○佛告須菩提，善男子、善女人發阿耨多羅三藐三菩提心者，當生如是心：【解】非住非降，是名爲生。生因發而顯，不因發而有。

此句口氣不住，直貫下三句。此善男子等，應主菩薩地中人説。

如如曰：前曰生清淨心，生無所住心，足顯心之妙境矣。但恐著一清淨相，即是不淨，著一無所住相，即爲有住，故兩泯之而曰生如是心。不異名如，無非曰是，如於實相之是也。言發阿耨多羅三藐三菩提心者，不必求如何住，如何降伏也，當生如是心而已。

我應滅度一切衆生，【解】首標我字，已抉病根，此下皆明無我，以實無有法句爲究竟，反覆推詳，不出此四字之義。

滅度一切衆生，乃佛所應爲者。

滅度一切衆生已，而無有一衆生實滅度者。此言人無我之義。

以上三句俱指如是心説。佛言我於衆生，亦惟令生類自度，無能度之法，亦無所度之生，此乃清淨本然之實境實心，不著分毫相想，故曰實無滅度。

如如曰：前云我皆令滅度，顯其力，此云我應滅度，指其願。前云滅度無量無邊衆生，其量廣，此云滅度衆生已，其功神。前云實無衆生滅度，統示平等，此云無一衆生滅度，細表渾忘，總是一義。

何以故。須菩提，若菩薩有我相、人相、衆生相、壽者相，即非菩薩。

《盛釋》：若有我度衆生之念，便是我相。有衆生爲我所度之念，便是人相。人我相乘，便是衆生相。常存此念以求涅槃，便是壽者相。必令四相細執徹底掃盡，方是真能降心者。前約所度之境，此約能度之心。心境俱捐，法將安立。下故云實無有法。

大圓曰：前是破情顯智，所破之情即我人等四相粗執，乃是破未悟般若之菩薩。此下是忘情顯理，破我人等四相細執，乃是破已悟般若之菩薩。

如如曰：此四相與上文異。上文四相是法相，此四相是非法相。上文我相是滅度之相，此我相是無滅度之相。

所以者何。須菩提，實無有法發阿耨多羅三藐三菩提心者。此言法無我之義。【解】若昧曰，實無有法二句，却是説破注脚，以結當生如是心一句，此後至三十一分不生法相，俱是引前文而證後義，以明無法發心之義。實無有法四字，爲下半卷提綱。以上論無相。此十八住之第十五，於證道時遠離喜動住。我能住降，心生喜動，則不能自攝。

如如曰：菩薩心匪他，即衆生本來清淨覺地也。覺性常生，常生故當念可發。如有法則非清淨，何以發清淨之心。空生置發心而問住降，世尊却置住降而明發心，非止明因，即於因中明果也。因地不明，萬行俱錯。知菩提心之無法而發，即知菩提之無法而得。一部《金剛經》，攝在生如是心四字。悟得生字，即可以證無生。

大圓曰：經中標出一我字爲首，但云我應滅度一切衆生，更不言布施，是知功行已圓，惟有生佛之見未泯耳，即四相細執之謂也。我應滅度實無等者，順顯無所度之境。若有我人等相即非菩薩者，反顯無能度之人。實無有法發心者，總顯無能所之法。此正不住之住，無降之降，無我之我，菩薩所當生之心也。若外見所度，内有能度，能所宛然，則乖於不住之道，菩薩所不當生之心也。何於平等無住了無一法可得之中，而自生障礙乎。下文反覆叮嚀，只講明無有法三字。

〇此分重此一句，若有法發心者，便是我見。

須菩提，於意云何，如來於然燈佛所，有法

得阿耨多羅三藐三菩提不。【解】十二斷佛因是有菩薩疑。此疑從無法發心來，疑無法發心則無修因無佛果，故舉以問。講菩薩法，亦約往昔以明之。此文是開。《如解》云：自然燈佛所，至是名大身，是問菩薩發心，而以以如來爲客。

此佛以已所證之菩提果，證彼菩薩所發之菩提心，故舉然燈佛所以問之，以明法無有法也。

○不也，世尊，如我解佛所説義，佛於然燈佛所，無有法得阿耨多羅三藐三菩提。

佛所説義，即上所云實無有法發菩提心也。初既無法發心，後豈有法得果，故直見爲實無所得，正悟如來之得法，得之於心，非授之於師。

○佛言：如是，如是，須菩提，實無有法如來得阿耨多羅三藐三菩提。

其言深契佛心，故稱如是如是。全性起修，無法而發，則豈有法而得。無所無能，自顯正覺耳。

須菩提，若有法如來得阿耨多羅三藐三菩提者，然燈佛即不與我授記：汝於來世，當得作佛，號釋迦牟尼。

佛言若有可得，則内有能得之心，外有所得之境，心境未泯，則是有法，便與寂滅無相菩提極相違逆，然燈烏得與我授記乎。

《經貫》云：佛恐人認法作佛，認然燈佛是佛，認如來是佛，而不認自性作佛，故問以發之。若必待有法而後得菩提，則本性不是佛了。

以實無有法得阿耨多羅三藐三菩提，是故然燈佛與我授記，作是言：汝於來世，當得作佛，號釋迦牟尼。【解】此段中稱法字者，凡十六處。此處言法，下節言心。内無能得之心，外無所得之境，此即授記之由。○授記非有別法，只就本源真性直下許之耳。此段援昔證今，見諸佛傳心，從未有得菩提之法。以上論無因。

惟其無得，則所證妙果乃性地本具法門，故得授記來世當成佛也。人疑無法不得菩提，豈知佛正以無法而得乎。下即徵其所以無法而得之故。

《正義》：梵語釋迦，此云能仁，謂心性純全，含容一切也。牟尼，此云寂默，謂心體本寂，動靜不遷也。寂默爲體，即是如，能仁爲用，即是來。先釋迦而後牟尼者，攝用以歸體也。先如而後來者，從體以起用也。總是一箇真性，加號則爲釋迦牟尼，通稱則爲如來又爲佛。

如如曰：佛者，自覺覺他，覺滿也。爾時於一切法，一切種相，自爲開覺，亦開覺有情，已不住涅槃，不住生死。其所修行，無非能仁寂默之事，但行滿果圓，現千百億化身，待於來世耳。要此無上妙明號，釋迦牟尼時不增，在然燈佛所時不減。若誤以今世、來世分修行漸次，謂如來作佛尚且姑待，是進修可以不勇猛也，何以訓衆生哉。故竟菩提之妙果，迦文作佛，亦待來生證菩提之實相。衆生成佛，即在立地。一反釋，一順明，詳顯決定義也。

何以故。如來者，即諸法如義。【解】十三斷無因則無佛法疑，此疑從上然燈佛行因實無有法得來。佛以無實無虛破之，直推到如來本體實無有法也。如來即真性諸法，乃無爲法。諸法如義，是如來説經要旨。實無有法得證菩提，以真性如如耳。

如來得菩提，所以實無有法者何故。蓋如來之所以爲如來者，即諸法如其本性之義。法外無別有如，如外無別有法，法即是佛，佛即是法也。

《盛釋》云：真性是我之本體，法皆自外所設。惟知真如爲法體，則知法不從外得矣。

如如曰：上文空生直證無法，世尊反覆言無法，兩心業已相印，恐衆生認無有法爲斷無，茲復闡明其故，而指出如來之體。言如來者，即諸法真如之義也。性無改異曰如。諸法者，一切世間出世間法也。諸法如義，即是生如是心。心有改異即不生，真如不變即爲生。真如能生諸法，亦資諸法以生，所謂如土長苗也。

憨山曰：空生不達法身真體，不屬因果，執定如來是有修有得。佛乃直示之曰：何故言無所得耶。以如來者，非色相之稱，即諸法如義耳。

若有人言如來得阿耨多羅三藐三菩提，【解】以下詳言實無有法，以明諸法之如義。如來所得二句，總結上段。是故如來六句，又申明之，皆是發明無有得之故。非一切法，名一切法者，即下文非身名身之謂。十八住之第十六，求佛教授住，離十二無教授障。《正義》云：是中，謂菩提體中，即真性中也。

諸法如義者，實無有法也。若言如來有得，豈如來之義乎。此借人言以決定也。

須菩提，實無有法佛得阿耨多羅三藐三菩提。以上斷無佛疑，竟次斷無法疑。須菩提，如來所得阿耨多羅三藐三菩提，於是中無實無虛。是故，如來說一切法皆是佛法。須菩提，所言一切法者，即非一切法，是故名一切法。

《盛釋》：是中，即清淨法心。心本真空，洞無一物，菩提了無色相，故云無實。色相空處，即真性實處，便是菩提，故云無虛。既云無實無虛，則諸法皆是菩提，故云一切法皆佛法，不可於諸法之外另覓菩提也。然一切法非真實，人特假此修行，故云法即非法，不可於諸法之内執有菩提也。

履昌曰：上言無法，非頑空斷滅也。真如湛寂，不立一法，萬法皆如，不捨一法。說一切法非一切法者，是中無實故。說一切法皆是佛法者，是中無虛故。

如如曰：上文言生如是心，未指明如是者何在，特爲拈出是中二字，是即如是之是。中者，中道也。凡有實則有虛，有虛則有實。以對待而成遮，實還成虛。虛還成實，以情執而成滯。惟中，則離相絕待，有無雙遣，故無窒礙之實有，亦無枯寂之虛無也。上文無實無虛以法言，此無實無虛以心言，法由菩提心出也。無虛者，以方便爲菩提，故如來説一切法皆是佛法。此爲假諦。無實者，以真性爲菩提，故所言一切法即非一切法。此爲空諦。無實即無虛者，以實智爲菩提，故名一切法。此爲中諦。兩是故緊承中字説。前云諸佛法，此曰一切法，更兼五乘諸法，言佛菩薩、聲聞、緣覺、人、天諸法皆是佛法，聖凡平等，權實會歸也。前云佛法即非佛法，此曰一切法即非一切法，言不止佛法非法，凡法皆從因緣和合而生，無作無受也。故名一切法者，非法非非法，即法即非法，總一菩提法界，所謂諸法如義也。

合前後而論。初言於法應無所住，依此爲修，足成第一希有法矣。恐人逐幻迷真，故以不應取法，不應取非法，兩破其執，俱無所取。恐人見爲無定，故以於法無得，及實無有法，直指其微。然止言無法，恐卓立靡從，故以如來所得法及諸法如義，標趨造之的。止言如來法，恐唱高聽絶，故以一切法皆是佛法，非一切法名一切法，廣利益之路。説法至此，如摩尼珠，隨方現色，如家常飯，隨分可餐矣。

〇自然燈佛至此，言如來因地，空無所有也。

須菩提，譬如人身長大。【解】此承上設譬，以起下文。以大身之不實，喻諸法之不實。

語未畢。

《正義》曰：大身非真實，譬法非真實。人身長大，爭奈有生有滅，豈得爲真實大。此承上設譬以起下文。

剩閒曰：譬如人身長大，明明以色身喻法身也。此節意，是以色身之不實，喻諸法之本無，雖説大，意不在大。語似須彌山王節，而意實不同前。以報身明法身，借喻於山王。故下論大不大，掃迹中有推原意。此以色身喻法身，明説出人字。下但論實不實，以顯法身無相，止有掃迹意，無推原意。

大圓曰：此言真佛真法之體性，以顯無佛無法之妙理，特語尚未畢耳。

○須菩提言：世尊，如來説人身長大，即爲非大身，是名大身。【解】以上論無佛法。此十八住之第十七，爲證道住。攝種性智，證徧行真如，成法報身，故長大矣。

《圓旨》云：諸法遍周沙界，豈不同大報身。然非法名法，猶之非身名大身耳。空生不待佛竟其説而直言之。

剩閒曰：非身名大身，只就人身一直説下，不必串入法身，而明法身之意自在言下。

《正義》云：知大身非身，則知諸法非法。

如如曰：前云佛説非身，是無身相，此云非大身，是無大身相，喻同意異。此大身宜就一切法上體貼，方不泛言。一切法皆是佛法，則一切世界皆是佛身。一切法非一切法，則法界之大身即非大身也。非大身者，一切佛世界猶如虛空花也。然虛空即不動之體，是故名大身。經中兩言大身，一以讚歎無得，一以讚歎所得，無得與得，是經中兩眼目，故下文善現以得爲無得，闡其合義。

○此言如來果地空無所有也。

○須菩提，菩薩亦如是，若作是言，我當滅度無量衆生，即不名菩薩。【解】十四斷無人度生嚴土疑。疑有法度衆生，方名菩薩。若無菩薩，則度生嚴土爲何人。佛以法無我破之。

言菩薩度衆生無我，亦如佛之得菩提無法。亦如是，承上意言之。作是言，即指滅度衆生説。

大圓曰：證果既無，修因豈容獨有。菩薩之發菩提，亦當如是不生法相。若自念我當滅度，則認度衆生有法，即認得菩提亦有法，而不得名爲菩薩矣。

《正義》云：菩薩之名爲覺衆生，其不實亦如是也。蓋真性本無衆生，只因業緣現相。

○若作是言三句，先反言以明之。何以

故四句，方正釋其義。下莊嚴佛土例此。

何以故。須菩提，實無有法名爲菩薩。【解】歸到無我。〇此下言菩薩度生無我，亦如佛之得菩提無法。〇以文論之，前段是賓，此段是主，前是開，此是合。

佛又徵何故不名菩薩，正以菩薩以清淨得名，實無有法可容人取證，而以之度人也。

《集解》：内智空寂，諸法不生，是名菩薩。

《正義》云：菩薩正賴佛法修行度衆，而言實無有法者，謂真性中不見有此法耳。既無有法，尚有何説。佛所説者，惟説無四相，以明真空無相耳。

是故，佛説一切法無我，無人，無衆生，無壽者。

又釋上實無有法之義。佛所説一切法，不過隨機順應，開導衆生，以悟本性。我、人、衆生、壽者，本無有也。一切法本無四相，何得著一衆生相而説我當度生乎。

〇如如曰：如來無有法而得菩提，惟其爲諸法如義也。佛如是，菩薩亦如是，一如無二如矣。此如是字，與生如是心相應，兩如字當作如來如字看。下文言如如，亦言如於真如也。經中或言如來，或言菩薩，互見錯出，其中各有主客。言説法，則如來爲主，廣説演説之人爲客，以廣説演説皆本於如來之護念、付囑也。言修行，則菩薩爲主，如來爲客，以此經專問菩薩發心，而以如來作準繩也。前云生如是心，是無法相，乃以有我相非菩薩釋其故。此云若作是言，我當滅度，是有我相，乃以實無有法名菩薩釋其故。蓋我執即法執，法執即我執，故曰若心取法取非法，即著我、人、衆生、壽者。菩薩實無有法，即是實無有我，猶生信之衆生無我相，即無法相無非法相也。我當滅度衆生，與前我應滅度一切衆生之言無異。然作是言，則非生如是心，故不名菩薩。

須菩提，若菩薩作是言，我當莊嚴佛土，是不名菩薩。【解】莊嚴佛土與度生同。度生嚴土對舉言之。起度生之相，著莊嚴之相，俱不得名菩薩。

不特法無相見也。夫上求佛果，下化衆生，皆菩薩事。既求佛果，則當莊嚴佛土矣，然嚴土亦非實法。若菩薩自言，我當以七寶五采莊嚴佛土，是著有相，即不名菩薩。

按《正義》，此佛土謂佛刹土，下如來説莊嚴佛土，乃謂佛之心土。第十分言菩薩莊嚴佛土者，蓋見世人專務外飾莊嚴，所以辨論菩薩不在是。此節言菩薩不以莊嚴佛土，自見其能，所以只示無相之莊嚴也。

何以故。如來説莊嚴佛土者，即非莊嚴，是名莊嚴。【解】以上論無菩薩法。

云何不名菩薩。如來所説莊嚴佛土，不是世諦取相莊嚴，乃心佛土也。心土無相，本來清淨，云何莊嚴。六塵不染，定慧常存，非莊嚴中有妙莊嚴焉，是則名爲莊嚴也。

如如曰：此又以非莊嚴明其無度生之相也。莊嚴佛土者，以一切法利益衆生，悲智互運，福慧兼顯，成就受用之淨土也。非莊嚴佛土者，修一切法而無一切法之相，利益一切衆生而無一切衆生之相也。前虚叩以菩薩莊嚴，此直云我當莊嚴，不名菩薩。前以無爲法爲莊嚴，此以一切法爲莊嚴，前以非莊嚴證其無得，此以非莊嚴明其無我，語同意異。

《盛釋》云：嚴土，所以濟物也。以俗諦言，明法身教，調伏衆生，當莊嚴佛土。以真諦言，佛土本空，全修在性，故云即非。以中諦言，性修不二，故曰是名。不見能嚴之人，不見所嚴之土，即莊嚴心土，亦内不見我，外不見法，方是無法可得也。合而言之，有生可度，有土可嚴，皆是有我。度即無度，嚴即非嚴，皆由無我。故以通達無我法結之。

○此言菩薩度生空無所有也。

須菩提，若菩薩通達無我法者，如來說名真是菩薩。【解】此承上文，說下總結實無有法之義。法法無我，名爲通達無我法之真。菩薩即佛位也。○無我我字，對上兩個我當我字。上兩言不名菩薩，此云真是菩薩，反正相應。上云無爲法名菩薩，此云通達無我法真是菩薩，乃是正應。

起度生心，著莊嚴相，不得名菩薩，畢竟如何可名。能通達無我法者是也。此總結上實無有法之義。發心、得果、授記皆無法，至度生、嚴土皆無法，此般若空四相之無我法也。通達此法者，清淨本然。無人我，無法我，於無實無虛中安住，其行深般若如是，得名菩薩，信不誣矣。菩薩尚不可執有我法，況如來豈有法得菩提乎。而無法發菩提心，益了然矣。

如如曰：通達之義，全在明一切法。蓋一切法者無有我，能以此法通達彼法，一一無礙，既蕩凡夫之妄計，復鎔二乘之偏空，可以荷擔如來，利益衆生矣。法無我，即是無有法，通達無礙，乃是能生之心不爲法縛。

大圓曰：以法體本具而言，則曰法無我，以菩薩智證而言，則曰無我法。聲聞、緣覺但知無我而不能通之一切法，止可自度，不能度人，名字菩薩。向一切法上修爲而不能知法法原來無我，則法相猶存，終歸權乘。若菩薩於法法頭邊洞徹無我根源，見之六度萬行能所不立，名爲通達無我法。終日嚴土而未嘗莊嚴，終日度生而本來無度，無煩惱障，而亦無所知障，人執空而法執亦空，則如來自當授記成佛，而說名真是菩薩矣。

△《決疑》云：經中初問住降，爲初發大心菩薩言也。始發度生之心，種種著相，依五蘊以修行，執六塵以布施，所求菩提，有色身可見，有佛土可嚴，故佛重重破之。至一切色相皆離，方契般若實際。此前半卷意也。至此再問住降，爲已悟般若之菩薩言也。能證之智未忘，生佛之見未泯，仍存微

細二執，則隱然尚有一法我在。故説實無有法，即實無有我，如來無法可得，菩薩亦無法可得，故以非度爲度，非嚴爲嚴也。【解】無著論，此十八住之終，名上求佛地住。於中復分六種具足，一國土淨具足，二無上見智淨具足，三福自在具足，四身具足，五語具足，六心具足。此是六具足中第一國土淨具足也。

《宗通》云：度衆生是大悲，嚴佛土是大智，皆菩薩分内事。然一有作念，便非菩薩。通達無我法者，不但離於人我，抑且離於法我。不但智能信此無我之法，且無能智之人。故終日度生，未嘗度生，終日莊嚴，未嘗莊嚴，是真無相，是真無住也。

曹溪云：此段經文，自再行起請，至通達無我，皆一串説下。天親分作四疑，一無相，一無因，一無佛法，一無菩薩法，總歸無我，是究竟了義。其初正答住降，尚在破情顯智，所破者四相粗執，所顯者菩提正智也。至此再答住降，在破情忘智，所破者四相細執，所忘者發菩提心也。菩提且無，何有四相。智且不立，情從何生。故發菩提心，前説也。無發菩提心，後説也。心無其心，則無降可降，謂之真降，無住可住，謂之真住矣。

如如居士曰：自發阿耨多羅句至此，皆遮其應住、降伏之問也。言發心者，不必問其如何住，如何降伏，還當問其如何發也。發心之初，無復我相，則寧有法相。無法而發，則寧有法而得。故即生所發之心可矣。奚必復求如何住、如何降伏乎。

釋旨：《義略》云，此下分作四章，是如來第一義諦正答降伏，而住修在其中。《大品》云，諸法無所有，如是有。此十七分中開合兩章，即是無所有也。後見智、三業、度生、來去四章，即是如是有也。

○一體同觀分第十八

佛具五眼，體非實有，惟常住真心虚靈不昧。眼雖分五，照共一心，所謂萬法歸一，更無異觀。【解】初約如來見智安立第一義。十五斷諸佛不見諸法疑。此疑從上菩薩不見衆生可度、佛土可淨而來。

○自此至二十一分，正明一切法無我，此分以本來心明無我也。

覺非曰：十六分前，說解行發心，是從根本說到差別。十七分後，說證發心，皆從差別攝歸根本。此分是顯佛具差別智，而末仍攝歸根本，直至後菩提無得，俱同此意。

○清淨妙心各各具足，衆生將此三際心障却本心，不能具眼。如來具足五眼，徧照妄心非心，清淨心湛然獨露。

須菩提於意云何，如來有肉眼不。○如是，世尊，如來有肉眼。○須菩提於意云何，如來有天眼不。○如是，世尊，如來有天眼。○須菩提於意云何，如來有慧眼不。○如是，世尊，如來有慧眼。○須菩提於意云何，如來有法眼不。○如是，世尊，如來有法眼。○須菩提於意云何，如來有佛眼不。○如是，世尊，如來有佛眼。【解】此節約能見五眼，明見淨也。偈云：雖不見諸法，非無了境眼，諸佛五種實，以見彼顛倒。此承上通達無我法，則具足五眼，照見三心。無著云：此六具足之第二，爲無上見智淨具足。故此下皆言佛果，故云無上。無上二字，貫通下四。

《盛釋》云：上文言不見諸法，方名菩薩。然不見之中自有真見，故以佛之五眼證之。五眼具足於一心，其體本一，其用有五。而不住於一，不住於五，惟佛有之。

大圓曰：佛問五眼，皆答以有，蓋知真空之中自起實見，無纖毫之翳也。

陳雄曰：《華嚴經》云，肉眼，見一切色故。天眼，見一切衆生心故。慧眼，見一切衆生諸根境界故。法眼，見一切法如實相故。佛眼，見如來十力故。《大般若經》所謂清淨五眼是也。

顏丙曰：幻臭觀見爲肉眼，普照大千爲

天眼，智燭常明爲慧眼，了諸法空爲法眼，本性常覺爲佛眼。此惟從如來本體自性言也。按：肉眼見近不見遠，見障内不見障外。天眼能見障外。慧眼以根本智，照真諦理，得真空慧。法眼以差別智，達俗諦理，明一切法。佛眼，佛者覺義，細惑永盡，圓明徧照，以圓覺定等智爲體，以無功用智爲性。

剩閒曰：眼以矚照爲義。五眼，非實有五眼也，約所見以爲眼耳。以形論，則爲眼目，以理論，則爲心竅。【解】五眼合觀，諸説其義始備。

如如曰：通達一切者，菩薩之修。森羅萬象者，如來之藏。一切法皆是佛法，則人乘、天乘、聲聞緣覺乘、菩薩乘無不攝於佛乘也。法身徧一切處，眼特其具足中之一耳。智慧之體，能見空見色，能見非空非色，能見即空即色，以其徧照一切法界，取喻爲眼，即所謂般若是也。有此大光明之體，始成其爲如來身，故道眼足該法身，猶般若足該六度。

上文言即見如來，言見種種色，言如來悉知悉見，皆不以眼根爲見者也。蓋聽者之機，貴於能聞，故利根人以耳入。設化者之宗，主於能見，故圓教以眼施。但衆生因空有二執，自生幻翳，不能以此眼照於彼眼，遂不能以此乘達於彼乘，雖認我法極明，終是無慧目也。故世尊以無礙之五眼示之。

此節承上見淨以明智淨。須菩提，於意云何，如恒河中所有沙，佛説是沙不。○如是，世尊，如來説是沙。○須菩提，於意云何，如一恒河中所有沙，有如是沙等恒河，是諸恒河所有沙數佛世界，如是寧爲多不。○甚多，世尊。【解】此節約所知諸心，明智淨也。○如來不動智光中，纖悉皆見。以五眼言佛見，以三心言佛知。沙界皆佛界也。

前説恒河，以喻布施，此説恒河，以喻世界，取意各別。佛世界者，凡有一世界，必有佛以教化之，故皆謂之佛世界。世界如此多矣，衆生在世界中者，其多益甚，故先以許多世界爲問。如是者，應承之辭。

○佛告須菩提，爾所國土中所有衆生若干種心，如來悉知。

此喻有五層：一、舉恒河以數沙，再舉一沙一河以數河，三、約諸沙以數界，四、約界中所有衆生，五、約衆生所有心生滅萬狀，猶如是沙之多。

如如曰：衆生心者，顛倒心也。若干種者，不可縷舉之意，攝下過去、現在、未來三者而言。如來明行滿足，故能知他。知不是空空觀察，由同體關切，故以慈悲運爲實智，而兼行度厄之事也。

何以故。何以悉知。如來説諸心，皆爲非心，是名爲心。【解】心數雖多，總一妄心，故云諸心非心。○疏云：非心者，識妄本空。是名心者，真如不滅。

如來所説衆生諸心，總從六塵影現，皆識神顛倒之妄心，非真實常住之本心，是虚名爲心耳。

顔柄曰：如來説諸心，實無心可得，故曰非心，但强名曰心。

按：是名爲心句，諸本皆作指點真心解。《正義》謂其語意雖似深妙，與上下文勢欠合。皆爲非心，是名爲心二句，只宜一直説下。不點破真心，下節三心不可得，正申明此二語，如何是真心，亦不曾説破。

所以者何。【解】衆生無我，依心有我，三心既不可得，我相尚安可得耶。無我爲全經之主，而無心又爲無我之本。上言佛因果，此言佛心眼。下文言，佛福德，佛依正，佛説法，佛度生，佛助修，佛威儀，佛一異，佛知見，佛法相，一一皆無心法。蓋以菩薩將登佛地，故以佛境界示之，正護念付囑之至意也。

所以言諸心非心者何故。

須菩提，過去心不可得，現在心不可得，未來心不可得。

如如曰：事過去而有所係戀，爲過去心。事現在而有所執著，爲現在心。事未來而有所逆億，爲未來心。衆生憧憧往來，惟此三者，流浪生死。如來以不可得三字點破羣迷，慾薪積厝，頓入清涼，惑業久躔，立成解脱矣。可得者爲菩提心，不可得則爲非心。漚滅則海澄，惑消則智顯。心不可得，去其非心，則油然生矣。此爲生心者標方便法也。

《如解》云：不可得者，言本來無有，從何而得。識得這心之不可得，便是無我。不獨妄心無我，真心亦無我。惟無我，故無人、無衆生、無壽者。能於此參詳，不但勘破衆生，亦且勘破諸佛菩薩也。

劉道開曰：上言無法，此言無心。心法俱空，不真何待。三際不可得，真心之體本如是也。

履昌曰：此三不可得，如來爲一切衆生下一貼清涼散，欲其自得之也。

《經貫》云：過去已滅，現在本空，未來未有。衆生戀其往，計其在，想其來，紛紛有此三心，三心豈可得而住。若能清淨，豈有三心。無三心，而一念不生，全體自現，則衆生之不終於衆生也可知矣。

△《直解》：若干種心，皆差别心也。著一切六塵之相，躁擾不寧，自起生滅，總爲妄心。人當自知而不能知，如來悉知，總以過去、現在、未來之爲害耳。若悟真一之性，何來有此三心。故云不可得。惟從此不可得處，全體真心，則三觀皆圓，三智自顯矣。

憨山云：此示心、佛、衆生三無差别也。佛所具五眼非眼，但約見衆生心爲眼耳。衆生者，皆佛自心之衆生。衆生心本自如如，皆無生滅，與如來心寂滅平等，絶無生死去來之相，非心原不是他本性，故三際求心，了不可得。

蓮師云：如來説三箇不可得，不是婉轉商量，直是斬釘截鐵語。所以破衆生之非心者，亦甚決矣。

○法界通化分第十九【解】十六斷福德例心顛倒疑。

前説諸心非心，爲妄心顛倒，則布施福德亦是顛倒心，故以福德無破之。此爲無住降心第一番較量。查氏云：三心既無，從心所得之福又寧有乎。〇承上不可得來，較前入細。

佛身充法界，通達化無邊。言法身充滿法界，則變通莫測，神化無方，其福德之多，無有窮盡矣。

〇此明福德無我也。

〇生心布施是因，福德是果，衆生心皆是顛倒識。若以福德爲有實，則妄識住相，取著能所，即成顛倒心，故以福德無破之。

上文只説諸法無性，諸心不實。若不知有緣生的道理，則上等人便落二乘偏空，下根人便撥無因果。點出因緣二字，方知菩薩有稱性因心，隨緣功德，即伏後二十七分不入斷滅案。

須菩提，於意云何，若有人滿三千大千世界七寶以用布施，是人以是因緣得福多不。

因，依也。藤蘿附本[七]而生曰緣。因緣者，因其布施之功，緣之以得福德也。三心既不可得，則三世中之法，法中所行之布施，何一有實體乎。故以是爲問。

《盛釋》：此云因緣得福，以離相布施言，與前文福德異。

《正義》：此與依法分數句似同實異。依法分明福德性爲諸法之所自出，此則申明因緣所得、住相有爲之福德非真實。若離相無爲，福德充滿法界，流通化度，乃如來不住相布施然也。

《如解》：前五番較量俱言受持、廣説，此以因緣空施相，即是受持、廣説之實踐處。

〇如是，世尊，此人以是因緣，得福甚多。

【解】布施亦要因緣成就。若無因緣，則施有所不能及，受有不克取。

果從因生，因從緣就。此人以是布施因緣，得福豈不甚多。

長水云：如來以因緣問，空生以因緣答。

因緣無性，福亦無性也。

○須菩提，若福德有實，取福德爲實有。如來不説得福德多。反釋。以福德無故，謂福德無住，不見爲實也。如來説得福德多。順釋。【解】若訥曰：福有者取相也，福無者離相也，離相故稱性，性如虛空，其福無量。此六具足之第三，爲福自在具足故。

世尊復申釋之：若以妄識爲本，取福德爲實有，即是顛倒有漏之福，不足爲多。惟以佛智爲本，則不見福德爲有。在如來無能施之心，在法界無可施之迹，無住之福，無得之得，同於虛空，無有邊際，所以説爲多耳。惟福德無故福德多，則福德仍歸無有，福德豈有礙於菩提哉。

如如曰：此不是無福德，乃是福德無。無福德，則爲斷滅。福德無，則福慧莊嚴，仍是湛然清淨，即所謂福德性也。性不實，則爲虛妄。福德有實，則成我相。既有真體，自無妄用耳。或問：前云非福德性，故如來説福德多，則以多爲嫌。此云以福德無故，如來説得福德多，又以多爲勝。義何以異。曰：有爲之福，多則轉障性真，無漏之福，多則益顯不可思議也。又曰：無上正道，不以自住涅槃爲福，而以法身遍滿爲福。

△《盛釋》：此爲無住降心第一番較量。於前四處較量中，推出福德無住，發明降心之義。前文皆與經勝較量，此但就福性較量有相無相，與前福德性之説，遥相照應。前所云福，是持誦功德，此所云福，是修證極果。前所云多，是較量勝劣，此所云多，是究竟圓滿。須分别觀之。

○如如曰：自如來有肉眼句至此，以因緣明無相之殊勝也。衆生成機，感佛爲因，如來起應，度生爲緣。今如來以五眼説法，是爲大事因緣也。眼等六根爲因，色等六塵爲緣。今如來以清淨心，知衆生若干種心，是照空緣影也。三世惑業，展轉感果名因，互相繇藉爲緣。今過去、現在、未來皆不可得，是觀破十二因緣也。内有信心爲因，福田財物爲緣，今以滿世界七寶因緣布施，是三輪因緣體空也。因緣不同而同歸於不實，其於因緣，既無能所之相，則於福德自無冀望之心。無作福田不可思量，無相之殊勝顯然矣。

〇離色離相分第二十【解】次約如來三業安立第一義。三業謂相好、辨才、慧心。十七斷無爲何有相好疑。既言無相法身是佛，云何諸佛以成就相好而得名佛。此約本身疑色身也。

色者，顔色。相者，形體。離者，不著。言求見如來者，離諸色相也。

〇此分是明相好無我，掃盡色相之根。前半部，爲信成就發心人說，法、應二身要分開，不分開不得見諸相非相。下半部，爲證發心的人說。法、應要渾合，不渾合則不能通達一切法無我。所以問意與答意較前不同。說可以相見固不是，說不可相見亦不是，故說不應以與不可以有別。謂單以身相見則不是，以身相即非身相見便是了。如上文福德無故福德多，下文無説說，一例看，方得語氣。

須菩提，於意云何，佛可以具足無虧欠也。色身見不。〇不也，世尊，如來不應以具足色身見。何以故。如來說具足色身，即非具足色身，是名具足色身。〇須菩提，於意云何，如來可以具足諸相見不。〇不也，世尊，如來不應以具足諸相見。何以故。如來說諸相具足，即非具足，是名諸相具足。【解】此明本來無色相之我。具足指報身言，如來指法身言。前文先言法而後及身相，此先言身相而後及法，蓋體用本無次第，或由用以歸體，或由體以達用，無所不可耳。一說色身爲三十二相，諸相謂種種變現神通之相，又不止三十二相矣。此六具足之第四，爲色具足故。

前云可以見如來，五分。是指諸人欲以色身見如來也。今云如來可以見，是謂如來有色相可令人見也。具足色身，即八十種隨形好，謂隨其身形一一皆好也，乃佛法之見於身者。此小相也。空生悟色身原從清淨法身中顯出，是無色之色，豈可認爲實色耶。具足諸相，即三十二相，乃佛法之見於相者。此大相也。空生悟相好原從真如實相中流露，如本無相，豈可認爲生住異滅之相耶。然妙相之具足，即妙心之具足，良由全法身無爲之體，起應身相好之用。相好二種，亦非不佛。無相而相，相而無相。即非具足，明真身也，是名具足，明應身也。

○剩閒曰：佛既證清淨法身，亦感圓滿報身。如《華嚴》曰：清淨妙色身，神力故顯現。色身既從法身顯現，則色身何嘗不是法身。但色身是神力顯現，則未顯現時，止有法身，無有色身，法身本是離色離相者也。

△此舉佛之報身無我，示降心無住之義。前云不可相見，是言色相非相，相非是佛。此云不可相見，是言無相即相，相非不佛。法身雖非色身，而色身何嘗不是法身。執色身以爲法身固不可，離色身以求法身亦不可。故如來無色無無色，不可以色見，如來無相無無相，不可以相見。此破執報身色相之見，以顯法、報冥一也。可以、不應、即非、是名等，總是一意。【解】此即非是名，解者不一，有作掃迹解，有作推原解。《正義》謂跟上不應以色相見來，只作掃迹解，爲是。

《芥疏》云：即非者，不執有。是名者，不執無。即非者，不落常見。是名者，不落斷見。即非者，不即乎此。是名者，不離乎此。單言即非，則是隨舉隨掃之詞。不舉，則無以明其理。不掃，則恐人泥其說。

如如曰：上文舉三十二相，示奉持者之無相，故云不可以三十二相見如來。此舉具足色身，具足諸相，標設教者之離相，故云如來不可以具足諸相見。

《集解》：由法身無身，故能現一切身。由實相無相，故能現一切相。如能通達非色名色，非相名相，是則名爲真菩薩，何疑有礙於菩提耶。

○非説所説分第二十一【解】十八斷無身何以説法疑。如來身相不可得見，云何爲人説法。佛以無法可説破之。

無上菩提，乃本來真性，此非言語可説，覺悟衆生，是不可説而説也。

○此明説法無我，掃盡從前説法相也。慧命下，言能信法之衆生亦無我。上言佛身色相一切無我，佛身如是，佛法亦然。

天親曰：佛以非身故現身，法亦無説強名説，是説法亦無我也。

須菩提，汝勿謂如來作是念，我當有所説法，莫作是念。【解】此言無説法之我，從前法尚應捨，逼進一層，亦承上不可得來。

佛身既是無身之身，而佛法亦是無法之法，全是一真法界，了無自相可得，故佛不用詰問，直示戒辭。上念字，是如來説自己之念，下念字，是説衆生之念。

大圓曰：如來所説，不過隨機方便，無所説相，無能説相。若有法住在言中，名爲剩法，不是無上正覺。若有言住在法中，名爲死句，不能開人悟門。惟無言默悟，以説其無説，是名説法耳。

何以故。若人言如來有所説法，即爲謗佛，不能解我所説故。復自釋之。【解】擬於言説，便教衆生不得見自性如來，不能解我所説，故乃因其自性而言也。

如如云：何以爲謗。蓋説法四謗，執定有者其一也。今擬如來爲有所説，雖非若外道之不信，而鄰於定有，是自奪正幟以益邪幟也。正覺一迷，凡趣永墮，以不解所説明其故者。蓋不信之謗，自外正法，此不足論。信而不解，則如聾人聽樂，盲人觀場，心心無主，法法相礙，以尊重之心，墮誹謗之見，爲蠱更深，所謂毫氂之差，千里之謬。

須菩提，説法者無法可説，是名説法。又正告之。【解】此六具足之第五，爲語具足故。○即是三業中辨才。

説法者，實無有法。惟其本來無法，故

但示人以真空實相妙理，使於言外自悟。斯乃不説之説，説而無説。

《經貫》云：説法者，因衆生之真性而爲言，衆生真性之外，非有法可説。若衆生既悟，連此法亦併無用。是佛之説法，乃無法之法、無説之説也。

○爾時，慧命〔八〕須菩提白佛言：世尊，頗有衆生於未來世聞説是法，生信心不。

如如曰：慧即智慧，命則性命。謂具智慧，通命源，即所謂無量佛所種諸善根也。此是帶來般若之性。須菩提慧根雖夙具，然理境未深則實智不發，故其慧命不在未聞法之時，亦不在初聞法之時，而在聞如來無可説法之時，故曰爾時也。經中每言法不可説，何於此時始顯慧命。蓋前言如來，止於法中指示，未就性命上説。此言如來有五眼，如來非具足色身，如來不作是念，皆於智慧表如來，以佛智慧加被空生，宿種善根於是頓露，故立此嘉名耳。聞説是法，承上無説之説來。善現前問衆生生信，是聞言説章句生信，此是聞説是法生信，所信有淺深也。未來世，兼像法、末法時言。衆生，謂一切有情衆生，皆假五陰和合，衆共而生也。

○佛言：須菩提，彼非衆生，非不衆生。何以故。衆生衆生者，如來説非衆生，是名衆生。

【解】彼非以下，破。頗有衆生四字，見衆生相當空。

佛言：汝將謂衆生實是衆生，故不能信。不知彼非實是衆生，亦非不是衆生。蓋衆生與佛同有真性，故曰非衆生。但背真逐妄，自喪本來，故曰非不衆生。非不衆生，即含是名衆生意。佛恐人未解，又何以故問起而自釋之。如來説非衆生，申彼非衆生句。是名衆生，申非不衆生句。

如如曰：生信無擇衆生，較前是人種諸善根之言更爲切近。經中每闡明如來之義，此則闡明衆生之義，知如來義可以證般若，知衆生義亦可以證般若。五陰和合，即具真如也。

△前段如來直示須菩提以無法可説，尊者深領此旨，信法性與佛性相應。又欲未來衆生各各信心，恐其難信難解，故又有衆生之問。佛言以下，明衆生之相亦當空也。夫衆生既非實是衆生，又何疑其不能信哉。

蓮師云：彼非衆生，非不衆生，是如來點化衆生處。夫卵、胎、濕、化諸種尚有變化而脱離其凡胎者，何況於人自當泯乎衆生之見。故下文不説衆生，而直言菩提心。

〇《正義》云：此與第七分、十三分大意略同。七分云無有定法可説，十三分云如來無所説，此云有所説法即爲謗佛，又云無法可説是名説法，反覆叮嚀，總是要人自悟本性，勿執文字之陳言也。即孔子予欲無言之意。

〇無法可得分第二十二【解】十九斷無法如何修證疑。既云實無有法得無上正等正覺，如何却有修證。此中伏箇疑端。然空生此問，雖帶疑情，實爲深解。佛三答以明之。

無上菩提，本是真空，我尚非有，何況於法。

〇此言無得法之我，掃盡從前菩提相也。

大圓曰：前既説無得，又説所得，既説實無有法，又説一切法皆佛法，此處伏箇疑端在内。空生聞如來説智眼、福德、色相、言説一切無我，方知有法不礙無法，有得不礙無得，福以無福爲福，相以無相現相，法以無説爲説，則菩提之得豈非亦以無得而得耶。空生發此問端，正是他深解處，所以如來印可之。當與下二十三分合看。

須菩提白佛言：世尊，佛得阿耨多羅三藐三菩提，爲無所得耶。【解】此章是明如來之得菩提無我，正與實無有法相應。

須菩提因佛説身相空、法相空、衆生相空，因悟如來之得菩提爲得而無得，故舉以問。

如如曰：善現聞非衆生是名衆生之言，頓知衆生本具佛性，故發此言。悟衆生而知佛，真是體會入微。如來前言無得，復言所得，空生則合證之，發所未發，故爲佛所深許。然何不於言所得時即標合義。以佛言得菩提之後，又言三世心不可得，言福德無，言具足相好，非具足相好，言説法者無説，俱於得中淘汰得淨，故於此時乃有得爲無得之解。

○空生此問，乃是證發心的公據也。

佛言：如是，如是。須菩提，我如來自述。於阿耨多羅三藐三菩提，乃至無有少法可得，是名阿耨多羅三藐三菩提。以此無法可得爲菩提。【解】佛答有三。○此初答也。此以覺性空寂言，而見其無可得也。此分及後分，言如來慧心具足也。六具足之第六，後又分心具足有六，此爲心具足中第一念處。無上心是真如體。

如如曰：經中佛説如是如是凡三見。十四分空生言離一切相，佛曰如是如是，印其知無得也。十七分空生言無法而得，佛言如是如是，印其知所得也。此曰如是如是，印其知得爲無得也。是經中三大關鍵。欲知修證，先識菩提。前第七分云無有定法可名，猶恐行人迷向，故又翻前義示以可名，言我於菩提者，以已驗者引人也。前第十分云於法無所得，但約空寂之體。此云乃至無有少法可得，是析到至精至微處。惟萬物皆備，乃能一絲不掛也。無則無所不無，是爲無上菩提。

《集解》云：言得便從外來，從外來則由於法矣。

蓮師云：此重無有少法句，如來不留一法乃通萬法。法在外，覺在心。然則如來正以無法可得名正智，安有法可以得菩提耶。

△《盛釋》：尊者聞無我之説，已悟佛性即是菩提，無法可證，本無可得，而無所得者乃爲真得，故直陳所見。而世尊印可之，

更發明之，見得說法無我，證法亦無我也。菩提處即所證處，但妄盡覺滿，名曰菩提。自修因以至證果，中間無有一法可得。如著一得字，便見佛是佛，菩提是菩提，無住相中何從多此一層法障耶。【解】初答字無法可得，爲正覺者達妄即真也。二答以平等，爲正覺者法無高下也。三答以正助，成正覺者離相修善也。正謂正觀，即空四相。助謂助緣，即修善法。修者謂斷我法二執，顯自真理。

賸聞曰：無有少法可得，不惟空有二法不可得，并中道法亦不可得也。

陸騰曰：前言無法可得，未顯即是菩提。此言無少法可得，即是無上菩提，說更直捷。

○《四依解》：無少法是無上心，是真如體。下平等二段，平是正等心，是真如相。以無我修善法，明正覺心，是真如用。合之是體、相、用三大，又合之是無上正等正覺也。

○淨心行善分第二十三【解】合兩分言之，無少法是真如體，平等是真如相，以無我修善法是真如用。

不著一法於心而行此善法也。

○此言無行善之我，掃盡從前萬行莊嚴相。

釋旨：上言菩提無法可得，豈一切斷滅者耶。菩提非以一切斷滅而無可得，正以一切周徧而無可得。是法平等三句，是明菩提無我，與諸法如義相應，是就諸法如之如上說。離相修一切善法，明得菩提無我，歸於無法可得，與所得菩提無實無虛相應，是就如來得菩提之如上說。即非善法，應前即非一切法三句。如來之得而無得，闡發無餘蘊矣。

○此分是足上二十三分意也。佛答有三，上言無法可得爲正覺，此言平等爲正覺，修善法成正覺，總是接引衆生之意。

復次，須菩提，是法平等，無有高下，是名阿耨多羅三藐三菩提。此以平等爲菩提。【解】此二答也。此以平等覺相。

佛於阿耨菩提，云何無有少法可得。以是法依性而修，性平等，法亦平等，平等則無高下，故無得與不得。蓋聖凡同此佛性，在聖不增，在凡不減，平等無有高下，是以名爲無上正等正覺耳。如來以證此平等爲菩提，此外安有少法可得耶。

《釋義》：是法，即指菩提覺體。無法之法，乃真法也。平等，謂凡有知者必同體也。無有高下者，非聖具而凡虧也。

如如曰：前云一切法皆是佛法，覺法界中猶多一佛字。此云平等無有高下，并佛之名俱不立。有則無所不有，是謂無等等菩提。

以無我，無人，無衆生，無壽者，修一切善法，即得阿耨多羅三藐三菩提。以此修善法爲菩提。【解】正等心是真如相。此三答也。此以覺用言，而見其無可得也。

雖曰平等，非可不修而得，但不可以著相之修，反增其障。無四相，真是平等。以清淨平等不著相心，入在萬行門中，順性修爲，隨緣成辦，事理無礙，一毫法相不留，一切善法滿足，所謂無實無虛者是也。即是爲得無上正等正覺，而有少法乎哉。

如如曰：既識菩提，可知修證。無我人等者，即無所得也。承無有少法來，善現以無所得證果，此則以無所得起修。前云一切法，義雖廣大而未正其宗，乃特標一善字，以別於魔外。種種善法，皆以所種之善根而生，非求善於法也。承平等無有高下來，無我則不滯於有，修法則不滯於無，故得阿耨菩提，是又以無所得爲得也。【解】修善法是真如用。

須菩提，所言善法者，如來説即非善法，是名善法。【解】佛又恐衆生於善法生貪著，復以非善法消之。

又恐人疑既無少法可得，云何復修善法。既有善法，即是少法。法獨稱善，即非平等。故復釋之曰：善法即非善法。以善是對惡之名，法亦假立之義，修證之後，即當舍去，不容執著。然則善原無善，法原非法，而得亦無得之得也。

○翁應春曰：既云無法可得，則無法矣，恐人落無，故云平等，不妨修一切善法。既云修一切善法，則有法矣，恐人執有，故又言即非善法。步步回顧無相法，不失無實無虛之旨，總是欲人依法悟性，又要離法見真耳，下文又以福智結之。【解】此心具足中第二爲正覺故。

△圭峯曰：初以無法爲正覺，次以平等爲正覺，三以正助修正覺。

大圓曰：雖無少法，不可以無法而入於斷滅。雖平等，不可以平等而據爲真常。一法不了，一行不行，不得名爲智滿之佛。修一切善法，是指出手下工夫當以無四相爲了因、爲正道，以修六度爲緣因、爲助道，以無相爲修，正見其無得，正見其平等也。【解】了有斷了顯了二義，以般若能了煩惱而顯法身，故云正道。施戒忍辱五波羅蜜，與般若爲資緣。資助正因之力，故云助道。

長水云：所言修者，但是斷除我法，顯自真理，亦無一法可得也。

如如曰：凡事理最當之處，學人有著，即復成病。此經每於如是如是之下即進一解。初四分印其第一希有之言，隨示以第一非第一。再七分印其無法得菩提之言，隨示以佛得菩提。三二十二分印其得爲無得之言，隨示以無得爲得，即夫子是道非藏之意，故貴於懸崖撒手也。

《博洽録》：前第三、第十二、十三及此分，凡四處皆説得菩提，如何區别。蓋第三疑釋迦得果，第十二疑善慧成菩提因，十三疑無法無佛，此疑有修有證也。四義條然，無可相混。

○福智無比分第二十四【解】二十斷所説無記非因疑。前言修善法得菩提，則佛所説持經法是無記法，不能得菩提耶。佛言文字般若雖是無記法，却爲成佛之因，了見自性法身，能生應化，又爲生因。修行六度，不住於相，又爲正因。具此三因，故布施之福皆不及持經之勝。

福即福德，智即智慧，福與智合，等如虛空，無可比方者也。

○此因上言修善法，恐人疑於般若外別有善法可修。不知六度歸到離相，度生即非度生，嚴土即非嚴土，福德無福德，相好非相好，説法本無説，一切法皆佛法，而總歸於無我。可見差別智不在根本智外，圓滿法身不在清淨法身外。所謂一切佛法皆從此經出，不是虛語，所以點出《般若經》名。又將功德較量，善法不從般若出，亦是有漏功德。此經之外別無善法可修也。

須菩提，若三千大千世界中所有諸須彌山王，如是等七寶聚，有人持用布施，【解】此無住降心中第二番較量。

前以恒河沙喻言其多，此以須彌山喻言其大。七寶所聚之多，有如此山之高大也。

若人以此《般若波羅蜜經》，乃至四句偈等，受持讀誦，爲他人説，於前福德百分不及一，百千萬億分，乃至算數譬喻所不能及。【解】由文字般若而見實相般若，爲他人説，共登彼岸，功德豈寶施所及。此心具足中第三爲施設大利法故。

大圓曰：上半部説不住於相，單説箇清淨法身是根本智，歷舉功德較量，十三分遂説出經名。十四分空生深解，遂説離相發心，行六波羅蜜，利益衆生。下半部説行六度，度衆生，嚴佛土，得菩提，一切法皆佛法，功德如此圓滿，不曾點出經名。恐人疑此經於般若外別有修證功夫，不知一切諸佛法畢竟消歸無我，不出通達無我法之智眼，不曾於般若上加得毫釐。可見般若智慧，根本差別，盡在裏許，法身解脱，全得渠力，所以又將功德較量，點出《般若經》名，以見徹始徹終，更無二理，即因即果，更無二時。無上菩提，總不出此《般若經》名，此外別無善法。

李次公曰：此經遇緊關節處，便較量福

勝，讚歎流通，所以經末無流通。

長水云：經詮真理，因之悟解起行，方得菩提。若無教門，安知所入。是故勝捨無量珍寶。

△大圓曰：如許財施不及受持演説者，以文字般若雖是無記之法，而離言説相，無少法之清淨法身，無高下之平等法身。俱以此爲了因，了見自性法身本具之空理，能生報、化，又爲生因，修行六度，不住於相，又爲正因，具此三因，故布施之福不及持經之勝，又何疑於無記之非因耶。依解起行而得菩提，即是因也。發心菩薩，舍此《般若經》外，何以上成佛果，下度衆生乎。

○《芥蔬》云：般若是生死海之智檝，煩惱病之良醫，破邪山之大風，敵魔君之猛將，照幽途之赫日，警昏識之迅雷，抉愚盲之金篦，沃渴愛之甘露，截疑網之慧劒，給孤乏之寶珠。若般若不明，萬行虛設。

○自佛可以具足色身句至此，以無得而得顯無相之殊勝也。

○化無所化分第二十五【解】三約如來度生安立第一義。二十一斷平等如何度生疑。上云是法平等，無有高下，恐人疑如來説般若法度生，安能無有高下，佛以實無有衆生破之，而度生不必疑矣。

既是是法平等，孰爲衆生，孰爲度衆生。止隨其本性而導之，故化無所化。此言無度生之我，掃盡從前度生相。

○大圓曰：上文説菩提得而無得，修善法而無我已了，結無法得菩提之案。至於度衆生實無滅度，前文屢言之，只在菩薩身上説得，未曾在如來身上説。未能自度先欲度人者，菩薩發心，願隨信發，是因地中事，故第三分説度而無度，在未説行六波羅蜜之前。自覺已圓復圓他覺者，如來極果，行隨智滿，是果位上事，故此分説度而無度，在菩提得而無得之後。恐人疑如來度生，有護念、付囑種種諸法，不知如來無我，則法本無法，凡夫非凡夫，則度而無度了，結實無滅度之案，以佛爲菩薩作榜樣也。

○自十七分至此，總名忘法證如。

須菩提，於意云何，汝等勿謂如來作是念，我當度衆生。須菩提，莫作是念。【解】前掃度生就菩薩言，此就如來言。

上文言以無我修善法，則菩提得而無得，固矣。至於度生，如來現無邊身，說無量法，實實見之行事，一一圓滿，又非菩薩所及，豈可云無滅度乎。不知是法平等，則是衆生本來寂滅，如來不過因其爲衆生而設法以度之。如來不作度生念，所以能度生也。故呼須菩提：汝等皆學般若菩薩，莫作是念。

何以故。實無有衆生如來度者。若有衆生如來度者，如來即有我、人、衆生、壽者。【解】此正告之，復反釋之也。

般若真性，人人具足，雖如來以法度之，然度其所自有，非益其所本無，化歸無化，實無有衆生是如來度者。若見爲有，是如來見得我能度化，即爲有我。人因我度，即爲有人。度人離塵，登我法界，即有衆生。度人生死，不入輪迴，即有壽者。一念不忘，四相畢具。所謂平等真法界，佛不度衆生者謂何。而如來豈有此耶。

須菩提，如來說有我者，即非有我，而凡夫之人以爲有我。【解】又明無我之故。○如來見性，所以無我。凡夫未見性，所以有我。

如來既無人、我等相，何說法時有時稱我。須知其假名稱我，對所度之衆生而言。蓋如來純以法身爲我，而無實我之體，權順世情說我，而無執我之情。所說有我，即非有我。但凡夫顛倒妄取，執之以爲如來現三十二相。成菩提，轉法輪，度衆生，佛自有獨尊之我，而如來實本無是事也。

須菩提，凡夫者，如來説即非凡夫，是名凡夫。【解】聖凡同性，佛恐人落分別界，故云即非凡夫，繳轉無衆生可度意。

大圓曰：不獨如來能度之我非我，即此取相凡夫，如來以法眼看來，全體是佛，特以彼未發明，暫現凡夫之相，假名凡夫耳。求凡夫我相尚不可得，如來豈有我耶。如來無我，誰度衆生。凡夫即非凡夫，有何衆生可度。然則菩提無少法，度衆生亦無少法，菩提平等，度衆生亦平等，菩提無我人，度衆生亦無我人。發菩提心度衆生者，可存一我相乎。

△長水云：即根本智，證平等理，無有分別，有我即非有我也。所謂無分别者，不但能度之我不可得，即所度之人亦不可得，故曰即非凡夫。以凡夫自性各有如來，迷即凡夫，悟即是佛。雖凡夫亦且無我，如來何處有我耶。

《圓旨》云：諸菩薩度生心切，不忘聖見，早涉凡情，故如來囑其無生可度，我自何來。若在如來，不特度生無生，抑且説我無我，説凡夫無凡夫。

○《宗通》曰：前後四處皆説度而無度，差别云何。曰：初言離我度生，十一疑能度是我，十四疑無我誰度，此疑平等法界不合度生，四義判然，發明無度者，詳且盡矣。【解】自十七分至此總名忘法證如。

○法身非相分第二十六【解】自此分至三十一分，總名破見顯智。此分以下，俱教人破除有我見，而我見不出有無一異。此分明著有者之爲邪道，第二十七分二十八分明著無者之爲斷滅。

清淨法身，非屬相貌。

○此分是又言不可以相見如來，掃盡從前法相。

○此分以上，是教菩薩通達無我法。然欲通達無我法，須先揀破有我見，通達無我法，要合得渾成，合得渾成，方能破一切相，所以將即非是名三句一時說。以後俱教人揀破有我見，要分得清楚，分得清楚，方能破一切見。二十六分，相見如來，是有見，名爲邪道。二十七分，相不具足，是無見，名爲斷滅。後說箇如來無所從來，亦無所去，故名如來，則有無之見破盡矣。又恐人從來去之應身與無來無去之法身，生出一異見來，又以微塵、世界、一合相喻，明說箇非塵名塵，非界名界，非一合名一合，則一異之見又破盡矣。一切諸見破盡，則我見消亡，自然無人，無衆生，無壽者。知見無見，方是如來之正見。敕令發心人如是知、見、信、解，然後四相不生，三句齊說，法相、非法相、名法相，真能通達無我法矣。對全經說，則二十五分以前是破相密說般若，二十六分以後是破見顯說般若。對下半部經說，則二十五分以前是爲深解人說，將即非是名一連說出，無我法一一圓成，是始覺合本覺邊事，所謂入理深談，二十六分以後是又兼爲初心人說，將即非是名劈開說，有我見一一破盡，是由不覺而有始覺邊事。所謂門庭施設，護念付囑，至矣盡矣。【解】下經綱領，得此了然。【解】二十二斷以相比知真佛疑。【解】此分是明不即見取法相之過也，應前不應取法。

須菩提，於意云何，可以三十二相觀如來不。

【解】此分是破除有見。○直示無我法身，爲一經究竟。

前言諸相具足，即非具足，是名具足，則相好原不離法身。觀佛者見法身之相好，似可以悟無相之法身矣。觀與見不同，見是以相爲佛，觀是相比而觀，謂可於應身相中觀如來之法身否。

○須菩提言：如是，如是，以三十二相觀如來。

不可以相見如來，空生屢答甚悉，今何反以如是爲答。蓋觀不同於見，見是以相爲佛也。以相觀佛，則以相雖非佛，而相好原從無相中現出，因此有相，以觀無相之妙，亦未嘗不可。況須菩提從前止知即非之清淨法身，至此已知即非是名合一之圓滿法身，則此答在須菩提不爲錯，正見他進步處，但非佛發問之意。若令初發心人聞之，未免誤入邪道，故佛即以轉輪之難攔頭截之。

〇佛言須菩提，若以三十二相觀如來者，轉輪聖王即是如來。【解】佛相王相，相同也。但王相依業因而生，佛相由空淨所現，故可由本測末，不可以末觀本。

《盛釋》：若於應身取著，即不達法體。世尊恐執相之見，尚有細惑未除，故以轉輪王難之，謂色相雖同，相之所依實異，當以本測末，不可以末測本也。轉輪王，即四天王，如輪之轉，管四天下察人間善惡者。以業報福德，亦具三十二相，豈其即是如來乎。

〇此直示無我法身爲一經究竟。

〇須菩提白佛言：世尊，如我解佛所説義，不應以三十二相觀如來。

尊者即時領悟，知輪王不可以爲如來，則知如來不可以相好比知，遂以不應相觀結證，世尊因説偈終之。

《集解》：須菩提原無妄見，一轉即靈。隨以不應爲答者，因轉輪王之難，乃佛轉詰之以外相也。如是則已確見法身無我，不可於相中求佛矣。

〇經中言不可相見者凡四，第一疑、第七、第十七及此。初明對果疑因，次明感果離相，又次説以真現假，此明約假求真，意義各別。

爾時世尊而説偈言：

若以色見我　以聲音求我

是人行邪道　不能見如來【解】此是經中一結穴處。

〇前不可以相見，及即見如來等義，俱歸結於此偈中。邪道對正等正覺言。此心具足之第四，爲攝取法身故。

若有三十二相觀如來之念，則此外尋聲墮色者正復不少。世尊因空生此答深契無相之理，遂説偈以證之。色即勝妙報身，如來身相也。音即名言文句，如來説法相也。我者，真常淨我，指法身言。法身無我，色見聲求皆倒見，故曰邪道。是則著有之見，不可以破乎。

曹溪云：此我字雖指法身，即可見衆生身中各有自性清淨真常無相之體。若向相中求佛，法中求法，即心有生滅，不悟如來矣。

《芥疏》云：學佛正見，當求諸心。外此求佛，即是邪心。如來者，即諸法如義，真常清淨之體，句含萬法，如如不動者。見乃衆生自見，非見西方佛也。與上文見諸相非相即見如來同義。

六祖曰：我，即自性之我，乃無爲無相淨慧之體，自性之佛。【解】《集解》：四句偈有三，無我相四句，空心法之偈也。若以色四句，空身法之偈也。一切有爲四句，空世法之偈也。附參。

廣伸曰：經言四句偈，的以此四句爲主，餘皆旁説。

蓮師云：此四句是經中一大關紐，前之無我相四句於此結穴，後之有爲法四句於此關照。

△如如曰：凡夫非凡夫者，爲其能依法修行，終見如來也。修行之法，先在習觀門，欲見如來，即以如來作觀可矣。觀者，定心運想之謂。凡夫顛倒輪迴，非觀不空，但或見性不真，雖觀因緣，觀事理，觀妄識，益增種種心，故直示以觀如來，不令作他觀。空生兩因佛説，各表觀義，非是以後解翻前解。其可觀不可觀之言，實禪觀不易之法也。上文三十二相見如來，是就如來現身説，此就學人作觀説，語同意異。

履昌云：前此不可以身相得見如來，及見諸相非相即見如來等義，歸結此四句偈中，而以行邪道不見如來，發明正等正覺。【解】自此分至三十一分，是破一切見，以顯如來知見無見之正見，總爲發菩提心人說也。

標旨：大圓曰：色見聲求章，是結十四分以前所說離相見佛之義。不說斷滅二節，是結十四分以後所說忍辱、布施功德無量之義。塵界一異，是結十七分後所說一切法無我之義。如來知見無見，不生法相，通結一部經中所說無我人四相之義。

○無斷無滅分第二十七【解】二十三斷佛果非關福相疑。此分并下分是破斷見。六譯以二十七分二十八分作一段。此分是明不離見取非法相之過也。應前不應取非法。

法固不可泥，然亦不可斷滅。

○此言無斷無滅，掃盡從前非法相。

覺非曰：著諸相，即屬邪見。滅諸相，又屬斷見。拈出無斷無滅，連中間無實無虛，即非是名之旨一時臚列目前。

圭峯曰：由前相比法身是失，色見聲求是邪，則佛果無相。恐人疑修福德之因，但成色相之果，不得菩提，修菩提因，則得菩提，又失却福德，則佛果與福德兩不相關矣，故又以斷滅破之。此先言不宜斷相以修菩提，下言得菩提亦不失福德，以斷此疑。全經破著相邊多，獨此破滅相，乃全經關捩。

須菩提，汝若作是念，如來不以具足相故得阿耨多羅三藐三菩提。反其詞。須菩提，莫作是念，如來不以具足相故得阿耨多羅三藐三菩提。正其詞。此段貼如來說。【解】此分經分四段，前二段若作是念與莫作是念雙提。後二段即明其故。

前以離相無我，顯般若空相不墮常見，今以即相修因，顯般若實相不墮斷見。

天親論：雖不依福德得真菩提，而不失福德及果報，以能成就智慧莊嚴、功德莊嚴故。長水疏之曰：福德是因，即五度。果報是果，即三十二相。相非不佛，故言不失。既不失果，即不失因。以能成就下，明不失之由。智慧即真身，福德即應身。

履昌曰：上言不以具足相觀如來，真實理地不染一塵也。此言以足具得菩提，萬行門頭不捨一法也。

須菩提，汝若作是念，發阿耨多羅三藐三菩提心者説諸法斷滅，反其詞。莫作是念。何以故。發阿耨多羅三藐三菩提心者，於法不説斷滅相。此段貼發心人説。【解】滅相求佛則必滅法。此若作是念二段，即前不取非法相意。

此正明所以不可作是念也。諸法斷滅，謂一切法皆斷滅之而不用也。於法不説斷滅相，謂修行人必依般若之法而通達之，以爲修行之具也。斷滅則無相矣，而亦謂之相者，以其執著也。凡執著皆謂之相。執有固是相，執無亦是相。此分佛恐人著空，又爲之遣空，必空與不空雙泯，而後爲般若真空也。

大圓曰：佛止教人離相，不教人毀相，只怕人著相，非教人滅相。若福德不修，相好不具，又何以得菩提哉。

○《正義》云：此一分是《金經》中鐵門限。蓋前後俱以無相、無得、無説、無法爲宗，非此一分，定執空矣。

晁太傅曰：諸佛説空法，爲滯於有故。若復著於空，捨鷹還逐兔。

△此分凡二段，前段是賓，後段是主。如來常言法無可説，恐凡夫認不觀三十二相爲斷滅，故呼須菩提以示之。

《盛釋》：上既云如來不可以相觀，然不可作念謂不依福果得大菩提。是失福德，非菩提因，失果報，非菩提果矣。何異二乘偏空之見耶。故反覆戒之：一曰若作是念，再曰莫作是念，言毀相之不可也。三曰若作是念，四曰莫作是念，言毀相之所以不可也。總見真如法性，不落斷、常二見。作有相觀，是執有，爲常見。作無相觀，是執無，爲斷見。

此分專破斷見。

秦大音曰：得此一段，便總攝空假，結歸中道。不但無實無虚之兩言於此暢發旨趣，亦且即非是名之義句於此洗發精神。

孟川《集注》：斷者斷絶，對常而言。滅者寂滅，對生而言。一著於常便是斷，一住於生便是滅。如來先不著常，如何著斷。本不有生，如何有滅。一反一正，曲折敷宣，引進大地衆生盡得菩提妙相，盡成具足法身，住無所住，降無所降，斯爲了義。

○不受不貪分第二十八【解】此分言得菩提亦不失福德。○佛恐人因不説斷滅，遂著於有，又發明之。此無住降心中第三番較量。

一塵不染，何貪何受。

○此言無貪受之我，掃盡從前福德相。

○上言不宜斷相以修菩提，此言得菩提亦不失福德。蓋以知法無我，不受福德，故所得福德愈勝。所云不受，但心不貪著，非謂斷滅福德而不修也。此正申明上章不説斷滅之義。

宗泐曰：菩薩修無我法，故福德雖勝，無受心、貪心也。

宋徵輿曰：有我則有受，有受故有貪，無我則無受。受者既無，貪何由生。欲除貪受，以法無我爲本。經假布施一節明之。

須菩提，若菩薩以滿恒河沙等世界七寶持用布施，若復有人知一切法無我，得成於忍，此菩薩勝前菩薩所得功德。【解】此承上二章，一言常見，一言斷見，皆非無生法忍。菩薩斷常雙遣，二執不生，成無生法忍。外道計斷計常，妄起生滅，故以忍對破之。

覺非曰：自十七分後，俱言諸法無我，總收拾到得成於忍。忍者，萬法繁喧，寂然不動，有耐久、大力、忍無其忍意。寶施乃有漏之因，法忍爲無漏之果。

大圓曰：得忍是果，修福是因。無我者，人無我、法無我也。得此二空之智，名之爲忍。《大般若》有安受忍、觀察忍。修此二忍，便得成無生法忍。知是觀察，成是安受。

《宗注》：前云通達無我法，此復推其成功於忍，作聖全功。只此一句，頓漸之階隨人自得。

《集解》：福歸己，德及人。德是因，福是果。

圭峯云：初明菩薩以得忍故不失。

何以故。須菩提，以諸菩薩不受福德故。【解】菩薩心同太虛，所作功德惟爲利益衆生，使成正覺。不受，即下文無取著也。

此正明功德之所以勝也。即有法施功德，無有我施之心，誰其受之。惟此不受，福德無有邊際，故勝前菩薩所得功也。

覺非曰：不受福德者，以本來無受福德之我也。有我，斯有貪。有貪，因有受。本來我如如不動，貪與受從何處安著。

圭峯曰：次明不受故不失。

○須菩提白佛言：世尊，云何菩薩不受福德。

空生疑有福不受又成斷滅，故問菩薩：既不説斷滅福德，云何不受。

○須菩提，菩薩所作福德，不應貪著，是故説不受福德。【解】若取福德，即住生死，雖得福報，但同輪王，不名爲佛。惟其不取，即證無生，而因爲淨因，果爲淨果，所得真相不同輪王之福相。此心具足之第五，爲不住生死涅槃故。

不受只是心淨，初非斷滅也。不貪著，即無我之義。

大圓曰：貪著，則因成有漏，果亦有漏，因果俱失。菩薩修福德，不起貪著心，故名不受，非不修福德之謂也。然則福相與得果兩不相礙，正以相成。而謂如來之得菩提，可以斷滅諸法相耶。

如如曰：凡夫著我見，即著福德。菩薩忍中，悉空諸相，豈有貪著。故其福德非不受於身，乃不受於心也。前云通達無我法，真是菩薩。通達即是知，忍則入寂滅大海，非復通達位矣。

△《盛釋》：上云不説斷滅，是不失福德也。此又明不失之故，言菩薩以無我心修福，空人我，又空法我，成其勝忍也。既以無我心修福，是惟不受，故能不失。不受者，不見爲福德，并不見爲能忍，則因成無漏，果亦無漏矣。不貪著者，全在利益衆生，非爲得福而度生也。

○此無住降心中第三番較量，獨顯無我之勝，功德甚大，故舉寶施以較之。不生貪著，即無實也。不受而受，即無虚也。

○此分忍字與六分信字，相爲表裏。蓋不信則心無主宰，無所適從，不能入道。不忍則心有生滅，無所把持，不能成道。故如來説出信字，爲入道之門，以忍字爲守道之終也。

張有譽曰：上章就如來果位上説，見一切法不當斷滅。此章就菩薩因地上説，見一切法不必斷滅，要在知無我而能忍耳。

○威儀寂靜分第二十九【解】二十四斷化身出現受福疑。次約如來來去安立第一義。此破有無四句，以證無生法忍。

威儀者，行、住、坐、卧也。寂靜者，去來不動也。此從威儀中指出寂靜，見性無染著，無生滅，不可認作以威儀爲寂靜。

○此分是掃去應身不定之迹，指出如來常寂法身以示人。上説箇不入斷滅，恐人便在四威儀中執著如來應化之迹，是依舊向去來不定，兩時兩處觀應身，而不能就去來不動，無時無處見法身，故借人言發明無來無去之法身，方得了當。

須菩提，若有人言如來若來若去，若坐若卧，是人不解我所説義。【解】真佛無相，故不可於威儀求之。○此於化身示現處，證取法身，是證無我之極，出現之佛尚是無有，寧有受福之事哉。

《正義》云：如來法身遍虚空界，無相無所，凡其應現是隨衆生業緣而來，其實真性自如未嘗有去來之迹。人見如來應化威儀，得毋謂既非斷滅落空，又非色相落有，即是可以觀如來乎。是仍在應身上落想，而不能於法身上洞徹也，故呼須菩提告之。此分三言如來，皆指真性佛言。

如如曰：去、來、坐、卧，不宜實看。若者，相似之義。

《集解》：《華嚴經》云，云覺無來處，去亦無所從，清淨妙法身，神力故顯現。

六祖云：諸法空寂，是如來清淨坐。無住云：身心寂滅，是如來卧處。若以四威儀形容之，不亦謬哉。

何以故。如來者，無所從來，亦無所去，故名如來。【解】如來者，真性自如，不變不動，初無起滅，故無來去之可言。拈出無所從來，亦無所去，使人各悟本來面目也。此心具足之第六，爲行住淨故。後又分行住淨有三，此第一威儀行住也。

其不解者，何故。所謂如來者，不以應化爲體，以法性爲體，盡法界一如不動，本無來去。譬如水清月現，月本不來，水濁月隱，月亦非去，但水有清濁，非月有升沉。法中亦爾，心淨見佛，非是佛來，心垢不見，亦非佛去，但是人心垢淨，不是佛有去來。

圭峯曰：不解我所説義，此斥錯解也。無來無去者，此示正見也。

肇曰：解極會如，體無方所。長水疏曰：解極則心絶，心絶則會如。如體本周，故無方所。

大圓曰：法身真佛，體絶去來。以不來故離一切法，以不去故即一切法。以不來故不常，以不去故不斷。以不來故曰即非，不去故曰是名。以不來不去，故不住一切而能遍應一切，此所謂無我法身也。

又曰：無所從來則非有，亦無所去則非無，無所來而亦來，無所去而亦去。有無四句，俱已破盡，至是而色見聲求、諸法斷滅之疑徹底消釋矣。

△此分單明如來兩字。如者，真性如如，不變不壞。來者，隨緣感應而來現於此。去來者，應現化身。無去來者，真性法身也。

《盛釋》云：此於化身示現處證取法身，是證無我之極，悉是真如也。

李次公曰：初取諸法如義釋如來，則法法皆如，頭頭是佛。今取無所來去釋如來，則指本原自性，真如法身佛。雖有體用之分，請真下文，足徵一貫。

王匡石曰：此經前半言菩薩事，後半言如來事，至此仍以如來收束。此分則於正報中，即化身以顯法身，後分則於依報中，即塵界以顯法身，而佛果更無餘藴矣。【解】王疏極精。

○一合理相分第三十【解】南唐石本，六祖註本，竝作一合相理分。二十五斷法身化身一異疑。此破一異之見，爲諸人掃除貪著事相也。微塵世界乃事相也，能受微塵世界乃理性也。事相理性合一而不可分，凡夫貪著其事，不悟理性，所以狥生滅而顛倒，不容無斷説也。

真性之無去來是理，如來之具足色身是相。無理則相無所攝，無相則理無所附。必真空之理與外具之相合而爲一，則表裏俱融，精粗無二矣。

○此分是斷法身、化身一異疑也。上言化身有去來，法身常不動，恐人住一異之見，所以將世界影法身，以微塵影化身破之。去來不離於法身，譬如微塵不離於世界，不可謂一，不可謂異。天親論云：彼諸佛如來，於真如法界中，非一處住，亦非異處住也。孰見其有分合之事哉。

剩閒曰：上章明法身非應身，故表無去無來。此章即應身明法身，故表一合相。

《正義》：此專爲法身、化身設喻，而釋其非一非異也。文分五科。自首至甚多，標界塵一異，以顯無實性。自何以故至是名微塵，釋微塵，喻應身無異性。自三千大千世界至是名世界，釋世界，喻法身無一性。若世界實有以下，正明非世界之所以，言合塵爲界而曾無一合相，言外見上文析界爲塵而亦無分別相之義，塵界一異無實性已破盡。一合相者下，是破一合之見。因上説箇碎字，破合而碎在其中矣。

須菩提，若善男子、善女人以三千大千世界碎爲微塵，於意云何，是微塵衆寧爲多不。總標界塵一異，以顯無實性。【解】微塵世界前十三分已見，但前言塵界皆相，此言塵界非一非異，所指不同。此段言即非者重，言是名者輕。○善男子善女人，此二乘之除事障者。憨山曰：空生未悟三身一體，故以塵界非一異示之。

上文言無從來，亦無所去，則應身全是法身，不落有無二見。但恐人隨語生解，向有來有去處，見法身散爲應身，便謂如來住於異處。向無來無去處，見應身攝歸法身，便謂如來住於一處。住於異，則見一切法實有一切法，而法不歸如，事相不得消亡。住於一，則實相不能無相，而菩提有法，智照不得泯絶。不知如來法身無來無去，猶合三千大千以成一界。法身現而爲應身，有來有去，猶碎三千大千以爲微塵也。不知法身，但即法界觀之。如來此問，雖問微塵之多，而意顯界塵之無實性。塵因界碎，則異無實性，界碎爲塵，則一無實性，俱已隱躍言外。

《盛釋》云：上言化身有去來，法身不動。法真化假，是非一也。化依法起，是非異也。色身之相可空，猶法界之相可空。故佛以碎界成塵作喻發問，意以界喻法身，塵喻化身，塵界似有實無，亦猶三身總是一身也。甚多以下，皆尊者領會佛意，自徵自釋。

《正義》云：塵身假合，與塵界假合無異。塵界爲器世界，塵身爲有情世界。此以器世界例有情世界，故從世界、微塵説到一合相。人身一小天地，即此義也。【解】此分宗旨非得此數解不明。

無著云：爲破名色身，故言塵界等。名身即受等四蘊，色身即地等四大，故有二種摶取，及差別摶取，此情器雙明也。

大雲曰：塵衆爲器世界，衆生爲有情世界。一合相，即是摶取和合爲一故也。言一摶取者，即是名身衆生、世界和合爲一也。言差別摶取者，即是器世界聚衆多微塵，和合成一世界也。言非一合相者，以第一義中情器二界俱無實故。故《心經》云，是故空中無色，無受、想、行、識等也。是名一合，約俗諦説則有也。言須菩提一合相者等，是明無中妄執有，不了人法二空，迷於事障而起煩惱，故名貪著其事。

舊解：微塵在世界中，游氣飄揚，任其起滅。世界在太虚中，山河大地，任其聚散。猶如人身煩惱塵心，皆逐妄而生，是亦以器界喻情界也。俗人不明此旨，單以人身微細雜念，猶如世界微塵立解，其説偏而不該，失却器世界矣。

○須菩提言：甚多，世尊。

此微塵衆不可謂非多，然若實認爲多，則落在異見一邊矣，故下復釋之。空生説箇甚多，與前所答有淺深之判，至此便能自出隻眼矣。

何以故。若是微塵衆實有者，佛即不説是微塵衆。先言微塵本無實體。所以者何。佛説微塵衆，即非微塵衆，是名微塵衆。次言塵非實有之故。【解】此釋微塵喻，應身無異性。

尊者領會佛意，自徵自釋。

宗泐云：此釋微塵，喻應身無異性。若

知碎世界作微塵，微塵全是世界，則塵無實性，故曰即非微塵。以離性計而說微塵，故曰是名微塵也。此喻全法起應，應即是法，何異性之有哉。

如如曰：微塵者，理之至微至細者也。諸色識及定中色，皆爲色塵。世界碎爲微塵，語甚奇特，碎字最有力，所謂破一切煩惱賊也。衆字對下一合而言，乃至碎之義。

翁云：凡世間事事物物，莫不有理。析之爲微塵，各一理也，該之爲合相，統一理也。有相，故有人有我。有理，故有是有非。人我之念未忘，是非之心未化，而千態萬狀出乎其中矣。

劉蚪《集注》：心量所及，大無不包，細無不入，大中現小，小中現大，所謂世界碎爲微塵也。須菩提將世界、微塵納入虚空性中，正是善男子、善女人歸根復命處。

又云：前在度生上說，自有而無，曰實無。此在析色上說，無中生有，曰非實有。下文又以世界申言之。

世尊，如來所說三千大千世界，即非世界，是名世界。三言世界亦無實體。【解】此釋世界喻。法身無一性。

異見既破，又恐人落在一見一邊，故即說世界亦無實性以破之。

宗泐云：此釋世界，喻法身無一性。若知合微塵爲世界，世界全是微塵，則世界無實性，故曰即非世界，以離性計而說世界，故曰是名世界也。此喻全應是法，法不離應，何一性之有哉。

天親論云：若實有一世界，如來即不說三千界。

大雲曰：若實有一世界，冥然是一一和合矣。

《盛釋》云：以器世界論，爲差別摶取。既云三千，便非一義。以情世界論，爲一摶取。五陰和合，有質無質，總是衆生心識所成，原無實體。故佛取一合相，正告以不可說。何以故。若世界實有者，即是一合相。如來說一合相，即非一合相，是名一合相。四言界非實有之故。【解】此正明非世界之所以。執分執合，彌增虛妄，佛說微塵相一合相正，以不可說者示人也。

一異之相雖破，恐碎合之見未忘，又即塵界以破和合。

《釋義》：此言界非實有之故。若以世界爲實有，凝合塵衆成一世界之相，即是一合相。然塵界既無實性，安得實有和合。故引如來所說爲證。即非一合者，乃空無之一合，非實有之一合也。

如如曰：世界實有二句，與上微塵實有二句，語氣不同。上是辨實有之理，此是言執有者之謬。非一合者，情、器二界無實故。

大圓曰：以俗諦言，則凡有形有相之物，由多而一，由碎而合，則有和合之相可言。如來說一合相，正以第一義言。一真法界，平等圓融，非色相可以摶聚，非心思可以湊泊。微塵無自性，豈能合而成界。世界無自性，豈由塵合而成。法身之與應身，無後無先，非因非果，有時拈一塵而全界宛然，有時現千界而一塵不立。一即一切，一切即一，誰爲能合誰爲所合而成一合相耶。惟其非一合相，所以如來說名一合耳。如來說碎界爲塵，空生却說非是合塵爲界，正是深解處。寧說碎爲微塵，不說合爲世界，纔說箇合，便是差別。

《正義》云：王日休以一合相爲真性，是從理一邊說。六祖以根塵交合爲一合相，是從形一邊說。理爲體，形爲用，只各說得一半。竊謂經文以器界喻情界。真性，是器界情界之體，爲無形一合相。無相之相，故不可說。器界、情界，是真性之用，爲有形一合相。有形則有變滅，皆非實有。經中一合相，是指情界合真性言，故上文從喻說來，云即是一合相，但方引起，不必分疏。【解】不得不如此辨，一合相必得此解以明。

○須菩提，一合相者，即是不可說，但凡夫之人貪著其事。【解】合無相之相便是覺體，合有相之相即是凡夫。貪著根塵，合而煩惱起，故沉淪六道，無由脫離。此分是行住淨之第二，爲破名色身故。

《盛釋》：謂此一合相中無有一法可取，如界歸於塵，則無界可取，塵歸於識，則無塵可取，蘊離於念，則無心可取。二界無實，五蘊非有，本無可說也。凡夫取著，皆由虛妄分別。不了蘊空，是法執也。取和合相，是我執也。

如如云：經義之不可說有二，無有定法名菩提，此實相不可說也。一合相則是不可說，此虛妄不可說也。前十三分塵界是分說，此言塵界是合說，語同意異。

《集解》云：合有相之相則妄，合無相之相則真，即是不可說者。須是學人自省自悟，於理事上各無掛礙。今凡夫不能悟明真性，以不達於理，惟貪著性中所現之事耳。事指六根。迷情執妄，不了覺觀，即有相之合也。

曾氏云：貪則不能降心，著則不能無住。凡夫不悟世界本空，以爲實有一合之相，是於非有中見有也，是於不可說中而妄說也。取著顛倒不實之事，烏知其非真哉。

廣演云：凡經内度生非度生，莊嚴非莊嚴，俱屬即非微塵句收。般若非般若，無法得菩提，俱屬即非一合句收。凡言即非，謂實無也。世界亦然，第一義中，那有微塵。那有世界。是誰和合。所謂若人了得心，大地無寸土。而凡夫以爲實有，此如海中蜃樓，帝王人物，宮殿樹木，種種顯現。飛鳥望見，認以爲實，遄往投之，踏空而墮，貪著悞之也。

△宗泐云：上明應身去來是異，法身無去來是一，佛恐善現有一異之見，故說喻以釋之。前舉世界、微塵一異斷疑，繼舉言說

我法離見。世界，一也。微塵，異也。碎界作塵，塵無異性，合塵爲界，界無一性。喻全法起應，應無異性，全應即法，法無一性。如來體用互融，所以能一能異，非一非異，自在無礙也。【解】《芥疏》云：一有貪著，便爲界塵所縛，而身爲可碎可合之身，非無來無去之身矣。而貪著之心，又我人四見爲之也，若無我人四見，則入佛知見，即同如來法身，心境皆如，不惟離界離塵，亦且在塵滿塵，在界滿界，夫復何碎何合，何取何捨，而有去來動靜之相乎。

侗人云：此段再申凡所有相皆是虚妄，直指微妙。三千界碎爲微塵，即虚空粉碎之説，須菩提徹底透悟，見得微塵、世界都是假妄，惟此不可説者是真。此不可説者，不離塵界，亦不著塵界。所云一合相者，相離而後有合。性與塵界，非和非合，非不和合，此中就有不可説之妙。凡夫認塵界是真，如來但見自性，故見諸相非相。

《正義》云：侗人取遠脈，《宗注》取近脈，遠脈不可不知，近脈亦不可失。蓋以上經文俱是開説，掃有歸無。此分經文是合説，亦掃有歸無，以顯無爲真體即在有爲幻體。如來證無，凡夫著有。證無者，自能破相，故無相而相，相而無相，法身、化身非一非異，圓融無礙。著有者，未能破相，言有執有，言無執無，隨相流轉，爲六欲沉溺，而常寂真體如日在雲霧中，光明不現，是名凡夫也。

傅大士頌曰：界塵何一異，報應亦同然。非因亦非果，誰後復誰先。事中通一合，理則兩俱捐。欲達無生路，應當識本源。

賸閒曰：按大士頌，當以界喻報，塵喻應，一合指報應内有法身。子亦曾有此意，因《宗注》鑿鑿，而諸家惟金海光、憨山提起報身，皆不明言喻意，故不敢輕翻前注。今讀傅頌，幸有同心。更考威儀寂靜分彌勒偈，原從報、應説起，解偈者但將應、法對講耳。則此分亦當以報、應兼説。而一合相則有形理之辨，形與理通合爲一。在如來則三身一體，在凡夫則真性、色身是一合相，亦假名，惟不可説之妙諦乃爲真實也。【解】下經所重，在掃除法相。此分乃即塵界以破一異，以證無生法忍。

憨山曰：上文動靜不二，如如實際，妙極於斯，但一異之見未忘，三身一體之義未契，故世尊以微塵、世界非一非異示之。一合相者，邊見也。以合一則不能異，合異則不能一。如來説一合相則不然，以離二邊，故名一合，二邊既離，則是不可説矣。凡夫不能遠離有無一異二邊，貪著其事，故不能達三身一體，平等法身之理。

紫柏云：碎世界爲微塵衆，微塵果有乎。合微塵而爲世界，世界果有乎。善用其心者，終日處乎一多之中而一多不能累也。誠知多碎相與合相，皆有名而無實。則凡聖情盡，體露真常，理外無事，事果有乎。事外無理，理果有乎。此貴自悟，不貴説破，所以如來於此經提無生之綱於緣生之中，真深慈大悲也。

○知見不生分第三十一【解】此明離我法二見。《宗通》曰：豈但界塵一異之相了不可得，即微細法相亦是不生。是與上文相屬，故科入二十五疑中。

真性本知見不生，此言明真性者，也要知見不生也。

○此言空盡知見之相，收拾一部經文。

大圓曰：上文如來歷數有無一異之見，而以佛之知見折衷之。在他人各執一見，在如來一切掃空，其破有不住無，破無不住有，破一不住異，破異不住一，不過隨人之見處而破之，非執自己之見而立之也。故借人言以發明，知見無見，乃爲正見，使衆生悟入，於一切法皆以佛之知見爲知見，正是善護念咐囑處。

○自二十六分至此是破見顯智。

須菩提，若人言佛説我見、人見、衆生見、壽者見，須菩提，於意云何，是人解我所説義不。【解】此明離我見也。前但破相，此乃破見，見心不破，一異分際不除，故合破之。

《盛釋》：此承無分别理，破人我二執之見也。上云非一非異，而一異之見皆從二執而生，故究竟以無我破之。前破我法所緣之境，爲四相粗執。此破我法能緣之心，爲四見細執。粗細不同，然一謂之見，便是虚妄，皆由分别而起。解我所説義者，欲顯正見以歸無見也。

《經貫》云：凡夫所以貪著其事，起於有我等見耳。我等見無，貪著何有。見與相不同，見猶未成相，有見而後有相，見在相前一層。

蓮師云：心有此見，即相雖無而仍著於有。如來言此，恐人誤信如來説法，因有四相，欲其強制以歸於無，故復申明言此，以爲正覺中本無四相，所以特説見字。

《正義》：前言四相，此言四見。相者，法所現也。見者，心所取也。相粗而見精。四相乃一經所遣之執，而四相又成於四見，蓋至見歸真見，而相亦無相矣。此總收一經之義而結之。

○不也，世尊，是人不解如來所説義。何以故。世尊説我見、人見、衆生見、壽者見，即非我見、人見、衆生見、壽者見，（以上破我見。）是名我見、人見、衆生見、壽者見。【解】有所見，必出生諸相，佛惟見其性，不見其相。三疊言之，是佛分别棄身見性之義也。世尊説我等見乃非見而名爲見，斯爲解佛所説義，而我執可除。我執既除，則法執亦解。

《盛釋》：如來真性中無此四見，故云即非。對有我説無我，其名假立，故云是名。惟存一我見，則分别無窮，但了二空，自無分别也。

李文會曰：佛説金剛般若之法，始即令

諸學人先除粗重四相，如大乘正宗分中說也。次令見自性之後，復除微細四相，如究竟無我分中說也。此二分中，已皆顯出理中清淨四相。若於自心無求無得，湛然常住，是清淨我見。

如如曰：事理二障，總由我見爲根，故推本於此，以總結修證之法。前言菩薩無我、人、衆生、壽者相，衆生無我、人、衆人、壽者相，如來無我、人、衆生、壽者相，盡乎人矣。言一切法無我、人、衆生、壽者相，盡乎法矣。此言佛說無我、人、衆生、壽者見，蓋合人說法，三者盡而無相之義始全。四見原非實有，譬猶人身外感之症，故治之即除。如來，無病者也。菩薩，善除病者也。

○須菩提，發阿耨多羅三藐三菩提心者，於一切法，應如是知，如是見，如是信解，不生法相。須菩提，所言法相者，如來說即非法相，是名法相。以上破法相。【解】此明離法見也。菩提心中一切法相無，一切相不生，因爲發心者三致意，曰應如是云。○一切諸法從緣而生，本無自性，知依定生，見依慧生，如是知見信解，即得人空慧，得法空慧。圭峯云：非法相，正釋本寂。長水云：經義所言法相，非實有之法相，乃是本無之法相也。

盛註：世尊言我執既空，更空法執，又有發菩提心之提示。如是，即指無我及非相言。長水云：知者，止也。止即是定，智依此定也。見者，觀也。觀即是慧，依此慧體察一切也。定慧雙現，謂之信解，即從知見增進者。不生法相，是根本無分別智，即得無上菩提。言非者，遣絶之辭。言是者，要歸之論。非實有之法相，是本無之法相也。不著四見，則我空、法空，故能無住。無住，故能住。經中屢言無相，於此作一大歸結矣。

《正義》云：此段雖釋俱生法執，亦是總結住降。四見掃去，則真空妙理顯然無障，故云應如是知、見、信、解。如是，指上須菩提之三疊言。此是近脈也。經初須菩提問云何應住，云何降伏其心，如來答應如是住，如是降伏其心。故今結云如是知、見、信、解，此之謂住，不生法相，此之謂降伏。此是遠脈也。

如如曰：上文言成忍，則竟菩薩之修。言無去來，則闡如來之秘。言事理二障及我人等見，則了悉二乘衆生之通病。十界聖凡，同遊法海，説法無餘蘊矣。於是復標發菩提心者，以結前問。應如是知，通達無我法及知一切法無我是也。如是見，不以色相見如來，以行正道見如來是也。如是信解，聞章句則信，聞説是法則信，種種解所説義是也。不生法相，離一切相是也。一切修持俱攝於此。心無兩生，不生法相，則生如是心矣。又言法相即非法相，以結實無有，發菩提心之意。【解】此總結無生法忍，所謂有非常見，空非斷見也。

△圭峯曰：上章約塵界破一異，此章約止觀破我法。我法乃知見所起分別，今破之令無分別，入聖道也。壽者見上，破我執。發菩提心下，破法執。

《集解》：此言法相不生，知見不立，方爲真空般若到彼岸也。無上菩提之道，雖無一法可得，然須得人空智、法空智，方能證入。若見有我、人、衆、壽，即不見菩提。如來所説四見，原非有四見可説，特爲衆生遣四見，故於無四見中示四見耳。若見有法相，亦不見菩提。故發菩提心者，應如是知、見、信、解，得人空慧，得法空慧，是謂二智，即於相離相，於法離法，降伏其心，住於無住矣。經中言四相不啻再三，而法相少有合説，惟第六分，既言四相，又言法相。此又以非四見爲四見，非法相名法相，更進一步，無非覺示衆生。

○憨山云：衆生迷於相見之中，所執堅固難破，故佛以金剛心智逐一破之，令見本智法身真體。初執五蘊身心及六塵相，故著相行施以求福德，佛以無住破之。次執有菩提相，佛以無所得破之。次執布施有莊嚴佛土相，佛以無土可嚴破之。次執福德以感報相，佛以非具足色身破之。次執如來有報身相，佛以報身離相破之。次執有法身相，佛以法身非相破之。次執法身有實我相，佛以一切法無我破之。次執如來有三身相，佛以非一非異破之。重重斥破，一切皆非，諸相銷忘，直指法身實際。終之以真知、真見、真信、真解，不起一法相知見，人法雙忘，聖凡俱掃，此般若究竟極則也。【解】全經要領，逐一提清。

○應化非真分第三十二【解】二十六斷化身說法無福疑。○化身無體，恐疑化身所說之經，持說未必獲福，仍取布施較之。

應現於事，設化於外，亦非真實，本性自如，乃爲真實。

○此經反覆說來，總歸到真空無相，即自性也。性本虛空，不取於相，如如不動二句盡之。全經總爲度生而發，故終以演說。

○此是流通分。乃說經已完，讚受持功德，發起菩薩大心，因示以說法之軌則、觀法之妙智，冀傳慧命永遠不絕也。受持法前已詳盡，演說法未曾闡明，故於經末示之，正是咐囑處。

須菩提，若有人以滿無量阿僧祇華言無央數。世界七寶持用布施，無量阿僧祇世界，又不止恒河沙矣。若有善男子、善女人發菩提心者，陳、魏二譯作菩薩心。持於此經，乃至四句偈等，受持、讀誦，爲人演說，其福勝彼。【解】此是較量流通。○無量阿僧祇，謂積數極多，不可數計。如來說是經，總爲度生，使發大心者急急於此處著力。《正義》云：演說功夫妙處，在無我得成於忍一句，忍乃無我之根宗，無我乃成佛之根宗。

《般若》大意上已說盡，如來欲後人持說此經以傳慧命，所以又呼而告之。以布施較量持經功德，凡八見矣，重重讚歎，意各不同。於經終極言之，醒人最切。蓋一切諸佛及無上菩提法，皆從此出。只恐人以文字目之，不以心持，以樂小心持，而不以菩薩菩提心持耳，故又指出不取於相，如如不動。前説不取功德，爲無相因，此示功德無量，爲無相果。

如如曰：持於此經，謂當持此所發之心，已發者弗退，未得者勤進。此示發心者以陀羅尼門也。若作持經解，則受持讀誦緊接在下，豈宜重疊言之。持此心以印於經，乃至四句偈等，種種妙義，皆我本來面目。受持讀誦，則生大智慧，爲人演説，則獲勝辨才，與未發心而持説者，何啻霄壤，故獲福最勝。

《盛釋》：前此應住中五番較量，降心中三番較量，至此而結。但持經之勝，前已明言，演説之要，未經道破，故有云何演説一證。

云何爲人演説。不取於相，如如不動。【解】此示以演説之要，即是流通方法。上如字，謂真如性。下如字，謂自如之甚。不動，謂不逐相移動也。賸閒曰：如如二字，上根不取於相來，下接不動二字去，乃形容性體之詞，不必分疏，合説方見其妙。王日休謂：如者自如之謂，如如則自如之甚。不分而分，此解最正，餘爲旁參。此行住淨之第三，爲不染行住，説法不染，流轉不染故。

如者，如是之謂，如如則自如之甚也。不動，正明其所謂如如，言不變動其本體也。取相即非如如，即是動不取相，即如如而不動也。又曰：心如境如，故曰如如不動，即無染義。微細念慮，盡名爲染，不必貪欲。

六祖曰：若心取相，若取法相，若取非法相，即有所住。心無所住，方是真如。如者，萬物一如，不起分別。猶如一月當空，千波現影，影有現滅，月實自如。

劉道開曰：不取於相如如不動八字，乃全經之歸宿、般若之宗旨。三十二分，反覆翻剥，只完箇不取於相而已。由淺入深，層層剔發，只求到如如不動而已。

贋閒曰：不取於相如如不動，此世尊直指本性，演説以示人，使持經者知所指歸，説經者得其要旨。本文正解如是。若謂佛所説法不取於相，如如不動，演説佛法者須要不取於相，如如不動，行人攝心應事都要不取於相，如如不動，皆是論疏闡發演説之意，非經文正義。

如如曰：演者，本於佛説而大暢其義，較解説更勝。離一切相，是佛境界。不住於相，是菩薩境界。不生法相，是發心者之修習。然諸相皆由取生，故總歸於不取，以拔其病源。相字統括經中諸相而言。妄相與真如相反，有取與妄動相因。惟不取於相，故如其真如，安然不動，此如如妙境也。不取於相，勝義無盡，括言之，是不取外道之斷常，不取凡夫之事障，不取二乘之理障。以故如如則契無去來之如來，不動則證成忍之菩薩，五性圓融，諸乘冥會，可以自己所證演説，又能稱人機宜演説也。

何以故。【解】二十七斷入寂，如何説法，疑。○上言如如不動，又言爲人演説不動則靜演説則動故起疑也。佛以説雖有爲作六如觀，即是不動，應作如是觀。以六如觀察有爲法也。此是流通妙智。贋閒曰：此是觀有爲法證入無爲法也。

一切有爲法　如夢幻泡影
如露亦如電　應作如是觀

如如曰：不取相，何以即能如如。以一切相皆屬有爲法，有爲法如夢幻等。而真如無有去來，惟不取夢幻等法，自如無爲之真如也。衆生貪著有爲，無非執以爲實。若了達虚妄迅速如夢、幻等，則無可貪，自無所著，故應作如是觀，是又標不取相之法門也。以觀結經者，照五蘊空是爲深般若也。菩薩得道得果，全是觀門成熟。觀即般若妙智，佛法有空、假、中三觀。

《集解》：人之修道，必從空世法始。看世法不空，必不能於真如著力。此佛爲人深意，明者得焉。四句偈，經屢言之。若以前四句言，則説真佛之無相。若以此四句言，則説有爲法之不實。悟得二偈，則非淺矣。不必專於此，而此亦明明是偈也。

《直解》：六喻皆非真實。夢中所見，覺則皆空。幻化之形，假而即滅。水泡物影，虚無據依。露凝電閃，現只頃刻。凡天地間有形有氣皆爲非實，應同六者觀之。

圭峰云：夢幻泡影，空理全彰。露電二喻，無常足顯。悟真空則不住諸相，觀生滅則警策修行。妙符破相之宗，巧示無情之觀。

憨山云：此入般若真空妙觀也。以真空冥寂，藉假而觀。若六喻觀成，則真空自現。一往俱顯理體，此則正示觀法。諸修行人宜從此入，法身真境極盡於斯。

佛説是經已，長老須菩提，及諸比丘、比丘尼，出家修道男女二衆。一切世間天、人、阿修羅，天、人、阿修羅，六道中之三道也。聞佛所説，皆大歡喜，信受奉行。【解】此是流通相貌。宋徵輿曰：道俗及人非人等，何以皆能信受奉行。以同具佛性故。

此結集者結經常式。歡喜信受者，聆佛所説，頓悟三空，直趨佛地，足見此經能度大衆入大乘，證大果。人因法悟，法藉人宏，人法相須，流通無盡。

《經貫》：皆大歡喜，便是不驚、不怖、不畏。信受，謂淨信而承受。奉行，遵持而奉行也。奉行二字甚喫緊，聞法不行，信受何益。然前曰實無所行，又要無行之相，方無負善護念善付囑，如來之教，常行於天壤矣。

△此分以流通終焉。前是較量流通，中説流通方法，末説流通相貌。凡此四衆與三善道，各各以此爲實，心清淨而信受此經，各各無住生心，離相布施，爲人演説，而奉行此經。信受則自利成就，奉行則轉化無方。直至於今，金剛智眼放光動地，諸佛列祖以此傳法印心，六道衆生因之滅罪證果，皆由

如來與空生一番問答，發起此段大事因緣，所以得聞此經也。後五百歲有發菩提心者，不奉持《般若》，何由到彼岸哉。

金剛般若波羅蜜經終

潔齋居士孫念劬敬纂

校勘記

〔一〕「【解】」以下，底本録於頁下，據注碼位置及文意移至此，下同。

〔二〕「衆」，底本脱，據文意補。

〔三〕「壹」，疑爲「壽」。

〔四〕「納」，底本原校疑爲「訥」。

〔五〕「段」，底本原校疑衍。

〔六〕「不」，底本原校疑衍。

〔七〕「本」，底本原校疑爲「木」。

〔八〕底本原校云：「爾時慧命下六十二字，秦譯無，魏譯有。唐穆宗時，長安僧靈幽入冥誦經，少此一段，冥王歎曰，貫華之線，何斷而不續乎。增壽十年，令往濠州鍾離寺石碑，求全文，補入。」

跋

乙未春間，余有高郵之行，於王丈賓谷處，獲覩《金剛經彙纂》一書。是書爲潔齋居士孫公所纂輯。原書封面有小引，載是書初刻一本，校勘未精，字句訛脱，且闡發未透，辭義膚淺。後連得佳本，萃諸家註説，廣爲搜輯，翦訛削膚，採集精論，以補原刻之不逮，三年乃定。於嘉慶元年，易稿再鐫，務使佛菩薩問答遮表之旨精實詳盡，顯豁貫穿，揭領提綱，本末洞澈。讀者果能潛心玩索，即文字爲觀照，實相般若自爾刻刻現前。居士苦心孤詣，成此一書，洵足收《般若》之全綱，開《金剛》之智眼矣。原板藏常州府城東門新坊橋西孫宅，兵燹以後，板已漫漶闕失。余深慮其日久失傳，亟願流通，俾延慧命，因索歸重付梓人。嗣因患病幾危，繼又丁先慈之憂，校勘之工，屢有作輟。至丙申長夏，始克竣事。爰述重刻是書緣起，附於簡末云。

光緒二十二年丙申六月生蓮居士真州張淨觀謹跋。

《彙纂》一書，係顗捐資重鐫，藏板揚州馬市口東藏經院。此院先廢於兵，同治紀元，錢塘許公蔭亭重爲修葺。許公所刊經論甚多，均貯板於院樓住院。觀如大師專精淨土，禪律兼深，尤以流通經典及因果感應等書，爲末法人天眼目。余刻是經，深知利益，且有校勘之勞。刊成，先印百部，託爲流通。院中經典善書，向不取板價，來印者紙工自備，每次開刷，至多數十部爲率。印擦太多，板易漫滅，識者諒之。

光緒丙申季夏淨觀居士張允顗記。

（李勁整理）

〇二七七

金剛般若波羅蜜經心印疏（三）

金剛般若波羅蜜經心印科

大清欽賜雲南法界寺講經廣陵沙門溥畹述

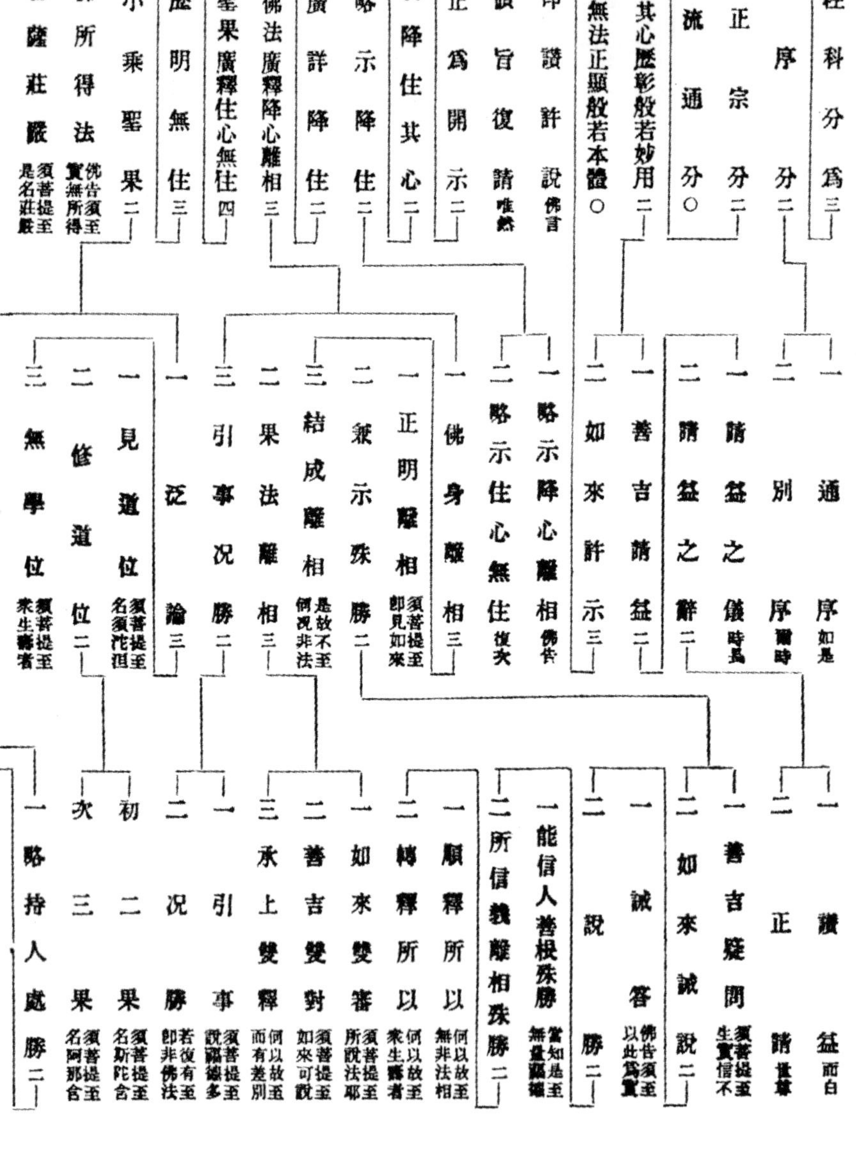

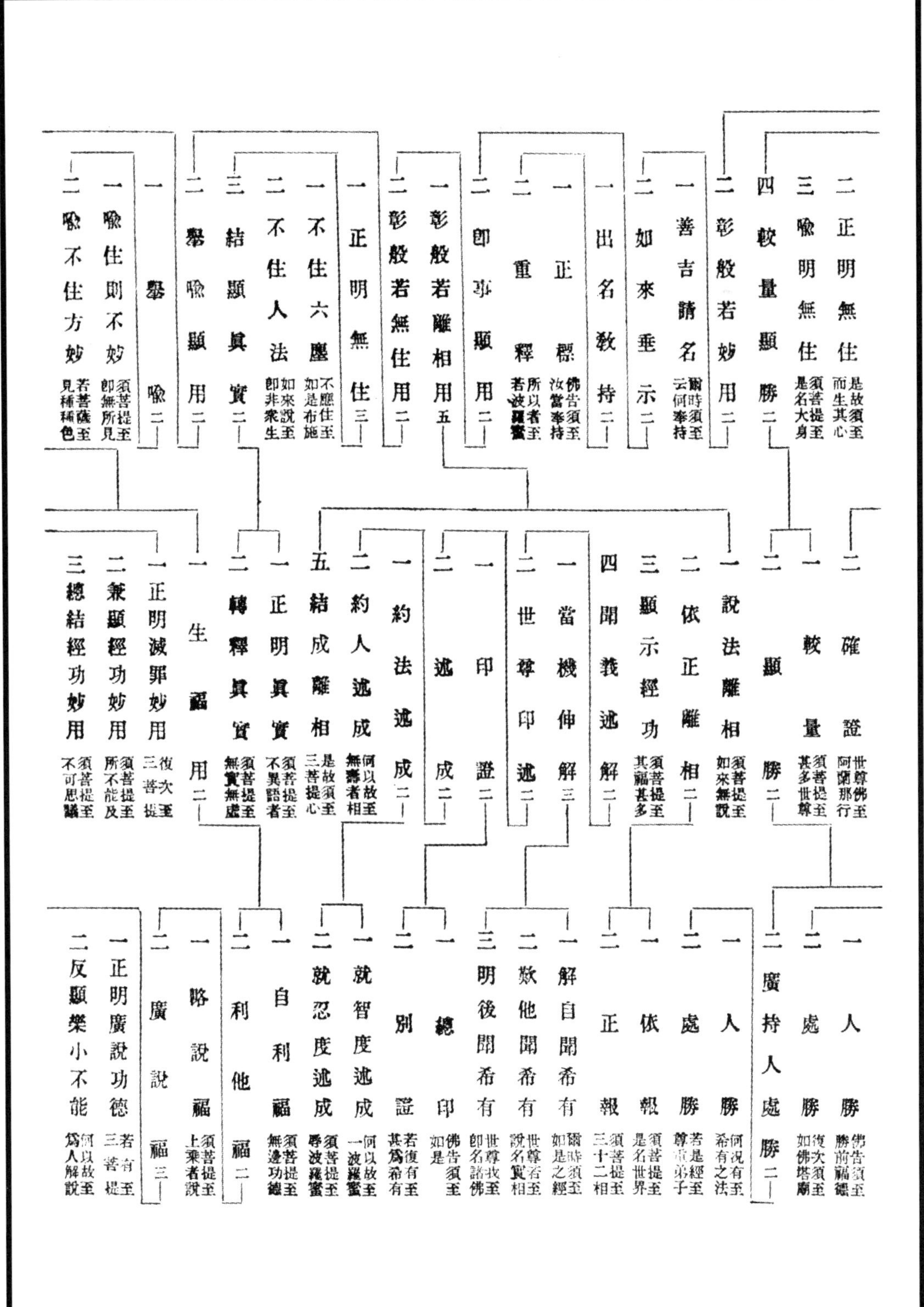
二 正明無住 是故須至 而生其心
三 喻明無住 須菩提至 是名大身
四 較量顯勝 二
二 彰般若妙用 二
一 善吉請名 爾時須至 云何奉持
二 如來垂示 二
一 出名教持 二
一 正標 佛告須至 汝當奉持
二 重釋 所以者至 若波羅蜜
二 卽事顯用 二
一 彰般若離相用 五
二 彰般若無住用 二
一 正明無住 三
一 不住六塵 不應住至 如是布施
二 不住人法 如來說至 卽非衆生
三 結顯眞實 二
二 舉喻顯用 二
一 舉喻 二
一 喻住則不妙 須菩提至 卽無所見
二 喻不住方妙 若菩薩至 見種種色
二 確證 世尊佛至 阿蘭那行
一 較量 須菩提至 甚多世尊
二 顯勝 二
一 說法離相 須菩提至 如來無說
二 依正離相 二
三 顯示經功 須菩提至 其福甚多
四 開義述解 二
一 當機伸解 三
二 世尊印述 二
一 印證 二
二 述成 二
一 約法述成 二
二 約人述成 何以故至 無壽者相
五 結成離相 是故須至 三菩提心
一 正明眞實 須菩提至 不異語者
二 轉釋眞實 須菩提至 無實無虛
一 生福用 二
一 正明滅罪妙用 復次至 三菩提
二 兼顯經功妙用 須菩提至 所不能及
三 總結經功妙用 須菩提至 不可思議
一 人勝 佛告須至 勝前福德
二 處勝 復次須至 如佛塔廟
二 廣持人處勝 二
一 人勝 何況有至 希有之法
二 處勝 若是經至 尊重弟子
一 依報 須菩提至 是名世界
二 正報 須菩提至 三十二相
一 解自開希有 爾時須至 如是之經
二 歎他聞希有 世尊若至 說名實相
三 明後聞希有 世尊我至 卽名諸佛
一 總印 佛告須至 如是
二 別證 若復有至 甚爲希有
一 就智度述成 何以故至 一波羅蜜
二 就忍度述成 須菩提至 辱波羅蜜
一 自利福 須菩提至 無邊功德
二 利他福 二
一 略說福 須菩提至 上乘者說
二 廣說福 三
一 正明廣說功德 若有至 三菩提
二 反顯樂小不能 何以故至 爲人解說

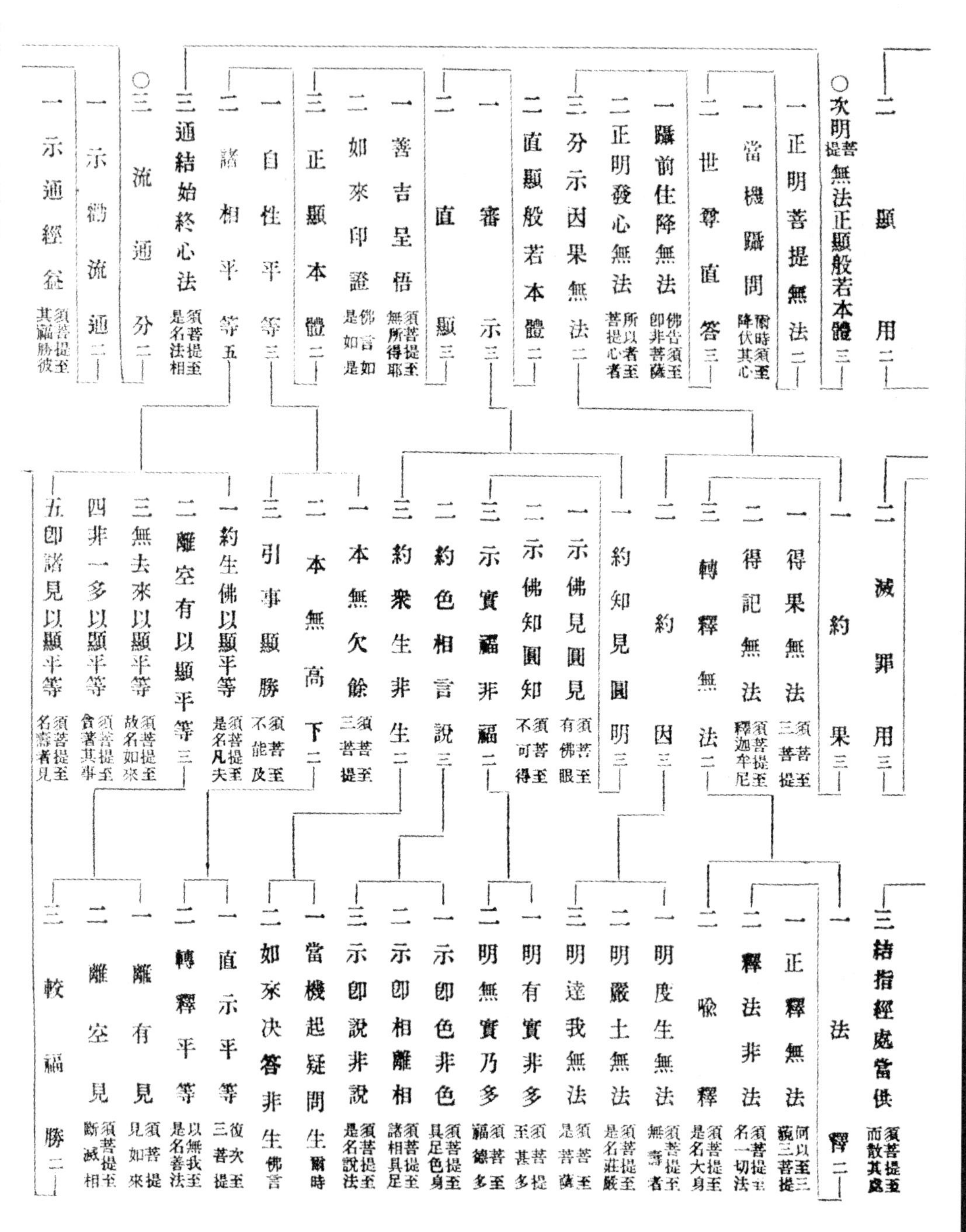
二　顯用二
一正明菩提無法二
○次明菩提無法正顯般若本體三
一當機躡問　爾時須至降伏其心
二世尊直答三
一躡前住降無法　佛告須至即非菩薩
二正明發心無法　所以者至菩提心者
三分示因果無法二
二直顯般若本體二
一審示三
二直顯三
一善吉呈悟　須菩提至無所得耶
二如來印證　佛言如是如是
三正顯本體二
一自性平等三
二諸相平等五
三通結始終心法　須菩提至是名法相
○三流通分二
一示勸流通二
一示通經益　須菩提至其福勝彼
二滅罪用三
一約果三
一得果無法　須菩提至三菩提
二得記無法　須菩提至釋迦牟尼
三轉釋無法二
二約因三
一約知見圓明三
一示佛見圓見　須菩至有佛眼
二示佛知圓知　須菩至不可得
三示實福非福二
二約色相言說三
三約衆生非生二
一本無欠餘　須菩至三菩提
二本無高下二
三引事顯勝　須菩至不能及
一約生佛以顯平等　須菩提至是名凡夫
二離空有以顯平等三
三無去來以顯平等　須菩提至故名如來
四非一多以顯平等　須菩提至貪著其事
五即諸見以顯平等　須菩提至名壽者見
三結指經處當供　須菩提至而散其處
一法譬二
一正釋無法　何以至三藐三菩提
二釋法非法　須菩提至名一切法
二喻釋　須菩提至是名大身
一明度生無法　須菩提至無壽者
二明嚴土無法　須菩提至是名莊嚴
三明達我無法　須菩至是菩薩
一明有實非多　須菩提至甚多
二明無實乃多　須菩至福德多
一示即色非色　須菩提至具足色身
二示即相離相　須菩提至諸相具足
三示即說非說　須菩提至是名說法
一當機起疑問生　爾時
二如來決答非生　佛言
一直示平等　復次至三菩提
二轉釋平等　以無我至是名善法
一離有見　須菩提見如來
二離空見　須菩提至斷滅相
三較福勝二

二示通經法云何至如是觀

二正結流通佛說至奉行終

一較勝須菩至福德故

二論福二

一當機問福須菩至受福德

二如來答福須菩至是故說不受福德

金剛般若波羅蜜經心印科終

校勘記

〔一〕底本據《卍續藏》。

金剛般若波羅蜜經心印疏卷上

大清欽賜雲南法界寺講經廣陵沙門溥畹述

將釋此經，義啟十門：一、教起因緣；二、藏教分攝；三、義理分齊；四、教所被機；五、教體淺深；六、顯示宗趣；七、部類處會；八、傳譯時代；九、總釋名題；十、別解經文。

〇一、教起因緣。

蓋聖人設教，必有由致，非無故而然也。故曰，因緣若至，其理自彰，良有以焉。然則因緣亦有總別。一、總者，謂佛聖教無非酬因酬請，顯理度生。即我如來住世四十九年，始自鹿苑，終至金河，於其中間三百餘會，或時談性，或時論相，或時道有，或時説空，諸有所作，常爲一事。故《法華》云：諸佛出世，無非爲一大事因緣，故出現於世。所謂一大事者，即開示悟入一切衆生佛之知見者，是此諸教之總因緣也。二、別者，謂諸教因緣各有不同，故名爲別。若據本經，別有十種：一、欲破外道諸邪見故；二、欲迴小乘令入大故；三、令權位不迷空故；四、令悟明二諦，證入中道，生正見故；五、顯佛勝德，生淨信故；六、欲令發大菩提心故；七、令修菩薩深廣行故；八、令斷一切深重障故；九、令得菩提無上果故；十、流傳後代，益衆生故。由此因緣，故起斯教也。

○二、藏教分攝。

蓋佛之法，不出三藏二藏，四教五教，十二分以收攝之。言三藏者：一、修多羅，此名契經；二、毗柰耶，此名調伏；三、阿毗曇，此名對治。言二藏者：一、聲聞藏；二、菩薩藏。若論所攝，此經於三藏正屬經藏，兼通律、論，以戒生淨信故，論詰辯析故。於二藏中正屬菩薩，亦兼聲聞，以激小回心故。言教攝者，西竺東夏，古今高宿，判教多途。始自後魏菩提留支判一音教，次後則有一十八家，各有理據，莊嚴聖教，難以枚舉，於今海内唯有二宗。一、天台四教，所謂藏、通、別、圓。此正別攝，兼亦容三，不定回心故，揚大抑小故，離即俱非故。二、賢首五教，所謂小、始、終、頓、圓。此經始教正攝，餘四亦通，以離相見佛，乃終、頓義，餘二如前。十二分者，即九小三大通相十二分教，兼正可知，故不繁述。

○三、義理分齊。

如來接物，不無文言，既落文言，則有義理。義者，文之實也。理者，言之主也。又義者，相也。理者，體也。蓋聖人之言教也，義以析之，理以统之。理雖是一，而逐機遂有淺深，義固多方，而歸理則無別體。是則諸經義理既有淺深，而欲明經旨者若不辯別，何以知其分齊所詣乎？然約法本末生起顯分齊者，依《起信論》，有五重淺深，亦不離前五教。但此則從深至淺，彼則自淺向深，故不同耳。初、唯一心爲本源，即一真法界，該四法界，此圓教分齊也。二、依一心開二門，即該二教。一者，心真如門，所謂心性不生不滅，即頓教分齊也。二者心生滅門，所謂如來藏與生滅和合，名阿賴耶識，即終教分齊也。三者，依此識明二義：一、覺義，謂心體離念等；二、不覺義，謂不如實知真如法一故，不覺心動等。四、依後義生三細：一、依不覺故心動，名業相；二、依動故能見，名轉相；三、依見故境界妄現，名現相。五、依最後生六麤：一、智相；二、相續相；即始教分齊；三、執取相；四、計名字相；五、起業相；六、業繫苦相，三四小教分齊，五六人天分齊也。若於此五中定本經分齊者，正屬始教空門空理，如離相見佛、大身非大身、色相非色相等。然辭雖正演空門，而義實兼含終、頓、圓也。以始義初彰，一一空諸所有，終義許凡有心者皆可作佛，頓義一念不生，圓義不可思議，而餘一一激小，令生恥慕，與大同途，此大槩之分齊也。

○四、教所被機。

教乃聖人示下之言，機即九法界所被之機。然則有通有局，通則普利三根，局則不無揀別。設以局論，此經正被菩薩，以經云：如來爲發大乘者說，爲發最上乘者說。若復有人得聞此經，信心清淨，即生實相，當知是人成就第一希有之法，則爲荷擔如來阿耨多羅三藐三菩提。故知此經唯被大機。然於義求，亦兼凡小。何謂？以此經雖屬大乘，若不兼利，則是法平等，無有高下，恐成虛語。而經中亦談胎、卵、濕、化十種類生，以及小乘四果名目，於結經處，且云比丘、比丘尼、優婆塞、優婆夷，一切世間天、人、阿修羅等，聞佛所說，皆大歡喜，信受奉行，以是故知兼被小也。

○五、教體淺深。

所謂教體者，亦有能詮、所詮。能詮體者，即音聲語言，名句文身，故《楞嚴》云此方真教體，清淨在音聞者是也。名詮自性，句詮差別。文身者，文即是字，能爲名句二所依故。若以本經而論，則首從如是，終至奉行，皆爲能詮之教體也。所詮體者，即無住真心，實相般若是也。以衆生日用而不知，大覺悟之而爲説。能所并釋，合爲教體。故知此經能詮、所詮皆深而非淺也。

〇六、顯示宗趣。

言宗趣者，語之所尚曰宗，宗之所歸曰趣。若據本經，顯宗示趣，則有總有別。總者以三種般若爲宗，三德秘藏爲趣。別則有三：

一、教義，謂文字般若爲宗，實相觀照爲趣；

二、理智，以真空妙理爲宗，實相般若爲趣；

三、因果，以發菩提心爲宗，證涅槃果爲趣。

斯則略示本經之宗趣也。

〇七、部類處會。

此般若經名雖八部，約類有十：一、《大般若》六百卷；二、《放光》三十卷；三、《摩訶》三十卷；四、《光讚》十卷；五、《道行》十卷；六、《小品》十卷；七、《勝天王所説》七卷；八、《仁王》二卷；九、《實相》一卷；十、《文殊所説》一卷，皆本部之同類也。處會者，即四處十六會：一、王舍城鷲峰山七會；二、給孤園七會；三、他化天摩尼寶藏殿一會；四、王舍城竹林園白鷺池側一會。此經乃第二處第三會也。然獨置金剛二字者，揀非餘九，以故本經在六百卷中正當五百七十七卷，祇園七分中之第三分也。

〇八、傳譯時代。

此經自傳我國，凡有五代六師翻譯：一、羅什，於姚秦時，居草堂寺，譯名《金剛般若》；二、菩提留支，於元魏時，住永寧寺，譯與什同名；三、真諦，於陳朝，住廣州制止寺，譯名亦同上；四、笈多，於隋朝，住東都上林園，譯名《金剛能斷般若》；五、玄奘，於唐貞觀十九年還國，文帝迎住西京弘福寺，譯名《能斷金剛般若》；六、義淨，於天后證聖乙未還國，至睿宗景雲二年，譯與奘師同。今所傳本，乃羅什弘始四年居草堂寺譯者也。

○九、總釋名題，分二。一、經題。

金剛般若波羅蜜經

梵語跋折羅，此云金剛，具有三義，謂堅、利、明也。以此寶其體最堅，一切物不能壞，其用極利，能壞一切物，其相光明，金中最剛，故名金剛。有謂色如紫石英，狀若蕎麥稜，即力士所執之杵也。梵語般若，此云妙智，亦翻妙慧，合而言之曰智慧，以智徹諸法實相，慧了諸法真空。然義有三，謂實相、觀照、文字也。設取金剛三義，以喻般若三種者：一、堅喻實相般若之體，雖經多劫，昇沈三界，往返六道，未曾欠缺，故云堅也；二、利喻觀照般若之用，謂此顯時，能照萬法，當體全空，故云利也；三、明喻文字般若之相，以其能詮實相觀照，令得顯現，故云明也。由斯三義，故舉金剛以喻般若，則般若乃智慧之梵音，金剛即般若之正喻，以故華梵雙彰，法喻并舉，曰金剛般若。梵語波羅蜜，此翻彼岸到，乃順天竺之語，若依我國當云到彼岸，意謂此經是到彼岸之智慧也。蓋彼[一]岸者，指涅槃而言，即離二種生死之此岸，渡二障煩惱之中流，到二種轉依之彼岸也。經者，徑也，謂一切賢聖能依此修，即成佛作祖之捷徑也。梵語欲底修多羅，此云契經，謂詮顯義理，契合人心，乃契理契機之教，揀非此方儒、道等經。若據諸經論釋，其義實繁，要而言之，不出於四，所謂貫、攝、常、法，以能貫穿所説之義，攝持所化之機，三世不易爲常，十界同遵曰法，具斯諸義，故稱爲經。然上七字爲所詮，屬别，下一字爲能詮，屬通。此於七種立題爲喻法立題，二種立題乃佛自立也。

△二、人題。

姚秦三藏法師鳩摩羅什譯

姚秦，標代也。三藏，經、律、論也，所謂經契一心，律規三業，論甄邪正。法即軌則之義，師乃模範之稱。以三藏之法，自師而師人，故曰三藏法師。梵語鳩摩羅，此云童壽，謂童年而有耆德。什乃華言，即善識此方文字之稱。華梵合舉，故曰羅什。然師始末備載本傳，茲不繁引。譯者，易也，謂易天竺之語而爲華夏之言。以周制有掌四方之官，北方名譯，今翻西語而曰譯者，由漢世多事北方，而譯人兼善西語，因以稱焉。

○十、別解經文，三。此准道安，經無豐約，悉分爲三，謂序、正、流通者是也。一、序分，二。一、通序。將釋此序，義分爲二：一、明建立之因；二、明建立之意。建立因者，正明如是等言因何而立。蓋當金河顧命之初，鶴樹潛輝之際，阿難悲哀，時有無貧尊者語阿難言：汝是持佛法人，且須裁抑，宜當往佛，請問後事。阿難曰：云何後事？尊者答曰：世尊在日，以佛爲師，世尊滅後，以誰爲師？世尊在日，依世尊住，世尊滅後，依何而住？惡性比丘，佛在之日，佛自調伏，佛滅度後，如何調伏？遐益當來，理宜結集，一切經首，應置何語？阿難承教，一一咨問。佛答之曰：我滅度後，依四念處住，以戒爲師，默擯惡性比丘，一切經首皆安如是我聞，一時佛在某處，與某衆若干。此正第四問也。建立之意者，亦有三。一、斷疑故。乃結集時，阿難昇座，欲宣佛語，感得相好同佛，爾時衆起三疑：一疑世尊重起説法，二疑他方佛來，三疑阿難成佛。故舉如是我聞等，則三疑頓斷。二、息諍故。若不推從於佛，言自制作，則諸羅漢德業頗齊，未免諍論。今稱佛説，何諍之有？三、異邪故。不同外道經初安阿歐二字，蓋阿者言無，歐者言有，彼謂萬法雖多，不出有無，置之經初，以之爲吉，以初吉故，令中後亦吉。今則不爾，故云異邪。

如是我聞：一時，佛在舍衛國祇樹給孤獨園，與大比丘衆千二百五十人俱。

通序者，諸經通有，以證信故。然此如是，諸經不同，如是亦異。有謂諸佛説法，無非顯如，唯如爲是，除如之外，了無片法可談。或曰有無不二爲如，如非有無爲是。又云不異爲如，無非曰是。皆泛言之也。今據本經，當以實相觀照爲如，文字般若爲是。良以實相、觀照二而不二，體用如如，故名爲如。文字性空，不即文字，不離文字，故名曰是。我者，阿難自謂也。然有四種：一、凡夫徧計我，二、外道神我，三、二乘假我，四、法身真我。此於四種中，正屬第三假我。蓋阿難已達我空，實不計執，以隨世諦，假立賓主，乃稱於我。聞，謂耳根發識，名之曰聞。問：既耳根發識，合云耳聞，何經不然？答：耳是六根之别，我乃一身之總，廢別從總，故曰我聞。一時者，即師資合會，説聽究竟，唯一無二之時。良以殊方紀歷不同，上下延促不定，橫則四洲差別，豎則三界懸殊，故但云説此經之一時也。梵語佛陀耶，此云覺者，謂自覺、覺他、覺滿也。自覺，異凡夫之不覺。覺他，揀二乘之獨覺。覺滿，揀菩薩之未滿。是以三覺俱圓，萬德皆滿，故稱爲佛。在者，如天子所至，即曰行在，故佛至處，亦名在也。舍衛，梵語，此云聞物，亦名豐德，又云名稱，以具五欲、財寶、多聞、解脱，文彩風流，遠聞諸國故，乃波斯匿王之都也。祇，即祇陀，此云戰勝。因波斯匿王於外國交兵，得勝之日，生此太子，因賜是名，以誌喜也，如此方叔孫勝敵，以名其子。樹乃所施也。梵語須達多，此云樂施，今言給孤獨者，以能周給幼無父而老無子者也。不言鰥寡者，以二該二故。蓋舍衛王臣先未知佛，因須達多爲兒聘婦，入王舍城，寄止珊檀那家。時珊檀那中夜而起，莊嚴舍宅，營辦餚饍。須達聞已，即起問言：大士欲請國王爲婚姻之會耶？答言：請佛無上法王。須達聞已，身毛皆豎，復問：何以名佛？珊檀那遂廣爲説佛功德。須達多言：善哉大士，所言佛者，功德無上，今在何所？珊檀那曰：在王舍城竹林精舍。爾時達多遂往見佛，佛爲説法，達多聞已，獲須陀洹。因請佛曰：惟願臨顧，至舍衛國，受我微供。世尊受請。

達多回國，布金買園。祇陀因而發心施樹，故云祇樹給孤獨園也。然須達是正施主，祇陀爲助成，今樹先園後者何也？以祇陀乃儲君，須達是臣佐，禮别尊卑之故耳。與者，同也。大，謂名高德重，爲天王大人之所敬也。比丘，梵語，此云乞士，亦云怖魔，又云破惡。梵語僧伽耶，此云和合衆。蓋和有二：一、理和，謂同證擇滅無爲；二、事和，有六，謂戒和同修，見和同解，身和同住，利和同均，口和無諍，意和同悦也。千二百五十人者，佛初成道度陳如等五人，次度三迦葉兼徒一千，復度舍利弗、目犍連各徒一百，更度耶舍長者子五十人。今略五人者，舉大數耳。此等諸人，先事外道，勤勞無益，一見如來，便登聖果，以此感恩，誓常隨侍，所謂常隨衆也。正《易》所謂雲從龍，風從虎，聖人作而萬物覩者是也。俱者，一時一住皆同在也。若准古説六種成就者，如是乃信成就，以信者則是事如是，不信則是事不如是。所以五十聖位十信居先，十一善法信心爲首。故《華嚴經》云：信爲道源功德母，長養一切諸善根。又曰：佛法如大海，非信莫能入。故知信心之前，别無勝法。縱能信如是經，聞根不利，信亦奚爲？能信能聞，非時可説，徒生景仰。時可説法，無説法主，此道難聞。縱有法主，無處可居，亦難行道。雖有其處，設無聽衆，不成法會。必須六種輳集，佛事方興，故云成就。則此六種爲能成就，而向下經文皆所成就也。

△二、别序。

爾時，世尊食時，著衣持鉢，入舍衛大城乞食。於其城中，次第乞已，還至本處，飯食訖，收衣鉢，洗足已，敷座而坐。

别序者，别序一經發起之由，爲正宗之前導也。此佛就一切衆生日用尋常，去來動静，行住坐卧，喫飯穿衣，直顯真心本體，以明無往而非無住真心之妙用，無法不具實相般若之本體。所以假此乞食，發起斯經，不過要人向日用中識得自己與三世諸佛無二無別，則能事畢矣。爾時者，即當爾佛住祇園統衆行道之時也。世有三，謂情世、器世、至真覺世，又有過去世、未來世、現在世。總之情與無情，世出世間，靡不尊重，故曰世尊。時者，日有十二，分爲四食：一、丑、寅、卯，諸天食時；二、辰、巳、午，人間食時；三、未、申、酉，畜生食時；四、戌、亥、子，鬼神食時。佛制出家之士，應法人天，過午不食。今食時者，即日初分也。衣者，佛有三衣：一、安陀會，名作務衣；二、鬱多羅僧，名入衆衣；三、僧伽黎，名福田衣，以其製法水田，見生福故。著者，以入城乞食，即僧伽黎也。具云鉢多羅，此翻應量器，謂體、色、量三皆應法故，即過去維衛佛所遺紺琉璃寶鉢，乃四天王取而獻者。自園進城

名入，地廣人稠曰大，防非禦侮爲城。乞食者，佛教比丘行頭陀行，清淨活命，了寄殘生，離四邪命也。次第者，不揀貧富，無分淨穢，挨次而乞也。已者，不論有緣無緣，七家則已，又或不限人家，滿鉢則已。還謂還出舍衛至本處，即歸到祇園也。將所化飯食之既訖，即收其衣鉢，淨其手足，敷其所座而坐之也。此言世尊去來行住，喫飯穿衣，日用尋常與人無異，一段本地風光，莫非全體大用。其柰諸人終日昏昏，只知穿街過巷，覓食求衣，要且不識他是阿誰，甘作飯囊衣袈[三]，走肉行屍，殊爲可惜。是以如來即日用事而示之也。此爲後文如來若來若去，若坐若臥，是人不解我所說義之章本耳。有釋爲戒定發起者，義固甚佳，然於下文氣似不貫，且空生希有之讚，似亦難於安揷，何則？戒定行持，羅漢常事，何希之有？然空生之所以道希有者，非無故也。蓋空生平日但念空無相無作，

所以於菩薩法遊戲神通，淨佛國土，成就衆生，心不喜樂，將謂佛道常遠，久受勤苦，乃可得成。忽然今日見我世尊恁麼舉動，觸著鼻孔，始知道不遠人，人之爲道而遠人，方信行住坐卧不離這箇，於斯薦得，無住妙用，實相本體，即在日用尋常去來出入、動靜往還、喫飯穿衣處也。以故向下，即從座起，走向佛前，無別可説，只得道箇，呀，希有世尊，此正冷灰裏一聲豆爆也。

△二、正宗分，二。首示降住其心，歷彰般若妙用，二。一、善吉請益，二。一、請益之儀。

時長老須菩提在大衆中，即從座起，偏袒右肩，右膝著地，合掌恭敬，

上序分者，即序如來與衆生共有此金剛般若，不離日用中也。此正宗者，乃當機窺見如來動靜，已知佛法無多，意欲普利今後，未免請問，形於言辭，以故有此正説也。時者，適當乞食還園，洗足安坐之時也。梵語須菩提，亦名蘇補底，此云空生，或云善現，又名善吉，有云妙生并善實者。以初生時，寶藏頓空，相者占之，此子善吉，七日之後，家珍復現，故云善現。因含多義，存梵不翻。長老者，以其德臘俱高也。乃舍衛國人，鳩留長者之子，解空第一。在般若會上，轉教菩薩，故爲當機發起此經，正窮子喻中密遣二人者是矣。設以本論，則久證青龍陀果，久悟般若真空，乃爲輔化，權示如此。今在大衆之中，即從本座而起者，以師資之道，尊卑頗殊，欲有所請，不可坐問。偏袒右肩者，乃彼方儀制，以表敬也。此中事釋可知，若以理釋，則袒肩以示權，膝地而顯實，合權實二邊之掌，印中道一味之心。修敬既畢，自合陳詞，故云而白等。上之起座，即身業，恭敬乃意業，而白下方是口業。此明三業虔誠而請問也。然即之一字，正是描寫尊者絶無沾滯踴躍之

狀，直出人天衆前，揚眉吐氣，自不同於如聾若啞，唯除糞穢，默受彈呵，去花拜座之時矣。所謂尋常一樣窗前月，纔有梅花便不同。

△二、請益之辭，二。一、讚益。

而白佛言：希有，世尊，如來善護念諸菩薩，善付囑諸菩薩。

希有者，准古解則有四種，謂時希有、處希有、德希有、事希有，可謂詳矣。然在本經似無交涉，茲亦不辯。且道尊者纔來啟請，如來尚未開口，見箇甚麼道理，便讚希有聻？莫是世尊成道説法，度衆生之希有麼？不見道，未離兜率，已降皇宮，未出母胎，度人已畢。若待今日讚嘆，奚啻鷂子過新羅，是劍去許久方纔刻舟。要知今日之讚希有者，乃算空生具一隻眼，向世尊舉止動静處窺見一班，故出海衆之前而讚希有也。其意有二：首謂於庸言庸行處示奇特事，可謂希世所有之者；次則自己向穿衣喫飯處討得箇下落，這段消息，從未知有，今始悟得，故曰希有。如來者，十號之一，即無所從來，亦無所去，故名如來。善護念者，若據古解，依根熟未熟等釋，義亦甚佳，似無不可，但此經以五時設教而論，斯當轉教付財之時，與義推求，理或欠妥。今准《法華經·信解品》空生等呈解之詞，釋此護念付囑。言護者，即彼經云我雖年朽，猶故貪惜者是也。念者，即彼經云時富長者，於師子座，見子便識，心大歡喜，即作是念者是也。付者，即我財物庫藏，今有所付者是也。囑者，即彼經云佛敕我等説最上道，修習此者，當得作佛是也。而言善護善付者，即彼經云諸法之王能爲下劣，忍於斯事，取相凡夫隨意爲説者是也。問：設據此釋，菩薩二字云何消釋？答：菩薩、聲聞在發心大小，所以有此二名。今既捨小歸大，欲發阿耨菩提心者，豈可更以聲聞而目之哉？是以即聲聞而菩薩也。如十六王子，未聞《法華》以前，止名沙彌，既聞《法華》之後，則曰菩薩，亦此意也。然此二句正釋上之希有，所以言我世尊，自《華嚴》至今，數十年來調護時機，深心愛念，欲人向動用處識取家珍，不離眉端足下。空生此際一旦豁然，喜解非常，是故讚言希有世尊，可謂加護愛念，委付叮囑，善而又善者也。正謂今在般若會上，轉教付財，將大付小，囑小化大之意耳。蓋將大付小，不過引小入大，囑小化大，無非以大激小，皆如來之方便護念也。以此觀之，則如來之用心誠可謂善矣。當機曰善護念、善付囑者，良有以焉。

△二、正請。

世尊，善男子、善女人發阿耨多羅三藐三菩提心，云何應住，云何降伏其心？

前既悟得此理，極口稱讚，茲復發問者何也？以前無言之道，自非上根利智，莫克領略，便作尋常錯過，故尊者恐負如來意旨，曲爲時機，故興斯問。善男子、善女人，總該僧俗七衆八部三乘人等。發，謂發起。阿耨等梵語，此云無上正等正覺。蓋空生意謂設有善男信女要發無上心者，不知可有箇甚麼法聻？然即此心欲契實相般若之理，先向那裏安住聻？又且此心欲起觀照般若之時，其奈妄想多端，如狂猿昇木，上下攀緣，似癡蠅逐穢，去來不捨，怎生降伏聻？此中三問，以發菩提爲主，故前半卷答二三兩問，後半卷答初問也。

△二、如來許示，三。一、印讚許說。

佛言：善哉，善哉，須菩提，如汝所説，如來善護念諸菩薩，善付囑諸菩薩。汝今諦聽，當爲汝説。善男子、善女人發阿耨多羅三藐三菩提心，應如是住，如是降伏其心。

蓋世尊出世，本爲直示此心，奈無知音可語。故自華嚴，以至今日，有懷未吐，茲向祇園會上撞著空生，覿面問來，恰好抓著癢處，以故老漢通身暢快，所以滿口稱歎曰善哉善哉。言善會佛心，善爲説辭，所謂善而又善者也。故仍呼其名而告之曰：須菩提，你適纔讚這兩句，果爲的當，即是啟請三問，亦甚要緊，可謂一字不差，皆合吾意。遂印之曰：如汝所説，如來善護念、善付囑也。似你這様人，始可與言斯道矣。故曰：汝今諦聽，吾當爲爾分别解説要發阿耨菩提心的道理，然則亦不過應如是住，如是降伏其心而已。此中如是二字，應通三釋，其義始足：一、約理，二、指前，三、開後。且約理釋如是者，衆生諸佛本自如如，所謂生佛一如，莫不皆是也。設廓而論之，則内而根身，外而器界，無非真如，咸是實相，故言青青翠竹總是真如，鬱鬱黄華無非般若。此顯世出世間無一法不是，無一法不如，以明如是也。若約指前，則空生已解如來作用，蓋如來説，你也不必裁剪鬚眉，扭捏鼻孔，另尋住降方法，就如我尋常穿衣喫飯，洗足敷座，一段光景這就是了。以此而住，無非安住，即是而降，無往弗降。此明無住之住是真安住，不降之降即真降伏，故云應如是住，如是降伏其心。約開後者，即指後文廣略詳示也。

△二、領旨復請。

唯然，世尊，願樂欲聞。

當機稱解空第一，慧命長老以此觀之，名不虚傳。何則？一聞如是之旨，即便對曰唯，乃信之極而無疑也。老子有言：唯之與阿，相去幾何？釋曰：禮對曰唯，野對曰阿。此禮對也。又儒云：參乎，吾道一以貫之，曾子曰唯。亦此意也。然則至此當機始問云何云何，如來竟答如是如是者，正所謂傍敲正打，將一卷無言《般若》已向諸人重重發揮了也。故空生直對曰唯者，乃是一肩擔却，全身負荷了也，所謂燒尾鼓浪成龍去，鰕蟹猶然努眼睛。然之一字，在尊者意謂我則雖然如是，其奈諸人尚未薦取，伏願如來還要細説，我亦願聞，則是向下一卷經文無非爲努眼者重伸註脚而已。

△三、正爲開示，二。一、明降住其心，二。一、略示降住，二。一、略示降心離相。

佛告須菩提，諸菩薩摩訶薩應如是降伏其心：所有一切衆生之類，若卵生，若胎生，若濕生，若化生，若有色，若無色，若有想，若無想，若非有想、非無想，我皆令入無餘涅槃而滅度之。如是滅度無量、無數、無邊衆生，實無衆生得滅度者。何以故？須菩提，若菩薩有我相、人相、衆生相、壽者相，即非菩薩。

此以言顯無言，而教降心之方法也。前來佛所印證當機者，以其見解不謬耳。然問發心住降，則曰善男子、善女人者，正見空生作略，借秦爲喻，假人而成己也。意謂未發大心之時，則厭棄生死，趣向涅槃，是以生死涅槃爲實，即住著於生死涅槃，不得解脱。設發大心，云何應住？即如我住偏真，如何捨偏真而安住實相聻？此正暗爲自己安身立命處，乃自利之問也。又未發大心之時，唯求自度，不欲度人，知見偏枯，志意狹小，以故變易生死不斷，無明住地猶存。今設發大心，云何令其斷除變易，降伏無明，上求佛果，下化衆生聻？此問度生邊事，乃利他之問也。故佛呼名而告之曰：須菩提，諸菩薩摩訶薩應如是降伏其心。諸者，其義有二：一、約能發心男女等機，衆多不一故；二、約四十位修心菩薩，類多不一故。梵語菩提薩埵，此云覺有情，謂覺機分證，識情未盡故。摩訶言大，其義有七：一、具大根；二、有大智；三、信大法；四、解大理；五、修大行；六、經大時；七、證大果。具斯七大，故名摩訶薩也。問：當機問時止曰善男子等，如何答處却曰菩薩？答：大心未發，即是凡夫。既發大心，即名菩薩。在當機約未發心時問，如來約已發心後答。應者，當也，宜也。此中如是於前稍異，乃承上指下之詞，往後經中凡言如是處，非有意於上，即有意於下，讀者須知。此一句正承前指後也。所有者，略舉十方三界處所。蓋處所爲能生能有，衆生爲所生所有也。一切者，乃總該之詞。類即類趣，謂雜趣同形，各從其類，即通指十類也。梵語僕呼善那，此云衆生，以從五蘊和合中生故。今詳十種，且約橫豎發明。先橫詳類趣。准《楞嚴經》，皆以妄想建立。若卵生者，經云卵惟想生，略如魚、鳥、龜、蛇之類，因飛沈亂想，和合氣成。若胎生者，經云胎因情有，略如人、畜、龍、仙之類，因橫豎亂想，愛情滋染而有。若濕生者，經云濕因合感，略如含蠢蠕動之類，乃翻覆亂想所成。若化生者，經云化以離應，略如轉蛻飛行之類，此屬新故亂想所成。若有色者，經云休咎精明，有色可見者，乃精耀亂想所成。若無色者，經云空散消沈，無色之可見者，乃陰隱妄想所成。若有想者，經云神鬼精靈，乃罔象虛無妄想所成。若無想者，經云精神化爲土木，爲枯稿妄想所成。若非有想者，經云如蒲盧等，異質相成，因合妄而有。若非無想者，經云如土梟等，負塊爲兒，子成，父母俱遭其食，此因怨害妄想而有。然此十種不出色心，約色即有色無色，約心即有想無想。弘法菩薩若識得色從心現，心亦妄生，正覺現前，衆生界盡，更有何生之可度，何心之不可降哉。次豎論三界，胎、卵、濕三唯居欲界，化生三界通具，有色止欲界四禪，無色屬空無邊處，有想即識無邊處，無想乃無所有處，若非有想，若非無想，乃非非想處是也。我者，佛代菩薩而稱也。皆者，總前十類也。今謂使令。入謂證入。涅槃略梵，具云摩訶波利昵嚩喃，此云大圓寂，以衆德皆圓，諸妄俱寂。亦云大滅度，即大患永滅，超度四流也，又滅二障，度二死也。亦云無爲，離生滅故。又云安隱，最寂靜故。總之一真法界，約聖與凡，而有四種：一、本來自性清淨涅槃，此即實相真如之理，從本以來，不生不滅，不垢不淨，雖在生死煩惱，其性本自寂然；二、有餘依涅槃，是將慧焰燒煩惱薪，雖斷見思，尚餘最後身智，爲分斷生死苦依，故名有餘依也；三、無餘依涅槃，以煩惱既盡，餘依亦滅，衆苦永寂，無有餘依，故名無餘依。今説無餘，正指此也；四、無住處涅槃，即生死與涅槃二俱不住，故云無住。如上四種，凡夫惟一，聲聞有二，菩薩獲三，唯佛具四。此如是乃承上言也。實無者，即《起信論》云：謂如實知一切衆生，及與己身，真如平等，無別異故。又《般若經》云：以諸有情本性淨故，彼從本來，無所有故，則平等真法界。佛不度衆生，良可味焉，以衆生性空，生佛體同故也。又以一切衆生本性寂滅，無滅可滅，本來是佛，無佛新成，故云實無衆生得滅度者。何以故，乃反顯徵釋之詞。言菩薩若以我爲能度即著我相，彼爲所度即著人相，能度所度歷然相對即衆生相，有法授受，戀著不捨猶如命根即壽者相。故《輔行》云：我以計内，人以計外，衆生以續前爲義，壽者以趣後爲能。如是四相不除，不惟所度不普，即能度者心亦難降。故云菩薩有我等相者，即非菩薩。問：當機啟請，先菩提次安住後降伏，如來答則自後而前者，何也？答：空生向來慣習，唯知慕果修因，故問亦急於證理，是以由菩提而住降也。如來因其發心向大，貴乎先歷事行而住理自在其中，故反其問而答之，良有以焉。

△二、略示住心無住。

復次，須菩提，菩薩於法應無所住，行於布施。所謂不住色布施，不住聲、香、味、觸、法布施。須菩提，菩薩應如是布施，不住於相。何以故？若菩薩不住相布施，其福德不可思量。須菩提，於意云何，東方虛空可思量不？不也，世尊。須菩提，南西北方、四維上下虛空可思量不？不也，世尊。須菩提，菩薩無住相布施，福德亦復如是不可思量。須菩提，菩薩但應如所教住。

此如來再召當機，於降心之後而示住心也。復謂重復，次謂次第。於法之法，即《起信》云所言法者謂衆生心，是法則攝世出世間染淨因果、有爲無爲、色心諸法也。應者，誡勉之詞。無所住者，正教不住一切有無等法也。以不住有，入塵勞而不作生死之念，不住無，居寂滅而不起涅槃之見，是則染淨色心一切不住。不惟不住有，亦且不住無。不惟不住無，亦且不住無無。正是百華叢裏過，片葉不沾身，故云無所住也。所謂下，詳明六塵爲所施之物。此由内不住我，外不住人，故中間不住所施之物。以故向下結歸則曰：須菩提，菩薩應如是布施，不住於相。此相之一字，即上來有無諸相也。言不住者，正是無住行施，三輪體空也。何以故下，徵起。恐謂無住云何有福，因借虛空爲喻，試問當機，令知虛空不可思量。則以法合云：須菩提，菩薩無住相布施，所獲福德亦復如是，猶若虛空之不可思量也。故結勸曰：須菩提，若是菩薩但欲住心者，當如我之所教，須識無住之住乃真住也。以上二章，略答云何應住、云何降伏也。蓋前章是教諸菩薩應度衆生，行法布施，修人空觀，遣去我執，此章是教諸菩薩於塵無住，行清淨施，修法空觀，遣去法非法執。自此至果報不可思議，無非展轉擴充，以顯離相無住之旨也。問：凡爲菩薩，當廣行萬行，此中唯言布施，何耶？答：不見道，資生無畏法，檀義攝於六，此中一二三，是名修行住。若以是推，則開一施爲三檀，開三檀成六度，廣六度爲萬行。設約而收之，則萬行不出六度，六度不過三檀，三檀不出一布施耳。

△二、廣詳降住，二。一、約佛法廣釋降心離相，三。一、佛身離相，三。一、正明離相。

須菩提，於意云何，可以身相見如來不？不也，世尊。不可以身相得見如來。何以故？如來所說身相，即非身相。佛告須菩提：凡所有相，皆是虛妄。若見諸相非相，即見如來。

以上善吉請益，如來許示。一往至此，理雖明了，未識當機解與不解，但恐說時似悟，對境還迷。故我世尊換箇話頭試他一試，正所謂水將竿探，人將語探也。所以將因中度生離相之事，却以果上成佛身相勘驗者，正欲看伊道有道無。設或以身相爲有，則伊降心離相之旨尚未領略。若是說無，則渠降心之法稍有相應。故此問云：須菩提，於汝意地之下，作云何曉解，你道即今如來果可以丈六之身、三十二相，即此就說是見如來了麼？蓋不之一字，正審問之詞，乃世尊之探竿也。向下可見空生是箇細作，見我如來這一問有些古怪，就如水上葫蘆，捺著便轉，即對之曰：不也，世尊。此正領前開示離相之旨，故曰不可以身相得見如來。蓋如來身者，即法身也。以法身離相，所謂離生死相，離涅槃相，不住於有，亦不住無，故曰法身清淨，猶若虛空。應物現形，如水中月，令人撈摸不得，捉拿不得。即口欲談而詞喪，雖心將緣而慮忘，豈可以現前的丈六之身、三十二相而目之哉？良以三十二相固雖超勝天人，然而未免生、住、異、滅，四相遷流，尚屬生滅，不同乎法身不生不滅故也。何所以故，乃徵釋之詞。蓋如來所說非身之身，乃清淨法身也。如來所說之相，乃非相之真相也。而現前如來所問之身相，不過隨機應現丈六之身、三十二相，豈可即執是以爲法身真相哉？意謂真實法身即非身相之可見也。

須知不可以三字并即非二字，皆當機妙悟，正合離相之旨。故如來見當機所見不謬，喜其氣分相投，即推門落臼而就之曰：須菩提，你要知道，不惟佛身是爲如此，即世出世間一切依正染淨色心，但凡所有之相亦皆類此，虚而不實，妄而非真。故下二句，是令尊者欲窮千里目，更上一重樓。以其當機雖則解事知音，然於夜明簾外猶欠轉身一步。設以爲是，未免墮無爲坑，生斷滅見矣。故後文云：若作是念，諸法斷滅。所以進之曰：若能見得諸相非相，亦不必離諸相另尋法身真相，須知當體即是如來清淨法身真實之相也。此因空生已會離相之旨，恐能離有，未能離無。然捨有之無，如逃峰赴壑，二皆不免於患。故言即見等，即之一字，乃教尊者就中從事耳，意謂既能了得諸相非相，亦不必撥去諸相，不妨即諸相而見如來也。

△二、兼示殊勝，二。一、善吉疑問。

須菩提白佛言：世尊，頗有衆生得聞如是言説章句，生實信不？

蓋離相見佛，尊者已知，今聞如來微妙開示，若見諸相非相，即見如來之語。當機到此，見其愈入愈深，凑泊不上，故發斯問。頗有者，輕可之辭，即可能有也。言者，直發其詞也。説者，細析其義也。章者，節取其篇也。句者，輳成其文也。實信者，乃中心誠服，諦了無疑。不之一字，正疑信關頭。意謂聞是上來世尊所談言説章句，還可有人真實生信也無。以實信非率爾泛泛者也。

△二、如來誡説，二。一、誡答。

佛告須菩提，莫作是説。如來滅後，後五百歲，有持戒修福者於此章句能生信心，以此爲實。

此如來直訶而誡勉之曰：須菩提，莫作是説。莫者，禁止之詞，即莫謂秦無人之莫也。是説，即指生實信不之説。所謂一言而喪，一言而興，高山流水，自有知音。雖然法固深微，要知豈無信者。不唯現前不無，乃至當來亦有。但非小根劣機而能領略，然有持戒修福慧者，自能信爲真實也。五百歲者，《法輪預記》云：正法、像法各一千年，末法萬年。初五百歲，解脱堅固。二五百歲，禪定堅固。三五百歲，多聞堅固。四五百歲，塔寺堅固。五五百歲，鬬諍堅固。今言後者，第五五百歲也。戒者，防非止惡爲義，以外防七支之非，内止三毒之惡。又戒有三，謂律儀戒、攝善法戒、饒益有情戒。修福者，義亦兼慧，但文略耳。舉持戒，則三學通攝，言福慧，則六度全該。此中有持戒之有，能生信之信，此爲實之實，正酬尊者頗有之有，生實之實，信不之信也。

△二、説勝，二。一、能信人善根殊勝。

當知是人不於一佛二佛三四五佛而種善根，已於無量千萬佛所種諸善根。聞是章句，乃至一念生淨信者，須菩提，如來悉知悉見，是諸衆生得如是無量福德。

此當知下，正明能信諸相非相即見如來的這個人，要知此人非於一二佛邊種得的善根，乃是從無量千萬佛所種得來的善根，正言事佛多而善根深也。此善根二字，設依相宗，即無貪等三，爲善根也，若准本經，即阿耨菩提之心，乃萬善之根也。聞是下，正言聞是上來諸相非相即見如來之章句。乃至者，超略之辭，意謂不在值佛多，種善深，即一念淨信，獲福亦然。蓋一念者，正心空境寂，萬慮銷融，不雜餘緣，唯觀實相，即一念萬年，萬年一念。淨信者，不起有爲見，不作無爲解，真俗一齊捐，聖凡悉平等，方名淨信。苟能一念信佛所説，即諸相而顯實相之旨，此人行止動靜，則爲如來三達洞照以盡知，五眼圓觀而盡見也，是諸衆生即指此淨信之人。得如是無量福德者，指前事佛多種善深的一樣，同於虛空之不可量也，而此淨信之福亦復如是。

△二、所信義離相殊勝，二。一、順釋所以。

何以故？是諸衆生無復我相、人相、衆生相、壽者相，無法相，亦無非法相。

此正順釋，徵明一念淨信即同見佛多種善深者，此何以故聻？蓋是衆生已無四相，故能如是。言無復者，不更不再之義也。既無復我等四相，則我空也。法相者，若依本經而論，即上之言説章句也。今言無者，即文字性空，故云無法相，乃法空也。亦無非法相者，正《淨名》所謂無離文字而説解脱，即俱空也。是知淨信一念，頓足三空，豈可輕率而言頗有乎？

△二、轉釋所以。

何以故？是諸衆生若心取相，即爲著我、人、衆生、壽者。若取法相，即著我、人、衆生、壽者。何以故？若取非法相，即著我、人、衆生、壽者。

此因上章順釋能空我法等四相，始成一念淨信，故此節將我法等四相一一轉釋，意謂以何意故，定要空去四相，方爲一念淨信者，何也？以諸衆生若無淨信，設生一念取著，則有許多葛藤，故云若心取相，即著我等四相。此轉釋上無復我相等，正言若取因中度生離相，及取果上之佛身離相之相，雖是極好消息，未免猶有沾滯在，亦不能稱乎淨信也。何則？一有取著，何異世間凡夫外道之著相者？是以若心有取，即著四相，則不得謂之淨信，仍屬我執未忘也。若取法相等者，此轉釋上無法相一句，謂佛滅度後，設有衆生雖不執我，然取法相，如本經以菩提心將謂有法可發，於文字般若言説章句而生希取之心，則墮在法執，於著我等無異，亦不得爲淨信也。若取非法相等者，此轉釋上亦無非法相一句。設此衆生雖不執取我、法，達得二空，然即坐在俱空境上，未免又落法身邊矣，亦墮非我、人等相，不得謂之爲淨信也。蓋此經以掃踪滅跡，蕩相除空，只要四相冰消，三輪瓦解，拂三執之浮雲，顯三空之寶月，所以不惟空我，亦且空法，不第無法相，亦無非法相。可謂層層洗剥，處處追窮，直使諸人執盡情忘而後已也。

△三、結成離相。

是故，不應取法，不應取非法。以是義故，如來常說，汝等比丘知我說法如筏喻者，法尚應捨，何況非法？

此正結佛身離相也。是故者，正指不取法與非法也。以取法則墮我等四相，取非法亦墮我等四相，是故後五百歲持戒修福、一念淨信之者，不應取佛言說章句爲是阿耨菩提之法，不應不取言說章句爲非阿耨菩提之法。所謂取不得，捨不得，不可得中恁麼得。蓋我尋常說者，汝等須知即阿含、方等，以至今日降心、住心種種之法，此如世間渡河用筏之喻，未渡者定要取之，既濟者則當捨之。意謂言說章句雖是渡生死河之寶筏，然未度生死者，當依之而修，既登彼岸者，應捨之而去。以此觀之，雖佛正法尚應放下，何況世諦文辭、非佛之法仍轉堅執而不捨耶？

△二、果法離，三。一、如來雙審。

須菩提，於意云何，如來得阿耨多羅三藐三菩提耶，如來有所說法耶？

此以果法勘驗也。因前筏喻文中，法與非法均不應取，恐當機意謂，既不可取，如何世尊三祇煉行，百劫修因，以取菩提之果？即今人間天上一十六會廣開般若之談，以此而論是法有取有說，何爲而不捨乎？故此世尊雙設問云：須菩提，汝將謂我有菩提之可得耶，有佛法之可說耶？此正如來探問當機會與不會也。

△二、善吉雙對。

須菩提言：如我解佛所說義，無有定法，名

阿耨多羅三藐三菩提，亦無有定法，如來可說。

蓋當機至此所造已深，故能靈機脱潁，而出辭吐語，便覺活潑融通，不同前之率爾。意謂如來歷劫修行，自當得果，出世度生，自然說法。如我今者解佛前來所說筏喻，無定之義，言未渡則取，既渡則捨。約是而推，取捨不定，故知無有一定之法名爲菩提，亦無一定之法如來可說。蓋尋常如來說得果者，猶空拳誘子，說法可說者，似黄葉止啼。且如來所證之果曰無上正等正覺者，不過對三賢十聖之有上而稱無上，正等者不過對聲聞、緣覺之偏枯而稱正等，正覺者乃對凡夫外道之癡邪迷夢假名正覺而已。即所說之法，如來不過因人而示，就事隨機，遇凡說凡，逢聖說聖，本來無有得與不得、說與不說一定之法也。

△三、承上雙釋。

何以故？如來所說法，皆不可取，不可說，非法，非非法。所以者何？一切賢聖皆以無爲法而有差別。

此下當機自釋，謂若有菩提可取及法可說，即取法相，則墮於有，未出凡情。若道無菩提可得，無法可說，即取非法相，則墮於空，又落聖解。是知妙有不有，故將真空而遣有，真空不空，特假妙有以除空。若取果非果者，舉念即墮二邊，設說法非法者，開口便成兩橛。故菩提非相，不可相取，般若非言，不可言說，故云皆不可取，不可說也。蓋非法者，即領上無法相也。非非法者，即領上亦無非法相也。此正領前如來所示四無相也。當機至是猶恐俱空之義人或難明，故用所以者何重徵復釋以明之也。賢聖者，即三乘賢聖。無爲者，即六種中真如無爲，以無所作爲，故名無爲。但有一法，即屬有爲，非無作爲，正顯一切俱空之理也。差別者，如三獸渡河，足分深淺，而水無深淺，三鳥飛空，跡有遠近，而空無遠近。秖因機有利鈍之殊，故成三乘賢聖之差別耳。

△三、引事況勝，二。一、引事。

須菩提，於意云何，若人滿三千大千世界七寶以用布施，是人所得福德寧爲多不？須菩提言：甚多，世尊。何以故？是福德，即非福德性，是故如來説福德多。

此引外事較量也。蓋佛與當機同一鼻孔，接物利生，酬唱至此，恐聞無爲無法不可取説，便欲毀廢言教，甘坐無爲坑裏，是以引此非喻爲喻，較量福勝，令其受持弘通。所謂欲會無爲理，先從有事看。故假大千之寶施而設問須菩提，於汝意地之下是爲云何，設若有人以七寶者，即金、銀、琉璃、硨磲、瑪瑙、赤珠、頗黎也。三千大千者，乃我釋迦一佛之化境也。如一欲界一須彌山，鎮四部洲。其山之腰，兩輪日月。四大天王，各有八天。山頂爲忉利所居，下統諸天，共爲三十三天。自此而上，有夜摩、兜率、化樂、他化、自在，至此皆欲界也。再上乃色界四禪天：第一初禪，統一欲界。集合一千初禪欲界，爲二禪一統，名一小千界。又集合一千二禪梵釋，爲三禪一統，名一中千界。更集合一千三禪梵釋，爲四禪一統，名一大千界。以三次言千，故云三千大千。滿，謂充滿，以顯寶施之勝。是人獲福，還多耶，不多耶？須菩提言，寶滿大千而行檀度，自然福勝，故云甚多，此就福德相而答也。須知如來之意亦不在此，無非假此較量經勝而已，故當機自釋云：何以故。佛以大千寶施見問，我亦就世間福德之相而答甚多，是約俗諦有相有爲而言。若在勝義諦中，絶相無爲，豈可言福不福而曰多不多哉？是福德者，即指上寶施之福德。蓋就世諦之相，非勝義諦之性也，以此性即真如無爲真實之性也，故不可以多少而論。今言多者，乃就有爲俗諦而説。以是義故，如來見問，我所以約世諦而説福德之甚多也。

△二、況勝。

若復有人於此經中受持，乃至四句偈等，爲他人説，其福勝彼。何以故？須菩提，一切諸佛及諸佛阿耨多羅三藐三菩提法，皆從此經出。須菩提，所謂佛法者，即非佛法。

此中舉法較前財施也。意謂設若復有一人於此《般若經》中隨便受持或一卷半卷乃至一句二句三句以至四句偈等，不但自持，又能爲人演説其義，則其所獲福德勝彼前來三千寶施之福德也。此中四句，諸家所説議論紛紜，有謂夢幻泡影者，有謂色見聲求者，有謂無我相等者，有謂諸相非相者，有指一偈一句一題一字等者。以上盡古人之糟粕耳，若以爲是，何異貧子讀豪家之券，與自己何干？要知此四句不離吾人日用，須向自己脚跟下薦取始得。設要依文字解釋者，正不必指定，何則？以《楞伽》云長頌及短偈，是知不論長短，凡成四句者皆是。故本經云隨説是經乃至四句偈等，此則原無定指也明矣。而善閲教者應求活句，莫泥死句，則不被文字瞞也。故下徵釋云：此經四句，便能包括一切諸佛之法身、報身、化身，並所證阿耨菩提之果法，莫不皆從此《般若經》而流出者。此何以故？縱前三千七寶之多，亦不及持説此經四句偈耳。須菩提下，結辭也。近結諸佛之佛字，菩提法之法字，即躡此二字而結之也。蓋如來之意，説吾所謂佛法皆從此經而出者，不過因其有迷有悟，有聖有凡，此約世諦有爲而言。若在勝義諦中，則十方三世海中漚，一切聖凡如電拂，又何佛法之可得哉？故云即非佛法。此近結耳。若遠結者，白佛言，須菩提，諸菩薩摩訶薩，應如是降伏其心起，乃至度生離相，佛身離相，果法離相，直至此中並佛法也無，則離相之旨可謂離而又離，此遠結也。首約佛法廣釋降心離相竟。

△二、約聖果廣釋住心無住，四。一、歷明無住，三。一、小乘聖果，二。一、泛論，三。一、見道位。

須菩提，於意云何，須陀洹能作是念，我得須陀洹果不？須菩提言：不也，世尊。何以故？須陀洹名爲入流，而無所入，不入色、聲、香、味、觸、法，是名須陀洹。

此章廣釋前來菩薩應如是布施，所謂不住色、聲、香、味、觸、法等也。蓋佛欲當機深解此住心無住之法，即將彼自所證果一一指而探問。俾知菩薩與聲聞雖有大小之別，然無住之道則一，但以根有利鈍，發心之大小不同耳。正所謂一切賢聖，皆以無爲法而有差別也。蓋如來此問無非借口傳言，只要當機自述無住而已。然住者乃取著之意，即生心舉念，取相躭著也。故向下依次審問：皆云能作是念不？正如來善用權智，捉賊追贓，令不打而自招也。當機俱答不也。即此二字觀之，是尊者將無住之理，明目張膽告白。諸人已定，而況其引人類己，以己方人，復曰世尊，我不作是念，則矢上加尖，而無住之理益彰明者矣。須菩提，於意云何？我且問你，將謂初果之人還作如是之念，說我得初果不麼。不之一字，乃審問之意，言還作是念耶，是不作是念聻？向下問答皆如此釋。須陀洹，此云入流，以根不入塵故。又名預流，以初預聖流故。亦名逆流，以逆生死流故。復名抵債，謂不受業債故。然此四果復有四向，謂向於果故，即須陀洹向等。此四果中，初爲見道，次二修道，後一無學道。且初修行得入見道，謂十六心，斷三界四諦下八十八使分別麤惑，方證初果，始名見道。然約三界，各有四諦，每諦下各有煩惱，即貪、瞋、癡、慢、疑，身見、邊見、邪見、見取、戒禁取。所謂：苦下具一切，寂滅各除三，道除於二見，上界不行瞋。初句即欲界，苦諦下全具十使，次句即寂滅，二諦下各除三見，謂身、邊、戒禁取也。除此三者，以緣身是苦本，觀苦則斷身見，邊見依身而起，故亦隨之而亡。無戒禁取者，以集諦不計非道爲道，滅諦又非修位，是故皆無戒禁取。然道諦當修位，容或有之，故不除也。是以云道除於二見，不除戒禁取耳。由是苦下具十，寂、滅二諦下各七，通前即二十四。道諦下八，合爲三十二。後句云上界不行瞋，即於二四諦下各除一瞋。每界各有二十八，共成五十六，兼下欲界三十二，即總合爲八十八也。云何十六心？謂欲界四諦下各一智一忍，以成八心。又合上二界爲一，四諦類下欲界觀斷亦各一智一忍，以成八心。二八即爲十六心也。智即無間道，乃斷惑時，忍即解脱道，是斷了時。所謂苦法智忍，苦類智忍，乃至道法智忍，道類智忍，斷至十五心道類智，名初果向。至第十六心道類忍，名證初果，入於見道，爲須陀洹。分別麤惑，一時頓斷，猶如劈竹，三節并開，即以見諦八智爲初果體。此初果之行相，乃見道也。

△二、修道位，二。初，二果。

須菩提，於意云何，斯陀含能作是念我得斯陀含果不？須菩提言：不也，世尊。何以故？斯陀含名一往來，而實無往來，是名斯陀含。

梵語斯陀含，此云一來。但於人間天上一度往來，故名一來。不過一來人間，以斷欲界六品修惑。言欲界修惑者有四，即貪、瞋、癡、慢。此是俱生細惑，任運起者，障於修道。以難斷故，分爲九品，所謂上上乃至下下。此九品惑，二三果人斷之，斷至五品，名二果向，斷六品盡，名第二果。故《俱舍》云：斷至五二向，斷六一來果。一往等者，以九品修惑能潤欲界七生，謂上上三品各潤兩生，中中三品各一生，下下三品共一生，故云獨也二，共也二，獨也一，共也一，獨也半，共也半。今斷六品，已損六生，猶有下三品殘惑未盡，還潤欲界一生，是故一往天上，還須一來人間受生，斷餘惑也。此果即以見道八品無爲，及修道六品無爲，乃此果體。而實無往來者，以有往來，是有漏如修戒善，或生天人，天福報盡，又轉人間。此是凡夫隨業牽引，上下往來。聲聞進修無爲，前念稍著，後念即覺，無爲法中，來無所從，往無所至。既達心空無我，尚不可説無往來，何得更説有往來哉？

△次，三果。

須菩提，於意云何，阿那含能作是念我得阿那含果不？須菩提言：不也，世尊。何以故？阿那含名爲不來，而實無不來，是故名阿那含。

梵語阿那含，此云不來，亦云不還。斷欲界九品修惑俱盡，從此寄位四禪，生淨居天，更不還來欲界，故曰不還、不來也。謂前九品惑中，餘下三品斷至八品，名三果向，斷九品盡，名第三果。故《俱舍》云：斷惑七八品，名第三果向。九品全斷盡，即得不還果。不還者，欲界修惑但餘三品，三品煩惱共潤一生，今已斷之，更無惑潤，杜絶葛籐，故不還來。此第三果，即以見道八品無爲，及修道九品無爲，爲此果體。而實無不來者，情執俱超，智理并遣，三界之見已盡，下地之思將空，雖云不來，以悟無我，故不妨無來而無不來也。以上三果，俱修道也。

△三、無學位。

須菩提，於意云何，阿羅漢能作是念我得阿羅漢道不？須菩提言：不也，世尊。何以故？實無有法名阿羅漢。世尊，若阿羅漢作是念我得阿羅漢道，即爲著我、人、衆生、壽者。

梵語阿羅漢，此云無賊。以三界見修煩惱盡故，亦名不生。以不受後有故，又名應供，以應受人天供養故。此位斷上二界各有三種修惑，謂貪、癡、慢。此惑微細難除，故約八地分之，每地分成九品，合成七十二品。每品各有一無間、一解脱，斷至七十一品名阿羅漢向，斷七十二品惑盡成阿羅漢果。此果若以見修合論，兼欲界一地，總以八十九品無爲，爲此果體。實無有法者，言阿羅漢不過無煩惱，不受生，應受供，以是義故，名阿羅漢，除此之外，更無一法名阿羅漢也。世尊下反釋云：若一作念，我得此道，則四相宛然，何異凡夫？由此驗知，必無是念也。前三果人，研真斷惑，居有學位，故立果義，以酬其因。此阿羅漢乃無學人也。具戒、定、慧，道共、定共，分段生死之果已盡，見、思、苦、集之因已亡，三十七品已真修，有餘無餘而證得，正謂我生已盡，梵行已立，所作已辦，不受後有，已獲盡智、無生智矣，至此惑盡真窮，無法可學，故名無學，即永嘉道絶學無爲閑道人也。此明無學道竟。又文中不言果而曰道者，以顯證極此理，而與覺道相近，故不言羅漢果，而曰羅漢道也。

△二、確證。

世尊，佛説我得無諍三昧，人中最爲第一，是第一離欲阿羅漢。世尊，我不作是念，我是離欲阿羅漢。世尊，我若作是念，我得阿羅漢道，世尊即不説須菩提是樂阿蘭那行者。以須菩提實無所行，而名須菩提是樂阿蘭那行。

此正當機以己方人，故將自己生平一一自供自招，顯出無住之義，以爲四果確證。首然雖如是，要知空生硬作主張良有所以。首則暗合如來無住之旨，以助佛轉輪。次則明顯己説不謬，因前已説一切皆以無爲有別，而上具答不也。實無往來，實無不來，實無有法，乃至自證則曰我不作是念、實無所行者，此皆正顯因無爲法而有差别也。以此諦觀，則公私俱備，而當機之用心，噫，可謂精且細矣。世尊下，正是引己作證，即以佛所印許而證前四果無住之義，兼顯無爲差别之旨也。無諍者，《華嚴經》云：有諍説生死，無諍説涅槃。即古云諍是勝負心，與道相違背。今云無諍，是無我無人，無彼無此，無高無下，無聖無凡，一相平等，無住真空。但有住著，即有對待，但有對待，即有諍端，長繫生死，何由解脱？《涅槃經》云：須菩提住虚空地。若有衆生嫌我立者，我當終日端坐不起。嫌我坐者，我當終日立不移處。是以一切法中不起一煩惱，不惱一衆生，故得無諍也。三昧者，此云正定，亦名正受，又名正見。第一者，即諸大弟子中出乎其類，拔乎其萃。而稱無諍第一，由解空故也。我不作是念者，言佛雖嘉讚，而我不萌一念有得之心，謂是無諍第一人也。梵語阿蘭那，此云無諠，亦云寂靜，皆無諍之義也。行者，即無諠寂靜，無諍之行也。實無所行者，此行之一字，正乃取著分别心也。今言實無所行者，即於一切法中離其取著分别，而正顯此不住無爲之義也。

△二、佛所得法。

佛告須菩提，於意云何，如來昔在然燈佛所，於法有所得不？不也，世尊，如來在然燈佛所，於法實無所得。

此乃世尊引己作證也。因當機泛引確證，一一不謬，説著老漢心事，不覺技癢起來，道：不唯汝等於我跟前無法可得四果，即我昔日於然燈佛所亦無法得佛果菩提。故反問之曰：如來於然燈處有所得不？當機至此，心領神會，已知佛果性空，解得菩提非相，得而無得，無得而得，遂而答曰：實無所得。以實際理中一塵不立，尚無能得之心，何有所得之法？故云實無得也。然燈佛者，乃我如來二僧祇劫授記之師也。即《法華》云燈明八子，妙光開化，所謂最後天中天，號曰然燈佛者是也。《本行集經》云：昔有大城，名蓮華國，有王名降怨。有一婆羅門，名曰日主，爲王所重，分與半國，稱爲埏主。夫人月上所生一子，名釋提洹竭，出家成道，號曰然燈，亦名錠光。以初生時，一切身邊如燈光故。復有名靈童者，《瑞應經》云：儒童出家於雪山南珍寶梵志會下，爲五百弟子之首，法名善慧。仙法學盡，辭師還家。師曰：汝當以清淨傘蓋、革屣、金杖、金錢五百，報恩而還。慧乞放歸，適遇無遮大會，得金錢五百，躬奉師處。過蓮華國，聞有然燈佛，欲往親近。時有婢女賣優鉢羅華，即將金錢三百，買華五枝。女聞供佛，倩寄二枝，誓作因緣。時佛入城，善慧將華獻佛，散佛頂上，以願力故，結成傘蓋，隨佛行住。佛以神力，地現有泥，善慧布髮掩之，作念願佛踏我身過，授我成佛之記，不蒙記莂，我終不起。然燈即至履身而過，止衆莫踏，乃授記云：此摩那婆於未來世當得作佛，號釋迦牟尼，十號具足，如我無異。佛授記已，即登八地。且道世尊將這陳爛葛

藤拈出何爲？一則證盟當機，令衆生信。次則顯示無得，正明無住之旨。可謂一點水墨，兩處成龍矣。問：前在果法離相章中，則曰須菩提，於意云何，如來得阿耨菩提耶，如來有所説法耶，已問過矣，此奚重問？答：前問是釋法尚應捨，何況非法，以明度生離相之旨，乃就佛果上所得有無爲問。此問是釋所謂佛法者即非佛法，以明住心無住之義，乃以佛因中於法得與不得爲問。則前問是佛果上自證菩提，此問乃如來因中求得佛果菩提，義自各別，故不重也。

△三、菩薩莊嚴。

須菩提，於意云何，菩薩莊嚴佛土不。不也，世尊。何以故。莊嚴佛土者，即非莊嚴，是名莊嚴。

此以菩薩結證無爲差別也。須菩提下，謂汝既知無爲法中，佛於然燈實無所得，可知佛爲菩薩時，三大僧祇，修行六度、莊嚴

佛土之事不。不也世尊下，謂據無爲法中，實無有莊嚴佛土之事。何以故下，釋成不也之所以。言莊嚴者，自淨其心也。佛土者，惟心淨土也。空生已解清淨爲心，但能心淨則佛土淨，故答不也。莊嚴佛土者，乃約俗諦説實報土也。以菩薩六度萬行，福慧莊嚴所不無者，故説有莊嚴耳。即非莊嚴者，此就真諦明法性土也，乃清淨性地，寂光真境，即吾人之自心。其爲體也，離四句，絶百非，不可以智知，不可以言説，正謂心行路絶，語言道斷，尚不可以無相論量，豈可説有相莊嚴？若然，則是向虚空著楔，爲混沌畫眉矣。是知心原非相，土豈可嚴？故曰即非莊嚴也。是名莊嚴者，乃雙融二諦，以第一義中真空不礙乎妙有，妙有無礙於真空，雖在實際理地，本無莊嚴之可得。若今時門頭，不妨熾然莊嚴，雖無莊嚴之實，然亦不廢莊嚴之名，故曰是名莊嚴也。須知即非莊嚴，乃不取法，是無法相也。是名莊嚴，乃不取非法，是亦無非法相也。

△二、正明無住。

是故，須菩提，諸菩薩摩訶薩應如是生清淨心，不應住色生心，不應住聲、香、味、觸、法生心，應無所住而生其心。

是故二字，乃結定之辭。良由前來略示廣釋，始自小乘聖果，而至佛所得法，菩薩莊嚴，種種分析莫不皆明無住之義，至此結云。是故須菩提最初問我應云何住，我則答言應如是住。然復略示則曰：菩薩於法應無所住，乃至菩薩但應如所教住。今此直提初問初答之語而正結也，故言諸菩薩應當如是生清淨心。如是者，乃逆指上來略示廣釋種種無住之文是也。生清淨者，所謂清而不濁，淨而無染。若菩薩心中稍有一念住著，即爲濁染，不名清淨。然則清淨如何生心？但二六時中，不沾一塵，不染一法，淨夥夥[三]，赤灑灑，即是不住色等而生心也。以此般若妙心猶淨明鏡，若住一塵，即被一塵染污光明，一塵不住，則物物斯鑒。正所謂但有一些些，便有一些些，直饒寸絲不掛，萬里無雲，即虛空也。須喫棒者，此也。應無所住者，真空也。而生其心者，妙有也。而應之一字，反上不應也。謂行檀者，與此六塵應當一無所住，毫無所著。而生其者，方謂清淨無住之心，以是行檀，正《起信》云：以知法性體無慳貪故，隨順修行檀波羅蜜。若以無住、生心合而言之，乃真俗混融，爲中道第一義諦。是教住心菩薩，心無所住，住亦非住，生即無生，無生而生。但涉一念，則心有所著，塵有所入，不名無住，便成有住，不名淨心，便成染心。直饒有箇不住境的念頭，則早已住却了也。欲不住境，須不住心。苟能心無所住，方知境亦無處。正是路到水窮山盡處，行興自消，火至灰飛烟滅時，餘燼自冷。果然如是，雖終日生而無生，終日住而無住，不生之生，不妨任運而生，無住之住，何礙隨緣而住。以是而推，則穿衣喫飯，無非本地風光，送客迎賓，盡露當人面目。所謂塵塵是寶，處處逢渠，則何法不屬無住真心，是物皆彰般若妙體。是以當機前來於乞食時，偶向如來行住坐臥、動靜往還，袈裟角下，鉢盂身邊，觸著些子，以故嘆佛爲希有者，正是於此無往[四]理中稍見一班耳。若夫黃梅得旨，曹溪悟入，較之當機又其次也。

△三、喻明無住。

須菩提，譬如有人，身如須彌山王，於意云何，是身爲大不？須菩提言：甚大，世尊。何以故？佛説非身，是名大身。

此以喻結法也。良以上文所説清淨心者，諸佛之所證也，菩薩之所修也，衆生之所迷也，乃凡聖之分疆，生佛之總路也。故迷之則六道輪迴，悟之則三德秘藏。即今世尊祇園會上，亦無别法可説，不過就人本有而指示也。所以前來著衣持鉢，去來行坐，無非發明本地風光。當機於此，雖然得箇消息，其如當時大衆眼鈍頭迷，只知著衣時隨衆著衣，持鉢時隨衆持鉢，終日忙忙碌碌，同人起倒，逐隊成羣，往來舍衛，出入祇園，要且不知本命元辰在甚麽處。是以尊者自慶已知，悲他未悟，三業虔誠，五輪著地，合掌一心，頓興三問，所謂善男子、善女人如何發阿耨多羅三藐三菩提心，如何應住，如何降伏。而我世尊則喜其問之當，請之誠，故即讚而許之曰，善哉善哉，須菩提，如汝所説，乃至汝今諦聽，當爲汝説善男子、善女人發阿耨多羅三藐三菩提心的道理，并如是住、如是降伏的道理。而當機至此就上一扒曰：唯然世尊，願樂欲聞。以故如來將錯就錯，一一反其所問而答之也。是以初酬住降之請，次答菩提之問，乃於初中而開廣略二門，初則略示，次復廣詳，委細發明降心離相，住心無住之旨，上來已竟。然此無住清淨真心，人雖日用，迷不自知，是以世尊巧設一問，以喻合法，借事顯理，令衆生易知而易解也。即作二釋：一、就喻詳事，二、合法顯理。經初，須菩提，譬如有人，身如須彌山王，是身爲大不，此非喻爲喻也。即是説，設若有人，其正報身量猶如須彌山王。梵語須彌盧，此云妙高山。乃四寶所成，以故爲妙，獨出羣峰，是以稱高。下踞金剛際，居四海中央，出水八萬四千由旬，入水八萬四千由旬，環列七金，總統六萬諸山而爲眷屬，縱雖海浪千尋，此山巍然不動，故名山王。於意云何，徵起而問：於汝須菩提意下若何，是人之身可還爲大不？尊者答曰：若是身量如須彌山，可謂甚大，世尊。蓋此一答，乃尊者就事論事，因如來問大，所以答大也。而當機亦知佛意原不在此，故向下就路還家，打一轉語云：

雖身等須彌，猶未爲大。何以故？佛説非身，是名大身。此非身名大者，指法身也。而此法身，包萬象，括森羅，非大非小，非形非色，故曰非身，即是名之爲大身也。夫法身之爲身者，其大無外，其小無内，非形相可取，非色法可見，非心智之可測，非數量之可知，放之則彌六合，卷之則退藏於密。故《淨名》云：佛身無爲，不墮諸數。此正以非身無漏無爲，是名清淨大身也。以上乃就喻詳事。若欲合法顯理者，則須彌四寶所成，居四海中，環七金而統六萬，雖千波萬浪而不能動者，以喻此清淨心乃具常、樂、我、靜〔五〕四德，如山之四寶成也。言居四海中者，以此心自無始來，迷真逐妄，常居四生煩惱海中。環七金而統六萬者，正明此心混生死於七趣六道也。雖波浪而不動者，正顯此心雖在生死煩惱海中，六道七趣之内，從來不曾動著絲毫。所謂磨而不磷，涅而不緇，生則未嘗生，滅亦未嘗滅，即在生死而不垢，雖處涅槃而不淨。此不淨者，正是本來無染不可説淨，不淨之淨乃真淨也。此正無住清淨真心耳。然其體也，包含萬法，總括十界，竪徹如如之大，横窮法界之邊，語小天下莫能破，語大天下莫能載，故言甚大。雖然，此甚大二字猶有説焉。蓋世尊止問大不，當機合答大，即能事畢矣，何答甚大。須知此甚之一字，乃尊者轉身之句也。意謂須彌雖大，尚屬有爲，五位法中，色法所攝，三性之内，無記性收，有方分之可析，歷劫火而成灰。且世尊先説凡所有相皆是虚妄，是則十方世界尚爾猶虚，何以一芥須彌認之爲大，故知須彌之大未大也，十方之寬未寬也。能包十方之寬，能吞須彌之大者，真大也。故云：佛説非身，是名大身。此二句合上應無所住而生其心，苟知無住，即識非身，但了淨心，自解大身。此以非身大身而喻住於無住也。意謂若住於相，雖山王亦小，設無所住，雖毫末亦大。至此則法喻顯然，理事俱備矣。若約三德會釋者，則清淨心法身德也，應無所住般若德也，淨心行檀解脱德也。設用本經會釋，則清淨心爲實相般若，應無所住乃觀照般若，淨心行檀即文字般若。是則三而非三，一而非一，不妨隨三道三，就一説一。至此，則無住之理無餘藴矣，向下不過勸持較量而已。

△四、較量顯勝，二。一、校量。

須菩提，如恒河中所有沙數，如是沙等恒河，於意云何，是諸恒河沙寧爲多不？須菩提言：甚多，世尊，但諸恒河尚多無數，何况其沙。須菩提，我今實言告汝，若有善男子、善女人以七寶滿爾所恒河沙數三千大千世界，以用布施，得福多不？須菩提言：甚多，世尊。

以上種種敷陳，至是則無住之理已彰明矣，故如來舉此校量，以顯持説之功也。但前惟大千寶施，今復以恒河大千寶施者，秪是以相施之多，益顯無住受持之功勝耳，非有優劣之分也。此言恒河者，亦名殑伽，此翻爲天堂來，以出處之高也。又云福河，以衆生入中，能生福故。蓋此贍洲向北，有九黑山，次有大雪山，更有香醉山，於此香醉之南，雪頂之北，有池名阿耨達，此翻無熱惱，縱廣五十由旬，八功德水充滿其中。池有四口，各一由旬，四口出四河，各繞池一匝，四種寶色不相雜亂，湍流入海，各分二萬五千道大河，流灌四洲。東牛口，出殑伽河，銀沙混流，入東南海。南象口，出信度河，金沙混流，入西南海。西馬口，出縛蒭河，琉璃沙混流，入西北海。北師子口，出徙多河，頗支沙混流，入東北海。兹言殑伽，即牛口出，迴流四十里，沙細如麪。佛嘗居此，凡論數量，舉此爲譬。而恒河之沙已無限量，况復沙等恒河，則甚多可知。前一大千世界寶施已爲多矣，况此沙等大千世界之寶施乎？

故甚多也。此則較量已定。

△二、顯勝，二。一、略持人處勝，二。一、人勝。

佛告須菩提，若善男子、善女人於此經中，乃至受持四句偈等，爲他人説，而此福德勝前福德。

蓋文字般若能詮實相觀照，無住真心，凡受則信受此心，持則奉持此心。即四句悟入此心，爲諸人開示此心，能使自他俱明此心，故此福爲勝也。前寶施之福屬有爲，故劣，此法施四句屬無爲，故勝。正謂還丹一粒，點鐵成金，至理一言，轉凡成聖。恒沙多寶，功屬有爲，不過報感人天。略受持經，心明無住，自此見性，成佛有分，故此福德勝前福德。

△二、處勝。

復次，須菩提，隨説是經，乃至四句偈等，當知此處，一切世間天、人、阿修羅皆應供養，如佛塔廟。

此隨説二字，約有四義：一、隨説人，不揀僧俗凡聖；二、隨説義，不論事理精麤；三、隨説經，不定章句前後；四、隨説處，不拘城市山林。當知此處，一切世間，總該三界六趣。此中惟舉三者，以天、人通三界，或順或逆，修羅雜四生，有實有權。凡具性靈，應遵佛敕，供養是處，以植勝因。然供養之法略有十事，所謂香、花、瓔珞、末香、塗香、燒香、幡蓋、衣服、技樂，合掌禮拜也。梵語塔婆，或名窣堵波，此翻方墳，亦名圓塚，又名高顯處。梵語支提，此云靈廟。廟者，貌也，供佛形儀相貌故。然塔有多種，今且言四：一、生處塔；二、成道塔；三、轉法輪塔；四、般涅槃塔。今教供養其處者，以此處即是道場。四句般若，自受爲人，自利利他，説者聞者明心見性。法身妙體從此聞經處生，即生處塔也，佛果菩提因聞經處成，即得道塔也。隨將四句爲人解説，即轉法輪塔，自利利人，理事究竟，即般涅槃塔。須知説全經處，即有如來全身，隨説誦持，即有碎身舍利。是故説經之處，理宜珍重，一切人天應當供養。

△二、廣持人處勝，二。一、人勝。

何況有人盡能受持、讀誦。須菩提，當知是人成就最上第一希有之法。

此因隨説四句處尚爾當供，何況於一軸全經盡能受持讀誦解説之者？須菩提，當知是人：成就二字貫下，以明三身具備之義。何謂？以其成就法身最上之法，無漏無爲，離名絶相，再無一法加之於前，更無一法越之於上，故名最上，乃法身也。成就報身第一之法，以萬德而爲莊嚴，將百福而成相好，衆聖中尊更無過者，故名第一，此報身也。成就化身希有之法，在天而天，在人而人，羊中現羊，鹿中現鹿，分形散影，隨類現身，希奇少有，故云希有，爲化身也。由是而觀，其爲人也，三身圓具，而勝可知矣。

△二、處勝。

若是經典所在之處，即爲有佛，若尊重弟子。

此經典所在，乃法寶也。即爲有佛，正佛寶也。尊重弟子，爲僧寶也。斯則三寶備足，一處全彰，則其處勝愈可知矣。此較量顯勝而必約廣略釋者，正爲般若有廣略二門，説既有二，受持亦然。又廣略中必有自持教他，即付財轉教意也。即《法華》云：其中多少，所應取與。此中之略，正彼之少，此中之廣，乃彼之多也。自行爲取，教他爲與，受持讀誦，是佛付財，爲他人説，是佛令轉教。例之前後，靡不咸然。至此則明降住其心一章已竟。

△二、彰般若妙用，二。一、善吉請名。

爾時，須菩提白佛言：世尊，當何名此經，我等云何奉持？

當機聞得經在佛在，持説殊勝，未識何名。

若爲奉持，以故請名，而并請奉持之法也。

△二、如來垂示，二。一、出名教持，二。一、正標。

佛告須菩提，是經名爲《金剛般若波羅蜜》，以是名字，汝當奉持。

此中立名之義，謂此經離相無住之用，取喻金剛，以之觸有則有壞，觸空則空銷，觸著中道則百雜碎，正是諸法盡掃，纖埃不留，名爲金剛。所謂奉持者，亦無別法，不過因名會義，達諸法空而已。若約法喻并稱，華梵雙舉，則詳釋名義，已載經前，兹不煩贅。然名者，所以召實也，且道金剛般若波羅蜜畢竟是箇甚麼。莫是最堅最利、一切物不能壞、能壞一切物者，將謂此寶以喻般若，能壞煩惱而煩惱不能壞者，即就是麼。然雖近理，恐没交涉。蓋此金剛般若者，乃現前諸人個個本有的離相無住真心是也。故我如來歷劫修行全用此心，出世成道亦用此心。以用此心，而能於割不斷處一切割斷，放不下的全身放下。今被當機徹底掀翻，兜根直索，只得和盤托出，但要諸人認取。須知此心乃成佛作祖、戴角披毛的本錢也。設捨此心，别無有法，故教以是名字，汝當奉持。苟能悟此心法，則知心本無心，法亦非法，説甚波羅蜜，不啻隻爛草鞋耳。所謂佛説一切法，爲究一切心，若了一切心，何用一切法？以故空生尊者特地請佛廣爲諸人點出一個般若真心，在我世尊也只要諸人奉持此心，則參學事畢。未識諸人還能領取此心否。咦，你若無心我便休。

△二、重釋。

所以者何？須菩提，佛説般若波羅蜜，即非般若波羅蜜，是名般若波羅蜜。

所以者何，乃出命名所以。蓋佛因吾人迷本淨心，晦爲業識，轉將智慧翻作愚癡，背涅槃城，趣生死路，是以貪瞋境上枉受飄零，解脱法中自取流轉。兹者欲轉妄識，須示真心，爲破愚癡，特明般若，教離這裏，始説那邊，正是將我甜瓜換伊苦李，故言佛説般若波羅蜜也。設或吾人二六時中，念兹在兹，觸著磕著，識取本有真心，會得自家般若，若然則敲空繫木，尚滯筌罤，瞬目揚眉，皆成漏逗，故言即非般若波羅蜜也。到得這裏，既知法本無説，心豈有名。雖然如是，不妨向無説中而施説，於無名處而安名，故曰是名般若波羅蜜也。然此三句，乃本經之綱領，亦大藏之精要也。設廓而充之，則佛祖心肝，聖凡腦髓，五宗三教，無量妙義，百千法門，亦不出此。無暇泛指，今且仍遵經論，略明觀法，斷惑證理，以便初機習學。蓋此般若真心而喻之以金剛者，良有意焉，以其能會三止，融三觀，斷三惑，達三諦，證三身也。所謂佛説般若波羅蜜，即方便隨緣止，謂心隨俗理，故假觀也，俗諦也，屬言説章句，能斷世間凡夫外道執我等四相之惑，證化身也。即非般若波羅蜜，此體真止，以體妄即真，故空觀也，真諦也，能斷出世間聲聞、緣覺執文字章句成非我等相之惑，證報身也。是名般若波羅蜜，此息二邊分别止，以不當空、假，故中觀也，第一義諦也，能斷出世間權位菩薩撥無文字、是名我人等四相之惑，證法身也。以上據諸經論而釋也。若依吾宗，自有法界三觀：言佛説般若波羅蜜，此理事無礙觀，謂依理成事，事能顯理，即文字般若，以顯解脱德也，能除世間我執，即我空智也。即非般若波羅蜜者，此真空法界觀，以會色歸空，泯絶無寄，即觀照般若，以顯般若德也，能除出世間法執，即法空智也。是名般若波羅蜜，此周偏含攝觀，謂理如事，事如理，乃至普融無礙，一攝一切，一切入一，即實相般若，以顯法身德也，能除一切權乘法非法執，則俱空智也。言上來所約，雖有三名，唯是一心，舉一即三，言三即一。如天王之三目，非縱非横，猶梵伊之三點，不即不離。此本經之要旨，吾宗之心印也，學者幸勿厭繁而忽之。問：正標中云金剛般若，重釋中止云般若，不説金剛，何也？答：金剛，喻也。般若，法也。今舉法而攝喻矣。

△二、即事顯用，二。一、彰般若，離相用，五。一、説法離相。

須菩提，於意云何，如來有所説法不？須菩提白佛言：世尊，如來無所説。

自此向下，乃如來用金剛妙慧徧蕩聖凡一切執著，以彰離相之勝用也。蓋佛至此恐有尋香逐塊之流，聞上立名，未免有疑，謂佛前言無法可説，今復立名，是佛有自語相違之過也。故此問云：汝謂如來有法説不？此正欲空生當下了達，説即無説。且喜空生果是其人，已達言説性空，乃云如來説法實無所説。可謂點著便知，一肩擔荷去也。

△二、依正離相，二。一、依報。

須菩提，於意云何，三千大千世界所有微塵是爲多不？須菩提言：甚多，世尊。須菩提，諸微塵，如來説非微塵，是名微塵。如來説世界，非世界，是名世界。

此遣依報也。依者，乃衆生依止之處，即共業相感之報。良以如來一往發明離相無住般若真心，又恐當機錯下註脚，將謂識得一，萬事畢，即這個就是般若，是則又向死水中渰殺了也。故此連舉依正，并世界微塵者，正要當機於法法上會取般若，了得塵界性空，達得離相玅用，則無往而非此心之般若也。所謂青青翠竹，總是真如，鬱鬱黄花，無非般若，是則簷前鵲噪，皆演摩訶，檻外雲流，俱彰實相。以故問云：大千世界，及諸微塵，是爲多不？當機對曰：甚多。佛言：汝雖知世界微塵之多，而尚不知微塵非微塵也。何則？以世界散而爲微塵，則塵無自性，悉假因縁，因縁故空，以故一微空處衆微空，衆微空中無一微，原無實性，所以曰非。以不廢假名，故言是名耳。能造既爾，所造亦然。故世界亦非世界者，以微塵合而爲世界，則界無自性，乃因緣生法，是亦爲空，無有實性，故亦曰非。以不廢假名，故亦曰是名耳。然此非之一字，正顯離相之用，是之一字，乃離即離非，是即非即之是，所謂即是用而離是用也。

△二、正報。

須菩提，於意云何，可以三十二相見如來不？不也，世尊，不可以三十二相得見如來。何以故？如來説三十二相，即是非相，是名三十二相。

此遣正報也。即如來三十二相，正報之身也。觀佛之究竟，當機亦可謂婆心徹困矣。至此欲其直下承當，會取離相之用，輒以己身而爲勘驗。正是爲憐三歲子，不惜兩莖眉。以故問之曰：可以三十二相見如來不？言三十二者，即始自足下安平，終至頂中肉髻。蓋當機前來已解離相見佛之旨，故此應聲如響，道：不也，世尊，不可以三十二相得見如來。何則？以真佛非形，法身非相，故自徵云此何以故。當知世尊所説三十二相即是應身三十二相，原非法身無爲之相。然此三十二相若在法身之中，不過是名而已，故曰是名三十二相。以應身之相乃福德成就，法身之相屬智慧莊嚴。至此可見，大而世界，細而微塵，法説非説，佛相非相，以至般若非般若，則離相之用可謂彰且著矣，向下不過況顯伸解結成而已。

△三、顯示經功。

須菩提，若有善男子、善女人以恒河沙等身命布施，若復有人於此經中，乃至受持四句偈等，爲他人説，其福甚多。

此中以福較慧，明離相之用，以顯經功。但此比前不同，前皆財物，此以身命故也。

良以理進一層，則較量亦增一層，所謂水長則船高耳。身施如尸毗之代鴿，命施若薩埵之飼虎。皆不及此經之四句者，以此般若離相之用，直透法身向上，不唯寶施弗及，即身命亦弗如也。問：經中往往言四句偈功德殊勝，果何説乎？答：佛説《金剛般若波羅蜜經》，能所纔得八言，曰即非，曰是名而已，則此一名而詮顯法界三觀、三止、三諦，斷三惑，除三執，具三名，證三身，顯三德，獲三空，皆由是而彰也。只如説三千大千世界微塵之依報，三十二相之正報，若據實體則無量無邊之廣大勝竗，此則不過數字收之盡矣。即如世間天子之璽，不過荊玉一方，亦止八字，曰受命於天，既受永昌，而其體也唯玉一方，而其文也止於八字，然其爲用，未易可言。何則？因之繼天立極，子惠萬民，鎮安中外，取信立德，定乾坤，達神鬼，莫不由之。方之文字般若，四句雖少，而其爲功則甚大，明矣。故不可以世諦有爲内外財施而較也，如至尊德業，非羣臣事業可得而比也。

△四、聞義述解，二。一、當機伸解，三。

一、解自聞希有。

爾時，須菩提聞説是經，深解義趣，涕淚悲泣而白佛言：希有，世尊，佛説如是甚深經典。我從昔來所得慧眼，未曾得聞如是之經。

此當機呈解也。因前初請降住之法，所以佛爲指示，迄至乍聞離相度生，無住行施，非相見佛，未免茫然，故云頗有衆生得聞如是生實信不。因伊一問，累我世尊且誡且談，展轉發明，循循善誘，曲曲提撕，已至今日，所謂陽春布德，花香漏泄於枝稍，素月流輝，波印透開於潭底。當機此際，抛下草菴，趨入寶所，方見老漢真心，始解太平無象，是以感悔流涕，喜極成悲。言是經者，即一往所談文字般若。言義趣者，義即義理，即所詮離相無住、妙有不有之理，乃前處處言即非者是也。趣即旨趣，即般若玅用真空不空之趣，乃前處處言是名者是也。此即觀照般若。而言深解者，正是尊者囫的一聲桶底脱落，突出頂門正眼，握定金剛寶劍，所謂大用現前，不存軌則，正深悟而實解也。此即實相般若。良以因文字起觀照，由觀照而契實相也。鼻出爲涕，眼出爲淚。心激感痛曰悲，鼻息縮傷曰泣。此因悟而傷迷，喜極而反痛也。茲呈解而歎希有者，與前不同，文雖似一，而義實雲泥。前乃讚佛日用尋常，莫非本地風光，指示當人全體大用，般若真心，猶如天王華屋，一時乍見，故曰希有。今乃讚佛以文字般若，引生觀照，令契實相，則是深入九重細見，五步一樓，十步一閣，偏歷歌臺舞殿，複道長橋，甚而明星熒熒，緑雲擾擾，靡不洞悉，應接無暇，至此不能遍言宮裏之事，唯道一切好希有也。是則前乃外見規模莊麗，今乃入見室家之好也。如是經典者，即前一往所談言説章句文字般若。而言深者，即所詮無住觀照般若。更言甚者，即今深解悟入實相般若也。昔來者，謂自證阿羅漢果，得人空慧眼以來，未曾得聞此《金剛般若波羅蜜經》也。良以當機自阿含，歷方等，至般若，證人空以來，於一切法但念空、無相、無作，自謂究竟，然而未聞法空之理，以故適纔悲泣者，正謂如是之經，恨未早聞耳。蓋此經談空，亦不住空，所謂有無俱遣不空空，故稱之曰甚深經典也。

△二、歎他聞希有。

世尊，若復有人得聞是經，信心清淨，即生實相，當知是人成就第一希有功德。世尊，是實相者，即是非相，是故如來説名實相。

此因己而歎他也，乃尊者汲引同類，并及當時一切大衆耳。蓋因前來聞真空之説，恐無知音，故率然而問：頗有衆生乃至生實信不？佛誡之曰：莫作是説，不惟現在有人，乃至如來滅後亦有。彼時雖不敢辯，未免尚懷鬼胎。至此尊者點胷自肯，始知今是而昨非矣，便覺從前出言鹵莽。此解如來訶誡，明現在不無之旨也。故言若復有人等，正謂現在不獨我能信，還復有人亦能生信也。

言聞經者，聞慧也。信心者，思慧也。生實相者，修慧也。信心清淨者，正信自心清淨，解得離相無住，毫無一法當情故也。蓋此信一生則諸法不生，既諸法不生，即實相生焉，所謂諸法不生而般若生。是以由文字般若，起觀照般若，信得無我無法等相，心自清淨，即是所生之實相般若也。當知實相無能生所生，不過開顯正智，假名曰生耳。

此中是人下，言由淨信而生實相之人則能成就第一希有功德。言第一者，須知信之一字，乃入道之前鋒，爲善之首領，是以五十聖位此位爲先，十一善法是法居首，故云第一。而言希有者，即此實相之理不外尋常，所謂溪聲盡是廣長舌，山色無非清淨身。即諸法而顯實相，寧不希有乎？而言功德者，即因功果德，乃無漏無爲之因果也，雖塵界寶施、恒沙身命亦莫能及，故云第一希有功德也。昔武帝問達磨云云，皆答福德，以有漏有爲也，豈知此淨信實相爲真功德耶？向下是之一字，乃承上轉下之辭。言實相者乃真實之相，非相者即非諸法之相，名實相者乃名諸法圓滿成實之相也。然此三句各有深意。第一句即對四諦凡夫外道執虛妄相者而曰實相，以除我執，以顯我空真實之相也。第二句，對出世間聲聞緣覺執空相者，故説非相而非空相也，以遣法執，以顯法空真實之相。第三句，對權乘菩薩執非法相者，則以是名除非法執，以顯俱空真實之相也。一即文字，二即觀照，三即實相。設以三觀等釋，亦無不可，茲不繁贅。以上乃當機前承訶誡之後，處處留神，至此疑團冰釋，是以吐露發揮，皷舞當時大衆。正是：若不一番寒徹骨，焉得梅花撲鼻香。

△三、明後聞希有。

世尊，我今得聞如是經典，信解受持，不足爲難。若當來世，後五百歲，其有衆生得聞是經，信解受持，是人即爲第一希有。何以故？此人無我相、人相、衆生相、壽者相。所以者何？我相即是非相，人相、衆生相、壽者相即是非相。何以故？離一切諸相，即名諸佛。

此正當機領解，佛滅度後後五百歲，有持戒修福之人能信是經也，始知佛語無虛。蓋尊者之意，謂我爲羅漢，耳提面命，尚不免疑，然幸親稟佛教，得生信解，似亦不足爲甚難事。若夫當來濁惡世中，後五百歲，正法、像法之後，時當末法之際，目不覩玉毫之相，耳不聆金口之言，當此去聖時遥，鬬諍堅固之秋，其有衆生覽遺教而興思，念微言而渴仰，因而得聞如是之經，遂而信心清淨，解得人法俱空，復能如説受持，是則真爲罕有之者。此中，聞是經即聞慧，信解即思慧，受持即修慧，以能具此三慧，故言是人即爲第一希有。此是人二字，正領佛説當知是人之是人也。言此人非一佛二佛，三四五佛而種善根，已於無量千萬佛所種諸善根，正是見佛多，聞法廣，種善深，乃人中第一流人也。然復能信心清淨，解此離相無住之旨，了得人法皆空，豈非人中之希有者乎？向下即徵釋云：何所以故，此人不過聞經信解受持，是亦平常之事，如何便説是人中第一希有之人輩？以此人無我等四相故。何則？設有四相，自不能信此經離相無住之文字也。今能信此，則無四相可知。既無四相，則其人已證人空之智，高超三界，遠越四生，我生已盡，不受後有，豈非凡外人中第一希有者乎？然既如此，次又徵云所以者何。此人即無我等四相，不過與二乘同流，尚有無明未斷，變異猶存，何得謂之第一？然此不惟但解人空，兼亦證入法空，不惟無我等四相，亦無無我等四相。設不如是，奚能解此經離相無住之觀照乎？既解觀照，則不臥無爲牀，戒飲寂滅酒，已離化城，直造寶所，豈非二乘人中之第一者乎？故云我相即是非相等者，此中我等四相，在二乘人惟知執無，今言非相者即是并無相亦非，所謂無無相也。即無無我相，無無人相、衆生、壽者相也，是則法根既絶，我苗不生，一執冰消，二空智顯。即古云：若欲速成佛，持刀快殺牛，牛死人亦亡，佛亦不須求。至此則佛尚不求，豈非小聖中之第一者乎？若爾，則再三徵何所以故，即使解得法空，不過同乎菩薩，上求佛果，下化衆生，往來三界，出入四生，何處無之，安爲希有？良以此人不惟但解法空，離其法等四相，而且又解非我法等四相之空亦空，遠離一切諸相而更證俱空之智耳。設不爾者，何能受持此經之離相無住之實相哉？既能受持實相，則能了達實相無相，無相亦無相，是則離一切諸相，則非菩薩之可稱，即當名之爲佛矣。此正結前深解義趣之文也。然雖如是，要識當機疑悟落處，指示分明，疑自何生，悟從甚得，方爲説到見到。設不爾者，何異盲人摸象？未審諸人有證據不？倘或未明斯旨，且須落草盤桓，幸勿厭繁可耳。

良以尊者抱負迥異常流，况乎身佩三印，果證二乘，踞化城之堅壁，依草菴而駐兵，自是自空一世，氣冠羣英，方將問鼎請隧，且不識漢何如我大。然則所謂獨坐窮山，放虎自衛者也。今向祇園座下見得一斑，正欲人前顯實，鬧裏奪尊，方不埋没自己。設或不然，寧不錦衣而夜行耶？以故一心恭敬，三問齊伸，將謂唯我已達，然爲諸人正以夜郎王而自居也。然我如來既見當機智勇膽略，還是個人，猶臥龍之遇天水，不妨且戰且攻，且招且撫，是以將錯就錯而應之曰，應如是住，如是降伏其心。此時如來毫不干動，所謂將欲取之，必固與之，始而略示降心離相，繼而復示住心無住。此則八陣之圖已陣，十面之伏已設。然欲下手，遂將自己畫道等身符子，直向尊者面前一擲，曰：於意云何，可以身相見如來不？即此一問，當機不解是箇弔虎離山之計，因而輪鎗躍馬，直出垓心，且而據鞍顧眄，以示矍鑠可觀，自謂英雄蓋世，智術過人，遂率然而對曰：不也。只此二字，是要充作家的樣子，然則何異龐德之敵雲長，所謂初生犢兒不畏虎也。且復抖擻精神，左鎗右棒，横衝豎撞，故云：世尊，不可以身相得見如來。何以故？如來所説身相即是非相。足見尊者前遮後搪，上盤下旋，也是箇戰將。然在如來以逸待勞，見得當機到此，力盡矢窮，因而虚恍一刀，引他入陣，所以把火助照，故曰：凡所有相皆是虚妄。尊者至此，只解如來順水張帆，豈識老漢逆風帶柁？是以策轡向前，不覺全身陷陣。如來見事已濟，不費張弓隻箭，只須羽扇輕揮，霎時旌旗變色，壁壘皆新，故曰：若見諸相非相，即見如來。方纔正説離相之旨，當機以爲得計，竭力應酬，不料如來忽然吐出這箇即字，未免驚慌，意欲奪空而走，遂復嫁禍於人，故曰：頗有衆生得聞如是言説章句，生實信不？故知即之一字，乃疑悟根也，生佛基也，釣鰲鈎也，縛將絲也。如來因彼破綻已露，始向頂門一針道：須菩提，莫作是説。然此莫之一字，乃除疑生信之關，亦尊者就擒被縛之所。設非此字，未免還有之乎者也。故如來止用一箇莫字，便教當機閉口無言，神驚膽喪而偷心盡死，至此則生擒下馬而活捉歸營矣。向下之文皆如來穩坐中軍，握定金剛寶劍，將當機呼至堦下，喻以至尊威德，令其改往而修來也。所以當機蒙示佛身離相，果法離相，繼而又教之以住心無住。首則泛論無住，自小乘法而至佛法菩薩莊嚴，次乃正明無住，復又喻明無住，展轉發揮，以蕩執情。因復較量顯勝，令生渴仰，以彰般若妙用。故尊者因聞經功殊勝，遂而請名奉持，乃是羨皇恩之浩蕩，可謂中心悦而誠服也，此正投誠而皈命矣。如來垂示，乃云是經名爲《金剛般若波羅蜜》者，即聖德之無私而隨功賞賜也。又曰以是名字，汝當奉持，即將金剛王劍至是亦賜矣。繼復釋曰，佛説般若，即非般若，是名般若者，乃如來之捧轂推輪，所謂閫以内，寡人治之，閫以外，將軍治之也。而復示説法離相，依正離相，顯示經功者，乃授廟謨聖訓耳。是以當機至此，深荷大德，痛悔前非，不禁感恩而流涕矣。故前來乍聞諸相非相即見如來，當機在彼尚猶屈强，未免跳梁，是以累我世尊廣談法非法空，即非是名句義，至是豁然，方省前非。以故悲淚呈解，三稱希有，一口道出離一切相，即名諸佛。以此觀之，則前之即字出自佛口，此之即字出於當機。只此前後二即，可謂剛剛合上油瓶蓋矣。斯正以心印心之謂也。然則諸有智者雖由譬喻可解，幸勿作譬喻解可也，若然則辜負經文不少。不唯辜負經文，亦且辜負如來。不惟辜負如來，兼又辜負當機。不惟辜負當機，亦復辜負自己也。

△二、世尊印述，二。一、印證，二。一、總印。

佛告須菩提：如是，如是。

此總印所述之當也。前以當機解之未深，輕率而發頗有之問，佛則訶誡。今既蒙教，得其深解，呈白於佛，故爲印可。曰如是如是者，謂當機所解三空觀智皆稱真如而是。然重言者，當之極也。而此兩個如是，須知一在於佛，一在當機。何則？蓋佛之意謂我唯教爾，若見諸相非相，即見如來，汝今既然能解離一切諸相即名諸佛，正是我心如是，汝亦如是，須善護持。此則以心印心已竟。然空生之稱慧命者，正所謂傳佛慧命，真不愧矣。

△二、别證。

若復有人得聞是經，不驚不怖不畏，當知是人甚爲希有。

此即反其預歎之詞而印證耳，意謂爾何求全於人如是之深也。必欲其信心清淨，即生實相，及信解受持而後，乃許其爲第一希有者。若然恐亦難得其人，即今設或有人，縱不能深心信解，但聞是經而不驚疑怖畏，就算是箇上好的了，故曰甚爲希有。正所謂才難，不其然乎？

△二、述成，二。一、約法述成，二。一、就智度述成。

何以故。須菩提，如來説第一波羅蜜，即非第一波羅蜜，是名第一波羅蜜。

此下徵明，問何故但聞而不驚畏者便曰甚爲希有。以其人但聞是經不驚，即證佛順俗諦所説六波羅蜜中之第一波羅蜜，但聞是經不怖，即證佛順真諦所説之即非第一波羅蜜，但聞是經不畏，即證佛順中道所説之是名第一波羅蜜，豈非甚希哉？問：經中何事是可驚疑怖畏？答：無著謂於聲聞乘中説有法有空，於此聞法無有故驚，聞空無有故怖，於二無有理中思量不能相應故畏。以上乃約文述。若約旨述者，即初無我等四相，人天聞之，誠爲可驚，以人天未得人空，專執我等四相故。次非無我等四相，聲聞、緣覺聞之，誠爲可怖，以二乘人雖無我等四相，已證人空，然不能非却無我等四相而證法空。三離一切諸相，即名諸佛者，乃不惟我、法雙空，并俱空亦空，雖菩薩聞之，誠亦可畏，以權乘菩薩住於法空之境，不能將空法之空亦空，是以有驚疑怖畏也。而此三波羅蜜皆稱第一者，何也？蓋五度如盲，般若如導，五度無般若，皆不到彼岸故，是則般若稱之爲第一波羅蜜也。當知一往皆明離相無住之旨，皆屬般若之用，正猶金剛鋒利之用。此下將談證悟，故舉波羅蜜之究竟彼岸，取喻金剛堅固之體也。佛因當機已悟金剛般若，故說波羅蜜，更令深進，所謂錦上鋪花耳。

△二、就忍度述成。

須菩提，忍辱波羅蜜，如來說非忍辱波羅蜜，是名忍辱波羅蜜。

此復轉述上文也。謂此第一波羅蜜自何而得，以從忍辱中來故，何則？以第一波羅蜜雖是修般若者，設非忍度兼資，亦不能速到彼岸，所謂明人忍慧强也。此由一往教諸菩薩，度生離相，布施無住，非有忍力者則不可耳。故《起信》云：以知法性無苦離瞋惱故，隨順修行羼提波羅蜜。蓋羼提者，即忍辱也。忍即內心含容也，辱乃外來橫逆也。其忍有三，謂生忍、法忍、無生法忍。夫行是行者，不見內有能忍所忍，不見外有能辱所辱，中間不見有杖木相加等事，方是三輪體空，一心清淨，乃爲深得無生法忍也。此言忍波羅蜜者，是順俗諦之言，即生忍也。非忍者，是順真諦之言，即法忍也。是名忍辱者，是說真俗不二，順中道第一義諦之言，即無生法忍也。意言此人能證此忍，方能聞是經，於離相度生無住行施，深忍好樂而得不驚不怖不畏，豈非甚爲希有乎？

△二、約人述成。

何以故？須菩提，如我昔爲歌利王割截身體，我於爾時無我相、無人相、無衆生相、無壽者相。

此印證述成離一切諸相即名諸佛也。謂我昔離相方能行忍，如其相不能離，雖一言見侮，猶銜恨終身，矧割截乎？乃至節節支解不瞋恨者，由離一切相，所以成佛也。此乃世尊婆心太切，所謂爲人須爲徹，殺人須見血。因當機雖悟離相之理，恐於離相之事尚未了然，故將自己做過的樣子拈於他看，以便修學。且而復恐秖會向第一波羅蜜中覓取般若，不能於餘五度上會得般若，故廓而充之曰：豈惟般若非般若，是名般若，須知六度皆然，即如忍辱非忍辱，是名忍辱耳。故徵釋云：以何義故，説忍非忍，是名爲忍？又行忍辱者，有何憑據而知其離相耶？故此佛引我昔而證成也。蓋人平時可以勉强，而至生死大難臨身，不能絲毫假借，故曰我於爾時無我等者，此正燕雀不處巢，無以畜衆雛，如來不示行，無以度衆生，故先示離相的樣子耳。又徵何以知其如來行忍，實無四相聻？釋曰：我方支解時，若少有四相，即生瞋恨。此又離相之明驗也。梵語歌利，此云極惡，陳譯爲迦陵伽，唐譯爲羯利，此秦譯也。茲乃略釋，若欲廣明事跡，准《涅槃經》云：

我念往昔生南天竺國富單那城婆羅門家，是時有王名迦羅富，其性暴惡，憍慢自在。我於爾時，爲衆生故，在彼城外寂然禪思。爾時彼王，春木花敷，與其宫人綵女出城遊觀，在林樹下，五欲自娱。其諸綵女，捨王游戲，遂至我所。我時爲欲斷彼貪故而爲説法。時王見我，便生惡心，問言：汝得阿羅漢果耶？我言：未得。復言：汝得不還果耶？我言：未得。汝既年少，未得聖果，則爲具有貪欲煩惱，云何恣情觀我女人。我言：大王，當知我雖未斷貪欲，然其内心實無貪著。王言：癡人，世有仙人服氣食果，見色尚貪，況汝盛年，未斷貪欲，云何見色不貪？我言：大王，見色不貪，實不由於服氣食果，當由繫念無常、不淨。王言：若有輕他而生誹謗，云何得名修持淨戒？我言：我無瞋妬，云何言謗？王言：云何名戒？答言：忍名爲戒。王言：若忍爲戒，當截汝耳，若能忍者，知汝持戒。我時被截，容顔不變。王臣見已，諫言：如是大士，不應加害。王言：汝等云何知是大士？諸臣曰：見受苦時，容顔不變。王言：我當更試。即劓其鼻，刖其手足。爾時，我於無量無邊世中，修習慈悲，愍苦衆生，心無瞋恨。時四天王心懷瞋忿，雨沙礫石。王見大怖，復至我所，長跪白言：惟願哀愍，聽我懺悔。我曰：大王，我心無瞋，亦如無貪。王言：大德，云何得知？我即立誓：我若真實無瞋恨者，此身平復如故。發是願已，身即平復。更願我於來世得成菩提，先度大王。是故我今成佛，度憍陳如也。蓋我之忍，非止歌利一時。又念五百生中，作大仙人，名曰説忍，於爾所世皆無四相，故忍慣而視之爲尋常也。應知忍無四相，即爲第一波羅蜜。苟無智慧，則不能無瞋恨，即忍於一時，亦不能忍於多世。即甘忍其苦，亦不能感格於王也。此世尊即忍度發明離相者，正恐説食不飽，是欲當機親嘗一口也。

△五、結成離相。

是故，須菩提，菩薩應離一切相，發阿耨多羅三藐三菩提心。

前既印述已畢，至此結勸云：菩薩當如我上來離相發菩提心，亦必須修此離相之行也。是故二字通結上文，正謂爾前問我善男子、善女人云何發心，云何降住，是故當知學般若之菩薩，應當離相而發心也。此佛因顯離相之用，并其降住之前發心無法之旨，一盤托出。其如當機雖聞此説，尚欠沉思，可惜當面又成錯過，故下復有云何降伏發心之問也。設於此處會得發心無法之旨，則下半卷問答均可已矣。所以貪看眼前浪，失却手中篙，乃當機之謂歟。此彰般若離相用竟。

△二、彰般若無住用，二。一、正明無住，三。一、不住六塵。

不應住色生心，不應住聲、香、味、觸、法

生心，應生無所住心。若心有住，即爲非住。是故，佛説菩薩心不應住色布施。須菩提，菩薩爲利益一切衆生故，應如是布施。

此乃結前廣略住心無住，以彰般若無住之用也。因前雖歷明無住，正明無住，喻明無住，校量況顯，尚未有結，便談離相之用。今上已結離相之用，故兹當結無住之用。此乃正結前文應無所住行於布施，并應無所住而生其心也。不應者，即前之應無也，亦誡詞也。此中言不應生心者，良以心本無生，因境而生，以故生心即妄，動念即乖。不可住著六塵而行檀度者，乃示無住之事也。應生無所住心，即應無所住而生其心，此勸悟無住之理也。蓋上之住色等生心，即妄心也。下之應生無所住心，真心也。所以用不應二字誡其勿住，以應之一字勸其當生。若心有住，即爲非住。此明我教爾不應住者何意，但爾之心一有住著，即屬虚妄之幻識而非無住之真心矣，正明有住即乖法體，而非無住實相之理。故古德云：却物爲上，逐物爲下，瞥起微情，即落地上。正《楞嚴》云若能轉物即同如來，斯之謂也。是故下，示三輪空也。不住色布施者，能施空也。爲利益衆生者，即受施空也。應如是布施者，逆指上文不住之義也。内則不住有我，外亦不住有人，而中間不住可施之物，即施物空也。是則三輪俱空，真可謂無住行施矣。此明菩薩行施不應住著，原爲利益衆生也。設或稍有住著，則是人我未忘，而與衆生結憎愛緣矣。若然則互爲子孫父母、寃家債主，百劫千生，恩怨纏綿，輪迴生死，何能解脱？以故應當行布施時，不得住六塵而行布施也。果能如是行施，則爲無住之施、無漏福田也。所以如來教人行施決不可住相者，良有以焉。

△二、不住人法。

如來説一切諸相，即是非相。又説一切衆生，即非衆生。

總結上文修忍行檀以彰無住之義。言一切諸相即是非相者，正顯真如自性非有相，非無相，非非有相，非非無相，非有無俱相，非一相非異相，非非一相，非非異相，非一異俱相，乃是真空無相之實相也。而又説一切衆生即非衆生者，以一切衆生從無始來，種種顛倒，妄認四大爲自身相，六塵緣影爲自心相，是以四大和合，五藴六塵，衆法相生，假名衆生。若析皮肉肋骨以歸地，精液痰唾以歸水，暖氣歸火，動轉歸風，且道妄身安在。於中六塵各歸散滅，畢竟無有緣心可見。設離四大、五藴、六塵，則無衆生可得，故云即非衆生。蓋上之諸相非相者，謂諸法俱空也，則遠離法非法執。下之衆生非生者，人我皆空也，則遠離我執。若合前章之義，正是三輪空寂，三執消融，三空顯現。此則般若無住之用，可謂彰明較著者矣。

△三、結顯真實，二。一、正明真實。

須菩提，如來是真語者、實語者、如語者、不誑語者、不異語者。

此乃結前起後，勉生信解依之修習也。因上所明諸相非相，衆生非衆生，恐云菩薩爲利益一切衆生，此何又説衆生非衆生，毋乃空有矛盾，二三其説乎？故曰如來是真語實語者。此明決不疑誤後學，如云佛説苦諦，真實無異者是也。況佛説法，必然契理契機，凡有所説，皆歸三諦之理。至如真語如語，乃稱真諦即空而説也。實語者，此稱中道實相而説也。不誑不異，此順今時依俗諦而説也。又則真語者，無妄也。實語者，無虚也。如語者，如所得而説也。不異者，無更變改易也。魏譯止此四語，什師譯本則有五語，蓋順天親論文，欲統收四語，發明佛意，一一真實，而非虚誑故耳。由是之故，須信誠言，不汝欺也。

△二、轉釋真實。

須菩提，如來所得法，此法無實無虛。

此正承佛語真實之義也。良由此法無實，故説衆生非衆生，因其此法無虛，故説利益一切衆生。是則如來所説，皆是稱理，皆是真實，非誑異矣。此正證成無住行施，教其不得住著也。何故？以此阿耨菩提之法，不同世間所執陰、處、界等之法有實有虛，此乃無實無虛。因其無實，則妙有不有，以其無虛，故真空不空。因妙有不有，故不住有法，所以身相非身相，菩提非菩提，説法非説法，世界非世界，微塵非微塵，莊嚴非莊嚴等。因真空不空，則不住非法，所以説是名身相，是名菩提，是名説法，是名世界，是名微塵，是名莊嚴等。以是無實，故不住有，以是無虛，故不住空。觀佛談真空妙有，以彰般若無住之用，而至此處亦可謂竭盡而無餘藴矣。

△二、舉喻顯用，二。一、舉喻，二。一、喻住則不妙。

須菩提，若菩薩心住於法而行布施，如人入闇，即無所見。

此喻住相之過也。乃世尊恐當機不能頓空三輪，猶帶廉纖，故舉喻以明住相不妙之過也。言菩薩心住相行施，不惟不能透脱根塵，抑且被物所轉，反爲貪癡所覆，徒增憎愛緣耳。是知不能得般若無住妙用而行施者，頭頭障礙，如一雙好眼入於闇室，縱有無量家珍且不能見，安得其受用者哉？

△二、喻不住方妙。

若菩薩心，不住法而行布施，如人有目，日光明照，見種種色。

此喻無住之功也。蓋住則被境牽纏，不住則即能轉物，而蕩除三執，徹證三空，方謂之金剛大用現前也，始得情翳冰消，智光圓照，道眼觀來，事事光明。即如人之有目，又加之日光照耀，則能盡見種種之物色矣。

所謂寸絲不挂，萬里無雲，撥開關棙子，親見本來人，而此無住之用妙莫加焉。然則發心菩薩可不深求無住乎？

△二、顯用，二。一、生福用，二。一、自利福。

須菩提，當來之世，若有善男子、善女人能於此經受持讀誦，即爲如來以佛智慧，悉知是人，悉見是人，皆得成就無量無邊功德。

上以五語二喻證勸無住行施。然行施者，既得三輪寂，三執消，三空顯，是經之意可謂深矣，而猶未識持經功德，故此顯之。蓋當來之世正屬此時，所謂濁惡者多，受道者少，若非久植善根，不能受持讀誦。今云能者，不惟能誦文字章句，亦能受持無住妙義，則其人功德非權乘小果可以企及，故云即爲如來以佛智慧悉知悉見。此即爲之爲，當訓得字，謂即得感格者也。以佛智慧，言悉知者，乃佛三達洞照，悉見者，五眼圓觀也。如是者，逆指前來廣略章中虛空無量沙界無邊之功德也。問：此經前後重重校量，佛意何居？答：良以《金剛般若》，無著真宗，誠印心之祕典，乃入聖之真詮，三執空而妄心休息，三智顯而實相圓成，稍非觀照精純，奚得心空境寂？不假文字般若，何由認路還家？故凡結證之處，廣明持說之功，不過俾道脈以常流，使法源而不竭，微言不泯，意在斯焉。

△二、利他福，二。一、略說福。

須菩提，若有善男子、善女人，初日分以恒河沙等身布施，中日分復以恒河沙等身布施，後日分亦以恒河沙等身布施，如是無量百千萬億劫以身布施，若復有人聞此經典，信心不逆，其福勝彼，何況書寫、受持、讀誦、爲人解說。須菩提，以要言之，是經有不可思議、不可稱量、無邊功德，如來爲發大乘者說，爲發最上乘者說。

此較量持說勝身施者，以顯般若無住之功也。蓋日有三分，初日辰巳分，中日午未分，後日申酉分，此言每日三分各用恒河沙身施，可謂行檀之精進矣。然而不唯一日兩日，如是積日而劫，壘一而百，以至於無量百千萬億劫，此則甚言其久也。而況日日三分，皆以恒沙身而爲布施，此則内財之施，福自難量。梵語劫波，此云長時，有小中大，芥城拂石，增減之不同。此上較定其福之勝，然猶不及聞此經典般若無住之義，一念信心耳。此言逆者即忤逆，所謂謗方等也。而曰不逆者，即隨順此文字般若無住之義，不生毁謗。只此之福已勝身施，何況受持、讀誦、爲人解説。此受持、讀誦，自利也，爲人解説，利他也。正明一聞信順，福尚超於恒沙身施，何況二利俱備之者？則其人福愈難較矣。此以要下，初由略以較多，既難比勝，今自廣以至要，故云以要言之，意謂設具足讚歎終不可窮，以略而言亦有不可心思、不可言議、不可以多少稱長短量，實無邊涯際畔之功德也。應知如此内施，雖事大時長，乃福感有漏。苟能隨順般若，則自他俱利，果證菩提，是無漏法施之功，豈可以有漏生死身而較量哉？如來爲發下承上而言，謂此經具不可思議功德者，以爲發大乘心者説故，爲發最上乘心者説故。若據《起信》，其大有三，謂體、相、用也。復恐濫權，故以最上揀之，所謂一佛乘也，以大乘則通收迴小向大漸機人也，最上乘則指不歷階級圓頓人也。

△二、廣説福，三。一、正明廣説功德。

若有人能受持、讀誦、廣爲人説，如來悉知是人、悉見是人，皆得成就不可量、不可稱、無有邊、不可思議功德。如是人等，即爲荷擔如來阿耨多羅三藐三菩提。

此勸持廣説以顯功德也。謂此經既爲大乘人説，然能受持廣説，具二利之德，則此人亦大乘人矣。言廣説者，於人非止一二，於經非止四句，所謂向稠人廣衆之中建大法幢，普施般若法雨也。然則此人之功德，非心所測，非口所宣，唯有如來能悉知見，降斯已還，皆莫能識。何則？以此人既能自利利人，即爲荷擔如來無上菩提故也。在背爲荷，在肩爲擔。言如是二利之人方是任重致遠，代佛擔担，替佛行道者也。

△二、反顯樂小不能。

何以故？須菩提，若樂小法者，著我見、人見、衆生見、壽者見，即於此經不能聽受讀誦、爲人解説。

此反顯也。正明不能以般若爲己任者，則非大乘之器。問：佛心平等，施法亦然，云何上説惟爲大乘與最上乘耶？答：樂小者自不能聽信受持並廣説耳。所謂一日之價，以爲大得，何暇於留心法王大寶哉？以其樂小之流四相未空，法執未除，愛樂小果，著相惰慢，躭著虚妄，深戀不捨，焉能向此《般若經》中於離相無住之義而肯聽信乎？且聽信尚然不能，焉能受持讀誦，廣爲諸人解説其義趣乎？正明小機決不能受持廣説耳。今既能聽受讀誦，爲人解説，非樂小者可比，寧不謂之大乘人、最上乘人爲荷擔菩提者乎？

△三、結指經處當供。

須菩提，在在處處，若有此經，一切世間天、人、阿修羅所應供養。當知此處即爲是塔，皆應恭敬，作禮圍繞，以諸花香而散其處。

此勸護法當供其經也。須菩提下，在在乃經在所在，處處即經處之處也。此皆領前無住章中，隨説是經乃至四句，當知此處一切天人皆應供養如佛塔廟也。言恭者即作禮圍繞，而敬者即以諸香花等，此即依正而表恭敬也。塔乃藏應身舍利之所，而此經乃藏法身舍利之處，所以益當供之也。問：前既有此，何更重説？答：前明無住之義，言經處與人皆應供養，此明無住妙用，經處及人寧不然哉？且前云如佛塔廟，茲曰即爲是塔，而即之與如，較前爲更親切也。文義各别，故不重也。

△二、滅罪用，三。一、正明滅罪玅用。

復次，須菩提，善男子、善女人受持讀誦此經，若爲人輕賤，是人先世罪業應墮惡道，以今世人輕賤故，先世罪業則爲消滅，當得阿耨多羅三藐三菩提。

此顯持誦有二不可思議也。一者以輕易重，能回定業，則報不可思議。二者當得菩提，則果不可思議。此釋持經有不得勝福之疑。復次須菩提下，謂此經既爲發大乘并最上乘者說，而持說之人又具不可思議功德，凡經在處即是佛塔，則一切天人應當恭敬，此皆如來真實誠言，信固然矣，如何現有善男子、善女人在那裏受持讀誦，不唯不得人天恭敬，而反被世人輕賤者，何也？所謂輕則不重，賤則不尊矣，然則輕賤事有多種，或行嫉妬，或生忌嫌，或懷瞋而加謗，或倚勢而欺凌，甚而刀杖瓦石，拳脚相加，是皆輕賤之事，以此觀之，經功何在？釋云：是人先世罪業也。以其人未識佛時，未聞法時，未遇僧時，未持《般若》時，且莫說是人前生多世，即今生以先半世之中，能保其皆造福而不造罪業乎？既有罪業，則將來之世應墮惡道，受苦無窮。言惡道者即三惡道，乃地獄、餓鬼、畜生也。今以持經功德，轉重報令輕受，轉生報後報令現受，由今世被人輕賤，則先世所造之罪業即借此而消滅矣，不復更墮三塗，豈非《般若》之殊勳哉？然且不止滅罪，由此修習，當得成佛，故云當得阿耨多羅三藐三菩提。言當得，正謂今雖不得，當來必得也。豈可因人輕賤，遂謂持誦無功？以此觀之，則轉罪報而得佛果，應亦愈知此經之妙用矣。

△二、兼顯經功妙用。

須菩提，我念過去無量阿僧祇劫，於然燈佛前，得值八百四千萬億那由他諸佛，悉皆供養承事，無空過者。若復有人於後末世，能受持讀誦此經，所得功德，於我所供養諸佛功德，百分不及一，千萬億分，乃至算數、譬喻所不能及。

此顯經功妙用不可思議也。須菩提下，乃舉福較慧也。我，即法身真我。念，即明計不忘之謂也。阿僧祇，翻無央數，十大數之一也。然曰無量阿僧祇者，即三無央數也。蓋我世尊自爲廣熾陶師，遇古釋迦，開導發心，修習佛果，至第一僧祇劫滿，遇寶髻如來，二僧祇滿，遇然燈如來，三僧祇滿，遇勝觀如來。今云然燈前者，即未見然燈之前也。那由他，乃第九數，數當萬萬。供養，約四事言。承事，謂躬承奉事，順教無違。空過者，謂如上諸佛不曾空過一佛而不供養承事者也。此正世尊以自己因中供養諸佛如是之多，且無一佛空過，而其福德誠不可量。若與末世持經相校，皆不及一。何則？供養諸佛，事屬有爲，乃可思議也。受持《般若》，功屬無爲，故不可思議耳。是則經功妙用可勝道哉。

△三、總結經功玅用。

須菩提，若善男子、善女人於後末世有受持讀誦此經，所得功德，我若具説者，或有人聞，心即狂亂，狐疑不信。須菩提，當知是經義不可思議，果報亦不可思議。

此總結上離相無住二章，以明果報，經義皆不可思議也。正謂上來我説善男子等這種校量不及的功德，尚猶略説，若其具説，恐人難信，反生疑惑。言狐者，乃狡獸耳，即野干也。其性多疑，以冬渡冰河，且走且聽，冰下水無流聲即進，有聲即退，因其進退不一，以喻疑者。此名《般若》福勝，劣根者未可具聞，恐狂亂不信，致招謗法之愆，茲但少分説之耳。何則？以此經之義理，乃明實相離相、無住真心，甚深難思，即受持之者所獲果報，具屬無漏無上，故不可得而思議者也。然則經文至此，較量五重，兩次外財，兩度內施，一番佛因，至是較量已極，不可更較，故云乃至算數譬喻所不能及。須知後文雖有較量，不過隨事便舉，或一三千界寶，或如須彌寶聚，或阿僧祇界寶，皆不如上文之次等者。此有二義：一則恐淺識聞之難以信受，致有謗毀之罪；二則於前離相無住二章之中既以廣較，則後之發心無法，功德之大可以例知。雖不如前次第淺深，其義更遠，以有是經義不可思議，果報亦不可思議而轄之矣。

以上首示降住其心，歷彰般若妙用竟。

金剛般若波羅蜜經心印疏卷上

校勘記

〔一〕「彼」，底本作「被」，據文意改。
〔二〕「袈」，底本原校疑爲「架」。
〔三〕「夥夥」，底本原校疑爲「裸裸」。
〔四〕「往」，底本原校疑爲「住」。
〔五〕「靜」，底本原校疑爲「淨」。

金剛般若波羅蜜經心印疏卷下

大清欽賜雲南法界寺講經廣陵沙門溥畹述

△次明菩提無法，正顯般若本體，三。一、正明菩提無法，二。一、當機躡問。

爾時，須菩提白佛言：世尊，善男子、善女人發阿耨多羅三藐三菩提心，云何應住，云何降伏其心？

此問初發菩提心也。良以欲發菩提心者，必先降伏妄想執著而安住般若無住真心，方爲穩當。設或不然，而此安心不能降伏，處處攀緣，頭頭染著，則與無住之理有相乖角矣。是以世尊先答降伏，次明安住，意謂苟能安住無住，則妄想執著之心不待降伏而自降伏矣。若然則安心已竟，覺道可成耳。故前種種勘驗，展轉發揮離相無住之旨，尚未曾說菩提之心是如何發，無上之道是如何成。當機至此蒙佛指示離相度生，無住行施，是未降者降矣，未住者住矣。然且不知阿耨菩提之心果有所發無所發耶，無上正覺之道爲有所成無所成耶，是以興問。蓋當機意謂向來請問善男子、善女人發菩提心，云何應住，云何降伏，蒙佛慈悲，已爲開示住降之義，我已信解，但發心之義尚未發明，伏望如來不恪教言，再求伸釋，庶令而今而後，這般善信男女於阿耨菩提之法以便發心修證也。

△二、世尊直答，三。一、躡前住降無法。

佛告須菩提，善男子、善女人發阿耨多羅三藐三菩提心者，當生如是心：我應滅度一切衆生，滅度一切衆生已，而無有一衆生實滅度者。何以故？須菩提，若菩薩有我相、人相、衆生相、壽者相，即非菩薩。

此躡前降住，爲將答發心無法之端也。者之一字，即指發心人也。當生之生，即生發之生。是心者承上指下，承上則逆指前文無住行施，并應無所住而生其心，亦即應生無所住心之心也。蓋佛意云：此理已明，何須再問？況我已說菩薩但應如所教住，而發心者應發如是無住之心，即是菩提之心。是則住無所住，無住而住，方爲真住。心既無住，法豈有實？而無住之法，是爲如是。指下則降心之法亦不過度生離相而已，須知此中正明菩薩上求下化之心也。若上之無住行施乃上求也，此之離相度生即下化也。經云我應滅度一切衆生等，正下化之事也。我應二字，乃教其度生爲己任也。何則？菩薩之道，利物爲先。自雖未度，先度人者，菩薩發心。故云我應滅度一切衆生，即前文當生如是心，我應滅度一切衆生等。言滅度一切已，已即盡也，正明菩薩度生時，必先了知生佛平等，一如無二，故度盡一切而實無衆生得滅度者。何以故下，徵釋。以一切衆生俱涅槃相，不可更滅，一切衆生俱菩提相，不可復得。佛乃已證之衆生，生即在迷之諸佛，所以真如界内，絶生佛之假名，平等性中，無自他之形相。菩薩雖知平等實際不受一塵，而不妨佛事門頭不捨一法。以是義故，做出空花佛事，啟建水月道場，降退鏡裏魔軍，證得夢中佛果。是以諸佛時時度心内衆生，衆生時時成自性諸佛。故佛雖度盡衆生而實無一生可度，不過示其本有，令復本覺而已。此如醫者之治目，但去其翳，非别與光明也。何以故下，乃徵出度生離相之義。謂何所以故，説滅度一切衆而實無一生滅度者，何故？以菩薩但萌一念能度之心，即有我相，彼爲所度，即是人相，能所不忘，乃衆生相，耽著是法，爲壽者相。若然則與顛倒凡夫有何異乎？故言即非菩薩。此正反顯度生菩薩必達心、佛、衆生三無差别，決離我等四相也。既能離相，則降心之法亦不過如是而已矣。

△二、正明發心無法。

所以者何？須菩提，實無有法發阿耨多羅三藐三菩提心者。

此方正答無法發心也。所以者何，乃釋上文一有我等四相即非菩薩之義。意謂菩薩之所以稱菩薩者，乃覺有情也。所以上求覺道，下化有情，以能發菩提心，能化有情而得名也。然雖如是，要忘能所始得，須識平等真法界，佛不度衆生，設或不爾，則四相宛然，觸途成滯。故凡要發菩提心者，應知上無佛道可求，下無衆生可度。無佛可求，則不住聖解，無生可度，則不落凡情，由是聖凡情盡，人法雙忘。見到於此，名爲發心，證到於此，名爲證果。然爲菩薩者，初發心時，既實無有法爲發心，而證果覺時，則亦無有滅度衆生之法矣，故曰實無有法發菩提心者。此中實無有法之無字，最爲要緊，乃一經之宗眼，不可忽過。不惟無其有，亦且無其無，不但無有法，亦且無無法。若望前，降心則無心可降，住心則無心可住。於現前，則菩提無法可發。設或望後，則得果無法，得記無法，轉釋無法，度生無法，嚴土無法，達我無法。以此觀之，通前徹後一卷經文結穴於此，唯一無字，消歸盡矣。所謂無凡無聖，無染無淨，無高無下，無虛無實，故云實無有能度所度、能施所施、能降所降、能住所住。苟能達此無法之法，方是菩薩發菩提心也。故後文云通達無我法者，如來説名真是菩薩，良有味焉。言發者，謂顯發也，亦生發也。者之一字，乃指其人，即能發心者。以此心體原無一法，不過以無我無人修一切善法，藉此以顯發耳。正謂無法而發，發而無法也。故知菩薩最初發心時，尚無有法，而至度生時，豈轉有法哉？嗟夫，善財若解如斯旨，焉向南詢五十三？

△三、分示因果無法，二。一、約果，三。

一、得果無法。

須菩提，於意云何，如來於然燈佛所，有法得阿耨多羅三藐三菩提不？不也，世尊，如我解佛所説義，佛於然燈佛所，無有法得阿耨多羅三藐三菩提。佛言：如是，如是。須菩提，實無有法如來得阿耨多羅三藐三菩提。

此佛引自爲證，以實前説之不虛也。謂汝聞我説實無有法發菩提心，於汝意地之下是爲云何曉解，還將謂有法發菩提耶？向下問辭，乃世尊用白拈手段，所謂避實擊虛，打草驚蛇也。何則？欲明菩薩無法發心之旨，遂將自己無法得果爲問，正是勃鳩樹上鳴，意在蘇園裏。既知如來昔於然燈時實無有法得果，則知菩薩今於釋迦處亦無有法發心，故云如來於然燈所有法得菩提不。此所重者正在法字，且與前問然燈之事言雖彷彿，意不雷同。彼曰於法有所得不，是知於法，義屬於他，是心外見。此之有法，義屬於自，乃內心之障。下以不之一字而詰問者，正是要顯實無有法發菩提心也。不意當機果是具眼衲僧，妙契佛心，即對之曰：不也。此爲問處分明答處親。雖然如是，須識當機言中影響，句裏春秋，非同向者之不也，不可不辯。蓋空生意謂，發乃初心，其位屬因，得是後心，其位屬果，初既實無有法發心，後豈有法得果？是故以前解後，將後證前，決定其義，故曰不也。然如我解者，此又尊者轉身句子，足見其活潑處也。意謂若論如來現今成佛，由得菩提而來，似乎不可言無，但我解無法發心之義，以是推之，則又似乎無法得菩提矣。總之不肯硬作主張，故云如我解也。如來見其徘徊觀望，因爲印證，決定其旨，免有猶豫，故曰如是。連言如是者，然之之辭，明其所解已當，不必躊躕矣。何則？因聞無法以發心，而解無法得菩提，則始終如是，因果如是，毫釐不爽，真所謂發心究竟二不別矣。向下世尊恐伊首鼠，語仍兩可，故告之曰：須菩提，當知我如來得菩提時實無有法。只此實之一字，乃是千金不易決定之辭，正是山王可動，此字難更，實實在在無一法也。

△二、得記無法。

須菩提，若有法如來得阿耨多羅三藐三菩提者，然燈佛則不與我授記：汝於來世，當得作佛，號釋迦牟尼。以實無有法得阿耨多羅三藐三菩提，是故然燈佛與我授記，作是言：汝於來世，當得作佛，號釋迦牟尼。

此正反釋上文，以明得記所以。然我世尊恐其衆生不能深信發心無法之旨，是以再拈本因，展轉伸示，故曰若我有法得菩提者，則然燈佛必不與我授無生記，云此摩那婆當得作佛號釋迦牟尼矣。須知若有法得菩提，乃反説也，正顯此實無有法得菩提耳。梵語釋迦，此云能仁，亦云能忍。設有法見，何名能忍？見相發心，何名能仁？梵語牟尼，此云寂默。若實有法，彼佛即傳，何記當來？

然且彼與我受，三業皆動，何得名寂？若有所付，必有所囑，云何名默？是知能仁者，蓋謂心性無邊，含容一切。能忍者，以不見有少法生，亦不見有少法滅，所謂深契無生法忍者也。寂默者，乃是寂而常照，照而常寂，寂照互融。正爲説時默，默時説，故説而無説，默亦非默，直至心行路絶，語言道斷，妙入無爲，深達無法無非法之旨，方獲斯記而得斯嘉號，真所謂名下無虚矣。以是義故，則知菩提非關發心而後有，亦非解脱而後得。佛果尚爾，因心亦然，則實無有法之義，斯可明矣。所謂金屑雖貴，落眼成塵，但有一法，則非平等真如實際理體矣。

△三、轉釋無法，二。一、法釋，二。一、正釋無法。

何以故？如來者，即諸法如義。若有人言如來得阿耨多羅三藐三菩提，須菩提，實無有法佛得阿耨多羅三藐三菩提。

此轉釋上文得記無法的所以。此何以故下，徵釋，謂何所以故定要實無有法方纔得記莂？蓋然燈記我名佛，是法身第九號，記我名如來，是法身第一號。然法身之外，別無一法名爲如來。言如來者即諸法如義，此正老漢自稱而自釋，真所謂憐兒不覺醜也。諸法如義者，即陰處界等諸有爲法之真如義也。佛證此理，名曰如來。然此一名通乎凡聖，但衆生妄想執著，蓋覆真如，名爲如去，須知去而未去也。諸佛以離相無住之智，徹證真如，名爲如來，應知來而無來也。故知其如本不來，來自如矣，正謂開池不造月，池成月自來。良以一切衆生來而不如，出世小聖如而不來，即權位菩薩雖如而未能盡如，縱來亦未能盡來，唯佛與佛方能盡如盡來耳。盡如則盡真如際，盡來則空有情界，由是義故，方名如來。此從真如實際中來，即諸法之如義也。若有人言下，謂有世人不知如來之名是諸法中真如之義，將謂別有一法得菩提者始名如來，若是則差之毫釐，失之千里，非知如來之義者。以如來乃從諸法如義中來，則一切時、一切處無不是如，無不是來。所謂如不住如，無往而弗如，來亦無來，無來而不來，是則事事皆如，法法具來。而然燈佛安得有法可與，然我亦焉能有法可得？故曰：須菩提，實無有法得菩提也。此中所重正在得字，所謂無上正等正覺者，即真如之異名也。乃人人本具，設或了得平等真如，則事事物物無欠無餘，無所缺少，無可加添，故曰無上。識取此理，因地幻修，果中幻證，頭頭總是，物物全彰，稱之正等。苟能了悟真如，頓空四相，徹證三空，似蓮花開，如睡夢覺，即名正覺。非真如外別有此無上正等正覺之可得也，故佛決之曰實無有法得菩提也。

△二、釋法非法。

須菩提，如來所得阿耨多羅三藐三菩提，於是中無實無虛，是故如來說一切法皆是佛法。須菩提，所言一切法者，即非一切法，是故名一切法。

此雙釋上文，以無實無虛，釋無記莂中而得記別也，以一切法皆是佛法，釋諸法如義也。故云須菩提，如來所得阿耨菩提之法，即心佛衆生三無差別之理，於是之中無欠無餘。所謂在聖不增，處凡不減，平等真如，實相妙法，不可以色相見，不可以言說求，故曰無實。此上文所以言實無有法，以有法不得記者，此也。然亦不異色相外，別有平等真如，不離語言外，別有實相妙理，故曰無虛。此上文所以言是故然燈佛與我授記，作是言，汝於來世當得作佛號釋迦牟尼，以無法而得記者，此也。是故二字，躡上如來說一切法者，即陰處界等世間之法皆是佛法者，謂即如義故。此正釋如來者即諸法之如義也。即《楞嚴》云：如是五陰六入，從十二處至十八界，皆如來藏妙真如性。須菩提所言下，結成無實無虛之義。蓋説一切法者無非爲一切心，心即是法，法即是心，是故如來稱性而談，一切世間山河大地，草木叢林，松直棘曲，鵠白烏玄，皆真如心中自性佛法。故《法華》云資生業等皆順正法者是也。所謂無明實性即佛性，幻化空身即法身，則無一法而非真如，正是世諦語言皆合道，誰家絃管不傳心，故佛依俗諦而言一切法也。即非者，正是不可執一切法皆是真如佛法也。若謂法皆佛法，即爾目前一一指陳，法法之中何者爲佛，那是真如。以一切諸法體性空寂，本來無有世界衆生，故云即非一切法，此佛依真諦而説也。是故等，正明一切法皆是佛法，所謂染淨聖凡，情與無情，世出世間，一切諸法無非佛法，正是青青翠竹，鬱鬱黄花，高高之山，溶溶之水，無一法而非真如佛法也，此依即俗即真，中道第一義諦而説也。固知一切非一切則無實矣，一切即一切則無虛也，明矣。亦説佛於然燈佛所無有法得，故曰無實。由無所得，而今日得以成佛名釋迦牟尼，此所以爲無虛也。

△二、喻釋。

須菩提，譬如人身長大。須菩提言：世尊，如來説人身長大，即爲非大身，是名大身。

此以喻結法也。前文以須彌大身喻結應無所住而生其心，此復以非身大身喻即非一切法是名一切法，以結實無有法發菩提心也。蓋佛説譬如人身長大，配上文所言一切法，喻真如法身徧在俗諦，具無量功德名大，乃相大也。須菩提言，世尊，如來説人身長大，即爲非大身，配上文即非一切法，喻真如法身離一切障，獨居真諦名大，爲用大也。是名大身，配上文是名一切法，喻真如法身即俗即真，有相有用，名爲妙大，是體大也。

故論云非身者，無有諸相，是名大身者，有真如體，名妙大身。問：經文纔舉譬如人身長大，佛言似尚未竟，當機何得平空攔住，言世尊，如來説人身長大，即爲非大身，是名大身。若是，則當機豈不鹵莽乎？答：查餘五譯，文勢皆然。審其所以，知非當機答辭，乃佛拈前無住章中當機已解之文爲此中結證之辭。如曰：我説一切法，即非一切法，是名一切法，以明真如法身非大爲大。曾對汝説譬如人身長大，汝須菩提言，如來説人身長大，即爲非大身，是名大身。汝既知前無住爲大，應亦知此無法爲大，更復何疑？此正喻結實無有法也。

△二、約因，三。一、明度生無法。

須菩提，菩薩亦如是，若作是言我當滅度無量衆生，即不名菩薩。何以故？須菩提，實無有法名爲菩薩。是故，佛説一切法無我、無人、無衆生、無壽者。

此示實無有法名爲菩薩，應前當生如是心也。由上如來引己於然燈佛時實無有法發菩提心者，爲菩薩作則，故茲特示云，菩薩亦復如是，設作一念我能度生，則非菩薩。何則？以其有生可度，則能所不忘，四相宛爾，何得名之爲菩薩，故云即非菩薩。然則如何方爲菩薩聻？須菩提，應當了知，若據實而言，須破三執，證三空，了諸法如幻，全一平等真如，實相妙體，除此之外實無别有之法方得名之爲菩薩也。以是義故，佛説一切法，既一切法皆是佛法，則無復四相矣。故云是故一切法無我、人等相，以我、人等無故，則能所俱空，並其俱空亦空，實無一法當情。則菩薩雖終日度而無一生之可度，雖終日説而無一法之可説者此也。斯正菩薩度而無度，無度而度也。

△二、明嚴土無法。

須菩提，若菩薩作是言我當莊嚴佛土，是不

名菩薩。何以故？如來說莊嚴佛土者，即非莊嚴，是名莊嚴。

此示真如自性，法身地上亦無所嚴之土。故言須菩提，若使上求下化菩薩，凡萌一念能所，謂我能莊嚴佛土，是自誇其德，自伐其功，即爲三輪不泯，四相全具，何得謂之上求大覺、下化有情之菩薩哉？故言即非菩薩也。何以故，徵釋，謂既真如自性、菩提法身不可以言莊嚴，何所以故如來尋常又教菩薩修六度，化衆生，莊嚴佛土耶？以尋常教莊嚴者，乃就俗諦明真如法身有莊嚴也。今日說即非莊嚴者，是就真諦說真如法身本來清淨，猶若太虛，若欲莊嚴，即是爲混沌以開竅，代虛空而畫眉，可謂無事生事矣。須知心淨土淨，將甚莊嚴，故說即非莊嚴，此明當體全空也。是名者，乃就勝義第一義諦，明真如法身不落有無，遠離凡聖，雖無莊嚴，然亦不廢莊嚴，故云是名莊嚴，是於無莊嚴中而說莊嚴也，正教菩薩以遊戲神通，淨佛國土，成就衆生耳。

△三、明達我無法。

須菩提，若菩薩通達無我法者，如來說名真是菩薩。

此結菩薩實無有法也。正謂度生莊嚴，展轉推窮，實無有法。然則須菩提，凡言有生可度，有土可嚴，即不名菩薩者，何也？以能通達無我法者，方是菩薩。設言有生能度，則不達衆生性空。若云有土可嚴，是不達諸法性空。是則三執具而三空隱，安得謂之菩薩，故云即不名也。今既於此通得衆生性空，自無我執，達得諸法性空，自無法非法執，是三執破而三空顯，故如來說真是菩薩。此中經文應云通達無我無法，其義始足。以秦譯尚減，略一無字耳。且經文有三番即非菩薩之語，初約能發心，次約能度生，三約所嚴土，皆反顯不得人法俱空，即非菩薩。

至此文義皆極，故順結之曰：若果真是菩薩，自必人法俱空，方名真是。然真是二字翻前即非。此佛語照應之妙，如珠之走盤，獅之擲兒，一點不放空也。言真是菩薩，則能通達此法，所謂通則無物可壅，達則無法可礙，正是一竅虚通，八面玲瓏，無象無私春入律，不留不礙月行空，若爾，方是通達無我法者。不入世間妄情，不落出世聖解，此則爲真實發菩提心之真菩薩也。設不達此，則不得名菩薩矣。

△二、直顯般若本體，二。一、審示，三。一、約知見圓明，三。一、示佛見圓見。

須菩提，於意云何，如來有肉眼不？如是，世尊，如來有肉眼。須菩提，於意云何，如來有天眼不？如是，世尊，如來有天眼。須菩提，於意云何，如來有慧眼不？如是，世尊，如來有慧眼。須菩提，於意云何，如來有法眼不？如是，世尊，如來有法眼。須菩提，於意云何，如來有佛眼不？如是，世尊，如來有佛眼。

此因前文説通達無我無法真是菩薩，恐其菩薩未識真如不變而妙能隨緣之義，或執之曰：無我無法，只此就是真菩薩矣。將謂究竟要知雖無生法二執，若一執定以此爲是，則又坐在俱空境上。正是雲門道的，法身有兩般病，到得法身邊，爲法執不忘，已見猶存，是一。直饒透得法身，放過即不可，仔細檢點將來，有甚麼氣息，亦是病。故文殊暫起法見，如來威神，攝入二鐵圍山者此也。此正爲只知寂然不動以爲了當，庶不解感而遂通的道理，豈不向死水裏渰殺耶？故佛歷歷審問以發明耳，良由如來圓具五眼，故能徹見三心。以心非心，則衆生性空，悟得此理，雖是終日度生，而實無衆生可度。斯教菩薩雖無我法，不妨稱性起用而熾然度生也。故説如來五眼不離衆生肉眼，正顯生佛平等，以證上文是故如來説一切法皆是佛法之義也。

此先問云：須菩提，於意云何，如來有肉眼不？且道瞿曇老子爲甚麼發此一問？向下當機意謂縱觀如來青蓮花眼，亦在佛面，故云如來有肉眼。這是甚麼意思？豈有三界大師、四生慈父尚不知平日具眼不具眼，轉向當機口角邊覔消息討下落耶？蓋我世尊良有深意，所以道如來還有肉眼不。只此一問，將箇般若本體、平等真如滿盤托出矣。何則？以當機答有肉眼，既有肉眼，則我如來不異凡夫，且凡夫亦有肉眼，則凡夫何嘗非佛，故云有肉眼，是明生佛平等之道也。又問如來有天眼不？蓋當機意謂佛號天中天，豈無天眼，故云有天眼，則我如來何異諸天，且諸天亦有天眼，何異於佛？此明天、佛平等也。次又問云，如來有慧眼不？此慧眼即小乘聖人具者，故經云我從昔來所得慧眼是也。而當機謂佛乃聖中聖，烏得無慧眼，故答之曰有慧眼。既有慧眼，則我如來何異小聖？然且小聖亦具慧眼，則小聖與佛何殊？此正顯小大平等也。而更問云如來有法眼不？當機意謂佛號法中王，烏可無法眼？故云有法眼。既有法眼，則我如來何異菩薩？然則菩薩亦具法眼，又且菩薩與佛何別？此明因果平等也。如來至此，更復問曰如來有佛眼不？當機謂三覺圓明，稱之爲佛，奚無佛眼？故答之曰有佛眼。既有佛眼，則我如來與諸佛無異，且諸佛亦具佛眼，於我如來無別。此顯唯佛與佛乃能究盡諸法實相，佛佛道同也。不唯佛與諸佛是同，亦且在凡同凡，在天同天，在聖同聖，在菩薩同菩薩，在諸佛同諸佛，所謂溪山雖別，風月是同，正明平等真如，實相本體，在聖不增，處凡不減。是故如來說一切法皆是佛法者，此也。然上五眼，若局而論之，則各有揀別，所謂天眼通非礙，肉眼礙非通，法眼唯觀俗，慧眼了真空，佛眼如千日，照異體還同。以是義故，後後勝於前前，而前前劣於後後。故凡夫唯一，天人通二，小聖具三，菩薩有四。唯佛具五，所以徹見真知，生佛情空，一相平等也。

△二、示佛知圓知。

須菩提，於意云何，如恒河中所有沙，佛説是沙不？如是，世尊，如來説是沙。須菩提，於意云何，如一恒河中所有沙，有如是沙等恒河，是諸恒河所有沙數佛世界，如是寧爲多不？甚多，世尊。佛告須菩提，爾所國土中所有衆生，若干種心，如來悉知。何以故？如來説諸心，皆爲非心，是名爲心。所以者何？須菩提，過去心不可得，現在心不可得，未來心不可得。

以上文明佛能見之眼，此明所見之生心也。須菩提，於意云何，如恒河中沙，佛説是沙不，乃即事以驗證也。如是世尊下，即當機證信，佛具肉眼，不異凡夫，以凡夫説是沙，佛亦説是沙。然凡夫但知是沙，不知一河之沙數有多少，佛則知之。此佛所具肉眼，雖然示同凡夫而凡夫不可及也。須菩提於意云何下，如一恒河中所有沙等，此驗佛有天眼也。一恒河長四十里，其中沙細如麵。有一沙派一河，派盡其沙，則恒河之多無量。無邊恒河沙，以派世界，有一沙計一世界，每一世界各有三千大千之數，則世界復成無量無邊。在諸天眼，縱能知一河沙足矣，而況沙等恒河復派沙等世界，而界復各具三千大千之數，則諸天之眼不能及矣。然佛雖曰天眼，則能盡見，正謂山河天眼裏，世界法身中，雖佛示同天眼，而諸天之所不能及也。然佛告須菩提下，明佛具慧眼之實。言國土者，即世界也。謂無量無邊沙數世界，每一世界有若干衆生，一一衆生有若干心性，在二乘慧眼，縱有他心，亦不及此，而佛雖示同慧眼，無分情器，一切悉見。此所以超乎二乘，而二乘之慧眼不可得而比也。何以故下，徵明佛具法眼之實，謂何所以故沙界生心佛悉盡知聻？以衆生心行雖多，不過以顛倒妄識爲心，皆非真實常住之心，故曰如來説諸心爲非心也。是名爲心者，正言妄識原無實體，徒有心名而已。在菩薩雖具法眼，尚未徹見生心皆妄，諸法盡空，然佛雖名法眼，而能盡知盡見。故《法華經》云：我是一切知者，一切見者，乃至汝等天人，皆應到此，覲無上尊。以是而觀，則菩薩法眼却又不可及矣。所以者何下，徵釋非心爲心，以證佛具佛眼之實。謂如是沙界無邊，衆生無量，心性若干，佛悉知之者，何也？良以一切衆生三世遷流，妄想之心原無實體，皆不可得也。故云過去、現在、未來皆不可得，言過去已滅，未來未至，現在不停故也。古德有云：三際求心心不有，心不有處妄緣無，妄緣無處即菩提，生死涅槃本平等。應知佛眼乃五眼之最，求其致極，不出覔三世心不可得處而見，所以前章諄諄教菩薩發心度生、嚴土皆不可得的，實無有法而爲心者，此也。故可禪師求達磨安心，磨云：將心來，爲汝安。可云：覔心了不可得。磨云：爲汝安心竟。即德山向婆子買油糍點心，婆問：三心不可得，汝點那一心？德山無對，迨至龍潭，吹滅紙燈始悟，雖然也只會得箇不可得心現前。諸人且道不可得心畢竟是箇甚麼，切莫作麻三斤、乾屎橛會。若是恁麼見解，則早落可得心，直饒不恁麼亦落可得心也。

△三、示實福非福，二。一、明有實非多。

須菩提，於意云何，若有人滿三千大千世界七寶以用布施，是人以是因緣得福多不？如是，世尊，此人以是因緣得福甚多。

此承上文謂我言三心皆不可得，於汝須菩提意下云何，設若有人以不可得心爲因，用滿三千大千七寶爲緣，布施與人，此人以是因緣得福多不？當機謂：如是，世尊。此如是者，正明以不可得心，如於真如性空之是，故應和同聲而答之曰：如是，世尊。此人既以不可得心爲因，用七寶布施爲緣，且布施七寶復不住相，則福感無漏誠甚多矣。此言甚多者，以七寶布施縱雖住相，其福已多，況不住相，則所感福德豈不甚多者哉？他譯此甚多下皆有佛言如是如是，秦譯略此。或問：心既不可得，則修福亦不可得，如何能得甚多福德，此云何通？答：豈不聞乎，犀因玩月紋生角，象被雷驚花入牙。蓋月非有意於犀，而犀玩之生紋，雷非有心於象，而象驚之起花。以是類推，如雷長芭蕉，鐵轉磁石，皆無有心而有是力。物既尚爾，理何不然？是知不可得心，爲不得之得，乃大得也。故言甚多，復何疑哉？

△二、明無實乃多。

須菩提，若福德有實，如來不説得福德多。以福德無故，如來説得福德多。

此如來就當機答福德多處，急轉一語，令其升堂而入室也。須菩提，若福德有實，如來不説得福德多，此正明大千寶施若出有心，皆染污行，獲福有限，且亦不實，如來必不肯説得福德多。以上反顯有心非實，福亦不多。以福德無故，如來説得福德多者，此順釋也。所言多者，以是不可得心而行於檀度，深達福德，其性本空，毫無希望。要知雖不期福德而福德自成，正猶空谷風雲，然谷不與風雲期而風雲自至，亦如深山草木，而山不與草木約則草木自生。是知以不可得心，無住行施，其所得福德乃無漏無爲無上之果，故云甚多。此中無字，正是離相無住之無，故如來説福德多也。然此正明佛具五眼，徹見三心，一切衆生事理二行、福德淺深悉知悉見也。以顯平等本體，不可以有心求，亦不可著無心覓，乃教吾人一念不生，則全體皆現，所謂不可得中恁麼得也。

△二、約色相言説，三。一、示即色非色。

須菩提，於意云何，佛可以具足色身見不？不也，世尊，如來不應以具足色身見。何以故？如來說具足色身，即非具足色身，是名具足色身。

此釋上文，若福德有實則不說多，以福德無故，如來說多也。須菩提於意云何下，謂世出世間福德之多莫過於佛，所謂萬德莊嚴，百福相好，可謂多矣，故拈色身見審，欲令當機知此福德有實，則不說多之所以也。故云可以具足色身見不。空生對曰：不也，世尊。只此一答，是福德有實不說多之義則不待辯而自明矣。故決之曰，如來不應以具足色身見，此正顯佛非色見。蓋清淨法身猶若虛空，應物現形如水中月，豈可以色見哉？此正顯福德無實，如來說多耳。言具足者，即成就八十種隨形好也。而言八十種者，名載《法數》，茲不繁述，需者查之。此明無好不具，無相不足。言色身者，即如來應身也。雖然無相不具，無好不足，亦不出乎色法，故言色身也。以此觀之，則如來具足色身，尚屬有爲，猶非一塵不染般若本體，而況三乘六道之色身乎？當知一落色身，即屬有爲，而非無爲之本體也。故下徵釋，謂如來尋常說色身萬德莊嚴，百福相好者，此何以故？以佛順俗諦說具足色身，順真諦說即非具足色身，順中道第一義諦說是名具足色身。此中說不應以具足見者，乃就真諦而言之也。

△二、示即相離相。

須菩提，於意云何，如來可以具足諸相見不？不也，世尊，如來不應以具足諸相見。何以故？如來說諸相具足，即非具足，是名諸相具足。

此承上文，不惟色身如此，即其色相亦然。所言相者，即《華嚴相海》云：如來頂上有三十二衆寶莊嚴相，其次眉間眼鼻各一相，舌有四相，口有五相，齒間唇頸各一相，右肩二相，左肩三相，胸臆一相吉祥，左右邊共十相，左右手共十三相，陰藏一相，兩臀兩胜、左右伊尼、鹿王腨共有六相，寶腨上毛一相，兩足共十三相。以上共九十七種大人相也。若廣而論之，則如來有十華藏世界海微塵數大人相，一一身分，衆寶妙相以爲莊嚴。所謂相相無邊，無一相而不具足，故云具足相也。此報身也。雖然相好莊嚴，亦屬有爲，非同法身離相清淨，真如平等，自性般若本體。如來之像尚然乃爾，何況九法界之相乎？要知一落有相，即非離相法身般若之本體矣。故當機答曰：不也，世尊，不應以諸相見也。然復徵云：如來尋常説具足相，並相海無邊者，此何以故？以佛順俗説具足，順真説即非，順中道説是名，此説不應者亦就真而説也。須知佛相既非，則一切俱非，不妨俱非亦非，正是行到水窮處矣。到得這裏，則色色真如，相相實相，所謂坐看雲起時也。若然則不但佛身是名法身實相，即九界身相亦皆法身實相矣，寧非平等真如，般若本體者哉？

△三、示即説非説。

須菩提，汝勿謂如來作是念我當有所説法。莫作是念。何以故？若人言如來有所説法，即爲謗佛，不能解我所説故。須菩提，説法者，無法可説，是名説法。

此復承前二章，謂不但身相非身相，即説法亦非説法也。恐當機意謂色身相好既不可得，然則現在祇園會上説法的這個黄面老漢却又是誰聻？以故世尊乃呼名而告之曰：須菩提，汝勿謂如來有所説法。勿者，禁止之辭，猶云不可也。謂者，乃私竊而評議也。須知佛本無念，汝若謂如來作是念，則不可耳。何則？佛所説法無非應機而談，遂見如來有所説法，若在法身地上原無能説之者。蓋法不自説其法，如眼不自見其眼也。即雖應機説法，實無能説之心。正由無念，方能説法。謂作是念，可乎？故佛誡之言莫作是念。蓋上之作念乃是勿謂佛作念，此之作念係佛誡當機也。言作念者，所謂起心動意曰作，明記不忘爲念。正言汝等不可起心動念，私竊品題，將謂如來有所説法。何所以故？設若有人私竊謂言道我如來有所説法，若爾，不唯不是讚佛，乃真謗佛也。以佛所説之法無非對症發藥，原無定在，不過去衆生執著之病耳。若衆生病除，則藥亦棄。若謂如來有一定空有等法，豈非謗佛而何？不唯謗佛，亦且不解如來所説之義矣。以是義故，所以誡爾須菩提莫作是念也。然在如來現相説法，無非因機施設，皆是向無色相處現色相，而於無言説中示言説。須知言説法者，此如來順俗諦也。言無法可説者，如來順真諦也。言是名説法者，乃如來即俗即真，即空即有，順中道第一義諦也。是皆如來説而無説，無説而説耳，正謂四十九年不曾説著一字者是也。

△三、約衆生非生，二。一、當機起疑問生。

爾時，慧命須菩提白佛言：世尊，頗有衆生於未來世聞説是法，生信心不？

此當機示疑，以問深義也。因世尊據生佛平等真空實相，而明發心無法，得果無法，得記無法，乃至菩薩度生無法，嚴土無法，達我無法。所以然者，皆由三心不可得也。而況更明佛之色身非色身，相好非相好，説法非説法。當機至此未免躊躕，是自亦未了，兼爲諸人，故興是問。此須菩提加慧命之稱者，以前來深明般若，善達佛慧，妙悟無諍，以慧爲命，故云慧命，此自利邊説也。又且謹遵佛命，轉教菩薩，是傳佛慧命，故曰慧命，此利他邊説也。蓋其意謂是法甚深，現在還可，若於末世頗有衆生聞是上來種種之法，還能信得及不？須識尊者此疑，所謂替人擔憂也。

△二、如來決答非生。

佛言：須菩提，彼非衆生，非不衆生。何以

故？須菩提，衆生衆生者，如來説非衆生，是名衆生。

此正信心不無其人，但人之與人稍不同耳，所以佛言彼非衆生也。正謂末世衆生能信此法，而此衆生即非衆生，乃聖人也。何則？以能信般若，即信自心，自心是佛，自心作佛，非聖而何？但其惑業未盡斷，相好未全具，雖是聖人之心，尚局凡夫之相，故曰非不衆生。以其心雖逈出時流，其如形相尚滯生界故，五住未盡，二死未亡，縱達煩惱性空，猶有所知爲障耳。故徵釋云：蓋我言彼信心之人非衆生非不衆生者，此何以故聻？須菩提，要知衆生衆生者，此重言之義乃是釋上二句，言既非衆生又曰衆生者何意。下二句正釋，謂如來説非衆生，言非是凡夫衆生，説是名衆生，乃是説聖性衆生也。然聖人亦稱衆生者，不過是名而已，實非凡夫之衆生也。若約三諦分釋者，以此信心衆生已是聖人，尚名爲衆生者，是順俗諦之名也。如來説非衆生者，是順真諦聖人之名也。是名衆生者，乃聖凡不二，順中道第一義諦之名也。既云不二，豈非平等真如、般若本體者哉？

△二、直顯，三。一、善吉呈悟。

須菩提白佛言：世尊，佛得阿耨多羅三藐三菩提，爲無所得耶？

此當機呈悟也。因聞色身非色身，相好非相好，説法無所説，衆生非衆生，是能度所度、能説所説一切皆空，始知實無有法矣，方解半觔原是八兩。故此白言，然則佛得菩提乃當真爲無所得耶。而此耶字雖似疑辭，却是悟處。當知尊者悟處也只悟得個無所得耶。夫無所得方是真得，正所謂無所不得，爲極妥極當矣。

△二、如來印證。

佛言：如是，如是。

此如來因當機會無所有得之旨，且極妥

當，故印可之曰如是如是，以言其極當也。

△三、正顯本體，二。一、自性平等，三。一、本無欠餘。

須菩提，我於阿耨多羅三藐三菩提，乃至無有少法可得，是名阿耨多羅三藐三菩提。

此伸印證之意。蓋我所以道如是如是者，以無上正等正覺乃佛自證之理。設有一法可加，則不得謂之無上，有一法可減，則不得謂之正等，若有加減，則不得謂之正覺。因其無欠無餘，故稱無上正等正覺。須知不但無有多法，亦無少法可得也。即阿耨菩提，亦無有法，故言是名等。既無一法可以加減，非平等本體而何哉？

△二、本無高下，二。一、直示平等。

復次，須菩提，是法平等，無有高下，是名阿耨多羅三藐三菩提。

此釋上無少法可得也。謂佛於阿耨菩提無上心法言無有少法可得者，以是真如自性、實相妙法，上與十方三世諸佛平，下與九界衆生等，故曰是法平等。由其平等，是以諸佛雖高，此菩提心法亦無有高，衆生雖下，此菩提心法亦無有下，故言無有高下。由其無高無下，所以在聖不增，處凡不減，故曰平等。若然，豈非真如自性、般若本體者乎？此正如來以平等本體直示諸人也。須知此平等二字，乃佛出世本懷，亦此經之教眼也。若夫序文著衣持鉢，入舍衛城次第而乞，此明如來行平等之事也。至於次第乞已，還至本處，收衣而坐，此顯如來證平等之理也。及乎正宗文中，問答發揮，皆如來説平等之法也。即其降心離相，住心無住，乃彰此平等之用也。而至菩提無法，展轉推詳，皆顯此平等之體也。自此之後，雖有多文，無非顯此平等之義也。即當機前來涕淚悲泣，乃信解此平等之用也。今者復呈菩提無得，正悟入此平等之體也。故知此是法平等一句經文，乃如來畫龍點睛，只要諸人向破壁飛騰而去耳。讀是經者，亦不可不著眼也。

△二、轉釋平等。

以無我、無人、無衆生、無壽者，修一切善法，則得阿耨多羅三藐三菩提。須菩提，所言善法者，如來説即非善法，是名善法。

此轉釋平等所以，正恐當機意謂理既平等，何用修習，故佛舉此而轉釋也。然雖平等，非謂不修得成正覺。但修有二：一、隨相修；二、離相修。若依隨相之修，則不得菩提。設能達得心法平等，以無我等四相，離相而修一切善法，則得菩提。言一切善法者，即四攝六度，乃至十八不共等法是也。蓋須菩提所言下，是名善法亦空也。謂我所以説一切善法者，此不過順俗諦斷衆生之執無也。我所以説即非善法者，無非順真諦破衆生之執有也。我所以説是名善法者，亦不過順中道第一義諦破衆生之執亦有亦無，非有非無也。以是而觀，四句既遣，百非斯盡，豈非實相真空自性平等之體耶？

△三、引事顯勝。

須菩提，若三千大千世界中所有諸須彌山王，如是等七寶聚，有人持用布施，若人以此《般若波羅蜜經》，乃至四句偈等，受持讀誦，爲他人説，於前福德百分不及一，百千萬億分，乃至算數、譬喻所不能及。

此因上明無修而修，無得而得，平等自性，實相本體，以其經義甚深，故宜舉斯而較勝也。然以山王寶聚，不及四句經文，以寶施屬有爲善法，此四句乃無爲善法，正顯《般若》爲最勝也。蓋此四句所詮之理，乃平等自性也。稍有相應，則妙覺圓明，因果交徹，理事融通，即不持戒而毗尼嚴淨，即不集福而萬德莊嚴，即不出家而出家事畢，即不求佛而成佛有餘。然則也須絶去百非，離却四句始得，不然，則好個阿師又恁麼去也。此經凡較量以《般若》

爲貴者，須知地力不及水，水不及火，火不及風，以其質愈微，則其勢愈重，然風又不及心，以其心無形相也，故其力更不可思議矣。正是千錐劄地，不若鈍鍬一捺耳。

△二、諸相平等，五。一、約生佛以顯平等。

須菩提，於意云何，汝等勿謂如來作是念我當度衆生。須菩提，莫作是念。何以故？實無有衆生如來度者。若有衆生如來度者，如來即有我、人、衆生、壽者。須菩提，如來説有我者，即非有我，而凡夫之人以爲有我。須菩提，凡夫者，如來説即非凡夫，是名凡夫。

自此至經終，皆展轉明上文平等之義也。正恐尊者秪知向自性内覔平等，故我如來廓而充之，令伊向法法頭頭識取此理。故自此而下五章經文，以明無往而非真如自性、實相平等之本體也。正明能度、所度皆不可得，以成一相平等耳。前云我於菩提無少可得，又云無我、人四相，修一切善法，然恐當機謂既修善法，必度衆生，既有能度，必有所度，何謂平等聻？故佛以金剛王寶劍而掃蕩之曰：須菩提，并及現前一切衆等，慎勿妄議謂我作念當度衆生。又復云須菩提莫作是念者，正如來珍重之極、誡之至也。向下徵釋，謂如來修善法原爲度衆生，今教莫作是念，此何以故？良以菩提心法既曰平等，則生佛皆具，自無高下，然則豈有高爲能度之如來，下爲所度之衆生？故曰實無有衆生如來度者。所謂平等真法界，佛不度衆生，此順釋佛具真如自性平等法界，所謂無我無人修善法也。若有下，反釋也。謂佛與衆生原是一體，絶無能所，若曰有衆生爲如來度者，則能所歷然，話成兩橛，則是如來亦有四相矣。既具四相，豈還得爲如來哉？且阿耨菩提之法轉而爲不平等矣，有是理乎？此以衆生乃佛心之生，謂生即非生，故言實無有生，所以終日度而無生可度也。以是而觀，則所度空也。然此如來説有我者，下明能度空也。蓋此中有我之我，乃承上我人之我而來，恐有人謂我既無我等四相，如何又説我爲法王，於法自在聻？蓋不知此我乃法身真我，非同四相之我，所謂無我而我，我而無我之義也。而佛尋常説有我者，是順俗流布而説我。然我即非我，奈世間凡夫之人逐塊尋香，認名取相，將以爲實，執之有我，是皆錯解耳。在如來分中，則非有我也。經文至此，則能所皆空，生佛平等矣。須菩提下三句，乃是如來恐人不解凡夫性空，茲故順帶公文一并掃去。言凡夫者，乃泛爾之流，所謂凡愚無智之者，深著世法，非我不言，於五藴中心心緣我，在六塵上念念執我，逢人起慢，遇物生貪，從迷積迷，因妄成妄，著衣喫飯，那知温飽饑寒？送客迎賓，豈解瞻前顧後？苟延歲月，虚過光陰，乃是泛常之夫，以故名之曰凡夫也。須知我平時説法謂凡夫者，乃依俗諦也。説非凡夫者，依真諦也。説是名凡夫者，乃依中道第一義諦，發明是凡非凡、凡即非凡之是名凡夫耳。此名凡夫空也。然則上無能度之佛，下無所度凡夫，真所謂無高無下，寧非生佛平等者乎？

△二、離空有以顯平等，三。一、離有見。

須菩提，於意云何，可以三十二相觀如來不？須菩提言：如是，如是，以三十二相觀如來。佛言：須菩提，若以三十二相觀如來者，轉輪聖王即是如來。須菩提白佛言：世尊，如我解佛所説義，不應以三十二相觀如來。爾時世尊而説偈言：

若以色見我　以音聲求我

是人行邪道　不能見如來

此離常見以明不有也。蓋佛恐世人不解如來無我説我，執爲實我，故此呼當機而問之曰：須菩提，於意云何，而凡夫之人將謂我有我耶。既然有我，是必有身，既有身形，必具相好，則是可以三十二相觀如來矣。不之一字，正審問之意，謂可耶不可耶。前云三十二相見如來，茲言三十二相觀如來，蓋單目曰見，兼心曰觀，心目雖殊，而取相一也。須菩提下，正明凡夫之人既不知佛無我説我，又豈能識離相見佛？自然必以三十二相而觀佛矣，故對之曰如是如是。以三十二相觀如來，此一定之理也。佛言須菩提下，佛謂如來者即諸法如義，所謂真如法身也。然法身非相，豈可以三十二相而觀之乎？若定要以三十二相觀如來者，而轉輪聖王亦有三十二相，則將就是如來矣，有是理乎。而轉輪王稱之爲聖者，以其不行殺戮，十善導人之故也，亦具三十二相，但較於佛稍欠明顯。然佛之三十二相是依法身而現者，王之三十二相乃依業因而生也。其王有四，謂金、銀、銅、鐵也，而金輪王四洲，銀輪王三洲，銅輪王二洲，鐵輪王一洲。然此聖王生時，即具七寶，所謂：一、金輪寶，名勝自在；二、象寶，名青山；三、紺馬寶，名勇疾風；四、神珠寶，名光藏雲；五、主藏臣寶，名大財；六、女寶，名淨妙德；七、主兵臣寶，名離垢眼。有此七寶爲轉輪王，欲東則輪寶東飛，欲西則輪寶西往。設諸小國有不順命，輪寶先往，不待干戈而自賓服。所以王四天下，具足千子，其身金色，三十二相與佛頗同，乃世間第一福德人也。須菩提白佛下，足見尊者舌頭無骨，眼裏有珠，慣向順水推船，又會隨灣轉柁，故云：如我解佛上來所説法身非相之義，自然不應以三十二相觀如來矣。當機意謂以相觀佛，輪王即是如來。若然，是不應以相觀矣。雖然如是，也只道得一半，何不向如來未説輪王之前舉此二句聻？所謂隨人脚跟轉也。故向下如來也不印其是，亦不斥其非，一總付之不理，而説偈言。蓋佛意謂，我所説不應以三十二相見佛，勿謂如來有所説法者，何耶？恐其取相凡夫，妄生貪著故也。

故言設若一切衆生以三十二相之色以爲能見我者，以聞如來四辯八音之聲以是而求我者，故下斷云是人行邪道，以邪道者不達自性平等，向外馳求，尋言取相，非邪而何？故言不能見如來，自不能見離相法身之如來矣。此明相即無相，乃除常見，令人不滯於有也。

△二、離空見。

須菩提，汝若作是念，如來不以具足相故得阿耨多羅三藐三菩提，須菩提，莫作是念，如來不以具足相故得阿耨多羅三藐三菩提。須菩提，汝若作是念，發阿耨多羅三藐三菩提心者，說諸法斷滅，莫作是念。何以故？發阿耨多羅三藐三菩提心者，於法不說斷滅相。

此離斷見以明不空也。乃因前文實無有法發菩提心，乃至說法者無法可說，實無衆生如來滅度，且說無少法可得菩提，又云不應以三十二相見佛，是則生佛因果等法一切皆空矣。然在如來，此說不過去人執有之心，以顯平等自性耳。但恐當機不達此意，雖除於有，未免執空，將謂證菩提者必無具足相，設有具足相，便是輪王，即非證菩提之者。何則？以證菩提人不應以具足相故。若然，是纔離有見，又入空見矣。須知有見可醫，空病難治，所謂豁達空，無因果，茫茫蕩蕩招殃禍。正是寧起有見如須彌山，莫起無見如芥子許者，此也。但人一起此見，永爲枯木死灰，成斷見纏空之種。故我如來恐當機雖知具相非有，然恐又著斷空，以故呼其名而問之曰：須菩提，汝因上來聞如是說，將謂是諸法皆空耶。若作此念，且謂如來得菩提時，不應以此具足之相乎？設爾，則是撥無身相而成斷滅見矣，故復呼名而誡之曰莫作是念。此正諄諄誡勉，切不可道如來不以具足相得菩提也。何則？如來所得法無實無虚，設人執有爲增益謗，執無爲損減謗，是不惟道有不可，即是道無亦不可，良以實相無相無不相也。故又重呼之曰：汝須菩提若不聽我之教，仍作不以具相見佛之念，堅執不捨，且執實無有法等説以爲極則，若是則凡有發阿耨菩提心者，以爲無因無果而説諸法爲斷滅矣。諸法者，即陰、處、界等，并上菩提生佛因果之法也。於果則損福德莊嚴，於因又滅五度之行，則墮損減之謗而入斷滅坑矣，其過甚大，故我教汝莫作是念。此何以故説莫作是念麞？以不發心則已，但能發菩提心者，必行六度四攝，廣興佛事，饒益衆生，於上諸法必不肯説斷滅相也。蓋如來之空，非同外道消礙入空之空，亦不似二乘唯斷見思除分段證偏空之空也。須知自正宗至此，從前一往如來皆談妙有，所謂妙有不有，以故即有而説空也。自此望後，直抵流通，皆是説真空，所謂真空不空，是即空而明不空也。是知有不住有，方名妙有，空不滯空，始曰真空。經文至此，既超空有，復離斷常，豈非中道實相平等之義乎？此章如來三唤當機，耳提面命，正恐當人錯解佛意，妄説諸法皆空，以故再三告誡耳。所以頻呼小玉原無事，秖要檀郎認得聲。總之，眼不逐色，何妨柳緑華紅？耳不循聲，一任鶯啼燕語。

△三、較福勝，二。一、較勝。

須菩提，若菩薩以滿恒河沙等世界七寶持用布施，若復有人知一切法無我，得成於忍，此菩薩勝前菩薩所得福德。何以故？須菩提，以諸菩薩不受福德故。

此因前云通達無我法者真是菩薩，又云如來説有我者即非有我，然此我無我法恐人難明，故佛指現前有相之施，以顯無法之理也。而佛謂當機曰：若有菩薩以恒河沙界寶持用布施，其爲功德可謂多矣。此引有相事也。若復又有一種人，他却不能以滿沙界之寶而行布施，但知世出世間染淨聖凡，以至五陰、六入、十二處、十八界等一切諸法，當體全空而無有我，會得空不住空，我無我法，二皆忍可，少則彈指之間，多則久經歲月，決定印可，了了分明。亦不出之於口，唯自忍之於心，故言得成於忍，乃爲無生法忍也。而下較量云，此得忍菩薩勝前寶施菩薩所得之功德也。以寶施者乃有得心，是以爲劣，而得忍菩薩乃無爲心，是以爲勝耳。何以故下，釋其勝之所以，謂沙界寶施不及得忍者，此何以故。以其此諸菩薩既獲無生法忍，則證無爲，了得生而非生，法亦非法，生而非生，不妨非生而生；法亦非法，何礙非法而法？若然，是誰受福德，誰又不受福德耶？

△二、論福，二。一、當機問福。

須菩提白佛言：世尊，云何菩薩不受福德？

當機因聞不受福德，未達此理，持疑不決，而興此問也。

△二、如來答福。

須菩提，菩薩所作福德，不應貪著，是故説不受福德。

此佛因尊者未了不受福德之義，故告之曰：須菩提，設或菩薩若受福德，是貪著福德也，故我所以教菩薩所作福德，不應貪著。蓋不應二字，乃誡辭也，言其切不可貪著耳。何則？纔生貪著，即成有漏。因既有漏，果亦有漏，縱具三十二相，但同輪王，不名爲佛。唯作福不生貪著，則因成無漏。因既無漏，果亦無漏，所得三十二相莊嚴法身，名之爲佛。以是不貪著之義，故所以我説菩薩不受福德也。然此不受非撥棄百福相好、萬德莊嚴爲不受，乃是不貪著爲不受耳，非絶無之不受也。所謂無貪無著，不受之受，受而無受。應知上文言不應以三十二相觀如來，是妙有不有，離常見也。今此莫作是念，如來不以具足相得菩提，是真空不空，離斷見也。觀佛説法，正似水上葫蘆，捺著便轉，日中寶石，色無定形。若謂如來無相，而不知如來即相也。

若謂如來即相無相，而不知如來非即相非無相也。若謂非相即相，即落常見。若謂即相無相，又成斷見。須知非即俱非，方得斷常斯泯。既離斷常之見，則非空有可拘，寧非真如平等之義哉？

△三、無去來以顯平等。

須菩提，若有人言如來若來若去，若坐若臥，是人不解我所説義。何以故？如來者，無所從來，亦無所去，故名如來。

此明法身無去來，顯平等之義也。乃因上文若以色見聲求不能見佛之偈，恐有謂言，如來現今語默動靜四威儀中，有目皆覩，有耳皆聞，何云不見，故佛喚當機而告之曰：設若有人作如是言，以爲見我或入舍衛去，或歸祇園來，有時跏趺而坐，有時吉祥而臥，若然者，是人皆不解我上來所説之義矣。何則？我前來曾云如來者即諸法如義，既是如義，何有去來之相、坐臥之實哉？此不過示同人法，應身邊事也。若在法身體上，尚不可形相而求，所謂語言道斷，心行路絶，又何得有如是之事乎？故下徵釋云，謂不可以語默動靜、去來坐臥而見者，此何以故？蓋如來者，即諸法如義，體即實相，無相無不相，縱有去來坐臥，無非因機而示耳。不惟現在祇園來，説來而無來，即從兜率來，亦未嘗來也。不但舍衛去，云去而無去，即後向雙林去，亦未嘗去也。若以此論，在如來則不來相而來，乃真來也，在衆生則不見相而見，乃妄見也。須知如來若來已更不來，若去已更不去，所謂來無所從，去無所至，則所可見者更不可見矣。故云無所從來，亦無所去，由是無來無去，以故名之曰如來也。縱使如來日用尋常，去來坐臥，不過雲駛月運，舟行岸移，然月未嘗運而岸未嘗移，蓋隨其機見耳。又如月之印水，不知月不印水而水自印也。此正結前去舍衛，來祇園，乃至敷座而坐一段公案，即無來去坐臥，以明平等之義也。

△四、非一多以顯平等。

須菩提，若善男子、善女人以三千大千世界碎爲微塵，於意云何，是微塵衆寧爲多不？甚多，世尊。何以故？若是微塵衆實有者，佛即不説是微塵衆。所以者何？佛説微塵衆，即非微塵衆，是名微塵衆。世尊，如來所説三千大千世界，即非世界，是名世界。何以故？若世界實有者，即是一合相。如來説一合相，則非一合相，是名一合相。須菩提，一合相者，即是不可説，但凡夫之人貪著其事。

此因上明如來法身無去無來，恐有謂言有去來者是化身，無去來者爲法身，在衆生則有去來，在佛則無去來，若是則三身相異，生佛相乖，何名平等之義？故佛以目前三種世間人所共知者而例明之也。然則此中當作三番會釋，於理方暢。所謂：一、器世；二、情世；三、至真[二]覺世。

且初順文就器世之聚散，以明非一非多、無去無來之事。此中説須菩提，設或世間有等善男善女能修析色歸空觀者，而以大千世界七分七分，碎而又碎，以至碎爲極微之塵，於意云何，這樣大的一個世界被伊分碎做了極細的微塵，設以數量而計，如是極微之塵衆寧還謂得多否？此正審其爲多耶不多耶。蓋當機意謂，莫大之界碎而爲塵，即二乘天眼難以盡悉，奚可以數量計哉？故云：甚多，世尊。然此甚多，乃尊者就問而答也。向下徵釋，正是尊者另行一路，意謂我之答多無非就事而論事，因問多而答多也。然則極微之塵雖似衆多，非有實體可以言多也。何以故聾？若是極微之塵如斯之衆實有其體者，佛則不説是微塵衆矣。此明無體，正顯塵性空也。所以下，又用體色明空觀，徵明微塵非色非空之所以也。正以三諦收歸，故言我説微塵甚多者，不過順俗而言也。設以真諦而論，則一塵不立，諸法性空，何況微塵而不空耶。所謂一微空處衆微空，衆微空處一微空，一微空中無衆微，衆微空中無一微。由是而論，故曰即非微塵衆也。設依中道第一義諦而論，則三界唯心，萬法唯識，説甚塵與非塵，原爲一體，同是真如，何礙假名，故云是名微塵衆也。至此皆散世界而爲微塵，下文乃聚微塵而爲世界也。當機意謂，不特微塵如此，即其世界亦然。故曰：世尊，即前所説，可以碎爲微塵的那箇大千世界，不過微塵聚合而成，豈有實體者哉，故曰即非世界。此正明界性空也。然是唯心之界，故亦不廢假名，故曰是名世界。且復徵釋云：既曰即非，又道是名者，此何以故？以順俗諦則説大千世界，順真諦則曰即非世界，順中道第一義諦，離即離非，是即非即，則曰是名世界。向下通前微塵，徹後世界，一總徵曰，謂塵界俱空，此何以故？謂微塵、世界果若是實有體者，則是一合相矣。所謂一合者，乃無二無異爲一，不離不散名合。今則不然，蓋世界既可以碎而爲微塵，則全塵皆離皆散，非不離不散也。微塵可以合而爲世界，則全界皆二皆異，非無二無異也。由是而觀，則塵界俱無自性，當體皆空，并其一合之相亦不可得矣，故曰如來説一合相，即非一合相也。所以説一合者乃依俗也，説非一合者乃順真也，説是名者爲順中道故也。蓋方碎界爲塵之時，但見塵多而不見界一，今合塵爲界之際，止見界一而不見塵多。須知碎世界爲微塵，是非多而多，以明多無從來，一無所去，合微塵爲世界，是非一而一，以明一無從來，多無所去。以故多而非多，不妨順微塵而言多，一而非一，何礙就世界而説一。此言世界微塵非一非多，不妨而多而一也。此則就器世間釋之已竟。

向下第二就情世間真妄色心以解釋之。蓋情世間真妄色心者，則大千世界例衆生心也，碎而爲塵者，正是從真起妄，迷心爲識，所以種種諸識浪騰躍而轉生，由一心法而生相見，因相見而生五蘊、六入、十二處、十八界，乃至六百六十八萬四千法也。言甚多者，正比塵沙無明也。言微塵性空者，例煩惱性空，衆生性空也。約三諦而言，微塵之非一非多，正例真如非一非異也。以上皆從真起妄，迷心爲識，以例衆生如去，雖去而未去，故言亦無所去。向下合塵爲界，正比衆生返妄歸真也。大千世界者，乃真如心也。即非世界者，即真如本體，圓滿菩提，歸無所得也。是名世界，例真如偏在一切處，有隨緣之用也。而上之微塵非多而多，正是真如心中本無色心五蘊等之名相，而成色心五蘊等之名相也。此中非一而一，正是真如即色心五蘊等法也。故《楞嚴經》云如是乃至五蘊、六入、十二處、十八界，本如來藏妙真如性者是也。蓋衆生雖悟此真如名爲如來，雖來而未來，故云無所從來也。

三約至真覺世，法、應、化釋，則大千世界乃法身寂光真境，碎而爲微塵者，以從體起用，自真起化也。言甚多者，乃隨類化身，無處不有也。言微塵空性者，例應化非真也。約三諦而言，微塵非空非有，以例應化皆法身而起，非實非虚也。此明從體起用，自真起化，自真如實際中來，須知來而無來，則來無所從，故云無所從來也。而合塵爲界，則例攝用歸體，攝化歸真也。大千世界者乃一真法界，常寂光土，法身真境也。即非世界者，乃法身離相也。是名世界者，例法身偏在一切處，一切衆生及國土無往而非法身也。約三諦而論，世界非有非空，以例法身之即相離相，非一非異也。此則攝應化而歸真如去矣，是去而未去，則去無所至，故云亦無所去也。

以上約三種世間釋竟。下則總會三種，明一合相。蓋此一合相，若在器世，則名寂光真境，若在情世，名曰真如自性，佛性本體，若在真覺世，則名清淨法身。所謂非實非虛，非如非異，以故如來説一合相，則非一合相者，正是此等名目雖屬無爲，乃對有爲而立，若在實際理地，一塵不立，何有如是之名目哉？是名一合相者，正明心佛衆生，情與無情，三種世間，皆具此理也。以故如來印云一合相者即是不可説，正謂此理非如非異，非實非虛。所謂開口成雙橛，揚眉落二三。故《法華》云是法不可示，言辭相寂滅者此也。而今所以説一合相者，不過因世間凡夫貪著其事，説一合相耳。此正如來一生心事，從未向人吐露者，皆是向無説中而説也。須知四十九年，無非爲取相凡夫貪著其事，所以非三説三，非一説一，究竟如來本地分中原無三一之可得也。

△五、即諸見以顯平等。

須菩提，若人言佛説我見、人見、衆生見、壽者見，須菩提，於意云何，是人解我所説義不？不也，世尊。是人不解如來所説義。何以故？世尊説我見、人見、衆生見、壽者見，即非我見、人見、衆生見、壽者見，是名我見、人見、衆生見、壽者見。

此總除諸執，以顯三空正智也。此因經首離相章中云，若菩薩設謂有生可度，即著我人四相，又無住章中言，若心取相，即著四相，若取法相，即著四相，若取非法相，即著四相，以此觀之，如是四相乃通經能掃諸執之法也。故佛至此，問當機曰：若有人言如來開口便説四相，須菩提，於意云何，你道是人還能解我如來所説之義否？正謂解耶不解耶？當機至此深悟平等本體，善會佛心，故答之曰不也。言世人那裏解得此義，他將謂如來處處説四相，必謂實有四相可得，又何能解此四相爲非有非空乎？故用何以故徵釋云，以世尊説我等四見者，乃順俗諦也，説非我等四見者，乃順真諦也，説是名我等四見者，乃順中道第一義諦也。若然，則佛説我等四見，義含三諦，欲使一切衆生達得我即非我，無我而我，了明自性，頓證真空妙有，而彼凡夫外道之人烏得而解之哉？若依除執顯空釋者，至如佛説我等四見，此就俗諦凡夫外道心取相者，除我執也。説即非四見者，此就真諦出世二乘取法相者，除法執也。説是名四見者，此就中道權位菩薩取非法相者，除非法執也。是則三執俱遣，□□□□□□無實無虚，非空非有，中道平等之義，□□□□□五章，首明生佛者，乃聖凡無二，次約空有見，不屬斷常，三無來去，則應化齊遣。以上皆明正報不可得，以明平等也。四以一多明塵界性空，一合非一合，則依報不可得矣。以其萬法雖多，不出聖凡，依正、色心等法，一一發明，直歸平等本體。今則並遣執之法一并掃去，故有此第五章也。蓋如來自開會以來，均用此等四見除人執情，發揮平等之理。今既平等體顯而義復彰明，以故并此一同掃去也。所謂病好不須醫，則前佛説如筏喻者，法尚應捨，誠信然矣。

△三、通結始終心法。

須菩提，發阿耨多羅三藐三菩提心者，於一切法，應如是知，如是見，如是信解，不生法相。須菩提，所言法相者，如來説即非法相，是名法相。

此通收全經之義而結之也。正因經初當機曾問善男子、善女人發阿耨多羅三藐三菩提心，云何應住，云何降伏其心，世尊一往已爲發明，至此結曰：若有真正發菩提心的善男信女，應如是知，如是見，如是信解。即此三句，正結一經問答也。至如前汝問我云何應住，我則教汝住心無住，不住六塵等境界，汝應如是知也。汝前問我云何降伏，我則教汝度脱一切衆生，度盡衆生不見有衆生可度，汝應如是而見也。汝前問我發阿耨菩提心法，我則教汝無法發心是真發心，汝應如是而信解也。果能如是而知，是真知也。如是而見，是真見也。如是信解，乃真信解也。雖然如是，也要不生法相始得。何則？若是執定無住、離相、無法之説，是又執藥而成病矣。故如來之所以説法相者，乃順諦理而言也。故順俗則言法相，順真則曰非法，順中道則曰是名也。乃我如來譚般若一境三諦，非縱非横，不並不別，非有非空之本旨也，故説是名法相耳，所謂非有非空之真空妙有也。若爾，則華香牒粉，咸歸的的真詮，水態山容，盡合如如妙諦。以是推之，塵塵刹刹，法法頭頭，莫不是《般若經》焉？此明正宗竟。

△三、流通，二。一、示勸流通，二。一、示通經益。

須菩提，若有人以無量阿僧祇世界七寳持用布施，若有善男子、善女人發菩提心者，持於此經，乃至四句偈等，受持讀誦，爲人演説，其福勝彼。

此明通經利益勝珍寳耳。文中言發菩提，自持爲人，永爲佛種故，爲發大乘者説，爲發最上乘者説也。苟非發最上乘心，不能持説此經耳。謂其福勝彼者，正謂能持此經，勝彼僧祇寳施，乃顯通經之益也。

△二、示通經法。

云何爲人演説。不取於相，如如不動。何以故？

一切有爲法　如夢幻泡影
如露亦如電　應作如是觀

此明通經之法式也。正我如來悲心慮後，嘉惠將來，故於法會告圓之際，特特徵起以言之也。不取於相者，謂不取我法非法等之四相也，及不取言説、心緣、名字之相也。如如不動者，如如者如於真如也，不動者即真如本體也。此正教弘經之士悟如如之理，起如如之智，説如如之法，自利利人，同證金剛不動之本體也。須知取相則動，動則有爲，不取則不動，不動即無爲，所以取相則不如如，而如如則不取於相，其意正明三種般若，而結歸題旨也。爲人演説者，即文字般若也。不取於相，即觀照般若也。如如不動，即實相般若也。此正如來示末世衆生發菩提心爲人演説者，須不取相，安住真如平等實際之中，自却決定無疑，然後始能豎拂揚眉皆第一義也。演説者，即文字而起觀照，因觀照而悟實相也。若然，是真荷擔如來阿耨多羅三藐三菩提。是故徵釋云，定要不取於相。此何以故？以其世間一切有爲之法，即五陰、六入、十二處、十八界，此等之法乃三有衆生妄執而有，不過如夢、如幻、如泡、如影、如露、如電而已，原無真實，安可取而爲我人等相者也？故云應作如是觀。問：此相既皆不實，渾如夢、幻、泡、影等法，則何處是如如不動？答：非教伊撥去諸法，但於一切有爲法上不生取著我人等相，則彼陰、界、處等即是般若真心，如如本體矣。古云但離妄緣，即如如佛者是矣。故《楞嚴》云，五陰、六入、十二處、十八界，本如來藏妙真如性。又云：汝但不隨分别，世間業果衆生，三緣斷故，三因不生，則汝心中演若達多狂性自歇，歇即菩提。性淨明心，本周法界，不從人得，何藉劬勞，肯綮修證，取於諸相乎？既能心不取相，則法法皆如。既法法皆如，豈撥萬有方如如不動乎？正龐居士道的，但自無心於萬物，何妨萬物常圍繞？果然如是，方堪隨緣應化，入廛垂手，拖泥帶水，而利益人天矣。

△二、正結流通。

佛説是經已，長老須菩提，及諸比丘、比丘尼，優婆塞、優婆夷，一切世間天、人、阿修羅，聞佛所説，皆大歡喜，信受奉行。

此正信受流通也。長老下，乃四衆八部也。言歡喜奉行者，據《文殊所問經》云，有三種義：一、説者清淨，不爲利養；二、所説清淨，如實知法；三、得果清淨，故當歡喜而奉行也。須知此乃阿難結集之辭，意謂凡聞法歡喜，必有妙契於心，所以契則信，信則受，受必奉行也。

爾時，溥畹作是疏已，合掌禮佛，而説是言：

稽首金剛無上士，甚深般若不思議。祇園普會諸聖賢，願賜慈悲垂加護。我今以蠡測大海，妄以凡心度佛智。冀即四見契如如，速證菩提平等道。爲利未來沉冥者，非爲自身希名譽。普願發界諸衆生，見聞隨喜皆成佛。

金剛般若波羅蜜經心印疏卷下終

校勘記

［一］「真」，底本作「直」，據文意改。

（李勁整理）

○二七八

金剛般若波羅蜜經注（一）

清俞樾注

序

自五祖始勸僧俗誦《金剛經》，謂但誦此經，可以見性成佛，而《金剛經》遂爲世之所重。余嘗三復是經，竊謂經之大旨在佛告須菩提應如是住、如是降伏其心，住者住此心，降伏者降伏此心，皆即所謂阿耨多羅三藐三菩提心，非有二心也，住則實矣，降伏則虚矣，即住即降伏，是以無實無虚，此《金剛經》之大旨也。以儒理譬之，「子貢問：『有一言而可以終身行之者乎？』子曰：『其恕乎，己所不欲勿施於人』」，所謂應如是住也。「子貢曰：『我不欲人之加諸我也，我亦欲無加諸人。』子曰：『賜也，非爾所及也』」，所謂應如是降伏也。「子曰：『衣敝緼袍，與衣狐貉者立而不恥者，其由也與？不忮不求，何用不臧』」，所謂應如是住也。「子路終身誦之。子曰：『是道也，何足以臧。』」所謂應如是降伏也。不住固無，所謂降伏而不降伏，又焉能住。經中即非是名句凡數見，即非者降伏之謂，是名者住之謂。而世俗解是經者，則謂安住其真心，降伏其妄心，分而二之，於全經之義俱失。乃明洪武間，僧宗泐奉詔注經亦如此說，然則經義之晦久矣。是經推論即住即降伏之旨，至於無法可得，無法可説，真無上甚深之妙義也。而佛弟子懼其流傳中土，使人輕蔑佛法，遂於其中妄有增益，輒謂受持讀誦此經，有無量無邊福德，雖亦護法之苦心，然使經文隔絕，意義不明，則亦不得爲無罪。如云「一切賢聖皆以無爲法而有差別」，此爲下文須陀洹諸文發端，自須陀洹以至如來，即所謂一切賢聖也，而中間忽入七寶布施之文，則文義隔絕矣，此後人附益之證一也。又如「佛説非身是名大身」，此是譬喻之詞，下文佛説般若波羅蜜即非般若波羅蜜，乃正意也，而中間又入七寶布施之文，則文義隔絶矣，此後人附益之證二也。至如佛説經已，申以贊歎之言，如《楞嚴經》末云，「若有衆生能誦此經，能持此呪」，「直成菩提，無復魔業」，固亦體例所有，乃此經則處處及之，經文未半，佛旨未宣，須菩提輒問衆生信不，世尊輒侈陳是經福德，抑何急遽乃爾，此後人附益之證三也。經文既訖，自表經名，如《巨力長者經》末云，阿難白佛言，「此經當以何名，我等云何受持？」佛告阿難，「此經名曰《巨力長者所問大乘經》」，是亦體例所有，乃此經則於所謂第十三分中而即出之，未説經文，先説經名，須菩提之問，世尊之答皆失敘矣，此後人附益之證四也。又屢屢言及四句偈，不知何指，或以爲「若以色見我」四句，或以爲「一切有爲法」四句，然其文皆在後，是佛説四句偈時，未有此四句偈也，須菩提能不問此四句云何乎。嘗讀《楞伽經》，知所謂四句偈者，離一異、俱不俱、有無非有非無、常無常，與《金剛經》之旨頗合，而實非《金剛經》所有之文。疑佛平時常以此四句與《金剛經》並授諸弟子，後人遂牽連而及之，此後人附益之證五也。有是五證，知《金剛經》實有後人附益之語，以莠亂苗，厥旨愈晦。又是經本不分章，今本釐爲三十二分，云是梁昭明太子所定，未知然不。以意分并，妄設名目，實非善本，未足信從。余以章句陋儒，桑榆暮景，窮而學佛，於西來大義固無所聞，而於此經竊有獨得之見，不揣固陋，爲之注釋。分爲上下二篇，上篇七節，下篇十一節，共十有八節。其附益之語，相沿既久，且亦自西土傳來，未敢芟薙，輒下一格書之。學者欲誦習全文，全文具在。若欲推尋旨趣，則刊落繁蕪，真經自見。雖似前後複沓，實則脈絡分明。五祖所謂但誦此經可以見性成佛者，亦可得其大概矣。光緒九年十月，曲園居士俞樾書於吴江舟中。

校勘記

〔一〕底本據光緒二十五年增修重印本《春在堂全書》本《金剛般若波羅蜜經注》。

金剛般若波羅蜜經上篇

曲園居士俞樾注

如是我聞：一時，佛在舍衛國祇樹給孤獨園，與大比邱衆千二百五十人俱。爾時，世尊食時，著衣持鉢，入舍衛大城乞食。於其城中，次第乞已，還至本處，飯食訖，收衣鉢，洗足已，敷座而坐。時，長老須菩提在大衆中，即從座起，偏袒右肩，右膝著地，合掌恭敬而白佛言：希有，世尊，如來善護念諸菩薩，善付屬諸菩薩。世尊，善男子、善女人發阿耨多羅三藐三菩提心，應云何住，如何能定。云何降伏其心。如何能空。佛言：善哉，善哉。須菩提，如汝所説，如來善護念諸菩薩，善付屬諸菩薩。汝今諦聽，當爲汝説。善男子、善女人發阿耨多羅三藐三菩提心，應如是住，如是降伏其心。唯然，世尊，願樂欲聞。右第一節。

須菩提問應云何住，云何降伏其心，此心即上文所謂阿耨多羅三藐三菩提心也。住者住此心，降伏者降伏此心，非有二心也，能住則能有矣，能降伏則能無矣，此一經之大旨也。俗解謂安住真心，降伏妄心，分而二之，全失其旨。

佛告須菩提：諸菩薩摩訶薩應如是降伏其心。不言住，省文也。所有一切衆生之類，若卵生，若胎生，若濕生，若化生，若有色，若無色，若有想，若無想，若非有想非無想，我皆令入無餘涅槃而滅度之。此即所謂應如是住。如是滅度無量無數無邊衆生，實無衆生得滅度者。此即所謂應如是降伏。何以故。須菩提，若菩薩有我相、人相、衆生相、壽者相，則非菩薩。右第二節。

舊解謂此節佛先告須菩提以應如是

降伏，非也。下篇云，爾時須菩提白佛言，世尊，善男子善女人發阿耨多羅三藐三菩提心，云何應住，云何降伏其心，佛告須菩提，善男子善女人發阿耨多羅三藐三菩提心者，當生如是心，我應滅度一切衆生，滅度一切衆生已，而無有一衆生實滅度者云云，正複舉此文，而住與降伏並不分別言之，然則此文亦必不分別言之矣。經言應如是降伏其心，不言應如是住，蓋文不具耳。此所據者鳩摩羅什本，其餘各本文字不同上文問語，魏留支本、陳真諦本、唐玄奘本、唐義淨本並有云何修行四字，故説者以住、修、降伏爲三義。而願樂欲聞之下，佛不再複舉上文，可知佛言發明大義，初不一一分別。羅什本乃有應如是降伏其心一語，轉使佛言有所偏著矣。今姑以爲省文，實則此七字乃衍文耳。以下篇證之，可知其無，以各本證之，亦可知其無也。所以然者，即住即降伏，本無二候，又何從分別言之乎。其即住即降伏之法，不外無我而已。故曰：通達無我法者，真是菩薩也。有我則有人，有我有人則有好醜，故以我、人、衆、壽該之。衆生相、壽者相，猶言醜相、好相耳。滅度衆生，非義所重，借以爲言，如孔子言志曰，老者安之，朋友信之，少者懷之，亦是借以爲言也。蓋心本空虚，因事而見，故此言滅度，下言布施，其義一也。若卵生、若胎生以下，止是廣陳衆生，見其無量無數無邊，初無深義，而解者乃謂胎、卵、濕、化皆以喻心也，支辭曲説，求深而反淺矣。

復次，須菩提，菩薩於法應無所住，行於布施。所謂不住色布施，不住聲、香、味、觸、法布施。須菩提，菩薩應如是布施，不住於相。

何以故。若菩薩不住相布施，其福德不可思量。須菩提，於意云何，東方虛空可思量不。不也，世尊。須菩提，南西北方、四維上下虛空可思量不。不也，世尊。須菩提，菩薩無住相布施，福德亦復如是不可思量。須菩提，菩薩但應如所教住。右第三節。

須菩提問應云何住，而佛告以應無所住者，若心有住，則爲非住，故以不住爲住，即住即降伏也。上文以滅度言，既明菩薩之無我、人、衆、壽諸相矣，此又以布施言，而結之曰不住於相。不住於相，是以無相也。皆佛告須菩提以即住即降伏之妙旨也，故曰菩薩但應如所教住，苟不如所教住，則爲凡夫之貪著矣。舊解以上節爲佛告須菩提以應如是降伏，此節爲佛告須菩提以應如是住，佛果分別言之，則應順其問之，次序何以先降伏而後住乎。

須菩提，於意云何，可以身相見如來不。不也，世尊，不可以身相得見如來。何以故。如來所說身相，即非身相。色即空也。佛告須菩提：凡所有相，皆是虛妄。若見諸相非相，即見如來。

須菩提白佛言：世尊，頗有衆生得聞如是言說章句，生實信不。佛告須菩提：莫作是說。如來滅後，後五百歲，有持戒修福者於此章句能生信心，以此爲實。當知是人，不於一佛、二佛、三四五佛而種善根，已於無量千萬佛所種諸善根。聞是章句，乃至一念生淨信者。須菩提，如來悉知悉見，是諸衆生得如是無量福德。

何以故。是諸衆生四字衍。無復我相、人相、衆生相、壽者相，無法相，亦無非法相。即上所云諸相非相也。何以故。是諸衆生四字衍若心取相，則爲著我、人、衆生、壽者。凡所有相，皆從心生。若取法相，即著我、人、衆生、壽者。執有固有也。何以故。三字衍。若取非法相，即著我、人、衆生、壽者。執無亦有也。是故不應取法，不應取非法。以是義故，如來常說，汝等比邱知我說法如筏喻者，法尚應捨，何況非法。右第四節。

此因不住於相而極言之。至於法相非法相，皆不可有，乃至法亦不可有，故以法尚應捨終焉。法者應如是住也，捨者應如是降伏也。

須菩提，於意云何，如來得阿耨多羅三藐三菩提耶，如來有所說法耶。須菩提言：如我解佛所說義，無有定法名阿耨多羅三藐三菩提，亦無有定法如來可說。住則定矣。即住即降伏，故無定。何以故。如來所說法，皆不可取，以無有定法故。不可說，以無所得故。非法，無實。非非法。無虛。所以者何。一切賢聖皆以無爲法而有差別。一切賢聖包下文須陀洹以上而言。自初果須陀洹，以至於成佛，同一以無爲法而有區別，下文具陳之。

須菩提，於意云何，若人滿三千大千世界七寶以用布施，是人所得福德寧爲多不。須菩提言：甚多，世尊。何以故。是福德，即非福德性。是故如來說福德多。若復有人於此經中受持，乃至四句偈等，爲他人說，其德勝彼。何以故。須菩提，一切諸佛及諸佛阿耨多羅三藐三菩提法，皆從此經出。

須菩提，所謂佛法者，即非佛法。須陀洹以至於佛，皆是佛法，皆非佛法。佛言此以啟發須菩提，而起下文也。須菩提，於意云何，須陀洹能作是念我得須陀洹果不。須菩提言：不也，世尊。何以故。須陀洹名爲入流，須陀洹應如是住。而無所入，不入色、聲、香、味、觸、法，須陀洹應如是降伏。是名須陀洹。所謂須陀洹法，即非須陀洹法，下文斯陀含也、阿那含也均依此說之不具說也。須菩提，於意云何，斯陀含能作是念我得斯陀含果不。須菩提言：不也，世尊。何以故。斯陀含名一往來，而實無往來，是名斯陀含。須菩提，於意云何，阿那含能作是念我得阿那含果不。須菩提言：不也，世尊。何以故。阿那含名爲不來，而實無不來，是名阿那含。須菩提，於意云何，阿羅漢能作是念我得阿羅漢道不。須菩提言：不也，世尊。何以故。實無有法名阿羅漢。與上文互相備，實無有法名阿羅漢，則亦實無有法名須陀洹、斯陀含、阿那含也。世尊，若阿羅漢作是念我得阿羅漢道，即爲著我、人、衆生、壽者。阿那含以下亦然。世尊，佛説我得無諍三昧，人中最爲第一，是第一離欲阿羅漢。我不作是念我是離欲阿羅漢。世尊，我若作是念我得阿羅漢道，世尊則不説須菩提是樂阿蘭那行者。以須菩提實無所行，而名須菩提，是樂阿蘭那行。此須菩提自明以無爲法之義也。佛告須菩提：於意云何，如來昔在然燈佛所，於法有所得不。不也，世尊。如來在然燈佛所，於法實無所得。此又佛自以意啟發須菩提，明以無爲法之義。蓋自須陀洹至於佛，雖有差別，而同一以無爲法也。須菩提，於意云何，菩薩莊嚴佛土不。不也，世尊。何以故。莊嚴佛土者，即非莊嚴，是名莊嚴。苟知不莊嚴之爲莊嚴，乃真莊嚴矣。言此以起下文清淨之意。是故，須菩提，諸菩薩摩訶薩，應如是生清淨心：清淨者無之盡也。不應住色生心，不應住聲、香、味、觸、法生心，應無所住而生其心。無則有矣。右第五節。

此承上文，法尚應捨，而進言之，見非獨應捨，且亦無法。自須陀洹，以至成佛，皆是佛法，皆非佛法，蓋同一以無爲法也。無之至則清淨矣。清淨之至則湛然無物，而天下之理皆從此出，是謂無所住而生其心。苟有所住，即不能生其心矣，故即住而即降伏之。要在於無所住而生其心，然後可以成佛，然後可以滅度一切衆生。佛告須菩提之大旨，略盡於此矣。

須菩提，譬如有人，身如須彌山王，於意云何，是身爲大不。須菩提言：甚大，世尊。何以故。佛説非身，是名大身。泥乎身而言，則雖鄭瞞，巨無霸，不足爲大也。身如須彌山王，則非身矣，故名大身也。此設喻以起下文，無深義。

須菩提，如恒河中所有沙數，如是沙等

恒河，於意云何，是諸恒河沙寧爲多不。須菩提言：甚多，世尊，但諸恒河尚多無數，何況其沙。須菩提，我今實言告汝，若有善男子、善女人以七寶滿爾所恒河沙數三千大千世界，以用布施，得福多不。須菩提言：甚多，世尊。佛告須菩提：若善男子、善女人於此經中，乃至受持四句偈等，爲他人説，而此福德勝前福德。復次，須菩提，隨説是經，乃至四句偈等，當知此處，一切世間天、人、阿修羅皆應供養，如佛塔廟，何況有人盡能受持、讀誦。須菩提，當知是人，成就最上第一希有之法。若是經典所在之處，則爲有佛，若尊重弟子。爾時，須菩提白佛言：世尊，當何名此經，我等云何奉持。佛告須菩提：是經名爲《金剛般若波羅蜜》，以是名字，汝當奉持。

所以者何。佛説般若波羅蜜，即非般若波羅蜜。非法是法，亦猶非身是身也。自此以下，皆申明佛法之非佛法。

須菩提，於意云何，如來有所説法不。須菩提白佛言：世尊，如來無所説。以離乎法爲法，則不得泥乎法以爲説也。須菩提，於意云何，三千大千世界所有微塵，是爲多不。須菩提言：甚多，世尊。須菩提，諸微塵，如來説非微塵，是名微塵。如來説世界，非世界，是名世界。微塵至小也，世界至大也，然執小以爲小，不足爲小也，執大以爲大，不足爲大也。然則微塵非小，世界乃小耳，是故非微塵名微塵。世界非大，微塵乃大耳，是故非世界名世界。須菩提，於意云何，可以三十二相見如來不。不也，世尊，不可以三十二相得見如來。何以故。如來説三十二相，即是非相，色即是空。是名三十二相。空即是色。

須菩提，若有善男子、善女人以恒河沙等身命布施，若復有人於此經中，乃至受持四句偈等，爲他人説，其福甚多。爾時，須菩提聞説是經，深解義趣，涕淚悲泣而白佛言：希有，世尊，佛説如是甚深經典，我從昔來所得慧眼，未曾得聞如是之經。世尊，若復有人得聞是經，信心清淨，則生實相。信心清淨，空也。則生實相者，空即是色也。

當知是人成就第一希有功德。世尊，是實相者，即是非相，是故如來説名實相。虚靈不昧之本體，非幻相也。

世尊，我今得聞如是經典，信解受持，不足爲難。若當來世，後五百歲，其有衆生得聞是經，信解受持，是人則爲第一希有。何以故。此人二字衍無我相、人相、衆生相、壽者相。所以者何。我相即是非相，人相、衆生相、壽者相即是非相。何以故。離一切諸相，則名諸佛。世界也，微塵也，以至佛之三十二相，皆未離乎相者也，皆非實相也。自大身一喻之後，皆發明此意，而以離一切相爲歸宿。佛告須菩提：如是，如是。

若復有人得聞是經，不驚、不怖、不畏，當知是人甚爲希有。何以故。如來説第一波羅蜜，即非第一波羅蜜，非法。是名第一波羅蜜。非非法。須菩提，忍辱波羅蜜，如來説非忍辱波羅蜜。因第一波羅蜜無可説，故以忍辱波羅蜜言之，以淺見深。何以故。須菩提，如我昔爲歌利王割截身體，我於爾時無我相，無人相，無衆生相，無壽者相。何以故。我於往昔節節支解時，若有我相、人相、衆生相、壽者相，應生嗔恨。須菩提，又念過去於五百世作忍辱仙人，於爾所世，無我相，無人相，無衆生相，無壽者相。就忍辱波羅蜜，證以此二事，明離相之功。是故，須菩提，菩薩應離一切相，發阿耨多羅三藐三菩提心。不應住色生心，不應住聲、香、味、觸、法生心，應生無所住心。上言應無所住而生其心，由住而生也。此言應生無所住心，住即是生矣。右第六節。

前因不住於相而極言之，至於以無爲法，所謂佛法皆非佛法。此又因佛法非法而極言之，至於離一切相，仍歸之於不住於相。迴環相生，總見法相皆空，乃降伏之極功也。

若心有住，則爲非住。佛以不住爲住故，即住即降伏也。自此以下，皆約舉前文，以總詰上篇。是故，佛説菩薩心不應住色生心。不言聲、香、味、觸、法者，省文也。俗解以爲舉重而言，非也。須菩提，菩薩爲利益一切衆生，應如是布施。如來説一切諸相，即是非相。色非色。又説一切衆生，即非衆生。形非形。須菩提，如來是真語者、實語者、如語者、不誑語者、不異語者。如語即真語、實語，亦即不誑語、不異語。如其真，如其實故，不誑、不異也。佛以此告須菩提，明其言之可信。而真語、實語，不誑、不異，無非如語而已矣。如其義而語，有語亦無語也。須菩提，如來所得法，此法無實無虚。無實者，非法也。無虚者，非非法也。上言如來於法無所得，明無實也。此言如來所得法，明無虚也。無實者降伏之功，無虚者住之效。惟如來於法無所得，故爲如來所得法。蓋不住固不足以言降伏，而不降伏亦不足以住也。故曰：佛説般若波羅蜜，即非般若波羅蜜。即住即降伏，是爲非法非非法，即爲無實無虚。《金剛經》大旨盡此矣。須菩提，若菩薩心住於法而行布施，如人入闇，則無所見。若菩薩心不住法而行布施，如人有目，日光明照，見種種色。反覆申明之，上篇止此。右第七節。

須菩提，當來之世，若有善男子、善女人能於此經受持讀誦，則爲如來以佛智慧，悉知是人，悉見是人，皆得成就無量無邊功德。須菩提，若有善男子、善女人，初日分以恒河沙等身布施，中日分復以恒河沙等身布施，後日分亦以恒河沙等身布施，如是無量百千萬億劫以身布施，若復有人聞此經典，信心不逆，其福勝彼，何况書寫、受持、讀誦、爲人解説。須菩提，以要言之，是經有不可思議不可稱量無邊功德，如來爲發大乘者説，爲發最上乘者説。若有人能受持讀誦，廣爲人説，如來悉知是人，悉見是人，皆得成就不可量不可稱無有邊不可思議功德。如是人等則爲荷擔如來阿耨多羅三藐三菩提。何以故。須菩提，若樂小法者，著我見、人見、衆生見、壽者見，則於此經不能聽受讀誦，爲人解説。須菩提，在在處處，若有此經，一切世間天、人、阿修羅所應供養。當知此處，則爲是塔，皆應恭敬，作禮圍繞，以諸華香而散其處。復次，須菩提，善男子、善女人受持讀誦此經，若爲人輕賤，是人先世罪業，應墮惡道，以今世人輕賤故，先世罪業則爲消滅，當得阿耨多羅三藐三菩提。須菩提，我念過去無量阿僧祇劫，於然燈佛前，得值八百四千萬億那由他諸佛，悉皆供養承事，無空過者。若復有人於後末世，能受持讀誦此經，所得功德，於我所供養諸佛功德，百分不及一，千萬億分，乃至算數、譬喻所不能及。須菩提，若善男子、善女人於後末世有受持讀誦此經，所得功德，我若具説者，或有人聞，心則狂亂，狐疑不信。須菩提，當知是經義不可思議，果報亦不可思議。

金剛般若波羅蜜經下篇

曲園居士俞樾注

爾時，須菩提白佛言：世尊，善男子、善女人發阿耨多羅三藐三菩提心，云何應住，云何降伏其心。佛告須菩提，善男子、善女人發阿耨多羅三藐三菩提心者，當生如是心：我應滅度一切衆生，滅度一切衆生已，而無有一衆生實滅度者。何以故。須菩提，若菩薩有我相、人相、衆生相、壽者相，則非菩薩。復舉上文，以起下篇。所以者何。須菩提，實無有法發阿耨多羅三藐三菩提心者。無能生有，有不能生無也。須菩提，於意云何，如來於然燈佛所，有法得阿耨多羅三藐三菩提不。不也，世尊。如我解佛所説義，佛於然燈佛所，無有法得阿耨多羅三藐三菩提。佛言：如是，如是，須菩提，實無有法如來得阿耨多羅三藐三菩提。塵盡則鏡明，明固鏡之本體，非有以助其明。冰釋則水流，流固水之本性，非有以益其流。須菩提，若有法如來得阿耨多羅三藐三菩提者，然燈佛則不與我授記：汝於來世，當得作佛，號釋迦牟尼。以實無有法得阿耨多羅三藐三菩提，是故然燈佛與我授記，作是言：汝於來世，當得作佛，號釋迦牟尼。須菩提以實無所行，而世尊名之爲樂阿蘭那行。如來以實無所得，而然燈佛授記於來世作佛號釋迦牟尼。如來與須菩提雖有差等，其以無爲法則一也。何以故。如來者，即諸法如義。諸法如義，言一切法歸於各如其義也。如來猶明鏡當前，人之來者見爲人，物之來者見爲物，如其來者而已，所謂如來也。有少許塵埃，即不能如來矣。故一切妄念不可有也。塵埃固不可有，珠塵玉屑又豈可有哉，有之亦不能如來矣。故一切法，亦不可有也。若有人言如來得阿耨多羅三藐三菩提，須菩提，實無有法佛得阿耨多羅三藐三菩提。須菩提，如來所得阿耨多羅三藐三菩提，於是中無實無虛。是故如來説一切法皆是佛法。須菩提，所言一切法者，即非一切法，是故名一切法。須菩提，譬如人身長大。須菩提言：世尊，如來説人身長大，即爲非大身，是名大身。上篇大身一喻，以起下文。此篇大身一喻，以結上文德，以大身之非大身，明佛法之非佛法也。右第一節。

此節所説，即非法非非法之義，説具前矣。

須菩提，菩薩亦如是。若作是言我當滅度無量衆生，則不名菩薩。何以故。須菩提，實無有法名爲菩薩。是故，佛説一切法無我、無人、無衆生、無壽者。須菩提，若菩薩作是言我當莊嚴佛土，是不名菩薩。何以故。如來説莊嚴佛土者，即非莊嚴，是名莊嚴。言我當滅度衆生，我當莊嚴佛土，即有我矣。故下云通達無我法真是菩薩也。須菩提，若菩薩通達無我法者，如來説名真是菩薩。右第二節。

承上文而言，一切法即非一切法。所以然者，一切法皆生於我也。有我則有人，有我有人則有衆生、壽者，有如是一切，即有如是一切法，故必先之以無我。誠能通達無我之法，則不言一切法可也，即言一切法亦可也。經之大旨在於即住即降伏，而降伏其心自無我始，故於此特發明之。下文又云知一切無我，乃此經之要義也。

須菩提，於意云何，如來有肉眼不。如是，世尊，如來有肉眼。須菩提，於意云何，如來有天眼不。如是，世尊，如來有天眼。須菩提，於意云何，如來有慧眼不。如是，世尊，如來有慧眼。須菩提，於意云何，如來有法眼不。如是，世尊，如來有法眼。須菩提，於意云何，如來有佛眼不。如是，世尊，如來有佛眼。此與下節皆承上文無我而言，即有以明無也。肉眼亦有，天眼亦有，慧眼亦有，法眼亦有，佛眼亦有，然則如來無眼矣。何以故。止有肉眼，則可名之曰肉眼。止有佛眼，則可名之曰佛眼。自肉眼至佛眼，無所不有，則無可名矣。凡經言一切諸相，即是非相，無非此義。右第三節。

須菩提，於意云何，如恒河中所有沙，佛説是沙不。如是，世尊，如來説是沙。須菩提，於意云何，如一恒河所有沙，有如是沙等恒河，是諸恒河所有沙數佛世界，如是寧爲多不。甚多，世尊。佛告須菩提：爾所國土中所有衆生，若干種心，如來悉知。何以故。如來説諸心，皆爲非心，是名爲心。無論一切妄念，即如上文所云我當滅度衆生、我當莊嚴佛土，皆非心也。心固湛然無物也。所以者何。須菩提，過去心不可得，見在心不可得，未來心不可得。此亦即有以明無也。過去、見在、未來三種心，人人有之。然求之此心，究在何處，則亦無也。右第四節。

如來之五種眼也，衆生之三種心也，皆任舉以明無我之旨，非義所重。

須菩提，於意云何，若有人滿三千大千世界七寶以用布施，是人以是因緣得福多不。如是，世尊，此人以是因緣得福甚多。須菩提，若福德有實，有實當作實有。下文若浮塵衆實有者，若世界實有者，並作實有，不作有實，此亦當同也。如來不説得福德多。有則無矣。以福德無故，如來説得福德多。無則有矣。右第五節。

承上文通達無我法而言，法尚應捨，何論福德。蓋既以無法爲法，則亦以無福德爲福德也。而愚僧妄爲增益，專以福德誘勸衆生，失佛旨矣。

須菩提，於意云何，佛可以具足色身見不。不也，世尊，如來不應以具足色身見。何以故。如來說具足色身，即非具足色身，是名具足色身。如來所說色身，非此色身，是乃真具足色身也。下文準此。於意云何，如來可以具足諸相見不。不也，世尊，如來不應以具足諸相見。何以故。如來說諸相具足，即非具足，是名諸相具足。非身之身，乃真身也。非相之相，乃真相也。蓋外之身相，皆幻形耳，雖佛亦不能常有也。知此中自有不壞者存，則能離一切相而成佛矣。竊嘗論之，無此身，無此相，則非人也。而此身此相則皆幻也。孰爲真者，其吾之本性乎。吾能保此性，雖千百劫而不壞可也，此佛之所以爲佛也。仙者變而言修鍊，則欲常存此身，常存此相矣，而可得乎。此仙之所以不如佛也。右第六節。

佛既以無我示人，又復說此者，蓋無我之中又自有我。此成佛之後，所以無實無虛，而在初發阿耨多羅三藐三菩提心者。宜乎即住即降伏之，以降伏爲住，然後無我而有我也。此《金剛經》之大旨也。

須菩提，汝勿謂如來作是念，我當有所說法。莫作是念。何以故。若人言如來有所說法，則爲謗佛，不能解我所說故。須菩提，說法者，無法可說，上篇云無有定法如來可說，此云無法可說，其義更進。蓋無定法，猶有法也。無法，則并法亦無矣。是名說法。一言蔽之，曰無是真說法也。

爾時，慧命須菩提白佛言：世尊，頗有衆生於未來世聞說是法，生信心不。佛言：須菩提，彼非衆生，非不衆生。何以故。須菩提，衆生衆生者，如來說非衆生，是名衆生。古本所無，亦後人增益。蓋以佛言無法可說，恐人因此不信佛法，故增益此文。其意謂衆生則不信，非衆生則自能信，所以堅人之信，與侈陳福德，其意正同，皆佛弟子護法之苦心也。

須菩提白佛言：世尊，佛得阿耨多羅三藐三菩提，爲無所得耶。佛言：如是，如是，須菩提，我於阿耨多羅三藐三菩提，乃至無有少法可得，無所失，又何所得。是名阿耨多羅三藐三菩提。復次，須菩提，是法平等，無有高下，前言有差等者，成就之次第也。此言無高下者，真體之本然也。是名阿耨多羅三藐三菩提。以無我、無人、無衆生、無壽者，修一切善法，則得阿耨多羅三藐三菩提。須菩提，所言善法者，如來説即非善法，是名善法。於阿耨多羅三藐三菩提，無有少法可得，此佛之所以爲佛也。修一切善法，則得阿耨多羅三藐三菩提，此衆生之所以爲衆生也。佛既自言無有少法可得矣，然何以處衆生，故又説此也。夫一切法，猶醫家之用藥也，佛無病焉，又何藥也。其餘衆生，各就其病而藥之，於是有一切善法。然此一切善法，豈可以爲常乎。譬如有寒疾者，以熱藥爲善法，若施之於熱疾，即非善法矣。故曰：所言善法者，即非善法，是名善法。法雖不可無，法仍不可執，故爲上智説則無法可説，爲下愚説則無定法可説也。

須菩提，若三千大千世界中所有諸須彌山王，如是等七寶聚，有人持用布施，若人以此《般若波羅蜜經》，乃至四句偈等，受持讀誦，爲他人説，於前福德百分不及一，千萬億分，乃至算數、譬喻所不能及。

須菩提，於意云何，汝等勿謂如來作是念我當度衆生。須菩提，莫作是念。何以故。實無有衆生如來度者。若有衆生如來度者，如來則有我、人、衆生、壽者。須菩提，如來説有我者，即非有我，而凡夫之人以爲有我。須菩提，凡夫者，如來説即非凡夫。原其初，聖亦凡也，凡亦聖也。聖凡且無一定，而又何我之有。須菩提，於意云何，可以三十二相觀如來不。須菩提言：如是，如是，以三十二相觀如來。佛言：須菩提，若以三十二相觀如來者，轉輪聖王則是如來。須菩提白佛言：世尊，如我解佛所説義，不應以三十二相觀如來。此與上篇語同，但上篇文略故，無中間往復語耳。世人見上篇須菩提已知不可以三十二相見如來，疑其何以先悟而後迷，因爲之説曰，前言不可以相見者，色即是空也，此言可以相觀者，空即是色也。若然則正合無實無虚之義，宜蒙印可而反見駁詰，何耶。爾時，世尊而説偈言：若以色見我，以音聲求我，是人行邪道，不能見如來。右第七節。

此又以無法可説，無法可得，無衆生可度，舉上文所有之義而申明之，而仍以無相爲歸宿。其義皆具上篇而視上篇加詳焉，學佛者所宜盡心也。

附録：魏留支譯本云：須菩提，於意云何，可以相成就得見如來不。須菩提言：如我解如來所説義，不以相成就得見如來。佛言：如是，如是，須菩提，不以相成就得見如來。佛言：須菩提，若以相成就觀如來者，轉輪聖王應是如來，是故非以相成就得見如來。爾時，世尊而説偈言。

又，唐義淨譯本云：妙生，於意云何，應以具相觀如來不。不爾，世尊，不應以具相觀於如來。妙生，若以具相觀如來者，轉輪聖王應是如來，是故不應以具相觀於如來，應以諸相非相觀於如來。爾時，世尊而説頌曰。

按此文自留支以下，各譯本皆與秦本不同，蓋秦本之誤也。余據秦本作注，故云。然以各本證之，則余所見固與闇合矣。因附録魏、唐兩譯本以曉學者，餘不備録。

須菩提，汝若作是念，如來不此字衍。以具足相故得阿耨多羅三藐三菩提，須菩提，莫作是念，謂如來以具足相故得阿耨多羅三藐三菩提，是猶以三十二相觀如來也，故戒之曰莫作是念。文義本甚明，因如來下衍一不字，遂滋異説，今不取也。此下亦應有何以故三字，與下文相準，文不具耳。如來不以具足相故得阿耨多羅三藐三菩提。此就佛言也。須菩提，汝若作是念，發阿耨多羅三藐三菩提心者，説諸法斷滅。莫作是念。於阿耨多羅三藐三菩提無有少法可得者，佛之所以爲佛也。修一切善法，則得阿耨多羅三藐三菩提者，衆生之所以爲衆生也。若衆生初發阿耨多羅三藐三菩提心，而即説諸法斷滅，則竟無可得矣，故又戒之曰莫作是念。何以故。發阿耨多羅三藐三菩提心者，於法不説斷滅相。此就衆生言也。右第八節。

承上文而以佛與衆生分別言之，不執法相，亦不廢法相，誘掖衆生之義至矣。

須菩提，若菩薩以滿恒河沙等世界七寶，持用布施，若復有人知一切法無我，得成於忍，（忍即降伏之謂。）此菩薩勝前菩薩所得功德。何以故。須菩提，以諸菩薩不受福德故。須菩提白佛言：世尊，云何菩薩不受福德。須菩提，菩薩所作福德，不應貪著，是故説不受福德。（右第九節。）

因上文云莫説諸法斷滅，恐人執有以爲法，故歸之於無我，而極言無我之功德。然功德非福德也，恐人以福德爲功德而有所貪著，即非無我之義矣，故又以不受福德申明之，以是知諸言福德者失佛旨也。

須菩提，若有人言如來若來若去，若坐若臥，是人不解我所説義。何以故。如來者，無所從來，（無實。）亦無所去，（無虛。）故名如來。須菩提，若善男子、善女人，以三千大千世界碎爲微塵，於意云何，是微塵衆寧爲多不。須菩提言：甚多，世尊。何以故。若是微塵衆實有者，佛則不説是微塵衆。（實則虛矣，有則無矣。）所以者何。佛説微塵衆，即非微塵衆，（合之即爲世界。）是名微塵衆。（散之即爲微塵。）世尊，如來所説三千大千世界，即非世界，（散之即爲微塵。）是名世界。（合之即爲世界。）何以故。若世界實有者，則是一合相。（世界者，微塵之積也，若以爲實有，則非萬殊之虛體，而有一合之實相矣。）如來説一合相，即非一合相，（離之則爲萬。）是名一合相。（合之則爲一。）須菩提，一合相者，則是不可説，（離之則爲萬，合之則爲一。是此一合相者，示無實無虛也，而可説乎。）但凡夫之人貪著其事。（以不住爲住，即無此一合相矣。右第十節。）

此承上文不應貪著而言。能不貪著，則自得無實無虛之妙矣。如來也，世界也，微塵衆也，皆非實有者也。何所著，又何所貪乎。

須菩提，若人言佛説我見、人見、衆生見、壽者見，須菩提，於意云何，是人解我所説義不。不也，世尊。是人不解如來所説義。何以故。世尊説我見、人見、衆生見、壽者見，即非我見、人見、眾生見、壽者見，是名我見、人見、眾生見、壽者見。變相言見者，自人觀之則爲相，以我自觀則爲見也。在菩薩則無我相、人相、眾生相、壽者相，已足爲菩薩矣。若佛則非特無此相，乃至無此見，非特無此見，乃至無無此見。何以故。有我、人、眾、壽之見，固是有我見、人見、眾生見、壽者見，即自以爲無我、人、眾、壽之見，亦是有我見、人見、眾生見、壽者見。蓋是者固是，非者亦是也。并此非者而無之，乃真無之盡矣。斯降伏之極功也。故下文曰應如是知，如是見，如是信解，蓋降伏之至而得所住也。須菩提，發阿耨多羅三藐三菩提心者，於一切法，應如是知，如是見，如是信解，不生法相。須菩提，所言法相者，如來說即非法相，是名法相。他人所謂法相者，法相也。如來所謂法相者，非法相也。如來非特法相不生，乃至非法之法，非相之相，而亦不生，斯真不生法相矣。

須菩提，若有人以滿無量阿僧祇世界七寶持用布施，若有善男子、善女人發菩提心者，持於此經，乃至四句偈等，受持讀誦，爲人演說，其福勝彼。云何爲人演說。不取於相，上言不生法相，而此獨言不取於相者，蓋有我則有人，有我有人則有眾生、壽者，有如是一切，則有如是一切法。故此經以無我人眾壽始，而以不取於相終。不取於相，而法不待言矣。如如不動。如是知，如是見，如是信解，皆如也。然有所如，則有相矣。如如非如也，而亦非不如也，此即無實無虛之妙旨也。故下如字，即住之謂也。上如字，即降伏之謂也。即住而即降伏之，乃真能住矣，此所以不動也。何以故。一切有爲法，如夢幻泡影，如露亦如電，應作如是觀。經之大旨在即住即降伏。上云不取於相，如如不動，總結全經，語簡而盡矣。一切有爲法四語，又作偈語以結之，經文之體例然也。世以此四語爲《金剛經》之精義。夫稍解佛法者，孰不知一空字，乃以此四語爲無上甚深乎。耳食之論，非真見也。佛說是經已，長老須菩提，及諸比丘、比丘尼、優婆塞、優婆夷，一切世間天、人、阿修羅，聞佛所說，皆大歡喜，信受奉行。右第十一節。

總結上下篇也。下篇之義皆具上篇，或引申其未盡之旨，或補益其未備之文，往往詳略互見。此佛弟子傳述之異，疑在西土本自別行，及傳入中土，遂合而一之。而以如是我聞發端，信受奉行總結，聯綴首尾，不可復分。今釐爲上下篇，庶讀者無疑其前後之複沓焉。

金剛般若波羅蜜經注終

（李勁整理）

○二七九

金剛經訂義[二]

德清俞樾

其一

第二分云：善男子、善女人發阿耨多羅三藐三菩提心，應云何住，云何降伏其心。按：心即阿耨多羅三藐三菩提心，住者住此心也，降伏者降伏此心也。俗解謂真心當住，使之不退轉，妄心當降伏，使之不擾亂，分别爲二，殊失語氣，且非如來立教之旨也。下文佛言應如是住，如是降伏其心，然詳通篇所言，言住者多，言降伏者少。蓋所謂不住色布施，不住聲、香、味、觸、法布施，皆以不住爲住，以不住爲住，則即住即降伏矣。其義莫明於第十七分所言，此一分本是申説前義，語較簡而意轉明也。其文曰：爾時，須菩提白佛言，世尊，善男子、善女人發阿耨多羅三藐三菩提心，云何應住，云何降伏其心。佛告須菩提，善男子、善女人發阿耨多羅三藐三菩提心者，當生如是心，我應滅度一切衆生，滅度一切衆生已，而無有一衆生實滅度者。按：我應滅度一切衆生，即所謂應如是住也。滅度一切衆生已，而無有一衆生實滅度者，即所謂應如是降伏其心也。得此數語，覆讀第三分，則文義了然矣。故第四分末云菩薩無住相布施，又云菩薩但應如所教住。上文住爲一義，降伏爲一義，而此文不及降伏，蓋言但應如所教住，則即住即降伏矣。俗解不知，謂此住字作止字解，不住之住作染著解，殊失其旨。今以儒理言之。子貢問曰：有一言而可以終身行之者乎。子曰：其恕乎，己所不欲勿施於人。即所謂應如是住也。子貢曰：我不欲人之加諸我也，我亦欲無加諸人。子曰：賜也，非爾所及也。即所謂應如是降伏其心也。子曰：衣敝緼袍，與衣狐貉者立而不恥者，其由也與。不忮不求，何用不臧。即所謂應如是住也。子路終身誦之。子曰：是道也，何足以臧。即所謂應如是降伏其心也。蓋儒者之言曰實若虛，而此經亦言無實無虛。若無所住，則涉於虛矣，而有所住，則又滯於實矣，故應如是住，又應如是降伏其心。儒理、佛理，一以貫之。

校勘記

〔一〕底本據光緒二十五年《春在堂全書・俞樓襍纂第四十七》（增修本）本。

其二

第八分云：若人滿三千大千世畍七寶以用布施，是人所得福德甯爲多不。須菩提言，甚多。何以故。是福德即非福德性，是故如來説福德多。按：性字疑衍文也。是福德即非福德，乃無實無虛之義。第十九分云：若有人滿三千大千世畍七寶以用布施，是人以是因緣得福多不。如是，世尊，此人以是因緣得福甚多。須菩提，若福德有實，（當作實有，傳寫倒也。）如來不説得福德多。以福德無故，如來説得福德多。兩文語意相近，可以發明。此云是福德，即彼所云福德實有也。此云非福德，即彼所云福德無也。此云是福德即非福德，是故如來説福德多。彼云若福德實有，如來不説得福德多，以福德無故，如來説得福德多。語有繁簡，意則一也。今衍性字，則福德與福性，區而爲二矣。福德在外，福德性在內，既有內外之分，自有是非之判。凡夫皆能言之，豈得爲如來無上甚深之妙旨哉。俗解云：此等福德是身外享用，與我真性全不相關，即非福德出於性中者。以是爲解，失之淺矣。今以全經體例求之。第五分云：如來所説身相，即非身相。豈有兩身相邪。第八分云：所謂佛法者，即非佛法。豈有兩佛法邪。十三分云：佛説般若波羅蜜，即非般若波羅蜜。豈有兩般若波羅蜜邪。推之，十四分云：是實相者，即非實相，是故如來説名實相。十七分云：所言一切法者，即非一切法，是故名一切法。第十八分云：如來説諸心者，皆爲非心，是名爲心。第二十分云：如來説具足色身，即非具足色身，是名具足色身。二十三分云：所言善法者，如來説非善法，是名善法。第三十分云：如來説一合相，即非一合相，是名一合相。三十一分云：所言法相者，如來説即非法相，是名法相。全經中如此者甚多，並與此文是福德即非福德，是故如來説福德多，文義一律，足證性字之衍矣。而尤有可切證者，第三十分云：若是微塵衆實有者，佛則不説是微塵衆。所以者何。佛説微塵衆，即非微塵衆，是名微塵衆。以是言之，微塵衆非實有，故非微塵，然則福德亦非實有，故非福德。愚以第十九分所云若福德實有，如來不説得福德多，證此文所云是福德即非福德，是故如來説福德多，以經解經，塙有明證矣。蓋此經大旨在於無實無虛，惟其無實無虛，是以即非即是，所謂應如是住，應如是降伏其心也。俗解謂住者住其真心，降伏者降伏其妄心，故於此文福德下增性字，見福德是妄，福德性是真，理雖可通，而於全經語意殊不一律，徒生葛藤，無當經義。

其三

第十四分云：如來是真語者、實語者、如語者、不誑語者、不異語者。按：真語、實語、不誑語、不異語，皆易解説，獨所謂如語者，不易解説。俗解云：默契真如之語，苟爲推美，未合經義。愚謂如語即真語、實語，亦即不誑語、不異語也。如者，如其真，如其實也。如其真，如其實，則不誑矣。真無二真，實無二實，則不異矣。今淺言之，一則曰一，二則曰二，不增不減，所謂如也。一則真一，二則真二，是謂之真。一實有一，二實有二，是謂之實。是故如語即真語、實語也。增一爲二，減二爲一，是謂之誑。可增爲二，即可減爲一，可減爲一，即可增爲二，是謂之異。是故如語即不誑語、不異語也。然則真語、實語、不誑語、不異語，實不外乎如語而已矣。推而言之，如來之名即由於此。第十七分云：如來者即諸法如義。所謂如義者，如其義而止，不增不減也，此如來之所以爲如也。然則何以言如來。第二十九分云：若有人言如來若來若去，若坐若卧，是人不解我所説義。何以故。如來者，無所從來，亦無所去，故名如來。以是言之，如來者實無所有，故來去坐卧皆不足見如來。欲見如來，當於無來無去見之。無來無去，則無有也。既無有矣，安有如來。所謂如來者，就來者言耳。譬如空室之中縣一明鏡，其中無有也，而人之來者見爲人，物之來者見爲物，各如其來者而已矣，此所謂如來也。雖然，此非獨佛理如是，雖儒理亦然。故《易大傳》曰：仁者見之謂之仁，知者見之謂之知，百姓日用而不知。昔顔淵從夫子游，出而告人曰：吾有得於夫子矣。宰我、子貢、有若從夫子游，出而告人曰：吾有得於夫子矣。夫子之道一也，而顔淵得之，以爲顔淵，宰我、子貢、有若得之，以爲宰我、子貢、有若，而夫子不知也。然則孔子亦如來也。

其四

第二十六分云：須菩提，於意云何，可以三十二相觀如來不。須菩提言，如是，如是，以三十二相觀如來。按：第十三分云，須菩提，於意云何，可以三十二相見如來不。不也，世尊，不可以三十二相得見如來。是須菩提已知三十二相之不足以見如來矣，何以至此又言以三十二相觀如來邪。世有爲之説者曰：其言不可以相見者，謂色即是空也，言可以相觀者，謂空即是色也。愚按：此説美矣，而有未盡。須菩提之意，蓋以見與觀不同。見者，彼與我見也。觀者，以我觀彼也。如來爲希有世尊，宜示我最上第一希有之法，豈徒以三十二相示我哉，故不可以相見也。若以我觀如來，則所謂無所從來，亦無所去者，我何從知之，得其相而觀之，是亦足矣，故欲以三十二相觀如來也。子貢曰：夫子之文章，可得而聞也。夫子之言性與天道，不可得而聞也。是孔氏之徒，亦知夫子之道非徒以文章見矣。即須菩提所謂不可以三十二相見如來也。而《鄉黨》一篇，備記孔子飲食、居處、衣服之制，以示後世，則又須菩提所謂以三十二相觀如來矣。佛言以三十二相觀如來，轉輪聖王則是如來，又說偈言：若以色見我，以音聲求我，是人行邪道，不能見如來。蓋如來所與人見者不在此，則人之觀如來者亦當不在此，而在須菩提之意，則固非前後兩歧也。

其五

第二十七分云：須菩提，汝若作是念，如來不以具足相故得阿耨多羅三藐三菩提。須菩提，莫作是念，如來不以具足相故得阿耨多羅三藐三菩提。須菩提，汝若作是念，發阿耨多羅三藐三菩提心者，說諸法斷滅。莫作是念。何以故。發阿耨多羅三藐三菩提心者，於法不說斷滅相。按：自第三分云有我相、人相、衆生相、壽者相，則非菩薩，自此以下，皆說無相之義。至上第二十六分云若以色見我，以言聲求我，是人行邪道，不能見如來，則不啻大聲而疾呼矣。乃接此分又言如來以具足相故得阿耨多羅三藐三菩提，又言發阿耨多羅三藐三菩提心者，於法不說斷滅相，則與第十四分所云菩薩應離一切相發阿耨多羅三藐三菩提心者大相背謬矣。解者云：佛恐人執無棄有，令後人入[二]道無門，故又有此言，蓋相不可執，亦不可毀也。其說固亦有見，然如第十四分云信心清淨，則生實相，是實相者即是非相，固已舉即色即空之旨，明以示人，諸分中發明此義者，不一而足，何必又贅此數語邪。若謂自此以上，明相之不可有，自此以下，明相之不可無，然至三十一分仍云發阿耨多羅三藐三菩提心者，於一切法應如是知，如是見，如是信解，不生法相。至三十二分，又以不取於相四字總結全經，是此經首尾無非發明無相之義，獨此數言爲歧出矣。愚反復推求，而知此文之有衍字也。蓋莫作是念，如來不以具足相故，此兩句中衍不字。何以故，發阿耨多羅三藐三菩提心者，此兩句中衍何以故三字。《經》云：須菩提，汝若作是念，如來不以具足相故得阿耨多羅三藐三菩提。此正言之也。又云：須菩提，莫作是念，如來以具足相故得阿耨多羅三藐三菩提。此反言之也。又云：須菩提，汝若作是念，發阿耨多羅三藐三菩提者，説諸法斷滅。此正言之也。又云：莫作是念，發阿耨多羅三藐三菩提心者，於法不説斷滅相。此反言之也。反復相明，無非發明無相之義。因誤衍四字，遂與經義乖違。學者所宜訂正，不可曲爲之説也。

校勘記

〔一〕「入」，底本作「人」，據文意改。

（李勁整理）

〇二八〇

金剛經闡説[一]

金剛經闡説序

清陳存吾闡説

余觀註此經者，類皆高談玄妙，騁其辭鋒，不顧經文之上下前後，往往自相矛盾，甚至求深愈晦，欲望其受持讀誦，爲人解説，尠矣。余當此困心横慮時，竊假得數部紬繹之，擇其説之顯而明者録之，於經之段落意旨所在，竊不揣其固陋而參以鄙見，總以經中横説竪説，丁甯反覆，無非以明心見性爲不二門要著，不事藻詞，人人可以解説，庶有少益乎。或云佛欲以明心見性示人，則直説法就是了，何以經中隨説隨掃，似又欲人向玄微尋去矣。余曰不不，此乃見佛之慈悲處。何以故。人之心性本明，因溺於四相六塵，以失其本來之明，佛不得已，假之言説。若人能復其本來之明，則一切言説譬喻，已屬添設，若不掃去，是顯然以佛法自居，佛所不願也。蓋欲人即説處思，復即掃處思，恍然悟本來之自性，佛乃不得已而説也，此正如來護念付囑之深意耳。

嘉慶二十一年秋七月上浣古閩白雲山人存吾氏手題於姑蘇會垣之淨信堂。

校勘記

[一] 底本據《卍續藏》。

捐刊金剛經闡説序

蓋聞佛道宏深，以慈悲而利物，神功廣大，以智慧而覺人，故先天地而不見其始，後天地而不見其終，觀於《金剛般若波羅蜜經》，蓋可見矣。是經也，論不空之空，證無相之相。闡明虚妄，即六如而可知，推測根源，於四相而可悟。誠諸佛傳燈之奧旨，大乘闡道之統宗，而羣生明心見性之心法也。雖然，法由心得，非經無以寓夫法，經因人明，非言無以著夫經，世以經傳，非梓無以公夫世。考自唐宋以至元明，釋是經，録是經者，分門別户，汗牛充棟，而求其剖真言之至當，衷秘旨之弗違，唯白雲山人之《金剛經闡說》爲甚詳矣。

夫白雲山人者，古閩鄉進士存吾陳先生也。先生諱玉篇，公身膺花縣，治試絃歌，職歷黄堂，春分桃李。公餘之暇，仰慕真如，闡說此經，通明法相，使讀之者如仰寶鏡於中天，誦之者若得明珠於滄海。惜乎因心種果，梨棗未登，幸也以福爲田，子孫永守。無奈一字一编，必藉檀那之力，寸楮寸版，無非長者之金。於是冀樂善之有同心，望樂施而無吝色。或慨捐白鏹，固屬落落大方，或勉助青蚨，亦願多多益善。伏祈共鑒葵心，少伸蓮舌，俾夫鏤成卷軸，用廣如來之慈悲，刷送流傳，大啟衆生之智慧。是爲序。

同治六年歲次丁卯梅夏臺陽洪壽椿敬撰於海東尋樂山房之西軒。

凡例

一、是經所註故實，悉照鄧葵園太守輯註抄録，依原本不繫註者姓名，其餘採某氏說者則繫之，非敢掠美也。

一、是經自來分爲三十二分，各有標題，僞托傳爲梁昭明太子所定，似屬淺陋，當是後人亦有分作數章者，究亦不見得了當。今只逐段直解說去，讀者自可領悟歸宿也。

一、是經諸本，多有不同處，如何以故及是名云云等，或有或無，皆於文義無礙，今仍依舊本。

一、是經於緊要處，用一圈。尤關要處，加雙圈。大段屆限處，用一截。庶讀者醒眼耳。

金剛經闡說卷上[一]

金剛般若波羅蜜經

古閩白雲山人存吾氏闡說
冢孫滋甫厚基陳氏校刊

金者，鐵也。剛生金中，百鍊不消，最堅利，能斷壞萬物。譬如智慧，能斷絶貪嗔癡一切顛倒之見。般若，華言智慧。波羅蜜，華言到彼岸。《華嚴》説六波羅蜜，一、檀波羅蜜，即布施。二、尸波羅蜜，即持戒。三、羼提波羅蜜，即忍辱。四、毗梨耶波蜜，即精進。五、禪波羅蜜，即禪定。六、般若波羅蜜，即智慧。六者又名六度。經者，梵語脩多羅。

姚秦三藏法師鳩摩羅什譯。

姚秦，東晉孝武時小國也。先是符堅秦王，其子丕稱帝，爲符秦。太元十一年後，秦王姚萇稱帝。十九年，萇卒，太子興即位，是爲姚秦。三藏法師，謂通大小乘經、律、論三藏法，爲大衆師也。梵語鳩摩羅什婆，華言童壽，謂童子而有耆德。本天竺人，西域龜茲王之甥也。七歲出家，日誦千偈，即明其旨。秦主姚興延入逍遥園，翻譯諸經。其教入中國，經皆梵書，得歷代西僧通華言者，譯梵書爲漢字，便中國人諷誦。此經乃鳩摩羅什所翻譯也。

如是我聞一時佛在舍衛國至洗足已敷座而坐。

梵語佛陀，華言覺者。説此經者爲釋迦牟尼佛。梵語釋迦牟尼，華言能仁寂默。姓刹利氏，父淨飯王，母摩耶。於周昭王二十四年甲寅四月初八日，自摩耶右脅誕生。年十九出家，年三十成道。涅槃於周穆王五十二年壬申二月十五日。滅後一千一十七年，教至中夏，即後漢永平十年戊辰歲也。如是，統全經而言。我者，佛幼弟阿難自稱也。梵語阿難，華言慶喜，淨飯王幼子，或云其姪，於佛成道日生，舉國慶喜，故名。年二十出家，又十年，佛命爲侍者。佛涅槃時，阿難請問一切經首[三]當置何語，佛言當置如是我聞，一時佛在某處，同某人，使天下後世知法有本源，非世人所可妄説也。舍衛國，是中天竺波斯匿王之國。王太子名祇陀，樹是祇陀所施，故名祇樹。給孤獨園者，王之宰臣名須達拏，常在此國賑濟孤獨貧人，人稱爲給孤獨長者。《涅槃經》云，須達長者，本舍衛人。初未知佛，爲聘婦故，入王舍衛城，因珊壇那，見佛生信，請歸舍衛。佛令身子選衆居處，得祇陀園。長者問價。太子戲答，金布地滿，即當賣與。長者布金，太子感嘆，遂與易地。地所有樹，并以施佛，因立精舍。長者、太子交相發心，故稱祇樹給孤獨園。比丘，華言乞士，乞食資身，乞法資心。大比丘者，以通大乘言也。佛爲三界之尊，故稱世尊。乞食者，佛是金輪王子，而自持鉢乞食，爲欲教化衆生，捨離憍慢也。

時長老須菩薩至云何應住云何降伏其心。

長者，有齒德之稱也。須菩提，華言善現，一言善言，一云空生，其生之日，室家皆空，父母驚異，相師占云既善且吉，因名焉，爲佛大弟子之一。長水《經疏》，袒，肉袒也。西方俗儀，見王者必肉袒，示非敢有犯。佛教亦隨用者，然此以表將荷大德之重擔耳。肩偏袒，膝著地，手合掌，皆彼國禮也。敬爲入道之門，凡事皆當敬，況欲領聞聖教乎。如來者，佛號也。謂之如者，以其明則照無量世界而無所蔽，慧則通無量劫事而無所礙，能變現爲一切衆生而無所不可，是誠自如者也。謂之來者，以真性隨所而來現，若人至誠禱告，則有感應，若欲爲一切衆生設化，則現色身，皆其來者也。如者，真性之本體，來者，真性之應用也。護念、付囑，謂如來起慈悲心，衛護眷念，俾信受是法，付委囑託，俾奉行是法。須菩提於大衆聽法之初，未遑他恤，惟願如來起慈悲心，爲之護念付囑也。菩薩，脩道者之通稱，梵語菩提薩埵省文也。菩提，華言覺道。薩埵，華言大心衆生。以大心入佛道，故名菩薩。諸菩薩，乃指大衆言之也。阿，訓無。耨多羅，訓上。三，訓正。藐，訓等。菩提，訓覺。言無上正等正覺。廣大包含，無以復加，故曰無上。靈蠢同具，高下平等，故曰正等。萬理全備，圓明普照，故曰正覺。云何應住，謂當住於何處[三]也。云何降伏其心，謂當如何降伏此妄思心也。僧若訥曰，須菩提正發此二問，一問衆生發無上心，欲求般若，云何以安住諦理。二問降伏惑心，云何以折攝散亂。一經所說，不出此住、降而已。

佛言善哉善哉須菩提至唯然世尊願樂欲聞。

善哉者，嘆其問之切也。諦，審也。如是者，指下文所言也。唯，應之速也。然，是其言也。願樂欲聞者，須菩提喜之甚而不覺其詞之複也。

佛告須菩提諸菩薩摩訶薩至壽者相即非菩薩。

此段説降心。先言降而後言住者，猶言先去私而後存理也，然説降而住即在其中。摩訶，華言大也。卵生，爲魚鳥龜蛇一類。胎生，爲人畜龍仙一類。濕生，爲含蠢蠕動一類。化生，爲轉蜕飛行一類。有色，爲休咎精明一類。無色，爲空散銷沉一類。有想，爲鬼神精靈一類。無想，爲精神化爲土木金石一類。非有想非無想，是概指《楞嚴經》所云諸天人不了妙覺明心，妄隨七趣，沉溺補特伽羅者而言。涅槃，華言圓寂。無餘涅槃，即《楞嚴》所謂大涅槃，一切修行者之所依歸。僧宗密《疏鈔》云，不生爲涅，不滅爲槃，是圓滿清淨，能所全消，超脱輪迴，出離生死，即究竟到彼岸地位。誤認爲死，則大謬矣。涅槃有四，一、自性涅槃，凡聖共有；二、無住涅槃，諸佛應化；三、有餘涅槃，小果只斷三界見思，未脱無明；四、無餘涅槃，已脱盡，故曰無餘也。滅者，滅盡愚癡煩惱；度者，度脱生死苦海。《淨名經》云，一切衆生，本性常滅，不復更滅。六祖慧能《壇經》云，自性自度，名爲真度。文殊菩薩問世尊，實無衆生得滅度者如何。世尊曰，性本清淨，無生無滅，故無衆生得滅度，無涅槃可到。此皆歸之衆生，而佛不以爲功也。相，形迹也。六祖曰，脩行人亦有四相，心有所能，輕慢衆生，名我相；自恃持戒，輕破戒者，名人相；厭三途苦，願生諸天，是衆生相；心愛長年，而勤修福業，法執不忘，是壽者相。有四相即是衆生，無四相即是佛。

復次須菩提菩薩於法至菩薩但應如所教住。

復次，謂再偏次佛與須菩提答問之言也。

此段説住心也，然説住而降即在其中。無所住者，心不執著。須菩提問住心，佛教以不住爲住也。布施，謂以滅度衆生之法布施也。眼、耳、鼻、舌、身、意爲六根。色、聲、香、味、觸、法爲六塵。觸字包得廣，凡身所應接皆是。法，猶諺云方法，凡意所計畫皆是。福者德之施，德者福之本。凡夫六根不淨，貪是六塵，以快其欲。一不如其欲，則必布施以求滿其欲，有所住而布施者然也。菩薩受知如來無相教法，無諸欲之求，無能施之心，但以法施利益衆生，如水行地中，無有罣礙，無所住行布施者然也。不也，世尊，須菩提既答而復呼之尊而親之之意，後倣此。謝靈運曰，聖言無謬，理不可越，但當如佛所教而安心耳。按，如所教住，即《楞伽經》所云以不住法名住也。以上三段，全經大旨已括，後乃細論條目，層層推究其藴也。

須菩提於意云何至所説身相即非身相。

身相即色身。得見如來，謂得見法身。

佛告須菩提凡有所相至若見諸相非相即見如來。

凡有所相皆是虛妄四句，經中最要語，即名四句偈，即下文所稱章句。以上二段，須菩提領悟身相非相，而佛即推擴告之也。即見如來，謂即見自心之如來。所謂雲霧撥[四]而青天見，欲念淨而天理存也。

須菩提白佛言世尊至法尚應捨何況非法。

此段乃佛獎勸學者婆心處，即護念也。通經皆護念，此其顯云。《智度論》云，佛法大海，信爲能入。蓋實信者，實諦之階也。淨，不雜也。僧若訥曰，法相者，有見也。非法相者，無見也。捨二邊之著，故云無也。心之所之即謂取，取則成著。以是義故者，即不住相之義也。如筏喻者，筏編竹以渡水者，喻人藉佛法，可以到彼岸也。傅大士曰，渡河須用筏，到岸不須船。此言盡之矣。

須菩提於意何至皆以無爲法而有差別。

謝曰，非法則不有，非非法則不無。有無並無，理之極也。按此即印無法相、亦無非法相之言也。賢者，菩薩，阿羅漢、聲聞、緣覺衆皆是。聖，即佛也。無爲法者，順真性之自然，無所作爲也。須菩提知得無爲法，真是悟道深處。譬如爲善欲以得福，不爲惡恐其獲禍，皆有爲也。惟以理當爲善，不應爲惡，縱善而獲禍，在所必爲，惡而倖福，在所不爲，直堅心以行之而已。有差別者賢，則無諍三昧，聖則如如不動也。

須菩提於意云何至是故如來說福德多。

以上二段是須菩提便悟處。釋典以此世界之外更有無數世界，統曰大千世界。《心地觀經註》曰，如一須彌，一日月星辰，一四大洲，一六欲，上有初禪天覆之，但言小世界，不得言千。如是一千小世界，上覆二禪，爲小千世界。如是一千小千世界，上覆三禪，爲一中千世界。如是一千中千世界，上覆四禪，爲一大千世界。《楞嚴經》曰，世爲遷流，界爲方位，十方爲界，過去、未來、現在爲世。此布施爲財施。七寶者，金、銀、琉璃、珊瑚、瑪碯、珍珠、玻璃也。福德者，事福也。福德性者，理福也。謝曰，福德非性，所以因緣增多。多則易著，故即遣之。

若復有人於此經中受持至所謂佛法者即非佛法。

此一段，佛言也。偈，釋氏詩詞也。所謂佛法非法，隨説隨掃，一部經如是。

須菩提於意云何至須菩提是樂阿蘭那行。

此段乃入道次第，而須菩提即以自證也。須陀洹，華言入流，謂已入聖賢之流果者，譬猶木之有實。孫氏《彙纂》云，此聲聞初果，自聲教而悟者曰聲聞，能逆凡流故入聖流，但未盡六根虛習，故僅爲初果。斯陀含，華言一往來，謂一往天上，一來人間，便得涅槃。實無往來者，無往來之念也。孫氏云，此聲聞第二果，比入流又高一層。阿那含，華言不來，已斷欲界思惑盡，直生四禪天上，不來欲界受生，故曰不來。實無不來者，亦是無不來之念。孫氏云，本性清淨光明，真空無我，不見可欲，本無欲界，故實無不來也。此聲聞第三果，比尚有往來又高一級。阿羅漢，華言無生，人法俱空，已證涅槃。聲聞之道至此圓滿已極，故不名果而名道。謝云，阿羅漢者，無生也。相滅生盡，謂之無生，若有計念，則見我人起相也。黄成釆云，實無有法，塵心淨盡，無法可學也。孫氏云，此果斷三界見思煩惱俱盡。又曰，四果人俱無得果之心。可見聖賢皆以無爲法，全不住相矣。但四果只是了一身，不度衆生，佛門謂之小乘。諍者，爭也。塵念欲行，道念欲遣，如水火不相合，兩念相爭也。無諍，則理欲俱忘，一念不起，心無生滅去來，惟有本覺常明，故名無諍三昧。三昧，華言正定。

六祖曰，三昧，梵音正受，亦云正見。遠離九十五種邪見，是名正見。阿蘭那，華言寂靜。阿蘭那行者，即是清淨行。徐士英曰，佛所説四果自有等級。第一云不入色、聲、香、味、觸、法，則是知欲當避，此果之初生。第二云一往來，則是謟欲境不再，此果之方碩。第三云不來，則是去欲境如遺，此果之已熟。第四云离欲，則是脱然無纖欲可除，此果之既收。以此觀之，亦是下學上達處。

佛告須菩提於意云何至即非莊嚴是名莊嚴。

然燈佛，是世尊授記之師。生時有光於眼、耳、口、鼻有孔中放出，如燈之明，故號然燈。明心見性，乃是有法而非法，得無所得，故曰於法實無所得也。莊嚴佛土，是從境説，答亦從境説，談境正所以徵心。六祖云，本來無一物，何處惹塵埃。

是故須菩提諸菩薩摩訶薩至應無所住而生其心。

以上二段云云，千經萬典大指會歸於此。蓋有所住而生心便是墮外道，無所住而不生心便是斷滅，稍有錯誤，毫釐千里。迷則佛衆生，悟則衆生佛也。五祖弘忍爲六祖説《金剛經》，至應無所住而生其心，六祖言下大悟，乃言，何期自性本自清淨，何期自性本不生滅，何期自性本自具足，何期自性本無摇動。五祖曰，不識本心，學法無益。若言下識自本心，見自本性，即名丈夫[五]天人。以上二段言法本於心，非有所得，莊嚴在心，不於佛土。然則諸菩薩惟當明此心而已。應無所住而生其心一句，是世尊傳授心法點睛處。

須菩提譬如有人至佛説非身是名大身。

須彌，華言高妙。此山在四天下之中，高廣三百三十六萬里，日月遶山而行，以爲晝夜。由此分四面爲四天下，其上有三十三天，爲山之至大者，故稱山王。非身者，法身也，真心也。一切有形相，當無不壞。惟真性無形相，故無得而壞。

須菩提如恒河中所有沙數至而此福德勝前福德。

恒河，西天竺之河，從阿耨地東流出，周迴四十里，沙細如麵。佛多在此處説法，故取以爲喻。僧肇曰，良由施福是染，沉溺三有。持經福淨，超昇彼岸，是故勝也。以上二段言非身喻大身，無爲福勝有爲福也。

復次須菩提隨説是經至即爲有佛若尊重弟子。

天者，十八天人之類。人者，概僧俗而言。阿脩羅，即卵、胎、化、濕諸生。謝云，封殯法身謂之塔，樹像虚空謂[六]之廟。聖體神儀，全在四句。獻供致敬，宜盡厥心也。六祖曰，所在之處，見人即説是經，常行無所得心，即此身中有如來全身舍利。故言如佛塔廟，心清淨而説是經，令諸聽者除迷妄心，悟得本來佛性，常行真實，感得天、人、阿脩羅、人非人等皆來供養持經之人也。又曰，自心誦得此經，自心解得經義，自心體得無著無相之理，所在之處常修佛行，即自心是佛。故言所在之處，即爲有佛。僧若訥曰，經者，即法寶也。即爲有佛，即佛寶也。若尊重弟子，即僧寶也。經典所在之處，即三寶共居也。此段歸重經典，領起下文。

爾時須菩提白佛言世尊至是名般若波羅蜜。

至此説明經名。顔柄曰，妙明本性，湛若大虚。體既尚無，何名之有。如來恐人生斷滅見，不得已而强安是名也。所以傅大士頌云，恐人生斷滅，權且立虚名。

須菩提於意云何至非世界是名世界。

謂佛有説法則可，謂佛有所説則不可。玩所字，便有造作的意思。陳雄曰，世尊答文[七]殊曰，在世離世，在塵離塵，是爲究竟法。此言非微塵，非世界，即離塵離世也。

須菩提於意云何至即是非相是名三十二相。

王日休曰，以上二段云云，三十二相者，

《般若經》曰，如來足下有平滿相，一足下千福輪文，無不圓滿，二手足並皆柔軟，如兜羅綿，三兩足一一指間猶如雁王，文同綺畫，四手足諸指圓滿纖長可愛，五足跟廣長圓滿，與趺相稱，六足趺修高光滿，與足跟相稱，七雙腨漸須纖如鹿王腨，八雙臂平立摩膝，如象王鼻，九陰相藏密，十毛孔各一毛生，紺青宛轉，十一髮毛右旋宛轉，十二身皮細薄潤滑，垢水不住，十三身皮金色晃耀，諸寶莊嚴，十四兩足、兩掌、中頸、雙肩七處充滿，十五肩項圓滿殊妙，十六髆腋悉皆充實，十七容儀洪滿端直，十八身相修廣端嚴，十九依相量等圓[八]滿，二十額臆并身上半，威容廣大，如獅子王，二十一常見面各一尋，二十二齒相四十齊平，淨密根深，白逾珂雪，二十三四牙鮮白鋒利，二十四常得味中上味，二十五舌相薄淨廣長，能覆面輪，至耳髮際，二十六梵音[九]詞韻和雅，隨衆多少，無不等聞，二十七眼睫猶若牛王，紺青齊整，二十八眼睛紺青，鮮白紅環，二十九面輪其猶滿月，眉相皎淨，如天帝弓，三十眉間有白毫相，柔軟如綿，白逾珂雪，三十一頂上有烏瑟膩沙，高顯周匝，猶如天蓋，三十二王日休曰，以上二段，大意謂細而微塵，大而世界，妙而佛之色身，皆爲虛妄，但有名而已，惟真性爲真實。是以自古及今，無變無壞，彼三者則有壞故也。按所云三十二相，似屬複踏，但無可考，今姑存之。

須菩提若有善男子至離一切諸相即名諸佛。

此段乃須菩提深讚佛法以勉人處。涕淚非泣者，以如是甚深經典痛聞之不早也。陳曰，性中具如來法身，夫是之謂生實相。經以福兼德言者屢矣，而此獨言功德，是功成果滿之時，則其福爲不足道。所以《壇經》有功德在法身中，非在相福之句。前佛云若見諸相非相即見如來，此云離一切相即名諸佛，是須菩提與佛印證處。

佛告須菩提如是如是至是名忍辱波羅蜜。

此段佛隨舉布施及忍辱波羅蜜以示人。僧肇曰，得大乘聞慧解，一往聞經，身無懼相，故名不驚。得大乘思慧解，深信不疑，故名不怖。得大乘脩慧解，順教脩行，終不有謗，故名不畏。《疏鈔》云，何以故者，顯因中最勝，明標第一波羅蜜者，有十種，一、布施，二、持戒，三、忍辱，四、精進，五、禪定，六、智慧，七、慈，八、悲，九、方便，十、不退。今言第一波羅蜜者，即布施波羅蜜。何故獨言布施第一。曰布施者，通攝萬行，直至菩提，尚行布施，因布施資生衆善。言非者，恐有能所之名，先拂去能名，行無住相施者，故曰是名第一波羅蜜者也。

何以故須菩提如我昔爲至無衆生相無壽者相。

此段佛以現身説法，證忍辱波羅蜜也。歌利，華言極惡。如來昔因中證初地已，山居脩道。王帶宮女出獵，倦而寢。諸女人入山禮仙。王覺而怒，入山尋之，問，仙得果否。答曰，未得。又問，以何爲戒。答曰，以忍爲戒。王割其耳，容顔不變，又劓其鼻，截其手。其臣爭諫不聽。四天王雨沙石，王佈畏懺悔。仙復身如故，王乃歸信受記。或曰爾時王者即憍陳如也。

是故須菩提菩薩應離至一切衆生即非衆生。

謝曰，不住色，無財物也。按之六祖曰，菩薩不爲求〔一〇〕望自身五欲快樂而行布施，但爲內破慳心，外利益衆生而行布施。又曰，如來説我、人等相，畢竟可破壞，非真實體也。一切衆生，盡是假名。若離妄心，即無衆生可得，故言即非衆生。按，若心有住，即爲非住者，謂心有所住，即非如來之以不住爲住也。

須菩提如來是真語者至此法無實無虛。

謝曰，真不僞，實無虛。如必當理，不

誑則非妄語，不異則始終恒一。聖言不謬，故直脩行也。六祖曰，無實者，以法體空寂，無相可得。然中有恒河性德，用之不匱，故言無虚。按，前既説於法實無所得，此何以又言如來所得法。以無實無虚，故即爲之所得法。

須菩提若菩薩心住於法至日光明照見種種色。

利令智昏，公能生明。以上三段皆反覆譬喻，以明不住心法也。住法布施者，如我立規條，以强人從我，則彼此相蒙，人之心昧而我之心亦蔽而無所見。不住法布施者，如只示人以自明其心，自見其性，則人己兩忘，同登彼岸，何等光明普照也。

須菩提當來之世至受持讀誦爲人解説。

初日、中日、後日，猶言一日早、中、晚也。劫，華言世也。經中每於段尾屢云較量福德者，皆佛獲〔二〕念付囑菩薩之深心處。

須菩提以要言之至以諸華香而散其處。

云爲發最上乘者説，即中人以上可以語上也。云若樂小法者云云，即中人以下不可語上也。此段是明善。聲聞〔三〕乘、緣覺乘、菩薩乘爲三乘。大乘，謂菩薩乘也。最上乘〔三〕，謂佛乘也。聲聞獨了生死，不度衆生，名小乘，如車乘之小者，止能自載也。緣覺半爲人半爲己，所度無多，名中乘。菩薩能度一切衆生，名大乘。佛能兼衆生菩薩而皆度之，爲最上乘。謝曰，千載不墜，由於人弘。任持運行，荷擔義也。按此之謂付囑，通經旨付囑，此其重云。

復次須菩提若善男子善女人至果報亦不可思議。

此段是滅惡。訥曰，造作定業不可逃，以行般若，故易重爲輕。地獄云云，陳曰，世人喜於爲惡，嫉于爲善者多矣，一見是人爲人輕賤，便謂讀經無益，福報爲虚語，甚至謗佛罵佛者，使人人起退轉心。佛之言此，所以長善而救失云。地獄、餓鬼、畜生，三惡道也，即三途苦。阿僧祇，華言無央數。那由他，華言一萬萬。按凡佛所言滅度、輪迴、果報等，皆以濟末世德禮政刑之窮，使人心有所攝，以人之畏人不如其畏神，故藉此以設教，豈可思議乎哉。

金剛經闡說卷上

校勘記

〔一〕「金剛經闡說卷上」，底本無，據卷末尾題補。

〔二〕「首」，底本作「旨」，據底本原校改。

〔三〕「處」，底本作「慮」，據底本原校改。

〔四〕「揆」，底本原校疑爲「撥」。

〔五〕「丈夫」，底本作「夫丈」，據文意改。

〔六〕「謂」，底本作「謝」，據文意改。

〔七〕「文」，底本前衍「文」字，據文意删。

〔八〕「圓」，底本作「园」，據文意改。

〔九〕「音」，底本作「奇」，據文意改。

〔一〇〕「求」，底本作「來」，據文意改。

〔一一〕「獲」，疑爲「護」。

〔一二〕「聞」，底本脱，據文意補。

〔一三〕「乘」，底本作「來」，據文意改。

金剛經闡說卷下

爾時須菩提白佛言至阿耨多羅三藐三菩提心者。

此段申明前文而以無有法結云。蓋須菩提敘述前此問答之詞，有請益之意。所以者何以下，佛答也。實無有法發阿耨多羅三藐三菩提心者，者字自明自性，告人亦自明自性，何法之有。乃實指菩薩示之，菩薩應除能所心也。

須菩提於意云何至即非一切法是故名一切法。

此段佛又現身說法，以無上正等正覺證實有得阿耨多羅三藐三菩提也。如來，佛自謂也。《正義》云，梵語釋迦，此云能仁。

梵語牟尼，此云寂默。寂默爲體即是如，能仁爲用即是來。先釋迦而後牟尼者，攝用以歸體也，先如而後來者，從體以起用也，總是一個真性。如號則爲釋迦牟尼，通稱則爲如來，又爲佛。諸法如義，應前以是義故之義。皆是佛法，即無虛，不滅相也。即非一切法，即無實，不著相也。

須菩提譬如人身長大至如來説名真是菩薩。

此段又申覆前文，而以無我法結之。佛復述前譬之人身長大，須菩提既知非大身，是名大身，是悟非大身者，即真心也，即此無四相之心也，故以菩薩亦如是告之焉。按，前佛言我應滅度衆生云云，此云若作是言，我當滅度無量衆生，即不名菩薩，何也。蓋此爲菩薩未到佛地住者言之。未到佛地住而作是言，即不名菩薩。佛欲菩薩先去四相爲要，故緊接以佛説一切法無四相，而以通達無我法結之。此無我兼人、衆、壽者言。一説莫作是言，欲菩薩去能所心也，亦通。

須菩提於意云何至如是世尊如來有佛眼。

《華嚴經》云，肉眼見一切色故，天眼見一切衆生心故，慧眼見一切衆生諸般境界故，法眼見一切法如實相故，佛眼見如來十力故。《大般若經》所謂清淨五眼是也。

須菩提於意云何至未來心不可得。

此段重明不住心，而語益加切矣。王曰，佛世界者，謂凡一大世界，必有一佛設化，故凡大世界皆謂之佛世界。若干種心，如來悉知，以五眼知之也。六祖曰，爾所國土中，所有衆生，一一衆生，皆有若干差別。心數雖多，總名妄心。識得妄心非心，是名爲心。顔云，思念前事爲過去，思念今事爲現在，思念後事爲未來。三念總放下著，謂之不可得。王曰，不可得者，謂無也。言此三心本來無有，乃因事而有耳。《圓覺經》所以言六塵緣影爲自心相者，謂衆生以六種塵緣之影，爲自己之心相也。過去、現在、未來讀斷，下心不可得四字連誦成句。

須菩提於意云何至如來説得福德多。

因緣者，由因而緣，因布施緣及福德也。福德有實者，布施有用之福德。福德無者，即福德性。此多字與第八分多字異，彼以多爲不足道，此則真爲多矣。張國維曰，此不是無福德，乃是福德無。無福德，則爲斷滅。福德無，乃是湛然清淨，即所謂福德性也。《疏鈔》云，若據捨大千珍寶布施，其福極多。若執著希望福德，有得則有盡。故云若福德執實有，如來不説得福德多。此是反釋之義。言以福德無者，希望心也。既無希望，即爲無住相施，是名無爲福。若依無住無爲而施者，故如來説得福德多。訥曰，福有者，取相也。福無者，離相也。離相，故稱性等虛空，其福無量。

須菩提於意云何至無法可説是名説法。

此段亦覆前文而以無法可説結之。具足，無欠缺也。具足諸相，則不止三十二相，凡種種變現神通之相皆是。即非者，不執有，是名者，不執無，通經皆然。王曰，説法者，實無有法，謂本來無法，特爲衆生除外妄而説耳。衆生既悟，則不用此法耳，故但虛名爲説法而已。

爾時慧命須菩提白佛言至説非衆生是名衆生。

此段佛若輕視，視衆生可見慈悲心，無時無處不有也。《疏鈔》云，言慧命者，善現達佛智海，入深法門，悟慧無生，覺本源之命，非去非來，故曰慧命須菩提。佛言彼非衆生者，皆具真一之性，與佛同源，故曰非衆生。言非不衆生者，背真逐妄，自喪己靈，故曰非不是衆生。爾時慧命須菩提六十二字，秦譯無，惟魏譯有。唐穆宗時，長安僧靈幽入冥誦經，少此一段。冥王歎曰，貫花之線，何斷而不續乎。增壽十年，令往濠州鐘離寺，求石碑全文補入。

須菩提白佛言世尊至是名阿耨多羅三藐三菩提。

此段須菩提以如來說非衆生，可見各有自性。佛之得阿耨多羅三藐三菩提，爲得之自性，而非得之自外也。是信詞，非疑詞。顏曰，有法可得，是名法縛。無法可得，方名解脱。須菩提以無可得之辭而告世尊，世尊即以如是如是而證據之。佛又云，我於無上正等正覺，乃至無少法可得，虛名而已。王曰，無小法可得，則蕩然空空，是不可以此形相求，不可以言說求也，但說名爲無上正等正覺而見。

復次須菩提是法平等至即非善法是名善法。

言上自諸佛，下至蠢動含靈，其真性一同，故云平等無有高下，即此名爲無上正等正覺也。但衆生雖同具此無上正等正覺之性，因迷於四相妄緣而失之耳。若能以無四相而修一切善法，即得無上正等正覺也。佛又呼須菩提而謂所言善法者即非善法，謂本來無此善法，乃假此以開悟衆生耳，故但虛名爲善法而已。此段是佛至此明示學者受持之方最喫緊處，全在以脩兩字著力。

須菩提若三千大千世界中至算數譬喻所不能及。

五祖曰，自性若迷，福何可救。六祖曰，乘船永世求珠，不知身是七寶。二佛之言，皆爲世人不脩身脩性，徒施寶以求福道。

須菩提於意云何至即非凡夫是名凡夫。

此段重戒人不當存有我私見也。呼汝等者，爲提醒會下諸大衆也。僧訥曰，如來雖設法施，廣度衆生，而不作是念，故誡云汝等勿謂也。莫作是念，重誡也。度無度相，能所一空。又曰，如來既無我、人、衆生等相，何有時稱我。須知假名稱我，對所度衆生隨世說我。顏云，當人自性自度，迷來悟度，邪來正度。從上諸佛所言，但有指出路頭，須是自行自履，豈由他人。所以道實無有衆生如來度者。若有可度，是如來有四相。如來乃見性人也，所以無我。凡夫未見性人也，所以我相未忘。佛又恐人落分別界，故曰即非凡夫，所以見如來、凡夫本同一性，不容分別。

須菩提於意云何至是人行邪道不能見如來。

此段佛云云，上見就如來説，又云不應以具足色身，具足諸相見。此觀就學者説。轉輪聖王，即四天王，正、五、九月照南閻浮提，二、六、十月照西瞿耶尼，三、七、十一月照北鬱單越，四、八、十二月照東弗婆提，如輪之轉管四天下，察人間善惡者。以業報福德，亦具三十二相。六祖曰，轉輪聖王雖有三十二相，豈得同如來。世尊引此言者，以遣執相之病。須菩提是大阿羅漢，所悟甚深，得方便門，不生迷路，以冀世尊除遣細惑，令後世衆生所見不謬也。此段是佛與須菩提恐會下大衆未能了悟非相之説，故再細辨前論而結以偈言，以釋衆惑也。不然須菩提前已知不應以三十二相見如來，此何以又言色相如是也。《疏鈔》曰，如來法身者，非色非聲，無相無形，不可以心思，不[三]可以識識。在凡不少，至聖不增，看時不見，悟則全彰。

須菩提汝若作是念至於法不説斷滅相。

此段戒人不可存斷滅見也。王曰，諸法斷滅者，謂一切法皆斷之滅之而不用也。相謂凡法之相也。法固不可以泥，然亦豈可以斷滅之哉。譬如渡水，既渡之後，固不須舟楫，未渡之前，豈可無舟楫耶。所以發求無上正等正覺真性之心，必須依佛法脩行，不可遂斷滅佛法而謂不用法也。顔曰，此一卷經雖然説無之一字，佛又恐人執著此無，一向[三]沉空滯寂，棄有著無，反成斷滅相。故此一分專戒人不可斷滅，未見惟人如何便説一切皆無。所以佛告須菩提，汝莫作是念，如來不以具足相故得阿耨多羅三藐三菩提法。若果作是念發心，即是諸法斷滅相。何以故。凡發無上正等正覺，心不可説斷滅相。又云，昔張秀才拙參西堂禪師，問，山河大地，三世諸佛，是有是無。師答云，有。張云，錯。師云，爾曾參見什麼人來。張云，參見徑山禪師來。某甲問，徑山皆言無。師云，俟爾得似徑山時，一切皆無，即得大凡。

須菩提若菩薩以滿恒河沙等至是故説不受福德。

知一切法二句，即弘毅以任重而道遠也。不受福德，即施德不望報意。此段承上文，言既不斷滅，而於一切法皆當成於堅忍，以無我念而不應貪著福德也。六祖曰，通達一切法，無能所心，是名爲忍。此人所得福德，勝前七寶之福。王曰，若爲作福德而度衆生，則是貪著其福德而欲享[三]受也。前以較量福德屬衆生説，此以較量布施福德屬菩薩説，亦以見是法平等也。

須菩提若有人言至亦無所去故名如來。

此段云云。《疏鈔》云，如來者，來而不來，去而不去，住而不住，非動非靜，上合諸佛，下等羣生，一性平等，故號如來。至此段明如來真性法身。

須菩提若善男子善女人至但凡夫之人貪著其事。

此段又重戒貪著也。世界者，微塵之合也。微塵者，世界之散也。舉世界微塵，而萬事萬物皆然。顧欲合而不散，則貪著矣。六祖曰，一合相者，如眼見色愛色，即與色合。耳聞聲愛聲，即與聲合。至於六塵若散，即是真世界，合即凡夫，散即非凡夫。凡夫之人於一切法皆合相，若菩薩於一切法皆不合而散。何以故。合即繫縛，起生滅，散即解脱，亦不生不滅。若有繫縛生滅者，即是凡夫，所以經云但凡夫之人，貪著其事。

須菩提若人言佛説我見至即非法相是名法相。

黄蘗師曰，前説四相，此説四見，相粗而見精。因有四見，故形四相也。又云，佛以見性爲見，人以見相爲見。如是即指無四見言。顔曰，如是二字説來，若發無上正等正覺心者，於一切法應當如此知、如此見、如此信解，不必外求法相。然初入道時，不假法相故，無入頭處。既見性了，亦當遠離，不要執著，所謂得魚忘却筌、到岸不須船之説。此段言人若悟了，并此四見之名亦當無有，故於一切法應如是知見信解也。

須菩提若有人以滿無量至應作如是觀。

凡佛所言四句偈等者，謂不必專於偈，凡可以演説者皆是，況其爲言之要者乎。顔曰，如如不動，湛然太虚。何以故。蓋世間一切有爲之法，如夢寐之非真，如燈幻之眩惑，如水泡之暫時，如人影之易滅，如朝露之易消，如閃電之倏忽。應作如是觀者，應立如此見性之法。陳曰，佛所謂一切法者，真實無相法也。故一切賢聖，皆以無爲法。曰有爲法，則夢、幻、泡、影、露、電之如，不其妄乎。惟了真空無相者能作是觀，以悟亦如之妄，則必離亦如，以證如如不動之理。昔優婆離尊者語阿難曰，諸有爲法並是無常想。夫觀六如而得是句。張國維云，佛法有空、假、中三觀。末段仍歸於無爲，而以偈語收結。至此則無聲無臭至矣。

佛説是經已長老須菩提至皆大歡喜信受奉行。

優婆塞，華言覲事男。優婆夷，華言覲事女。覲事者，謂在家全受五戒，恒以親供養三寶而爲其事也。

金剛經闡説卷下終

校勘記

〔一〕「不」，底本前衍「不」字，據文意删。

〔二〕「向」，底本作「面」，據文意改。

〔三〕「享」，底本作「亭」，據文意改。

復題金剛經闡說後序

陳子滋甫，予至契友也。常語予曰，昔先祖存吾公，知常州府事，公餘之暇，著作甚富，必有可觀。惜與先生南北睽違，不能共閱手澤爲憾。予曰，令先祖之著作也，袖歸自八千里外，珍藏至五十年餘。其間有關名教，可傳後人者，自當亟付剞劂，以公於世，方不失爲繼述之盛事，奚止爲觀閱鑒賞計哉。洛甫應之曰，唯唯。迨至同治壬戌，彩〔一〕屬擾亂，洛甫家被困，閱兩三月，一旦圍解，轉危爲安。人言伊家有巨人手自室中出，大如車輪，羣懼而散。後洛甫遍覽室中，並無他物，惟架上有祖遺一書箱耳。啟閱，皆在署手稿，散帙飄颻，纂成者惟《金剛經闡說》一編，方悟此手其印金剛手歟。是編亦洛甫平日所虔誦也，不期已被蠹魚竊去數十字矣。於是滋甫感予前言，繕寫就質於予，屬予補之。予曰，前言戲之耳。今竟有是事耶。但是事固吾黨所不語，故予不敢敘之於前而特書之於後者，乃不自揣固陋也。今熟讀其文，細玩其說，竊取其意以補之。方知存吾先生之用心苦而遺澤長。故其闡是經也，不過緣經以闡義，因義以著說，而旨意了徹，人易覺悟，大有儒宗之風，其不同於高談玄妙也，明矣。予故樂倡而共襄之，庶不負〔二〕《闡說》之婆心，亦足徵善人之有後也。故謂之功德不可思議也可，即謂之果報不可思議也亦無不可。

同治丁卯夏月臺陽洪壽椿載撰。

校勘記

〔一〕「彩」，疑爲「寀」。

〔二〕「負」，底本作「員」，據文意改。

（李勁整理）

〇二八一

金剛經解義[一]

清徐槐廷述

佛法無邊，人天歸敬。五藴皆空，六根清淨。妙典常存，虔持必應。苦海難逾，神扶自定。灾劫無憂，惟操本性。口誦不離，驅邪却病。萬法了電，一心如鏡。始悟前因，猛然深醒。廣勸世人，真言可聽。

旹咸豐八年歲在戊午秋八月佛弟子黄樂之敬書。

校勘記

〔一〕底本據《卍續藏》。

金剛經源流

釋教之興，肇於中古。昔有至人名然燈，轉大法輪，教化度脱，而佛法始著。迨周昭王甲寅歲四月八日，天竺迦維衛國淨梵王，誕生太子，即釋迦牟尼，三十二相，八十種好。以夙願故，舍國脩道，雪山六載，精思苦行。於臘月八日，覩明星出見，豁然頓悟，具六通識，爲三界尊。闡教西方，而佛法於是大盛。佛初詣鹿苑，後住祇阿[二]林，講説大法四十九年。是時同聽法會者凡數千人。有大弟子迦葉尊者，得佛正法藏，佛親爲授記，是爲西土初祖。有慧命須菩提尊者，解空第一，有舍利弗尊者，智慧第一，皆能傳佛心要。二祖阿難尊者，多聞第一，於佛滅後，宣揚教典。《般若》全部六百卷，皆其所傳也。後漢明帝感夢金人，遣使天竺，訪尋佛法，白馬馱經，中土之有經典自此始。傳至二十八祖達摩尊者，以大神通，收攝三十六處邪魔外道，設洪誓願，自西印度，歷恒河沙，以至震旦，凡三周寒暑，達於南海，時梁普通七年庚子九月廿一日也。説法演教，宗門大啓。其傳授密旨，大抵從超悟得，明心見性，參悟本來，是爲東土初祖。自達摩西來，傳心印於二祖慧可大師，且以《楞伽經》四卷付之，云是如來心地要門，令諸衆生開示悟入。至五祖弘忍大師，始易以《金剛經》傳授。嘗勸僧俗，但持《金剛經》，即自見性成佛。故曹溪六祖聞經中應無所住而生其心句，遂傳五祖衣鉢。則《金剛經》之能成佛，信已。是經也，爲世尊第九會説法。佛説此甚深經典，蓋爲諸衆生解諸煩熱，化清涼境，拔諸苦惱，離火宅尼，濟諸幽魂，超地獄趣，化諸六道，獲天人樂。誠昏衢之智燭，苦海之慈航也。學禪者果能掃除一切，冥心内觀，寂坐玄默，惟歸於空，空無所空，洞達無礙，是爲參無上大乘。即或朝夕諷誦，信心受持，亦可以了夙世因，脱三塗苦，罪業消滅，獲福無窮矣。嗟乎，擾擾匆匆，晨雞暮鐘，證慧業於菩提，渡迷津以寶筏，西來大意，如是如是。至各書所載持誦《金剛經》功效，捷於影響，茲不復贅。

淨如居士雲鶴徐槐廷敬述。

校勘記

〔一〕「阿」，底本原校疑爲「陀」。

彙纂引用書目

隋天台智者大師《疏》法名智顗。

唐曹溪法師《直解》六祖法名慧能。

圭峯禪師《疏論纂要》法名宗密。

宋長水大師《刊定記》法名子璿。

中峯禪師《略義》

龍舒居士王日休《註》

致政陳雄《註》

明憨山大師《決疑》法名德清。
宗泐禪師《經解》法名如玘，又名曉月。
曾鳳儀《宗通》
李騰芳《集解》
張有譽《義趣廣演》號大圓居士。
似空法師《金剛錍》法名廣伸。
張國維《疏解》號如如居士，鈔本。
蓮士大師《註説》
王化隆《直指》
洪蓮和尚《集註》採集五十三家。
本朝剩閒居士龔概〔一〕綵《集解》
誠齋居士盛符升《五釋》
黄成釆《經貫》
王履昌《句解》
無名氏《芥疏》鈔本。
顧旦初《圓旨》
范季珍《如解》經旨提要俱摘大圓居士。
石成金《註論講證》
陸騰《金剛經演説》據註云：此書甚佳，購之未得。
附記圓通文尼《自在光佛直解》降乩筆。
冲元道人《註疏》
東樵山人《直説》
孫念劬《彙纂》
復復道人《疑記》

校勘記

〔一〕「概」，疑爲「槪」。

例言

一、是經梁昭明太子標爲三十二分。然細繹段落，恐不止是。每分標題，亦未盡賅。且如推窮四果，漸至如來，正緊接然燈佛所一段，何割截屬下莊嚴。爾時慧命須菩提問説法信心，雖承接上文，究另有所請，不得併爲一分。其餘宜分宜合，不一而足。是編段落彙合諸家，折衷至當，非敢臆説也。然三十二分相沿已久，未可抹煞。茲將每分所標名目，列於眉端。

一、是經當分看，憨山辨爲上下兩卷甚當。然自從大衆起，至即見如來止，統是大乘正宗。蓋安住降伏，不著形相，全經大旨已竟。自後善現問實信則示以清淨，問經名則示以般若，問信解受持則示以離相發心，層層闡發，意旨淵深。後又贊歎是經之妙，勸人受持讀誦，直至不可思議止，俱是談般若法，以洗發住降之義，是爲上卷。須菩提聞佛所説，深解義趣，至於涕淚悲泣，豈有復昧住降之理，再爲啓請。後人註解，謂前言粗執，後言細執，前爲初發心者言，後爲已發心者言，均屬非是。蓋善現恐後世未能親承佛語之善男女發菩提心者無所遵行，欲佛立一法以普示將來，佛故以實無有法破之。以後節節申解上卷未盡之義，俱有妙旨，各不相承。末揭出不取於相，如如不動，爲全篇總結，住降之旨洞徹無遺，是爲下卷。《金剛經》無前半部，則演説不開，無後半部，則搜括不盡。

一、是經當合看，一卷如一章，一章如一句，一句如一字。何爲一字。昔趙洲禪師每遇學人入室，令參無字爲話頭。這一無字函蓋乾坤，包羅萬象。識得《金剛經》無相宗旨，全經可作一字讀也。

一、是經解義分註、論、講三字，仿石註本也。註者，將正文字句逐一破解也。論者，將本文精義辨析論斷也。講者，順如來、善現口氣以爲演發也。至每段綱領脈絡承接界畫處，則參以彙解數語，條分縷析，段落分明，不至字比句櫛，依文解義可比。其所採録，先止四五家。後得孫述甫《彙纂》一書，搜羅甚富，共有數十家。復加删訂，彙成一册。諸家姓氏，不備書者，緣參雜成文，不便註明，非掠美也。

一、是經，阿難結集語句用尖，須菩提語句用點，如來語句用圈，以别之。通篇扼要關鍵處用雙圈，一節精深微妙處用連圈，功效處用連點，前後關照及眉目處用連尖，以醒之。

誦經要法

何必靜室

世人誦經，多覔靜室，殊不知堅誠全在於心而不在於境也。本心若靜，雖居鬧市，亦是深山。試看吾儒善讀書者，挂角而讀，帶經而鋤，竟以成功，何在於書室之靜乎。

何必出家

出家原爲脱離罣礙。每見有等僧人，貪戀之心仍在，如此出家，反不如在家而有出家之行者轉爲上等。試看古今在家善信，得悟菩提者甚多，如傅大士、龐居士諸公，俱有妻子塵累，於道無礙，可知全不在乎出家也。

何必設像

對佛誦經，意在起人敬畏。殊不知誦之有益無益，只論心之誠否。心若不誠，雖時刻與聖像不離，亦何益矣。

何必急誦

誦經全在口讀其文，心思其義，只要字句明朗，微旨了徹，雖低默讀誦，俱爲上乘。若是急急趕讀，含糊圖快，未免到口不到心，縱然讀過萬遍，經義不解，原與不讀者相同。

何必跪諷

參悟經義，不拘行住坐卧，無有不可，何必專在於跪。

何必全部

此經註解，非細加參詳，則妙義不明。若人事匆忙之際，何能全讀。須知塵事稍閒，息心看一段可得一段之益，解一節即有一節之功。試看六祖當日，只聞經中應無所住而生其心句，即證菩提。可見惟在學人心悟如何，豈計其語句多寡耶。

按：讀誦經註，原可隨時分段，細加參詳，以期解悟，固難一時全讀。至於持誦經文，須於每日平明時，或人定後，既無人事之擾，息心端坐，口誦心維，或一遍，或數遍，務令一念不起，久久行之，大有利益。

金剛般若波羅蜜卷上

註　金中之剛，至堅至利。金取不變爲義，喻般若之體，所謂實相般若也。心本無相，以如來真性爲實相，即自性清淨也。剛取斷截爲義，喻般若之用，所謂觀照般若也。心本有覺，以真智現前爲觀照，即本覺妙慧也。梵語般若，華言智慧。智爲慧體，慧爲智用。梵語波羅蜜，華言到彼岸。此岸者，衆生作業受苦、生死輪回之地。彼岸者，諸佛菩薩究竟超脱、清淨安樂之所。能有智慧，離一切相，心常清淨，即登彼岸，所謂涅槃是也。經，徑也，超凡入聖之徑路也。總之，金剛，喻也；般若，法也；波羅蜜，證果也。是本爲姚秦三藏法師鳩摩羅什所譯，流傳最廣。

論　此標經題也。波羅蜜有六，布施度慳貪，持戒度淫邪，忍辱度嗔恚，精進度懈退，禪定度散亂，智慧度愚癡。惟一般若能生八萬四千智慧，則六度兼賅，萬行俱備。衆生妄念紛紜，奸僞百出，自謂乖巧，不知沈淪苦海，永墮輪回，真愚癡人也。佛説是經，欲人以淨心妙慧斬斷妄緣，心性光明，同登覺岸。植善根者，始而誦經，終而悟理。得堅固力，金剛是也。具大智慧，般若是也。度生死海，登菩提岸，波羅蜜是也。五祖大師嘗勸僧俗但持《金剛經》，即自能見性，必至成佛。

如是我聞：一時，佛在舍衛國祇樹給孤獨園，與大比丘衆千二百五十人俱。爾時，世尊食時，著衣持鉢，入舍衛大城乞食。於其城中，次第乞已，還至本處，飯食訖，收衣鉢，洗足已，敷座而坐。【標】(一)法會因由分第一。

註　如是，指全經而言。我，阿難自謂也。言此經所云乃我親聞於佛也。一時，說經之時也。佛是釋迦牟尼。佛者梵音，華言覺也。自覺覺他，覺行圓滿，故曰佛。舍衛國，波斯匿王所居。祇陀，王之太子也。樹是祇陀手植，故曰祇樹。給孤獨園者，王之宰臣須達拏，賑濟貧人，稱給孤獨長者。須達拏深重佛教，向祇陀借園，同建精舍，請佛說法，故佛常住園中。比丘，華言乞士，上乞法於諸佛，下乞食於善信之謂。大比丘，謂得道之深者。俱，同處也。按佛成道時，先度憍陳如等五人，次度迦葉兄弟三人并徒衆千人，次度舍利弗及目犍連，各弟子百人，次度耶舍長者子等五十人，應是千二百五十五人，經第舉大數也。佛爲三界所尊，故稱世尊。諸天神旦食，諸鬼夕食，諸佛日中食。食時，午時也。衣即三十五條大衣，制象水田。鉢即紺琉璃鉢。佛行跣足，故洗之。敷，布也。佛每說法，必布坐具也。

論　此序說法因由也。佛是金輪王子，誰無供養之者，而猶行乞，欲歷頭陀苦行，示同凡僧，亦使後世緇徒不殖資産，去彼貪心，折其驕亢，以煉種性也。佛法要有三，曰戒定慧。乞食是戒，趺坐是定。戒能資定，定能發慧，故以戒、定起般若正宗。

講　阿難說，我嘗聞佛在舍衛國祇樹給孤獨長者園中，座下乞士共千二百五十人。時方正午，當進食之時，佛乃著僧伽之衣，持四天王所獻之鉢，自外而入舍衛城中，次第乞食，不越貧先富，不捨賤從貴，平等無相，一槩而乞。還至園中，飯食已完，將入禪定，於是收衣鉢、屏資緣也。洗足，淨身業也。敷座，攝動歸靜也，而說法之原起矣。

時，長老須菩提在大衆中，即從坐起，偏袒右肩，右膝著地，合掌恭敬而白佛言：希有，世尊，如來善護念諸菩薩，善付囑諸菩薩。世尊，善男子、善女人發阿耨多羅三藐三菩提心，應云何住，云何降伏其心。佛言：善哉，善哉，須菩提，如汝所説，如來善護念諸菩薩，善付囑諸菩薩。汝今諦聽，當爲汝説。善男子、善女人發阿耨多羅三藐三菩提心，應如是住，如是降伏其心。唯然，世尊，願樂欲聞。應云何住，與後文云何應住不同。蓋前問功夫下手，後問有法示人也，經意自別。【標】善現啓請分第二。

註　時，即食畢安坐時。長老，高年有德之稱。須菩提解空第一，在十大弟子之列。全空之性，真是菩提，故名須菩提。空性出生萬法，又名空生。空性隨緣應現，利人利物，亦名善現。左爲邪，右爲正，示去邪歸正之義。袒肩，全身擔荷也。膝地，屈己順承也。合掌，心合於道，道合於心也。皆修敬之儀。希有，讚佛之詞。如來，佛之通稱，如者真性之本體，來者真性之應用，即寂然不動，感而遂通之義。護者防其偏邪，念者護之切，付者傳以正道，囑者付之殷。菩薩，華言覺有情，謂能自覺，又能覺悟有情也，指凡學於如來者言。如來善護二句引起全經，以後凡佛所言皆是護念付囑也。既云護囑，菩薩又以善男女爲問，以衆生俱可證菩薩也。阿，無也。耨多羅，上也。三，正也。藐，等也。菩提，覺也。皆梵語也。無上正等正覺心即是佛心，人之真性也。真性包含太虚，無得而上之，故云無上。然佛與凡夫性相平等，故云正等。其圓明普照，無偏無虧，故云正覺。發此心者，乃發吾當下具足之菩提心也。住，止也，是静存本位。降伏，是妄念突起，力爲制伏也。上下兩心字相應。菩提心，乃最初之真心也。其心，是顛倒之妄心也。諦，詳審也。兩如是，謂既發無上菩提心，即應如其所發之覺心而安住、降伏也。二句自應一串説下。唯，領諾也。然，是其言也。願是誠心，樂是鼓舞心，欲是迫切心，如此始能諦聽，故繼以涕泣，終以歡喜。

論　此善現啓請安住、降伏之旨，開萬世教門心法也。發阿耨多羅三藐三菩提心句，經中凡二十九見，爲全經之綱。一點菩提心，是金剛正眼，萬法總持。菩提心一發，智光便現，名爲般若，一切萬行從此而生。所以學佛人初從清信，直至成佛，總離不得發菩提心也。如來説箇如是二字，見得此心發處即是住處般若，慧光觀照，自心見性，即無妄念。無妄念即是降伏。但此處尚未説明，至下文無相無住，方證修因。

講　當佛敷坐之時，有長老名須菩提者，乘機發心，願佛化度衆生，因起而請曰：希有哉，世尊也。如來起慈悲心，善能護持眷念衆菩薩，使之信受，善能以佛法付委囑託衆菩薩，使之奉行矣。若有善男女，學道之初，先發此無上菩提之佛心，當如何常住而使之不退轉。妄心若起，當如何降伏而使不惑亂我真心乎。佛言：善哉善哉，汝云如來善教諸菩薩，此言正合我心。汝其詳審諦聽，吾當爲汝説。夫人之一心，朋從往來，攻取日衆，最難發此菩提覺心。若既發此一念，則滿腔中純是天理，真如本性自然顯露，應如是常住而不遷，如是一切妄心不待驅除自能降伏矣。須菩提領悟其言曰：世尊，弟子願聞佛之教。

佛告須菩提，諸菩薩摩訶薩應如是降伏其心：所有一切衆生之類，若卵生，若胎生，若濕生，若化生，若有色，若無色，若有想，若無想，若非有想非無想，我皆令入無餘涅槃而滅度之。如是滅度無量、無數、無邊衆生，實無衆生得滅度者。何以故。須菩提，若菩薩有我相、人相、衆生相、壽者相，即非菩薩。別本非無想上有若字。舊本經中，凡即通作則，因避高麗諱稷，改即爲則。凡兩合之義爲即，相仍之義爲則，即可用之相仍，則不可用之合兩。今從之。【標】大乘正宗分第三。

註　摩訶，大也，謂心量廣大也。未發心稱善人，已發心稱菩薩。一切衆生，該下九種而言。卵生，禽鳥也。胎生，人與獸也。濕生，水族也。化生，蠅蚊類也。此四種，是欲界受生差别也。有色，但有色身而無情欲也。無色，但其靈識而無色身也。有想，方寸之中尚有計慮也。無想，淨涵萬有，一念不動也。非有想非無想，雖一念不動，不似木石之無知也。此五種，是心念差别也。衆生在五藴中受生，真性既迷，則墮於胎、卵、濕、化，虚空等神，天魔等鬼，所以輪回六道，難入涅槃。六祖俱指心説，蓋剖示其受生轉變之所以然，非謂人心如此，即謂之胎、卵、濕、化也。我者，代度生菩薩設爲自任之詞，非佛自謂也。令者，指九種言。煩惱俱盡爲無餘。不生爲涅，不死爲槃。是圓滿清淨，能所全消，超脱輪回，出離生死，究竟到彼岸地位。誤認爲死，則大謬矣。滅，消滅，滅盡癡愚煩惱。度，化度，度脱生死苦海。衆生皆有夙業，遇佛而後得果，是謂令入無餘涅槃而滅度也。相，形迹也。我相，自私自利，止便身圖也。人相，痛癢無關，分形絶界也。衆生相，區别靈蠢，品類以分也。壽者相，畏死倖生，希冀不老也。無衆生得滅度，即是無四相，正降伏之要也。

論　此答降伏之問，而教以度生，不著四相也。尊者首請應住，次問降伏，而世尊先酬次問者，以菩薩所發大心爲度生之心，故以度生開示之。蓋菩提心即天地之心，必度盡衆生方完得本來分願。所以衆生受生不同，佛皆導之覺悟本心，入於一真法界，而使業緣盡滅，度脱輪回。實以衆生性中自具般若，各完本性，便爲滅度。即使度盡衆生，不過還其本然而已，所謂實無滅度也。度生無度，即是無相，無相便是降伏。四相，經内頻呼疊唤，此最淨染關頭，教人加意蕩滌，方是無上正等覺也。《圓覺經》云：未除四種相，不得成菩提。

講　佛告曰：須菩提，諸菩薩性量廣大，應如是降伏其心。果何道以致之。蓋我之心即人物之心。所有一切衆生之類，若世間之卵生、胎生、濕生、化生，天上之有色、無色、有想、無想、非有想非無想，皆是衆生妄心結習所致。我皆令其超越生死，滅其業障而度脱之。如是滅度無量無數無邊之衆生者，豈我真能滅度哉。以衆生原有佛性，只是迷而不悟，今心地開朗，頓見本性，是自性自度，於我何功焉。所以度而無度者何。惟無四相故也。若見有度人之我，則有我相。見有所度之人，則有人相。見我所滅度無量無邊，則有衆生相。見我與衆生同到涅槃，則有壽者相。有此四相，即非三輪體空之菩薩矣。

復次，須菩提，菩薩於法應無所住，行於布施。所謂不住色布施，不住聲、香、味、觸、法布施。須菩提，菩薩應如是布施，不住於相。何以故。若菩薩不住相布施，其福德不可思量。須菩提，於意云何，東方虚空可思量不。不也，世尊。須菩提，南西北方、四維上下虚空可思量不。不也，世尊。須菩提，菩薩無住相布施，福德亦復如是不可思量。須菩提，菩薩但應如所教住。

【標】妙行無住分第四。

註　復次，還與須菩提言也。法字總六度萬行諸法，所該甚廣。下文六塵從法中抽出來，以六塵爲日用切要也。此住字作執著解。六度以布施爲首，此布施主法施言。此經句句是般若法施、菩薩心施，與財寶施、身命施不同。觀行於布施行字，非是斷滅。眼、耳、鼻、舌、身、意爲六根。色、聲、香、味、觸、法爲六塵。觸，身所感觸也。諸法皆緣心生，故屬意。不住相者，指不住六塵之相言。菩薩化度衆生，教以清淨六根，不染六塵，可以證解脱，乃法施也。應如是布施句，承上複一句引起下文。福德即福慧。不住相布施，則心境如如，有自然之福德，非福報之謂也。東西南北，四維上下，謂之十方，總是一個大字。虛空者，太虛之中蕩然空朗也，是喻不可思量，以顯無相福德之妙。末住字作止住義解。如來教菩薩法，不過住無所住，菩薩受如來教，但當如其所教，以無住爲住也。

論　此答應住之問而教以布施，不住塵相也。菩薩發心，度生爲事，菩薩六度，布施居先，故度生布施皆爲降住中事。上言滅度衆生，不著四相。然要離四相，必先不住六塵。蓋菩薩心量徧該法界，布施一切，利益衆生，必使盡證解脱，然後此心無歉。但一涉交接，事物相纏，最易粘著。須養得此心一邊不著，方其體之虛如明月當空，及其應之靈如流水曲注，以菩提妙心，行菩提大用，不著六塵，無所貪著，意境盡化，迹象胥融，地闊天空，其福德乃無限量。佛法廣大，與天地參，福德不可思量，並非虛語。按此言無住相行施之福德，雖無較量意，然爲下九番言福德總攝，後文即緣此爲較量也。準此問答，便已經終。蓋大乘正宗經文於此已備，下特以四句偈綜括經旨耳。

講　佛因無相之義，再告須菩提曰：菩薩於六度萬行之法，當空此心，無所執著，以爲敷布設施。何則。六塵一有所著，便不能空此心，以施於衆生。菩薩舍其所貪，歸於空寂，不於六塵上有所係累，但自性虛通，妙圓明淨，隨感而應，不住於相也。何以故。若菩薩不住相布施，則所有善根純熟圓滿，永得無上菩提之道，其福德豈可限量哉。吾試問爾，如十方虛空，可思量不。須菩提言：大莫大於虛空，非人之所能測度也。佛言無住相布施之福德，亦如虛空之不可思量。須菩提，汝學佛之菩薩，但當如我所教無住相布施之理以住其心可也。

須菩提，於意云何，可以身相見如來不。不

也，世尊，不可以身相得見如來。何以故。如來所説身相，即非身相。佛告須菩提：凡所有相，皆是虚妄。若見諸相非相，即見如來。【標】如理實見分第五。

註　身相，謂佛應身三十二相也。見如來，指法身言，謂真性佛也。如來所説之如來，乃是佛號。凡所有相，指一切物相而言。凡四相，法相，非法相，皆在其中，兼空有兩層。即見如來，見衆生本性之如來，即菩提心也。

論　此言有相皆妄，而顯無相之真佛也。上文説箇不住相，尚未説出，所以不當住相之故。至此説凡所有相皆是虚妄，虚妄豈可住著。若見諸相非相，此無相處即如來法身也。此經是破相宗，無相是真佛，乃從源頭上破見非相，不落於有，見相非相，不滯於無，即妄即真。即有即空，原無二體，得見真空實相，故曰即見如來。此第一義諦，大乘之真見也。按，唐圭峯以凡所有相四句爲經中之四句偈，持論甚正。蓋此四句爲大乘正宗，包括全經之旨。下經若以色見我四句，即此見相非相二句，如夢幻泡影四句，即此凡所有相二句。

講　佛恐須菩提聞無相之旨，所悟尚未盡徹，故舉身相徵詰之曰：須菩提，可執四大色身謂如來在是否。須菩提言：不也，不可以身相得見如來。蓋如來所説身相不過形體之末，非真空無相之道也。佛於是曉之曰：世間凡有形相可見者，皆是假合變幻，不是本有真實之理。雖有所見，亦妄見也。若見諸相，便識破非我真實本相，自能迴光返照，即見色身中有法身自性之如來隨處顯現矣。如來豈可外求耶。

彙解　自善現啓請至此，凡四節，爲一段。全經以無相爲宗，而此特爲無相之總綱，統爲大乘正宗。前示離相度生以彰妙慧，無相行施以稱妙福，非相見佛以印妙心。總之，相皆虛妄，能見本性真空實相，即見真佛。末揭出破相宗之四句偈，已將全經大旨都行包括。故下文隨接如是言説章句作一兜裹，以後反覆開導，皆是申明無相之義。

須菩提白佛言：世尊，頗有衆生得聞如是言説章句，生實信不。佛告須菩提，莫作是説。如來滅後，後五百歲，有持戒修福者於此章句能生信心，以此爲實，當知是人不於一佛二佛三四五佛而種善根，已於無量千萬佛所種諸善根。聞是章句，乃至一念生淨信者，須菩提，如來悉知悉見，是諸衆生得如是無量福德。何以故。是諸衆生無復我相、人相、衆生相、壽者相，無法相，亦無非法相。何以故。是諸衆生若心取相，則爲著我、人、衆生、壽者。若取法相，即著我、人、衆生、壽者。何以故。三字盛釋及各正本俱定爲衍文。若取非法相，即著我、人、衆生、壽者。是故，不應取法，不應取非法。以是義故，如來常説，汝等比邱知我説法如筏喻者，法尚應捨，何況非法。

【標】正信希有分第六。

註 如是言説章句，指上數章而言。信爲入道之門。實信者，信此章句爲真實之諦也。佛滅度後，正法五百年，像法一千年，末法三千年。後五百歲，正末法時也。持戒，諸惡莫作。修福，衆善奉行。信心，慧心也。能生者，戒定既具，智慧自生也。善根，即菩提心。種，有生發義。所，猶處也。一念，專念也。上云實信，以佛語爲實而信之。此云淨信，心常清淨，不生妄念也。悉知悉見，心合於佛，佛合於心也。福德，清淨中自具福德也。法相，以法爲有也。非法相，以法爲無也。無四相，則人空。無法相，則法空。無非法相，則空亦空。有無雙遣，方是真空。取，即著也。反言之，以明法相、非法相之不可有也。如來常説云者，蓋古佛有是語而復述之也。筏，船也。喻，譬也。言譬如以筏渡人，既濟而筏無用也。

論　此因須菩提問實信，恐菩薩於四相之外別生法執，必并法與非法之相皆空，方可言淨信也。佛法大海，信爲善入。善現聞佛說法，實深信受，又欲衆生同生信心，共登覺路，故有是問。然開口說言說章句，即存一法相於胸中。佛先教學者能生信心，以此爲實。又恐學者徒泥言說，不求心得，故云無法相。又恐學者執著無法，入於沈空，斷滅不去，探討其言，以悟真理，故復下轉語曰：亦無非法相。且申其誡曰：法尚應捨，何況非法。兩頭截住，乃爲淨信也。淨信，是衆生可以成佛作祖之善根。三是諸衆生句，諄諄提命，直欲唤醒羣夢。

講　須菩提聞大乘正宗之教，恐後來衆生未能生信，乃白佛曰：世尊所說，菩薩未有不尊奉矣。倘末世凡夫得聞如是言說章句，果能生實信否。佛曰：汝莫作是說。蓋此無相真空之理，必有大根基之人方能信任其道。設或佛滅後，至五百歲之遥，有人持守戒律，廣修福田，能於此章句確信爲實者，此人必從諸佛同源之所，斷除惡業，栽植善根者也。若有此善根之人聞得此經章句，乃至一念之中心常清淨，篤信不疑，此心便與如來相合。佛智佛慧無不知其存心，見其行事。是諸衆生當得無量清淨福德。此何故哉。是諸衆生悟得真空無相之理，無復有我、人、衆、壽四相，是人空也。四相既空，諸法無從得立，故不執有而爲法相，亦不執無而爲非法相，是法空也。此何以故。是諸衆生，苟心不空淨，便著我、人、衆、壽之形迹，此人所易曉也。至於我說無法相者，以吾真如本體不在語言文字之間，若取法相，與執著四相一般，若取非法相，又涉斷滅見，與前著四相又何異焉，是故不應取法相而以爲有，亦不應取非法相而以爲無，則性體之中，渾然形迹兩忘矣。以此義亦有原故，佛嘗謂汝學道之人當知我說此法者，因汝不能了悟真空，超於彼岸，我不過假此法度脱生死苦海，汝既自見本性，證涅槃樂，則我之法當無所用矣。譬如以筏渡人，既得登岸，筏即無用。由此觀之，有法尚應捨矣，何況非法，又可執著於無，沈空守寂哉。

須菩提，於意云何，如來得阿耨多羅三藐三菩提耶，如來有所說法耶。須菩提言：如我解佛所說義，無有定法名阿耨多羅三藐三菩提，亦無有定法如來可說。何以故。如來所說法，皆不可取，不可說，非法，非非法。所以者何。一切賢聖皆以無爲法而有差别。【標】無得無説分第七。

註　得，謂得於己也。説，謂教之人也。義字，頂上章以是義故來，即指不應取法取非法說。無有定者，不偏有，不偏無，兼法與非法言。然善現爾時尚未了一切法，即非一切法，故不直曰無有法，而曰無有定法。不可取，謂不可以色相取。不可說，謂不可以口舌説。非法者，雖有而却無。非非法者，雖無而却有。賢者，若四果之類。聖者，佛也。以字作用字解。無爲法乃清淨覺性，不假人爲者也，即是無住，即是無相，即是無上菩提。長老先言無定，次言無爲，悟入聖境矣。

論　此承上不可取法取非法，而明無得無説之真法也。前文説個若見諸相非相，即見如來，此兩句該得全經意旨。但見如來處落在實相上，則成法相，落在非相上，則成非法相，所以前節將法與非法兩路截清。此却將如來所得所説徵詰者，兩個如來字，正根上見如來字來，要勘他信處落在那裏。空生答以無有定法，不可取説，活潑潑地，恰在箇中。末後説出無爲法而有差别，不是脚踏實地，怎能説得如此諦當。只此一語爲衆生説，可以出生死，趨菩提，故下文遂以持經功德較量也。

講　前既説法相非法相，佛恐須菩提尚未透徹，故問曰：汝以如來無上菩提之法，果有得於己耶，抑以此法有所説而教之人耶。須菩提言：如我心中悟佛所説義，則知無上菩提之法，此吾本來真空，未嘗指定一法名爲無上菩提也。即佛所説，不過隨機設教，何嘗指定一法教人必如是而後修哉。此何以故。如來所説無上菩提法，可以性修，不可以相取，可以心傳，不可以言説。若執爲有法，而吾性虚靈莫測，非有法也。若執爲無法，而吾性隨感即應，又非非法也。蓋無上菩提之法，皆我自然覺性，無假人爲。故一切賢聖皆同此無爲法。聖人具足清淨，故名爲聖，菩薩自聲教而悟，故成爲賢，所證有差別爾。

須菩提，於意云何，若人滿三千大千世界七寶以用布施，是人所得福德寧爲多不。須菩提言：甚多，世尊。何以故。是福德，即非福德性，是故如來説福德多。佛言：須菩提，五字較訂補正。若復有人於此經中受持乃至四句偈等，爲他人説，其福勝彼。何以故。須菩提，一切諸佛及諸佛阿耨多羅三藐三菩提法，皆從此經出。須菩提，所謂佛法者，即非佛法，是名佛法。四字較訂補正。【標】依法出生分第八。

註　三千大千，統言大世界。七寶，金、銀、琉璃、珊瑚、瑪瑙、珍珠、玻璃也。此布施，作施捨看。福德者，修布施之德，享現在之福也。福德性者，修性中之德。慧光所照，福分過人，即真性也。尊者領悟，指出一性字來，最爲著眼。信力曰受，念力曰持。發言成句爲偈。四句偈，或指經中二偈，或指無我相四句。圭峰謂凡所有相四句最妙。須知從經中受持説來，必上有乃至字，下有等字，言於此經中受持一部一章，乃至四句偈等，有自多至少偈不一，偈意豈可執四句以求著落乎。菩提法謂諸佛求真性之法也，何佛非心，何佛法非心法。此經爲般若真諦，故曰皆從此經出，非單指經文語句言也。佛法者，真諦之理。非佛法者，不執法也。是名佛法者，非斷滅也。

論 此第一番較量福德也。福德前後九番較量，義各有屬。此佛恐人因不可取説，住在無相無爲處，便欲毁棄言教。言教若棄，將何信解。所以特指出無上菩提之法皆從文字般若中來。人心具有佛性，假文字般若而後得悟，則此經即般若真性，能生佛法。又恐人在佛法上又生執著，隨下轉語曰佛法即非佛法，蓋佛法在心而不在教。非佛法者，無法相也。是名佛法者，亦無非法相也。經中凡言即非、是名，三折筆處，皆具此兩義。佛每説經一番，皆以布施較量福德一番。佛蓋知末法劫中，多以施捨當修行，不解見性要旨，所以諄切反覆言之耳。

講 前言法無爲矣，佛恐人忽略般若章句，故以持經功德較量，因設問曰：若有人充滿三千大千世界之七寶，用以布施，是人所得福德多否。須菩提言：甚多，然是福德乃有相之施，於我性真空無相妙法全不相關，必竟非福德性，故如來所言福德者，乃人天小果之因，此所以爲多也。佛言：如再有人於此經中信受其言，奉持其義，乃至四句偈等，更爲他人解説，則自覺覺他，其福勝於七寶布施多矣。蓋彼乃住相布施，縱得濁福，福盡墮落。此乃因經悟性，福等太虚，歷劫不壞，其福不遠勝哉。此何故也。蓋此經乃修行之徑路，諸佛之身及所證之法皆從文字般若而生，此外更無餘經矣。夫無上菩提之法，即佛法也。然所謂佛法者，本來無有，不過使之言下見性，乃虚名爲佛法也。

彙解 自須菩提問實信至此，凡三節，爲一段。無人無法，衆生修行無相也。無得無説，如來説法無相也。至須菩提説出無爲二字，般若正宗已是了然。佛恐人將無爲法認作枯寂，住在這裏。殊不知菩提一現，萬法具足，真性福德無量無邊，正以此經即般若性，成佛之道不外乎此。佛教人因經悟性，非徒誦説已也。

須菩提，於意云何，須陀洹能作是念我得須陀洹果不。須菩提言：不也，世尊。何以故。須陀洹名爲入流，而無所入，不入色、聲、香、味、觸、法，是名須陀洹。須菩提，於意云何，斯陀含能作是念我得斯陀含果不。須菩提言：不也，世尊。何以故。斯陀含名一往來，而實無往來，是名斯陀含。須菩提，於意云何，阿那含能作是念我得阿那含果不。須菩提言：不也，世尊。何以故。阿那含名爲不來，而實無不來，是故名阿那含。須菩提，於意云何，阿羅漢能作是念我得阿羅漢道不。須菩提言：不也，世尊。何以故。實無有法名阿羅漢。世尊，若阿羅漢作是念我得阿羅漢道，即爲著我、人、衆生、壽者。世尊，佛説我得無諍三昧，人中最爲第一，是第一離欲阿羅漢。世尊，我不作是念，我是離欲阿羅漢。世尊，我若作是念，我得阿羅漢道，世尊則不説須菩提是樂阿蘭那行者。以須菩提實無所行，而名須菩提是樂阿蘭那行。【標】一相無相分第九。

佛告須菩提，於意云何，如來昔在然燈佛所，於法有所得不。不也，世尊，如來在然燈佛所，於法實無所得。今本是故名阿那含，無故字。【標】莊嚴淨土分第十。

註　能作是念者，謂曾萌得道之念也。前四我字，乃代四果人設想之詞。佛氏有因有果，能修是因，即得是果。須陀洹，華言入流，謂入聖人之流也。無所入者，不著入流之相也。此聲聞初果。自聲教而悟者曰聲聞。斯陀含，華言一往來，謂一往天上，一來人間，便得涅槃。六祖云：前念起妄，後念即止。前念有著，後念即離。目覩諸境，此心還有一生一滅，無第二生滅，故言一往來。實無往來者，無往來之相也。此聲聞第二果，比入流高一級。阿那含，華言不來，謂直生四禪天上，不來欲界受生也。實無不來者，不著不來之相也。此聲聞第三果，比尚有往來又高一級。阿羅漢，華言無生，謂諸漏已盡，無復煩惱，不於三界内受生也。阿羅漢得無相之理，人法俱空，已證涅槃，此又高一級。聲聞之道，圓滿已極，故不名果而名道。實無有法者，謂無煩惱可斷，無貪嗔可離，情無逆順，境智俱忘，無絲毫之法可取也。無諍者，蓋有欲則爭，此既離欲，何諍之有。三昧，華言正見，謂本覺心也。離欲，斷盡見思煩惱也。阿蘭那，華言寂靜。樂，好也，謂好清淨行也。蓋佛嘗有是語，而須菩提舉以爲證也。實無所行者，謂本性空寂，不著行相也。佛説以下，尊者自述其所造，以證無相也。以上言四果，皆以無爲法而不著得果之相，下復以佛之無相證之。如來，釋迦牟尼也。然燈佛，即定光佛，是釋迦牟尼之師。實無所得者，謂成佛由本心覺悟，無有法可得也。實字與上數實字相應。

論 此歷徵一切賢聖修證處，皆以無爲法而不取於相也。四果功夫自有等級，每證一果，隨證隨空。初果云不入色、聲、香、味、觸、法，是知欲境當避，如初生果。二果云一往來，是蹈欲境不再，如方碩果。三果云不來，是去欲境如遺，如已熟果。四果云離欲，是脱然無纖欲可除，如既收果。此是漸教如此。若是無上菩提，頓悟真空，即此金剛般若波羅蜜，超入佛地矣，又何四果之足云。佛自謂成佛實無所得，證四果之無所得，言無相之理乃我自有之真性，其成佛皆由我心自悟而得也。於法無得，原屬實相，不是斷滅。

講 須菩提言無爲法，已悟菩薩修行矣。佛乃從賢聖無爲中差别以詰之曰：須陀洹曾作是念我必得此果否。須菩提言：不也。須陀洹得預聖人之流，名爲入流，而心無所得，不著入流之相，但未能頓悟真空，僅能不入六塵境界耳。名須陀洹，其以是歟。佛曰：

斯陀含曾作是念我必得此果否。須菩提言：不也。斯陀含一往天上，一來人間，名一往來。而心無所得，不著往來之相，蓋已悟真空究竟，能出離生死，不受輪轉也。名斯陀含，其以是歟。佛曰：阿那含曾作是念我必得此果否。須菩提言：不也。阿那含不來世界受生，名爲不來。而心無所得，不著不來之相，蓋本性光明，真空無我，内無欲心，外無欲境也。名阿那含，其以是歟。佛曰：阿羅漢曾作是念我必得此道否。須菩提言：不也。阿羅漢萬緣悉淨，外如木石，不動不摇，心如止水，不滲不漏，性本真空，實無一法可得也。名阿羅漢，其以是歟。世尊，若阿羅漢作得道之念，即著我、人、衆、壽四相矣。所以佛曾説我一念不生，與人無忤，得無諍三昧，弟子中最爲第一，必是我脱盡人欲，斷絶此念，方許我爲離欲阿羅漢也。我若作此念可以得阿羅漢道，則又生妄念，佛即不説我好寂靜之人矣。以我須菩提外雖有行，心中無一可得，佛故名爲樂阿蘭那行。佛終恐其所得之心未除，又從而默化之曰：我當初在然燈佛處，果得本師之法否。須菩提言：不也。如來一心清淨，雖在燃燈佛處，不過因師開導，實乃自悟自修，於法實無所得也。

須菩提，於意云何，菩薩莊嚴佛土不。不也，世尊。何以故。莊嚴佛土者，即非莊嚴，是名莊嚴。是故，須菩提，諸菩薩摩訶薩應如是生清淨心：不應住色生心，不應住聲、香、味、觸、法生心，應無所住而生其心。

註　莊嚴，如建塔造寺、設像供養之類。一大世界，必有一佛設化，謂之佛土。黄金爲地，七寶爲林，是莊嚴佛土也。自性佛土本來具足，不假莊嚴，故云即非莊嚴。心常清淨，無嚴而嚴，故云是名莊嚴。應如是生清淨心，指上非莊嚴説。前云生淨信，是一念之覺。此生清淨心，是全體之修。六度萬行，總爲修此清淨，是本來地，即究竟地。前不住色等布施，此不住色等生心。攝事歸心，言不住較細，且前云應無所住行於布施，此云應無所住而生其心，并不著布施之相。清淨之不已處，即是生也。有所住而生心，是濁亂心，無所住而生心，乃爲清淨心。生其心者，又非槁木死灰，入於頑空也。無住生心句，是全經大旨。

論 此揭出安住、降伏要旨，教菩薩以清淨爲莊嚴也。菩薩修六度萬行，佐揚佛化，非不莊嚴佛土，但不取外相莊嚴。當知莊嚴是清淨心、無住相心。心無所住，則絲毫不挂，萬境澄澈，即清淨也。譬如一鏡當空，無所不照，何等清淨。若先著一物，則空明遮蔽，焉能照物。無所住，是從實趨空，生其心，是從空生覺。此心字是正智，是真心，但住著於境，則隱而不現。心若不住，般若了然。生其心者，顯現本有真心，非突然生起也。

此句是金剛正眼、般若妙心。昔六祖聞無所住而生其心句，即大悟曰：何期自性本自清淨，何期自性本不生滅，何期自性本自具足，何期自性本無摇動，何期自性能生萬法。學者在祖師門下，當從無住生心處體會微旨。

講 前言佛無所得，學佛諸菩薩安可徒事莊嚴佛土而不返求諸心哉。故告須菩提曰：菩薩居佛土之中，果作善緣福業使佛土莊嚴否。須菩提言：不也。佛所謂莊嚴者，即非外貌相好之莊嚴，必其心地明潔，萬行具足，是名莊嚴也。佛於是順其詞而語之曰：菩薩莊嚴，既不在於外飾，當返而求諸心，使泰宇之中湛然常虚，無一毫染濁，靈臺之内寂然常定，無一絲擾亂。當如是生清淨心，不當住在色、聲、香、味、觸、法生心。一有所住，便不能清淨矣。須知清淨心妙湛圓寂，不泥方所，本無所住也。於無所住而生其心，如明鏡當前，物來悉照，物去即空，自然十分清淨。是淨土莊嚴孰甚焉。

須菩提，譬如有人，身如須彌山王，於意云何，是身爲大不。須菩提言：甚大，世尊。何以故。佛説非身，是名大身。

註　須彌，山之極大，爲衆山之王，故云山王。人身豈有是大，不過假設之詞，如七寶滿大千之類。上言心，此言身者，非反説到身外也，身字即作心字看。非身謂法身，即真心本性也。非身名大身者，即真心之無住，足以包太虛，藏沙界也。

論　此承上文無住生心而言，以見心量之廓周無盡也。言心無所住，則淨心常生，法身圓滿，此心最爲廣大。如來設大身爲問，尊者悟得無住，真心徧滿法界，妙含萬有，量等虛空，雖須彌不足喻其大。問答至此，乃見身土皆空，心境雙絶，不言福德而福德難量矣。故下文遂較量福德。

講　前言莊嚴佛土，不如清淨此心矣。又恐錯認色身爲大，不知心爲大，故設問曰：須菩提，譬如人身如須彌山王，可以言大否。須菩提以甚大答之。何以故。色身雖大，爲有生滅，必竟不名大身。佛説非身，纔是我之清淨本心。此心包含太虛，充滿法界，無相無住，頓入圓明，乃真法身，是名大身也。

須菩提，如恒河中所有沙數，如是沙等恒河，於意云何，是諸恒河沙寧爲多不。須菩提言：甚多，世尊，但諸恒河尚多無數，何況其沙。須菩提，我今實言告汝，若有善男子、善女人以七寶滿爾所恒河沙數三千大千世界，以用布施，得福多不。須菩提言：甚多，世尊。佛告須菩提，若善男子、善女人於此經中，乃至受持四句偈等，爲他人説，而此福德勝前福德。【標】無爲福勝分第十一。

註　恒河，西土天竺河，周迴四十里，沙細如麪。佛多在此説法，故取爲喻。沙等恒河，是倒裝文法，謂恒河如沙之多也，亦是假設之詞。前只言三千大千世界，此言如恒河沙數，其大且多益不可量。勝前者，勝於布施之福也。

論 此第二番較量福德也。前第一番較量，因前止説得人法俱空，總歸於無爲，故言佛法皆從此經出，以啓發之。以下歷舉聲聞、菩薩俱從無爲法中現出許多差别，結勸諸菩薩無住生心，而託大身作喻以驗之，則清淨法身中之全體大用一齊俱現矣。此較量功德，所以一步深一步也。

講 前言無住生心，則清淨之福不可量矣。佛故即布施推廣其義曰：須菩提，恒河之沙固多矣，設或不止一恒河，數其如沙之多恒河，是諸恒河中之沙多否。須菩提言：甚多。但諸恒河且多而無數，何況恒河中之沙乎。佛謂須菩提：若有善男子、善女人，以七寶滿恒河沙數三千大千世界布施，得福多否。須菩提又以甚多答之。佛曰：若有善男女於此經中受之而無疑，持之而不失，必見自己真如菩提本性矣。又能以真空妙義爲人解説，使人心地開通，明了自性，可以脱離輪迴，永超生死。則是人己兼成，此其福德，歷劫常存，豈恒沙布施可及哉。

復次，須菩提，隨説是經，乃至四句偈等，當知此處一切世間天、人、阿修羅皆應供養，如佛塔廟，何況有人盡能受持、讀誦。須菩提，當知是人，成就最上第一希有之法。若是經典所在之處，即爲有佛，若尊重弟子。【標】尊重正教分第十二。

註 隨説，與後盡能相應，是隨舉經文之義。此處，即説經之地。世間天、人、阿修羅，謂天道、人道及魔道也。供養，如香花、瓔珞、幢幡、寶蓋之類。塔，藏佛舍利者。廟，樹佛形像者。受者領會其意，思慧也。持者服膺弗失，修慧也。對本曰讀，離本曰誦，聞慧也。未受持而誦讀，領益猶淺，既受持而讀誦，取類乃深，萬行修持俱攝在四字内。能趨菩提，名最上。諸乘不及，名第一。世間所無，名希有。法，即菩提法也。必成就法，然後能成就功德，故下文遂言成就功德。兩若字不是虚字，乃深讃成就第一者之詞。尊重弟子，弟子中之可尊重者。經典，法寶也。有佛，佛寶也。尊重弟子，僧寶也。經典所在之處，即三寶共處也。

論　上言持經功德之勝，此申言其所以勝也。前兩言獲福以受持，與爲他人説並提，恐學人徒逐章句，虚務福勝，而於第一義諦未能思維修習，則自已不能成就，何能利益他人。故歸重受持，以示説法之本。隨説者，一節之《般若》也。盡能者，全體之《般若》也。盡能受持讀誦者，《金剛》深慧無一不入六字中，有無量功行在。經典在何處，即在此心。若盡能持誦之人，自心誦得此經，自心解得此經義，自心體得無著無相之妙理，念念精進，常修佛行，其智與理冥。視經典所在，即如有佛，即上文見如來也。歸依護持，自視爲尊重大乘弟子，即下文荷擔如來也。

講　上言持説是經福德之勝，於何見哉。佛再告須菩提曰：若有人隨舉經文之義，乃至四句偈等，爲之講説，令聽者除迷妄心，則説經之處自然感得世間天、人、阿修羅等皆來恭敬，如藏身之塔、供像之廟，殷勤瞻禮矣。夫隨説句偈，尚能感天龍八部供養如此，何况有人盡能以此全經受持而體驗於心，讀誦而研窮其義。則知是人以一心成就阿耨多羅三藐三菩提法，真最上而無以加也，第一而無可比也，又絶無而僅有也。若是經典在處，即佛在處，心常清淨，得真如妙性，非即佛門之高弟子歟。

彙解　自佛言四果至此，凡五節，爲一段。佛以四果無念、釋迦無得爲無相證，隨言莊嚴亦無相，特爲諸菩薩揭出應無所住而生其心句，爲作佛宗旨。千聖心源，在此一語。又言無住生心之量最爲廣大，其福德之勝惟在持此經耳。善現至此已領妙悟，故下文直請經名及受持法。

爾時，須菩提白佛言：世尊，當何名此經，我等云何奉持。佛告須菩提，是經名爲金剛般若波羅蜜，以是名字，汝當奉持。所以者何。須菩提，佛説般若波羅蜜，即非般若波羅蜜，是名般若波羅蜜。須菩提，於意云何，如來有所説法不。須菩提白佛言：世尊，如來無所説。古本無是名般若波羅蜜句。【標】如法受持分第十三。

註 佛説皆經也。初稱言説章句，次稱法，次稱經，至此請立經名，蓋欲知經趣，須先識經名，因請示名，庶不使奉持無法也。法名般若，照見萬法皆空也。法喻金剛，專指一真不壞也。佛將般若二字安名，又加金剛二字，以見至堅至利，不與萬法爲侶，乃一切俱空，一切具足，即是到彼岸也。一部真經，都該在七字内。奉持此名字，即奉持全經，不可更贅一語也。法性本空，無可執著，故云即非。中有真覺，萬象光明，故云是名。又恐聞説經名，不認自心，徒認作法，故復詰之。而善現已於即非般若中悟無法可説也。

論 此佛特示經名，是一部《金經》點眼處也。從前説降伏、安住，並未説出般若。其間如度生破盡度相，布施破盡施相，見佛破盡身相，淨信破盡法相。如是堅固，如是猛利，全是般若之智慧，如金剛之能斷。蓋本心淨明真慧，隨緣不變，能摧斷一切煩惱而不爲一切所摧，是爲金剛般若。此經所説直指心體，乃斬絶妄緣、智慧到彼岸之法也。然般若是人清淨心體上一點靈光，離一切相，即一切法，盡大地無有一法是般若存住處，亦無有一法不是般若放光處。即非即是，直使奉持者胸中不留一個字脚。

講 善現聞第一希有之法，已覩指知歸，遂發心奉持，請立經名，白佛言：世尊，持説是經，成就希有法矣。不識此經當以何命名。

我等云何奉持乎。佛曰：是經當名爲金剛般若波羅蜜。蓋明是經者，其智慧如金剛之堅利，斷絶外妄，直達諸佛菩薩之彼岸也。以是名字，汝其奉持之。所以奉持者當何如。佛説般若波羅蜜者，妙覺本性，湛若太虚。體既尚無，何名之有。如來恐人方斷滅見，不得已而虚名爲般若波羅蜜也。真性本來如此，更有何法可説乎。須菩提，如來有所説法否。善現知諸法原空，即印證曰：如來萬法皆空，有何可説。

須菩提，於意云何，三千大千世界所有微塵是爲多不。須菩提言：甚多，世尊。須菩提，諸微塵，如來説非微塵，是名微塵。如來説世界，非世界，是名世界。

註　微塵者，八萬四千塵勞也。世界者，衆生世界也。三千大千世界所有微塵，所謂衆生無邊，煩惱無盡也。能修般若無相無著之行，了妄念塵勞，即清淨法性，故云即非微塵。了妄即真，真妄俱泯，故云是名微塵。性無塵勞，即佛世界。性有塵勞，即衆生世界。了諸妄念，湛然空寂，故云即非世界。證得法身，普見塵刹，應用無方，故云是名世界。

論　此示塵界皆空，以顯般若之用，所謂觀照般若也。若以塵界觀之，則滿目萬象，森然塵境。若以非塵界觀之，則一道虚閒，真空真寂。所謂寂滅虚靈，寄森羅而顯象，縱横幻境，歸一性而融真。蓋般若心光大包千界，細入微塵，則盡十方世界無非自己光明也。佛謂文殊曰：在世離世，在塵離塵，是究竟法，即非塵非界意。

講　佛告須菩提曰：三千大千世界，所有微塵果多乎否。須菩提以甚多答之。佛曰：如來説諸微塵者，原是幻妄之物。而靈虚之府太空澄澈，非微塵所可污，故不是微塵，乃假名爲微塵也。如來説世界者，原不是我心中本有的，而心地廓然，淨無瑕穢，便是出世間法，非世界所得囿，故不是世界，乃虚名爲世界也。

須菩提，於意云何，可以三十二相見如來不。不也，世尊，不可以三十二相得見如來。何以故。如來説三十二相，即是非相，是名三十二相。

註　三十二相，莊嚴端好，指全身而言，此乃色身佛也。見如來，指法身言。觀相原妄，無可指陳，不妨相即無相，故曰即非身相。觀性原真，塵塵妙覺，不妨無相即相，故曰是名三十二相。

論　此言非相即相，以顯般若之體，所謂實相般若也。上言塵界非塵界，是離幻歸空。此言身相非身相，是即空悟實。三十二相，只是色身如來。當知別有一箇真性如來，非色非空，超然萬象之表，無變無壞，總歸一真之中，故云是相即非相，識得非相，是名真相。

講　佛問須菩提，可以三十二相見如來否。須菩提言：如來之相，雖勝妙殊絶，不宜以形色求之。何以故。蓋如來所説相者非真相也。妙體如如，湛然常寂，乃諸佛本心也，是名三十二相。

須菩提，若有善男子、善女人以恒河沙等身命布施，若復有人於此經中，乃至受持四句偈等，爲他人説，其福甚多。

註　佛初以大千寶施較經勝，次以河沙寶施較經勝，皆外財也。至此説到身命布施，是内財也。較財施雖優，總是有漏因果，不若持經之福勝也。此爲下文較量身命之始。

論　此第三番較量福德也。受持是法身因，故福最爲殊勝。此段經文，前以奉持始，後以受持終，極宜留意。蓋真能奉持者，稱性而行，本心而現，莫非《金剛》全體也。

講　由斯以觀，益信持經之福勝矣。須菩提，世間所重者，莫過於身命。若有人以恒河沙之多比此身命布施，如摩頂放踵，利天下爲之，其所獲之福比寶施有加焉，但不明本性，特頑福而已。若以此經及四句偈等受持而講説之，則自利利他，其獲福無量較彼捨身者不甚多乎。此《金剛般若波羅蜜》所當受持也。

彙解　自須菩提問經名至此，凡四節，爲一段，是一部經點眼處。通段皆言般若法，以答奉持之意。般若非般若，是言智體無相。以下離文字相，故無所説。離煩惱相，故非微塵。離人天相，故非世界。乃至離佛色身，故非三十二相。一切無所著，方是般若法，方是真受持。此成就第一希有之法，非身命施所能及也。故下文但讚嘆能契此理以教人者，其福無量。

爾時，須菩提聞説是經，深解義趣，涕淚悲泣而白佛言：希有，世尊，佛説如是甚深經典，我從昔來所得慧眼，未曾得聞如是之經。世尊，若復有人得聞是經，信心清淨，即生實相，當知是人成就第一希有功德。世尊，是實相者，即是非相，是故如來説名實相。【標】離相寂滅分第十四。

註　聞字與前願樂欲聞相應。聞説是經三句，摹寫空生之聞境。下數聞字，空生自寫其聞境，即以能聞望人也。經以般若爲名，般若以無相爲主，不住於相，便是此經之義。義之究竟歸著處爲趣，不住於相則生實相，便是義中之趣。空生傷覺悟之晚，故感極涕零也。甚深經典，即般若非般若之法。信心者，信無我四相而修不住之行也。清淨者，即人法兩空，不住於相也。實相者，即清淨法身，非有非無，不生不滅，如如不動，實相般若也。生實相者，蓋人心本自清淨，以住相故生虚妄，以不住相，即顯自性，故生實相也。實相即是本性空淨，非有形相可執，故下轉語云：是實相者，即是非相。

論　此善現因自己幸聞此經，而願當世之聞經淨信以生實相也。佛説如是甚深經典，不惟人空，而且法空，并般若智相亦空。昔得慧眼於有見空，今聞此經，於空亦遣。人能解此經義，信自心本來清淨，保此湛然之本體，由是妄念全消，天理常住，實具般若，所謂生實相也。實相即從無相中生出，猶鑑空即能照也。實相即是非相者，猶鑑中本無形也。佛説無相處，俱是説實相處。生實相三字要著眼，後人目釋氏爲空門，專言虚無寂滅，豈不罪過。

講 上言般若之法。爾時，須菩提深解無相之義趣，涕淚悲泣，傷聞經之晚，白佛言：希有世尊，佛説如是深奥經典，我從來修行，雖具慧眼，聞法甚多，未曾如此之妙者。我既聞此經，已悟自性清淨中本來有此真實矣。若再有人聞是經典，一念發篤信之心，其心純是天真，毫無欲塵所累，便得清淨般若，則性中具如來法身即生實相，當知是人成就第一希有功德矣。世尊，是實相者即真空自性，本無形迹，是故如來所説實相總屬鏡花水月，豈真有實相之可名哉。

世尊，我今得聞如是經典，信解受持，不足爲難。若當來世，後五百歲，其有衆生得聞是經，信解受持，是人則爲第一希有。何以故。此人無我相，無人相，無衆生相，無壽者相。所以者何。我相即是非相，人相、衆生相、壽者相即是非相。何以故。離一切諸相，即名諸佛。

註 信解者，心無所疑而了然悟也。受持者，心既領悟而守之堅也。無四相，證人空也。四相即非相，證法空也，離一切相并空見亦忘也。如是乃爲清淨名諸佛，所謂生實相也。

論 上文聞經，爲現在世人言。此願後世之聞經信持，以徵離相也。空生甫幸自聞，即以能聞望人，且望後來五百歲之衆生。一則曰第一，再則第一，與佛以獲福歆動持説者同一惓切。又恐衆生誤認受持讀誦全在章句，於自家善根不能生發，故先言信心清淨，次言信解，以示受持讀誦之本。無我四相，證入空智也。若止能證人空，尚屬二乘，何爲希有。而是人更解諸法本來寂滅，諦見四相即是非相，證法空智矣。法空尚是菩薩，何云第一。而是人又解非法之空亦空，淨悟三空，契合實理，靈光發現，可證清淨法身矣，故曰即名諸佛。

講　須菩提曰：我親侍如來，得聞妙法，自能信其言之實，解其理之妙，聽受而持守之，不爲難事。若末法濁世，離佛遥遠，茫茫苦海，而能歸依佛教，聞是經而信解受持，此人明了自性，真第一等人，甚爲希有。何也。以其頓悟真空、四相俱無也。是人所以無四相者，何也。爲他信心清淨，了知五蘊本來空寂，我相即是非相。彼此原來絶待，人相即是非相。萬象一法所印，衆生即是非相。億劫不出刹那，壽者即是非相。既悟諸相非相之旨，所以當體全空也。又何以知四相非相。蓋無相是人空，非相是法空，人法俱空，并空見亦忘，即到覺位，可以名爲佛矣。

佛告須菩提：如是，如是，若復有人得聞是經，不驚、不怖、不畏，當知是人甚爲希有。何以故。須菩提，如來説第一波羅蜜，即非第一波羅蜜，是名第一波羅蜜。石本非第一上，無即字。

註　如是如是，印許善現所言，亦以接引後世也。怪愕曰驚，惶恐曰怖，退縮曰畏。能信解受持，實相現前，乃能不驚不怖不畏，故曰希有。金剛般若，貫徹五度，爲第一波羅蜜。非第一者，是清淨之心。是名第一者，乃圓證之詣。

論　此因空生既能解悟，便要他實行般若，以證實相也。六波羅蜜中，惟般若能成就法身，故云第一。前言般若即非般若，是就般若一波羅蜜而言，乃無相體性也。此第一即非第一，是對餘五波羅蜜言。而説六度總一般若，萬行同成第一，以起下忍辱布施，離一切相之意也。般若爲第一，又併第一而遣之，經義所以微妙。

講 佛因須菩提之言，即印可之曰：汝言深契佛理，如是，如是。後果有人得聞般若妙法，不驚而無疑心，不怖而無懼心，不畏而無退心，則諦聽受持，永無退轉，此人甚爲希有。何也。諸波羅蜜，以般若爲第一。然乃真空無相，貫徹五度，即非第一之可名。而般若能成就法身，是名第一波羅蜜也。

須菩提，忍辱波羅蜜，如來説非忍辱波羅蜜，是名忍辱波羅蜜。何以故。須菩提，如我昔爲歌利王割截身體，我於爾時無我相，無人相，無衆生相，無壽者相。何以故。我於往昔節節支解時，若有我相、人相、衆生相、壽者相，應生瞋恨。須菩提，又念過去於五百世作忍辱仙人，於爾所世無我相，無人相，無衆生相，無壽者相。古本無是名忍辱波羅蜜句。

註 六度中最難離相者，無如忍辱一度。被人毀害曰辱，我能安受曰忍。説非忍辱，是忍而無忍也。如我一證，是極苦忍，亦非忍也。無四相，正明非忍也。與前度生無四相、持經無四相，互爲發明。歌利，華言極惡。昔如來證初地時，山居修道。王帶宮女出獵，困倦而寢。諸女入山禮仙。王覺大怒，入山尋之。問仙以何爲戒，曰以忍爲戒。王割截仙人肢體。四天王怒雨沙石，王怖畏懺悔。仙身復如故。王後歸信受記，即憍陳如也。念過去一段，又追述前因，言佛所修非止一世一事也。

論 上言非第一波羅蜜，明般若貫徹五度。猶恐菩薩未能通達此旨，故於六度中舉忍辱以證離相也。持戒、精進、禪定、般若悉在心上修習，布施、忍辱則見於事爲。菩薩饒益有情，正於事爲徵心。故經中言忍辱、布施，以攝餘度，而忍辱一度最難克化。此見性之後習定修慧最要關頭，所以菩薩當行忍辱波羅蜜。然人忍辱爲難，忘忍尤難。見有辱可忍，即不能忍矣。忍辱從般若而出本然之心，寂然不動，外不見有所辱之相，内不見有能忍之念。是般若體中本無我人，誰辱誰忍。如是方能離相，方是真正實相般若也。

講　佛告須菩提，不但般若波羅蜜本無迹象，無可執著，即我所説忍辱波羅蜜，此實有形相可見者，然一念清淨，煩惱自息，外不見有所辱，内不見有所忍，横逆之來，渾然兩忘。此如來説非忍辱波羅蜜，祇虚名爲忍辱波羅蜜而已。如我昔爲歌利王割截身體時，心如虚空，不起四相。何以故。當初節節支解，可謂辱之極矣。若有四相，瞋恨心生，何以言忍。又念曾於五百世作忍辱仙人，亦無四相之累，歷劫自能頓悟真空。此我之所修非止一世一事已也。

是故，須菩提，菩薩應離一切相發阿耨多羅三藐三菩提心。不應住色生心，不應住聲、香、味、觸、法生心，應生無所住心。若心有住，即爲非住。是故，佛説菩薩心不應住色布施。須菩提，菩薩爲利益一切衆生故，應如是布施。如來説一切諸相，即是非相。又説一切衆生，即非衆生。利益衆生句下，古本無故字。

註　上言忍行，何故忽言發心。蓋菩薩先當發心也。兩是故字，總束上文。離相發心，則所發之心即無所住之心也，發則生矣。但前云應無所住而生其心，恐人認作兩層。有無所住之心，又有所生之心，轉非清淨，故直曰生無所住心，言生此原無所住之心也。若心有住即爲非住者，謂住於色等，即不住於菩提也。再引佛説布施一度，申明離相發心之義。住色布施，該聲、香等在内。上先言不住相等布施，再言不住色等生心，此則言不住色等生心，即不住色布施，以融合上文之義。此布施，指法施言。滅度衆生，即是利益衆生也。末四句結上意，言菩薩應離一切相者，因一切諸相因緣而生，盡是假合，相即非相也。菩薩利益一切衆生者，因衆生各明本性，即是諸佛，生即非生也。

論　此承上忍辱無相而言，教諸菩薩離相發心，又於六度中舉布施以證離相也。離相所發之心即正等覺心，故學佛者直發菩提心，當使此心湛然，隨處解脱，空諸所有，斯爲離一切相。佛恐人認離相爲虚無，故以利益二字指示實際。蓋必利人福德，益人智慧，實實有其功用，始爲滅度衆生。此是菩薩宏誓之願，勸修之本。但因衆生住著根塵，故廣行化導。若布施者先有住著，何以化彼住著之心。所以決當如是布施，然後自性獲清淨無爲功德，而衆生亦受清淨無爲之利益也。自此至不可思議，總在功德上説。

講　佛告須菩提，是故諸菩薩當空此心，離去一切形相，方可發無上菩提心。不當住著色、聲、香、味、觸、法而起可欲之心，當生無所住著之心，則此心圓通無礙，真純無欲，非一切諸相所能繫縛。若心於六塵有所住著，即所住不是菩提心矣。所以如來嘗説菩薩之心莫不欲布施，但衆苦之本，眼根不淨爲先，不應住於色而爲之布施也。須菩提，菩薩布施原爲利益一切衆生，使衆塵不隔，真智現前，故應如是無住相布施，方獲真利益。所以如來説一切諸相者，其實當體全空，即是非相也。又説一切衆生者，其實衆生，若見自性，即非衆生也。

須菩提，如來是真語者、實語者、如語者、不誑語者、不異語者。須菩提，如來所得法，此法無實無虚。須菩提，若菩薩心住於法而行布施，如人入闇，則無所見。若菩薩心不住法而行布施，如人有目，日光明照，見種種色。須菩提，當來之世，若有善男子、善女人能於此經受持讀誦，則爲如來以佛智慧，悉知是人，悉見是人，皆得成就無量無邊功德。

註　真語，不妄也。實語，不虛也。如語，稱理而語也。不誑，非詭託欺僞之言。不異，不涉怪異，亦無互異也。如來所語之法，即如來所得之法，法乃無爲真如之法也。法體空寂，無相可得，故云無實。非相即相，有真空體，故云無虛。虛實二字，合説有味。虛中悟出實際，實中悟出虛理。虛實相形，乃成如來妙法。住則著相，爲煩惱所障，故云入闇。無住則人我兩忘，智光獨照，故云見種種色。未言離相持經功德，以印可空生第一希有功德之語，起下段之義。

論　此揭出即空不空之如來藏，以見離相，即生實相，欲人不住於相，以成就功德也。如來所説法總是無上菩提，欲人了悟佛法。實則墮入常見，虛則墮入斷見。心體無相，不可言實，妙用無方，不可言虛，真空妙用，法性如是，即應無所住行於布施也。心住於法者，於因中未淨六塵，謂行善可以作福，於佛道神妙感通，智慧覺人之本，量猶未夢見。若此心全從一片慈悲中流出，迎機善導，輾轉濟人，使五濁衆生咸登彼岸，是乃洞徹源流，性光獨照，此正布施利益也。得真如由心淨，心淨由不住法，不住法由有智，有智由聞經。當知此經有其勝德，故須讚歎以示將來也。

講　佛曰：我如來所説般若波羅蜜者，皆無上菩提，了悟本性，真而不妄，實而不虛，如如而不變其詞，非欺誑之言，非異常之論。如來所以得此般若法者，只是空無所空之心法。將以法爲實耶。真體空寂，本無實也。以法爲虛耶。妙用無方，亦無虛也。故修行菩薩當悟真空，不宜有所住著以爲布施。若心著於法而行布施，則四相未空，爲無明障，如人入〔三〕闇室中，昏無所見矣。若心無所著而行布施，則圓悟如來，洞達無礙，如人有眼目，又得杲日當空，見種種色矣。若後世有善男女能受持、讀誦此經，直下頓悟真空，即到菩提覺位爲自性如來。佛以智慧之目盡知盡見，豈不成就無量無邊功德哉。

須菩提，若有善男子善女人，初日分以恒河沙等身布施，中日分復以恒河沙等身布施，後日分亦以恒河沙等身布施，如是無量百千萬億劫以身布施，若復有人聞此經典，信心不逆，其福勝彼，何況書寫、受持、讀誦、爲人解説。【標】持經功德分第十五。

註 初日、中日、後日，以一日言，早、中、晚三時也。恒河沙言其多，無量劫言其久，皆備喻也。佛所謂捨身布施，非真有此事，即儒家損己益人之説。信心即前信心清淨，不逆即前不驚、不怖、不畏，是與般若契合，一心隨順也。聞經信心，無有違逆，祇是耳根勝也，何況六根清淨，又有勝焉者。書寫，手具般若，身根勝也。受持，心具般若，意根勝也。讀誦，口具般若，舌根勝也。此自利之功，至爲人解説，又是利他之德。

論 此第四番較量福德也。但捨身命，不能見性，仍爲有漏業因。聞經信心，頓見自性，一志修行，更無退轉。此人得般若之福，大勝命施之福。書寫、持説，是從般若光中流出語言文字，代佛宣揚，非徒紙上陳言依文解義可比。

講 佛言：設有善男女，於一日之間〔三〕，以恒河沙等身命三度布施，至於無量數劫，則福報曷可勝言。然止能受世間頑福耳。若有人聞此經，既信於心，不違其説，其福尚勝捨身之福。何況書寫章句而尋繹其言，受持讀誦而解悟其理，又以是經與人解説其義，則不徒自明己性，且教人各見其性，善根純熟，利益無窮，其福豈有限量哉。

彙解 自深解義趣至此，凡七節，爲一段。空生聞《般若經》名之後，自陳悟解，嘆信經之人生實相，徵離相，爲第一希有。佛因言實相般若爲六度第一，復舉忍辱布施以例其餘，教以從解起行，於六波羅蜜上一一離相發心，以利益衆生，而以無實無虚括般若之宗旨。無實則萬法皆空，離相是也，無虚則一真常住，實相是也，正是菩提妙境。又借入闇處明，推明相無可住之故。復較量福德一番，以見般若能人已兼成，非捨命所能及也。

須菩提，以要言之，是經有不可思議、不可稱量、無邊功德，如來爲發大乘者説，爲發最上乘者説。若有人能受持、讀誦、廣爲人説，如來悉知是人，悉見是人，皆得成就不可量、不可稱、無有邊、不可思議功德。如是人等，即爲荷擔如來阿耨多羅三藐三菩提。何以故。須菩提，若樂小法者，著我見、人見、衆生見、壽者見，則於此經不能聽受讀誦、爲人解説。須菩提，在在處處，若有此經，一切世間天、人、阿修羅所應供養。當知此處即爲是塔，皆應恭敬，作禮圍繞，以諸華香而散其處。

註　要，宗也。語必歸宗也，是經即文字中所詮實相般若也。乘即車乘，取法輪轉通之義。大乘，菩薩乘也。最上乘，佛乘也。六祖曰：法無三乘，人心自有差等。見聞轉誦，是小乘。悟法解義，是中乘。依法修行，是大乘。萬法盡通，萬行俱備，一切不染，離諸法相，一無所得，名最上乘。發，謂修行人發心也。上功德以經中自有之功德言，下以人所成就之功德言。荷擔，直將佛法肩承在身上也。小法，外道也。前言四相主六塵説尚粗，此言四見主六根説稍細。妄見又爲妄相根本。前言塔廟，是説經處，此是有經處，各有分別。諸華香，謂寶花妙香也。

論　此總承上文，言是經微妙，惟發大乘人能荷擔佛法也。發大乘、最上乘，即是發阿耨多羅三藐三菩提心。菩薩爲已發最上乘人，善男女爲能發最上乘人，衆生爲未發最上乘人。然未發上乘，實是能發上乘者。

如來護囑菩薩，爲已發上乘者説，正爲能發上乘，未發上乘者説也。荷擔者，以菩提本於如來，示正法授受之宗。如來護念付囑，專是求荷擔之人。末言此經具佛全身，但流布處即是法身常住，收足持經之義，圓滿周徧，蓋盡人望之矣。

講　須菩提，要而言之，是經不可以心思口議，不可以物稱器量，有無邊功德，所以如來不輕爲人説，惟爲發菩提心大根器人説也。若果有人受持讀誦，廣爲人説，如來悉知之而悉見之，功用德行皆可成就。此人即能以如來無上菩提之法一身擔任之，豈樂小法者可比哉。蓋樂小法者，迷於外道，不免有人我等見之私。其於真性茫然不知，故不能聽受、讀誦、爲人解説也。不知此經普示一切，至微至妙。須菩提，在在處處有此經典，一切世間天、人、阿修羅爲之供養。當知此處即是如來真身、舍利寶塔，能使遐邇瞻仰，恭敬而一心嚴肅，作禮而五體投地，圍繞而大衆歸依，以諸花香而布散於持經之處，則供養可謂至矣。洵乎信心持説者，便能荷擔菩提也。

復次，須菩提，若善男子、善女人受持讀誦此經，若爲人輕賤，是人先世罪業，應墮惡道，以今世人輕賤故，先世罪業即爲消滅，當得阿耨多羅三藐三菩提。【標】能淨業障分第十六。

註　輕賤謂疾病貧窮，小而憂辱，大而死亡皆是。先世，指前生。其實昔日向惡，今日向善，在生轉換一番，亦謂之世。六祖以先世、今世作前念、後念，亦通。惡道，地獄、餓鬼、畜生，即三塗也。入福德門，則先世罪業消滅。入智慧門，則得阿耨菩提。

論　上言受持得福，此言受持滅罪。前爲大乘言功德，此爲下乘言果報也。果報之説，最能感動世人，故略言之。人見持經者現生轗軻，受人辱罵輕賤，便謂無益而生退阻，故佛言因果破之，正爲修法者堅其志耳。放下屠刀，立地可以成佛，無邊苦海，回頭便即誕登。持經見性，換骨脱胎，所謂莫抛造物鈞陶外，廣渡無邊大法船也。

講　持誦此經，宜爲天人恭敬，而不免人之輕賤，鮮不以持誦爲無益矣。佛故曰：須菩提，人能持誦此經，即爲荷擔正法，應爲天人恭敬。若反爲人輕賤，當是夙世大有罪業，縱貪嗔癡，恣身口意，應墮入三惡道中。今仗持經功德，衹受輕賤之罰，前生罪業即爲消除，況今覺心一起，罪滅福生，因除果現，當得無上菩提矣。

須菩提，我念過去無量阿僧祇劫，於然燈佛前，得值八百四千萬億那由他諸佛，悉皆供養承事，無空過者。若復有人於後末世，能受持讀誦此經，所得功德，於我所供養諸佛功德，百分不及一，千萬億分，乃至算數譬喻所不能及。須菩提，若善男子、善女人於後末世有受持讀誦此經，所得功德，我若具説者，或有人聞，心則狂亂，狐疑不信。須菩提，當知是經義不可思議，果報亦不可思議。

註　阿僧祇，華言無央數。劫，猶世也。於然燈佛前，謂未遇然燈佛以前也。值，猶遇也。那由他，華言一萬萬。具説，詳言也。具説功德者，如《彌陀經》所言極樂國土，成就如是功德莊嚴是也。狂亂，癡妄也。狐疑，摇惑也。果報，應驗也。

論　此第五番較量福德，總結持經功德之不可思議也。佛復自爲貶損，以顯受持之功德。供養者承事無量佛，不如受持者荷擔一如來，是言供養不及受持，非是佛不如末世之人也。具説功德，有許多感應果報事在，所以易起人狂亂疑惑。然果報終不可思議，佛不計果報，正極言是經之勝，欲堅人信受也。末段是總結，經義二句又結中之結。

講　佛言：如我於無央數劫，在然燈佛前，得遇八百四千萬億那由他諸佛出世，盡供奉而不怠，承順而無違，無有一處空過者，我歷事諸佛之多如此。若後末世，有持經之人見自本性，永脱輪回，以是功德較我供佛之功德，雖百千萬億分，算數之多、譬喻之廣，皆不及持經功德之一分也。若善男女於末法時受持、讀誦，所得功德，我若具言其詳，下根人聞之，生癡妄心，否則疑惑不信，必以我言爲夸矣。當知此經之義趣與功德之果報，皆不可以心思口議哉。

彙解 自以要言之至此，凡三節，爲一段。總承上文，言是經之勝在於無相，人能離相發心，受持廣説，與樂小法者何啻[四]霄壤。成就功德，荷擔如來，罪業消除，得成正覺，豈供養諸佛所可及哉。此後讚歎俱絶，故疊以不可思議結之。

〇自篇首須菩提問安住、降伏，佛示以無相之旨，經義已是了然。隨因善現問實信，請經名，願衆生後世生實相，證離相。而如來隨機指示，大要教人生清淨心，乃可證菩提也。末段極讚歎持説功德之勝，堅人淨信。住、降之義至此已盡，是爲經之上卷。以下只就上篇意而反復申明之，慈悲深重，不厭再三，固非複説也。

金剛般若波羅蜜經卷上

校勘記

〔一〕「【標】」以下，底本録於頁下，據注碼位置及文意移至此，下同。

〔二〕「入」，底本作「人」，據文意改。

〔三〕「間」，底本作「問」，據文意改。

〔四〕「啻」，底本作「啼」，據文意改。

金剛般若波羅蜜經卷下

論 大圓曰：上半部要人離相見佛，下半部要人通達諸法無我。覺非曰：上半卷純談般若，下半卷申明法無我，正般若究竟實際也。或云前言粗執，後言細執。前爲初發心者説，詳於發心之論，後爲已發心者説，直云心無可發。至須菩提重問一段，大圓以爲重複起疑，復申前請。如如居士以爲是另起疑端，不是重請。紛紛議論，迄無定見。不知須菩提聞佛所説，已悟宗旨，其所以再請住、降者，蓋爲末世未能親承佛語之善男女問發心之法，欲佛立一法以普示衆生，佛故告以實無有法發菩提心。細繹經旨，似當如是解。以後節節將前篇未盡之義，反復申明之。至善現復問信心，復問無得，無非爲末世衆生説法也。佛又即凡所有相四句偈意，復申以兩偈，其所以滅度衆生者廣矣大矣。

爾時，須菩提白佛言：世尊，善男子、善女人發阿耨多羅三藐三菩提心，云何應住，云何降伏其心。佛告須菩提，善男子、善女人發阿耨多羅三藐三菩提心者，當生如是心：我應滅度一切衆生，滅度一切衆生已，而無有一衆生實滅度者。何以故。須菩提，若菩薩有我相、人相、衆生相、壽者相，即非菩薩。所以者何。須菩提，實無有法發阿耨多羅三藐三菩提心者。【標】究竟無我分第十七。

註　生如是心句，口氣不住，直貫下三句。我應滅度三句，俱指如是心説。前云我皆令滅度，顯其力，此云我應滅度，指其願。前云滅度無量無邊衆生，其量廣，此云滅度衆生已，其功神。前云實無衆生滅度，統示平等，此云無一衆生滅度，細表渾忘，總是一義。通節皆前文説過，惟末句揭出實無有法句。此四字當重，不特爲本節揭旨，且爲下半卷提綱。

論　此因須菩提爲末世衆生請住、降法，中言實無滅度衆生意而示以發心無法也。上卷諸菩薩親承佛教，已悟離相之旨，特恐末世衆生未能親聞佛語。畢竟如來有一法以指示衆生云何降、住，故有是問。與前語氣不同，故文稍異。空生如前問，佛如前答，而加以實無有法發心一語，見發心尚無法，何況住心、降心豈更有法乎。須菩提求法之心未化，佛直從根源處翦除，説個實無有法，言發菩提本來無法也。此後至不生法相，俱是引前文而證後義，以明無法發心之義。

講 爾時，須菩提白佛言：無相之旨，諸菩薩既得聞命矣，但恐末世善男女未能親承佛教所發無上正等覺心者，云何可住其心，云何可降伏其妄念乎。佛言：汝知既發正等覺心者，當生如是超證一切衆生心，舉一切衆生，皆消滅其妄念而化度之。滅度衆生盡已成佛而無有一衆生實滅度者，良由衆生自滅自度，我無功也。何以故。蓋存滅度之心，即爲著相。若菩薩有我、人、衆、壽之相，必非菩薩矣。所以者何。蓋以性本空寂，渾然天成，其發此心不過自悟自修，實無有法發此阿耨多羅三藐三菩提心者。

須菩提，於意云何，如來於然燈佛所，有法得阿耨多羅三藐三菩提不。不也，世尊，如我解佛所説義，佛於然燈佛所，無有法得阿耨多羅三藐三菩提。佛言：如是，如是，須菩提，實無有法如來得阿耨多羅三藐三菩提。須菩提，若有法如來得阿耨多羅三藐三菩提者，然燈佛則不與我授記：汝於來世，當得作佛，號釋迦牟尼。以實無有法得阿耨多羅三藐三菩提，是故然燈佛與我授記，作是言：汝於來世，當得作佛，號釋迦牟尼。何以故。如來者，即諸法如義。若有人言如來得阿耨多羅三藐三菩提，須菩提，實無有法佛得阿耨多羅三藐三菩提。須菩提，如來所得阿耨多羅三藐三菩提，於是中無實無虛。是故，如來説一切法皆是佛法。須菩提，所言一切法者，即非一切法，是故名一切法。

註 佛所説義，即上所云實無有法發菩提心也。如是如是者，其言深契佛心也。釋迦，華言能仁，謂心性純全，含容一切也。牟尼，華言寂默，謂心體本寂，動静不遷也。寂默爲體即是如，能仁爲用即是來。先釋迦而後牟尼者，攝用歸體也，總是一箇真性。加號則爲釋迦牟尼，通稱則爲如來，又爲佛。諸法者，一切世間法、出世間法也。諸法如義者，謂諸法真如之義，直推到如來本體，實無有法也。是中即真性中。心本真空，了無色相，故無實。色相空處，即真性實處，故無虚。上卷無實無虚以法言，此以心言也。諸法皆是菩提，故云一切法皆佛法，不可於諸法外别覓菩提也。然一切法非真實，人特假此修行，故云法即非法，不可於諸法内執有菩提也。

論　此申言如來在然燈佛所於法無所得意，而示以證果無法也。初既無法發心，後豈有法得果。蓋如來即真性佛，真性遍虚空世界而常自如，又隨所感而來現，静中生照，虚中起白，若明鏡空懸，憑物之來，如物而應，影過不留，仍存本體，故名如來。我真實之體本來自如，其見之於諸法者，亦自然而然。來爲應述，去無留滯，如如不動之義也。無法云者，非頑空斷滅也。真如湛寂，不立一法，萬法皆如，不捨一法，非法非非法，即法即非法，總一菩提法界，即所謂諸法如義也。惟知真如爲法體，則知法不從外得矣。

講　佛言：無上菩提，不但無法可發，亦無法可得。昔我於本師然燈佛處，曾有法可得無上菩提否。須菩提言：我曉佛所言之義。佛於本師處乃自性自悟，無有傳授秘密而得菩提之道也。佛證其語曰：如是如是，實無有法得此菩提。若謂有法，然燈佛即諄諄然舉佛之所得者傳之於我，不當與我止授一記，説汝來世方得作佛號釋迦牟尼乎。惟其無得，則所證妙果乃性地本具法門。然燈佛不過授記而已，何曾得法於他。何以故。如來者，不離諸法，即諸法中自如之義也。

或有人説我得此菩提法，不知我實從無有法上得來。然我所以得此法者，皆是我之清淨心中菩提覺性，本無形迹，此法無有實，色相空處即[二]是菩提，此法無有虛，正謂色即是空，空即是色也。是故佛説是法皆是般若法。然人心未明，須賴此法指示迷途，除去四相。若真空既悟，我自得之，法亦非有，方名爲佛法。

須菩提，譬如人身長大。須菩提言：世尊，如來説人身長大，即爲非大身，是名大身。須菩提，菩薩亦如是，若作是言，我當滅度無量衆生，即不名菩薩。何以故。須菩提，實無有法名爲菩薩，是故佛説一切法無我，無人，無衆生，無壽者。須菩提，若菩薩作是言，我當莊嚴佛土，是不名菩薩。何以故。如來説莊嚴佛土者，即非莊嚴，是名莊嚴。須菩提，若菩薩通達無我法者，如來説名真是菩薩。

註　首段設譬以起下文。以大身之不實，喻諸法之本無。譬如人身長大句，語未畢，空生不待佛竟其説而直言之也。非大身者，無有身相也。是名大身者，真如法體廣大無邊也。亦如是，承上意，言菩薩無我相，亦如佛之無身相也。若作是言三句，先反言以明之，何以故四句，方正釋其義。經中或言如來，或言菩薩，互見錯出，其中各有主客。言説法，則如來爲主，演説之人爲客，以演説皆本如來之付囑也。言修行，則菩薩爲主，如來爲客，以此經專問菩薩發心而以如來作準繩也。無我我字，對上兩我字，通達無我法，清淨本然，一無隔礙也。真菩薩者，造到純然無僞，即等覺也。

論　此申言度生無度、嚴土非嚴意，而示以菩薩無我法也。度衆生是大悲，嚴佛土是大智，皆菩薩分内事，然一念有我，便非菩薩。若知法空無我，直下大悟，以至諸相俱空，纔是真覺悟境界。蓋人與衆生、壽者，其根皆起於有我。佛將忘形離相之法都攝入無我中。後文復云無我法得成於忍，更示入降、住之方，最是經中精要處。

講　佛問須菩提：譬如人身既長且大。須菩提答云：如來説人身長大者，則是非真實大身，惟法身乃名大身也。佛曰：菩薩無我相，亦如佛之無身相也。若菩薩作是言，謂無量衆生皆由我而滅度之，是度生有法矣，尚得名爲菩薩乎。何以故。真性空空洞洞，實無有法名爲菩薩，正以菩薩以清淨得名耳，是故佛説一切法，不過開導衆生，以悟本性。我、人、衆、壽，本無四相，何得著一衆生相，説我當度生乎。若菩薩作是言，謂我當莊嚴佛土，是著有相矣，尚得名爲菩薩乎。何以故。如來所説莊嚴佛土者，乃心佛土也，心土無相，本來清淨，云何莊嚴。六塵不染，定慧常存，是名莊嚴也。夫起度化心，著莊嚴相，不得名菩薩。畢竟發何等心，方名爲菩薩乎。必也四通八達，深明無我之法，遠離一切諸相，如來説名真菩薩矣。

須菩提，於意云何，如來有肉眼不。如是，世尊，如來有肉眼。須菩提，於意云何，如來有天眼不。如是，世尊，如來有天眼。須菩提，於意云何，如來有慧眼不。如是，世尊，如來有慧眼。須菩提，於意云何，如來有法眼不。如是，世尊，如來有法眼。須菩提，於意云何，如來有佛眼不。如是，世尊，如來有佛眼。須菩提，於意云何，如恒河中所有沙，佛説是沙不。如是，世尊，如來説是沙。須菩提，於意云何，如一恒河中所有沙，有如是沙等恒河，是諸恒河所有沙數佛世界，如是寧爲多不。甚多，世尊。佛告須菩提，爾所國土中所有衆生若干種心，如來悉知。何以故。如來説諸心，皆爲非心，是名爲心。所以者何。須菩提，過去心不可得，現在心不可得，未來心不可得。【標】一體同觀分第十八。

註　觀見形色爲肉眼，普照大千爲天眼，智燭常明爲慧眼，了諸法空爲法眼，本性常覺爲佛眼。智慧之體徧照一切法界，取喻爲眼，即所謂般若是也。沙等恒河，謂一粒沙爲一恒河也。前恒沙以喻布施，此恒沙以喻世界。凡有世界，必有佛以教化，謂之佛世界。此喻有五層：一舉恒河以數沙，再舉一沙一河以數河，三約諸沙以數界，四約界中所有衆生，五約衆生所有心。生滅萬狀，猶如是沙之多。衆生心者，顛倒心也。若干種者，不可縷舉之意，攝下過去、現在、未來三者而言。非心者，妄想之心，非真實之本心也。是名爲心者，不起妄念，即是本心也。思念前事爲過去心，思念今事爲現在心，思念後事爲未來心。凡人一念中，即有過去、現在、未來，須看得活。不可得，言不可有也。

論 此申言如來悉知悉見意，而示以降心之要也。眼以矚照爲義。如來具此五眼，觀照衆生妄心纏結，事過去而有所係戀，事現在而有所執著，事未來而有所逆億。衆生憧憧往來，惟此三心，流浪生死。如來以不可得三字點破羣迷，慾薪積厝，頓入清凉，惑業久纏，立成解脱。非心既去，即得菩提覺心。物有去來，心無留滯，三際俱空，湛虚清淨，譬如磨鏡垢盡明，見我心之本體如是也。如來説經至此，已將無住生心三昧處全體昭揭。

講 佛欲闡衆生之心有若干種，先設問曰：如來有化身觀見之肉眼，普照大千之天眼，般若常明之慧眼，了諸法空之法眼，自性常覺之佛眼。有此五眼否。須菩提皆答之曰：如來有五眼。佛又舉世界爲問曰：舉無數恒河之沙以數佛之世界，果多乎否。須菩提亦以甚多答之。佛曰：即如如許國土中所有一切衆生，各具一心，有若干種，如來以清淨五眼，皆盡見而知之。何以故。如來所説一切心，皆是衆生妄心，非性中常住之真心。識得妄心非心，菩薩本體見矣，是名爲心也。所以者何。蓋過去已滅，現在本空，未來未有。衆生戀其往，計其在，想其來，紛紛有此三心，三心豈可得而住。若能清淨，豈有三心。無三心而一念不生，全體自現，則衆生之不終於衆生可知矣。

須菩提，於意云何，若有人滿三千大千世界七寶以用布施，是人以是因緣得福多不。如是，世尊，此人以是因緣得福甚多。須菩提，若福德有實，如來不説得福德多，以福德無故，如來説得福德多。【標】法界通化分第十九。

註　因緣者，因其布施之功，緣之以得福也。前云福多，是持誦功德，此云福多，是修證極果，取義各别。

論　此第六番較量福德也。前文皆與經勝較量，此但就福德性較量有無，不言持説，與前福德性之説遥相照應。世間之福，富貴功名，人見爲有實，不知福盡墮落，仍受輪回，故不説福德多。出世之福，清淨無爲，不見爲福，不知能出生死海，受大快樂，故説福德多。此是究竟圓滿地位，故不言持説也。

講　佛告須菩提：若有人以滿三千大千之七寶用爲布施，其福德果多否。須菩提以甚多答之。佛曰：若布施之福德，身享榮華，人見爲有實也，究之不離業緣，有時而盡，如來不説福德多。若性中之福德，自心清淨，人以爲無也，究之本性如來，無時而窮，故如來説得福德多也。

彙解　自再請住降至此，凡五節，爲一段，皆申明上卷之義。佛先言發心無法，次言證果無法，次言度生、嚴土皆無我法。又以五眼破三心，心法俱空，正見般若，乃是清淨無爲妙境。其中自具福德，量等虚空，豈布施因緣所可同日語哉。

須菩提，於意云何，佛可以具足色身見不。

不也，世尊，如來不應以具足色身見。何以故。如來説具足色身，即非具足色身，是名具足色身。須菩提，於意云何，如來可以具足諸相見不。不也，世尊，如來不應以具足諸相見。何以故。如來説諸相具足，即非具足，是名諸相具足。【標】離色離相分第二十。

註　具足，毫無虧欠也。具足色身，即八十種隨形好，乃佛法之見於身者。具足諸相，即三十二相，乃佛法之見於相者。前可以見如來，是指人欲以色身見如來言，此云如來可以見，是謂如來有色相可令人見也。不應者，謂可以相見固不是，謂不可相見亦不是，故説不應，與不可有別。

論　此申言不可以身相見如來意，而示以真空本無色相也。前云不可相見，是言色相非相，相非是佛。此云不可相見，是言無相即相，相非不佛。色身原從清淨法身中顯出，是爲無色之色。相好原從真如實相中流露，是爲無相之相。故執色相以爲法身固不可，離色相以求法身亦不可。如來無色無無色，不應以色見。如來無相無無相，不應以相見。即非具足，明真身也。是名具足，明應身也。可以不應，即非是名，總是一意。

講　佛曰：佛可以具足色身見否。須菩提曰：不也，如來不應以具足色身見。何以故。蓋色身乃血肉之軀，非法身也。若法身則無變無壞，念念無非般若，豈八十種好所能囿也。色身中有妙色身存焉，是名具足色身。佛曰：佛可以具足諸相見否。須菩提曰：不也。如來不應以具足諸相見。何以故。蓋如來所説諸相具足，非徒取諸相也。般若觀照，萬象悉融，凡六神通、八解脱具於自性中者，常滿足爾。此妙相如來，内有真性如來焉，是名諸相具足。

須菩提，汝勿謂如來作是念，我當有所説法。莫作是念。何以故。若人言如來有所説法，即爲謗佛，不能解我所説故。須菩提，説法者無法可説，是名説法。【標】非説所説分第二十一。

註　上念字，是如來説自己之念。下念字，是説衆生之念。謗佛者，謂信而不解，墮誹謗之見也。無法可説者，謂本來無法也。是名説法者，謂示人以真空實相之理，使人自悟也。

論　此申言如來無所説法意，而示以真空本無法也。佛反復告人，勿執文字之陳言，總以真空之妙理，印衆生自有之佛性，原以無所住心而説法，欲人了澈真性耳。於法而言，諸法實性，妙體空寂，原無一法可著。於我而言，覺心清淨，語默皆如，本來無法，作何言説。故説而無説，不説而説，是名説法也。如來臨滅時，文殊請佛住世，再轉法輪。佛言我住世四十九年，未嘗説著一字，即此意。

講　佛曰：須菩提，汝見如來日與衆生講解，遂謂如來有法可説耶，汝莫作是念。何以故。若人言如來有所説法，是謂如來不明真性，即爲謗佛，良由不能解我所説法空之義也。須菩提，所謂説法者，不過謂衆生斷除外妄，不得已而有説耳。其實真性自如，本來無法可説，但使自悟真空，是名説法也。

爾時，慧命須菩提白佛言：世尊，頗有衆生於未來世聞説是法，生信心不。佛言：須菩提，彼非衆生，非不衆生。何以故。須菩提，衆生衆生者，如來説非衆生，是名衆生。此段經文，秦譯無，魏譯有。

註　慧命，謂具智慧，通性命，即所謂無量佛所種善根也。須菩提慧根雖夙具，然理境未深，則實智不發，至聞如來無可説法之時，宿種善根於是頓露，故立此嘉名。未來世，兼像法末法時言。前問衆生生信就現在言，此指未來衆生言。前是聞言説章句生信，此是聞説是法生信，各有淺深。聞説是法，承上無説之説來。衆生與佛同有真性，故曰彼非衆生。但背真逐妄，自喪本來，故曰非不衆生。如來説非衆生，申彼非衆生句，是名衆生，申非不衆生句。

論　此申言一切衆生即非衆生意，而示以衆生相當空也。佛説發心而無可發，得果而無可得，度生而無可度，莊嚴而無可莊嚴，不以身相見，不以説法名。善現一一領悟，但恐未來衆生聞是無法之法、不説之説，不能信解，無以降住其心，因有此問。佛言法者，真如之性。衆生具有佛性，一生一佛，衆生衆佛，但未能發心，未能證果，未可遽謂非衆生。然胎、卵、濕、化諸種尚有變化而脱離其凡胎者，何况於人，自當泯乎衆生之見。彼非衆生，非不衆生，是如來點化衆生處。重説衆生者，嘆息而唤醒之，與上經三是諸衆生句同一惓切。

講　爾時，長老須菩提心開意悟，白佛言：世尊，末法之後，頗有衆生聞此無法之法、不説之説，生信心否。佛言：佛與衆生同具此般若真性。彼雖衆生，而真性原有，非可以衆生目之。彼雖非衆生而業緣現在，又非可以不衆生目之。何以故。凡此衆生衆生者，苟能聞般若法而敬信之，言下見性，是即如來所説非衆生也，是假名爲衆生爾。

須菩提白佛言：世尊，佛得阿耨多羅三藐三菩提，爲無所得耶。佛言：如是，如是。須菩提，我於阿耨多羅三藐三菩提，乃至無有少法可得，是名阿耨多羅三藐三菩提。【標】無法可得分第二十二。

復次，須菩提，是法平等，無有高下，是名阿耨多羅三藐三菩提。以無我，無人，無衆生，無壽者，修一切善法，即得阿耨多羅三藐三菩提。須菩提，所言善法者，如來説即非善法，是名善法。非善法上，别本無即字。【標】淨心行善分第二十三。

註　如來前言無得，復言所得，空生則合證之，發所未發，故爲佛所深許。前云於法無所得，但約空寂之體。此云乃至無有少法可得，是析到至精至微處。是法即指菩提覺體，無法之法，乃真法也。平等，謂凡有知者必同體也。無有高下者，非聖具而凡虧也。修善法，不外般若，標一善字，以别於魔外也。佛又恐衆生於善法生執著，故以善法非善法破之。

論　此申言無法可得意，而示以菩提相亦當空也。無少法，是無上心，是真如體平等，是正等心，是真如相，以無我修善法，是正覺心，是真如用。佛答有三，初以覺性空寂言，次以平等覺相言，三以修法覺用言，總是接引後生之意。如來不留一法，乃通萬法。雖無少法，不可以無法而入於斷滅。雖平等，不可以平等而據爲真常。修一切善法，是指出下手工夫，當以無四相爲了因，修六度爲緣因也。但既云無法，又云平等修善法，既云修善法，又言即非善法，步步回顧無相法，不失無實無虚之旨，總是欲人依法悟性，又要離法見真耳。

講　須菩提聞無法可説之義，恍然有得，白佛言：世尊，今佛得無上菩提，於法殆所得耶。佛深許其言曰：如是，如是。我於無上正等正覺之法不從外得，乃吾之真性也。真性中蕩然空虚，神凝智泯，無有少法可得，是名無上菩提。佛再告須菩提曰：是無上菩提法，乃吾本然之性，在聖不增，在凡不減，人人具足，平等無有高下，所以名爲無上菩提。何則。以我真性中，原無我、人、衆、壽之妄。人能根株拔盡，又當修此明心見性之善法，自覺覺他，空明圓滿，即得無上菩提。須菩提，我所言善法者，乃接引衆生入道之門，本來無此善法，不過假此名以開悟人耳。可知善法者，真性也。真性豈可以所得言哉。

須菩提，若三千大千世界中所有諸須彌山王，如是等七寶聚，有人持用布施，若人以此《般若波羅蜜經》，乃至四句偈等，受持讀誦，爲他人説，於前福德百分不及一，百千萬億分，乃至算數譬喻所不能及。石本無讀誦字，千萬億分上無百字。【標】福智無比分第二十四。

註 前以恒河沙喻其多，此以須彌山喻其大，言七寶所聚之多，有如此山之高大也。

論 此第七番較量福德也。因上言修善法，恐人疑於般若外別有善法可修，不知六度歸到離相，可見圓滿法身不在清淨法身外。所謂一切佛法皆從此經出，不是虛語。所以點出《般若經》名，以見徹始徹終，更無二理。無上菩提，總不出此《般若經》名，此外別無善法也。

講 佛告須菩提云：三千大千世界中，所有諸須彌山王，可謂大且多矣。設或以七寶之聚，等如許山之多，用以布施，福德不爲大乎。然自性若迷，福何可救。若人以此《般若經》并四句偈受持而有得於心，演説而有益於世，則上成佛果，下度衆生，比七寶布施之福德，不及此經百千萬億之一分也。人可不持此經哉。

彙解 自佛可以具足色身至此，凡五節，爲一段，亦申足上卷之義。非具足，掃盡從前色身相。無説法，掃盡從前説法相。非衆生，掃盡從前衆生相。無少法非善法，掃盡從前菩提相。此全是般若慧光，一空諸相，其性智皆從此經得來，所以點出《般若經》名，以較量福德，以見是經之宜奉持也。

須菩提，於意云何，汝等勿謂如來作是念，我當度衆生。須菩提，莫作是念。何以故。實無有衆生如來度者。若有衆生如來度者，如來即有我、人、衆生、壽者。須菩提，如來説有我者，即非有我，而凡夫之人以爲有我。須菩提，凡夫者，如來説即非凡夫，是名凡夫。古本俱無是名凡夫句。【標】化無所化分第二十五。

註 衆生，指九種衆生言。凡夫，指人言。前掃度生就菩薩言，此就如來言。

論　此再申言度生無度意，而示以平等法界無我、人之相也。上半部言度生不居其功，下半部言度生實無有法，又言度生無我法，只在菩薩身上説，未曾在如來身上説。佛恐人疑如來度生有護念付囑種種諸法，不知如來無我，則法本無法，凡夫非凡夫，則度而無度，了結實無滅度之案，以佛爲菩薩作榜樣也。蓋如來無我，誰度衆生。凡夫非凡夫，有何衆生可度。然則菩提平等，度衆生亦平等，菩提無我人，度衆生亦無我人也。

講　佛告須菩提曰：汝勿謂如來作是念，我當有化度衆生之心。汝莫作是念也。何以故。般若真性，人人具足，雖如來以法度之，然度其所自有，非益其所本無，實無有衆生是如來度者。若説衆生必是如來化度，則如來便有我、人、衆、壽之私矣。如來既無四相，何説法時有時稱我。當知如來説有我者，乃對凡夫而言，所説有我即非有我，而凡夫之人以爲能度惟我耳。然佛此性，凡夫亦此性。須菩提，凡夫者，如來説即非凡夫，蓋凡夫能悟自性，便是如來，不過虚名爲凡夫而已，所謂是法平等也。

須菩提，於意云何，可以三十二相觀如來不。須菩提言：如是，如是，以三十二相觀如來。佛言：須菩提，若以三十二相觀如來者，轉輪聖王即是如來。須菩提白佛言：世尊，如我解佛所説義，不應以三十二相觀如來。爾時世尊，而説偈言：若以色見我，以音聲求我，是人行邪道，不能見如來。【標】法身非相分第二十六。

註　觀與見不同，見則從外而見之，觀則有仰瞻之義。轉輪聖王，即四大天王，如輪之轉，管四天下，察人間善惡者，以業報福德，亦具三十二相。色即勝妙報身，如來身相也。音即名言文句，如來説法相也。我字雖指法身言，即自性之我，乃無爲無相淨慧之體也。邪道，外道也。如來者，真常清淨之體，如如不動者也。不能見如來，謂不能得見如如之真性也，與上文見諸相非相即見如來同義。

論　此中言不應取法相意，而示以見如來不可著相也。不可以相見如來，空生屢答甚悉，今反以如是爲答，何也。蓋觀與見不同，見是以相爲佛也，觀則以相雖非佛而相好原從無相中現出，因有相以觀無相之妙，亦未嘗不可，但非佛發問之意。若令初發心人聞之，未免誤入邪道，故佛攔頭截之。我字雖指法身，即可見衆生身中，各有自性清淨、真常無相之體，學佛者當求諸心。外此求佛，即是邪道。見乃衆生自見其心，非見西方佛也。此四句偈，是經中一大關紐。前之無我相四句於此結穴，後之有爲法四句於此關照，即前不可以相見，及即見如來等義，俱歸結於此偈中。《集解》：四句偈有三：無我相四句，空心法之偈也。若以色四句，空身法之偈也。有爲法四句，空世法之偈也。附參。

講　佛告須菩提曰：汝之意，果可以三十二相觀如來否。須菩提若未喻其意，反答曰：如是，如是，欲觀如來者，亦不出此三十二相也。佛即曉之曰：設若如來可以三十二相觀，則轉輪聖王亦具色身莊嚴，即可謂之如來矣。須菩提隨應聲曰：以我解佛之義，不應以三十二相觀如來。彼時世尊説偈曰：法身靈覺含真，妙體湛寂，離彼形迹之間，超諸耳目之外。若徒以顔色覩其形容，以聲教聽其聲欬，欲求見我之真性，此泥於色身佛，皆捨正路而行邪道，不能見如來矣。

須菩提，汝若作是念，如來不以具足相故得阿耨多羅三藐三菩提，須菩提，莫作是念，如來不以具足相故得阿耨多羅三藐三菩提。須菩提，汝若作是念，發阿耨多羅三藐三菩提心者説諸法斷滅，莫作是念。何以故。發阿耨多羅三藐三菩提心者，於法不説斷滅相。別本第二句如來以具足相故，無不字。【標】無斷無滅分第二十七。

註　諸法斷滅，謂一切法皆斷滅之而無用也。於法不説斷滅相，謂修行人必依般若之法以爲修行之具也。斷滅則無相矣，而亦謂之相者，以其執著也。此分四段。前兩段若作是念、莫作是念雙提，言毁相之不可也。後兩段即明其故，言毁相之所以不可也。

〇考六祖註本，此章第三句，如來以具足相故，並無不字，又别本不以作可以。照此則上半章一反詰，一正説，與下半文法一例，且與無斷滅相反正相足，意義較爲醒豁，附誌於此。

論　此申言不應取非法相意，而示以得菩提不可滅相也。經中前後俱以無相無得、無説無法爲宗，非此攔截，定成執空矣。不知佛止教人離相，不教人毁相，只怕人著相，非教人滅相。上以離相無我，顯般若空相，不墮常見。此以即相修因，顯般若實相，不墮斷見。倘執著無相，沈空棄有，一切法皆斷滅不用，反成槁木死灰矣。故佛以此破之，得此一段，總攝空假，結歸中道，不但無實無虚之兩言於此暢發旨趣，亦且即非是名之義理於此洗刷精神。

講　佛呼須菩提曰：汝若作是念，説如來不用具足之相，得此無上菩提。汝莫作是念，説如來修成妙相不關佛果，遽然得此無上菩提也。所以不可作是念者何也。蓋發大乘正覺心者，不著於有，亦不墮於空。汝若作是念，謂發菩提心者，説一切法皆當斷滅，是以空寂視如來，汝莫作是念也。何以故。發菩提心者，必依般若之法以爲修行之具，於一切法不説斷滅也。著相固不可，而可滅相乎哉。

須菩提，若菩薩以滿恒河沙等世界七寶持用布施，若復有人知一切法無我，得成於忍，此菩薩勝前菩薩所得功德。何以故。須菩提，以諸菩薩不受福德故。須菩提白佛言：世尊，云何菩薩不受福德。須菩提，菩薩所作福德，不應貪著，是故説不受福德。【標】不受不貪分第二十八。

註　無我者，離相發心，般若是也。得成者，超凡入聖，波羅蜜是也。忍者，堅固强忍，金剛是也。前番言福德，只説《般若波羅蜜經》，此則申明金剛二字之義。不受只是心淨，言菩薩修福德，不起貪著心，非不修福德也。

論　此第八番較量福德也。前屢言持説四句偈等，此獨指出成佛工夫來，蓋前云通達無我法者，是知所爲法而未知其所以成也。要之一切法，無我得之，必成於忍。忍也者，是成佛精進堅强之本領也。作聖全功，只此一句。忍字與前信字相應。不信則心無主宰，不能入道。不忍則心無把持，不能成道。如來説出信字爲入道之門，以忍字爲守道之終。不受福德，正見空空如如之妙。菩薩心同太虚，所作功德，惟爲利益衆生，使成正覺，受與貪何處安著。

講　佛呼須菩提曰：若菩薩以滿恒沙等世界七寶持以布施，福終有限。若有人知一切法本無我相，而以寂然不動，耐久大力，忍之又忍，至於成佛而後已。是大智慧、大定力、大涵養，此豈不勝前布施之功德乎。何以故。以諸菩薩如如不動，洞若太虚，不受世間福德故也。須菩提云：菩薩濟度衆生，原爲希求福德，今云不受，何也。佛云：菩薩所作福德，悉空諸相，何嘗念利益幾事、濟度幾人，少有貪著之心，所以説菩薩不受福德也。

彙解　自勿謂如來作是念至此，凡四節，爲一段，又申足上卷之義。先掃盡從前度生相，無度生之我也。次掃盡從前法相，無常見之我也。次掃盡從前非法相，無斷見之我也。法身法界，悉無有我，般若真性，一片空明。即以無我得成於忍句，示以成佛功夫，忍即金剛也。是經名義於此盡揭。末説到不受福德，并福德相亦掃去，較前更深一層。

須菩提，若有人言如來若來若去，若坐若卧，是人不解我所説義。何以故。如來者，無所從來，亦無所去，故名如來。【標】威儀寂靜分第二十九。

註　三言如來，皆指真性佛言。去來坐卧，不宜實看，若字有相似之義。去來者，應現化身，無去來者，真性法身也。

論　此申言如來二字之義，而示以真佛無相也。初取諸法如義釋如來，則法法皆如，頭頭是佛。此取無所來去釋如來，則指本原自性，真如法身佛。蓋真性如如充滿，法身本無去來。其來也，心淨見佛，非是佛來。其去也，心垢不見，亦非佛去。譬如水清月現，月本非來，水濁月隱，月亦非去，但水有清濁，非月有升沈。可知人心有垢淨，佛本無去來也。

講　佛呼須菩提曰：若有人説，如來者，或來而感應，或去而入寂，或坐而跏趺，或卧而偃息。以此四威儀遂指爲如來，則著於有相，徒睹其形容，未窺其精藴，此人不解我所説無相之義也。何以故。蓋如來者，即真性佛也。真性無相，本不生滅。其來也，徧虚空，盡法界，要之諸法空寂，本來無有，何所從而來也。其去也，等觀自在，妙寂無爲，要之萬象全彰，一真常在，無所從而去也。如而不去，來而不來，故名如來，豈可以威儀顯現之象體認如來哉。

須菩提，若善男子、善女人以三千大千世界碎爲微塵，於意云何，是微塵衆寧爲多不。須菩提言：甚多，世尊。何以故。若是微塵衆實有者，佛則不説是微塵衆。所以者何。佛説微塵衆，即非微塵衆，是名微塵衆。世尊，如來所説三千大千世界，即非世界，是名世界。何以故。若世界實有者，即是一合相。如來説一合相，即非一合相，是名一合相。須菩提，一合相者，則是不可説。但凡夫之人貪著其事。【標】一合理相分第三十。

註　碎，即虛空粉碎之説。微塵衆，即至碎之義，言人心妄念紛起，煩惱無窮也。世界，總是衆生心識所成也。兩實有，語氣不同，上是辨實有之理，下言執有者之謬。一合相，王日休以爲真性，六祖以爲根塵交合，竊謂一字對上衆字言，合字對上碎字言。衆碎言其極細，一合言其極大。如來説碎界爲塵，空生却説合塵爲界。碎界爲塵，塵中盡是妄念，合塵爲界，界中亦皆幻境。看來四大本是假合，此身和合爲相，實同幻化，四大各離，妄身安在。所謂一合相，即非一合相也。不可説者，言虛妄不可説。人生如朝露，佛固不欲作此語也。事指六塵言，凡夫貪著，迷情執妄，不悟塵界本空也。

論　此中言微塵世界意，而示以虛妄之相不可貪著也。微塵在世界中，游氣飄揚，任其起滅。世界在太虛中，山河大地，任其聚散。猶如人生，煩惱塵心皆逐妄而生，故沈淪六道，無可脱離。般若性中，照見微塵之多、世界之大，總歸於一空，惟有法身常住不滅，而凡夫昧於真性，貪著眼前，認幻緣爲實境。比如海中蜃樓，帝王人物，宫殿樹木，種種顯現，飛鳥望見，認以爲實，遄往投之，踏空而墮，貪著誤之也。

講　佛曰：若有善男女，以三千大千世界，碎爲微塵。爾意是微塵衆寧爲多不。須菩提言甚多。何以故。此微塵衆俱是人心妄想安立，若真個有此微塵衆，佛則不説是微塵衆也。唯此妄心皆是外來之物，非吾心之所本有者。若能心鏡常明，微塵雖多，豈足障蔽我哉。此非微塵衆，是名微塵衆也。如來所説三千大千世界皆由妄塵積聚而成，劫數盡時，亦有變壞，此所以虛幻不實，即非世界，是名世界也。何以故。若以世界爲實有者，凝合塵衆，成一世界之相，即是一合相。然和合爲相，有成即有壞，有生即有滅，皆屬虚妄。如來所説一合相，即非一合相，乃强名爲一合相而已。佛見須菩提已悟其旨，乃謂之曰：一合相者，此則不可説也。但凡夫貪戀執著，於世間一切事，認微塵爲實有，而妄緣競起，觀世界爲實有，而幻境愈增，非具金剛慧，何能嶄然割斷，一空此妄緣乎。

須菩提，若人言佛説我見、人見、衆生見、壽者見，須菩提，於意云何，是人解我所説義不。不也，世尊，是人不解如來所説義。何以故。世尊説我見、人見、衆生見、壽者見，即非我見、人見、衆生見、壽者見，是名我見、人見、衆生見、壽者見。須菩提，發阿耨多羅三藐三菩提心者，於一切法，應如是知，如是見，如是信解，不生法相。須菩提，所言法相者，如來説即非法相，是名法相。【標】知見不生分第三十一。

註　見與相不同，見猶未成相，有見而後有相，見在相前一層。相者法所現也，見者心所取也，相粗而見精。四相乃經中所遣之執，而四相又成於四見。蓋至見歸真見，而相亦無相矣。如來真性中，無此四見，故云即非。對有我説無我，其名假立，故云是名。如是，指上須菩提之三疊言，此近脈也。如來説應如是住，如是降伏其心，今結云如是知見信解，此之謂住，不生法相，此之謂降伏，此遠脈也。壽者見上破我相，發菩提下破法相，經中屢言無相，於此作一大歸結矣。

論　此申言無四相，并無法相意，收拾一部經文也。前言菩薩無四相，衆生無四相，如來無四相，盡乎人矣。言一切法無四相，盡乎法矣。此言佛説無四見，蓋合人説法三者盡，而無相之義始全。於是復標發菩提心者，以結前問。應如是知，通達無我法，知一切法無我是也。如是見，不以色相見如來，以行正道見如來是也。如是信解，聞章句則信，説是法則信，種種解所説義是也。不生法相，離一切相是也。一切修持俱攝成，此心無兩生，不生法相，則生如是心矣。又言法相即非法相，以結實無有法發菩提心之意。

講　佛告須菩提曰：若人言我曾説我、人、衆、壽四見，是解我所説義否。須菩提曰：佛之所説，是人多不解其義。何以故。世尊所説我人等四見，滯於形迹之私，流爲物化之累，所見皆虚妄也。若真性中般若之妙，如大明當空，洞達無礙，即非我、人、衆、壽之妄見，但虚名爲我、人、衆、壽見耳。佛曰：須菩提，若能發無上菩提之真心者，於一切事不起四見，識自本心，見自本性，應如是真知，如是真見，如是信受解悟，則無上菩提渾然具吾天真内。凡在外有形迹之事，皆不生於心矣。然菩提心不離一切，不即一切，因物而付，不滯於物，即非法相，是假名爲法相而已。

須菩提，若有人以滿無量阿僧祇世界七寶持用布施，若有善男子、善女人發菩提心者，持於此經，乃至四句偈等，受持讀誦，爲人演説，其福勝彼。云何爲人演説。不取於相，如如不動。何以故。一切有爲法，如夢幻泡影，如露亦如電，應作如是觀。菩提或作菩薩。【標】應化非真分第三十二。

註　阿僧祇，華言無央數，無量阿僧祇世界，不止恒河沙矣。持於此經，謂當持此所發之心以印於經，示發心者以陀羅尼門也。若作持經解，則受持讀誦緊接在下，豈宜重疊言之。受持法，前已詳盡，演説法，未曾闡明，故有云何演説一證，正是付囑處。如者，自如之謂。如如，則自如之甚。不動，正明其所謂如如，言不變其本體也。取相即非如如，即是動。如如二字，上根不取於相來，下接不動二字。去乃形容性體之詞，不必分疏，合説方見其妙。有爲法，凡世間有所作爲之法，即一切相也。六喻皆非真實，夢中境、幻中花、水成泡、影隨形、草頭露、電光火，均無實體，變現靡常。凡天地間有形有氣皆爲非實，應同六者觀之。偈言末句，雖承上三句説，其意包涵甚廣。

論　此第九番較量福德，而因示以説法之軌則，觀法之妙智，爲全經結局也。此經雖是文字般若，即可悟實相般若。蓋真如之體，聖凡俱足，相法皆空，惟適如其如，本性湛定，一無動摇。猶如一月澄空，千潭現影，影有現滅，月實自如，以其無相無住，故能普現一切。不取於相如如不動八字，乃全經之歸宿，般若之宗旨。經中反覆翻剥，只完箇不取於相而已。由淺入深，層層剔發，只求到如如不動而已。然人之修道，必從空世法始。看世法不空，必不能於真如著力。六如乃大般若真空妙觀也。此六字中，凡人事之感應，世運之遷流，天地之變化，都已説盡。六喻觀成，則真空自現。菩薩得道得果，全是觀門純熟。觀即般若妙智，照五蘊空，是爲深般若也。修行人宜從此入法身真境，故以觀字結經。

講　佛終呼須菩提曰：若有人滿無量無央數之世界七寶布施，固得世間福矣，若有善男女，發菩提普濟之心，於此經偈，不徒受持，自己見性，又演説於人，教人見性，此出世間之福豈不勝彼乎哉。云何與人演説。蓋我真性本無上菩提之妙心，爲無餘涅槃之實理，人法雙泯，情智俱忘，自無形迹之可求，亦無聲色之可見，不著於我、人、衆生、壽者也，不住於色[三]、聲、香、味、觸、法也。本來真空，何有相之可取，惟見如如焉。一神通乎法界而定自真，萬化妙於無方而體常寂，自如之極，一無變動而已。何以故。蓋真空無相，本自如如。一切賢聖法，皆以無爲法而親證之。若世間有所作爲之事，皆虚妄不實，如夢境之非真，如幻術之假化，如水泡之虚浮，如身影之恍惚，如朝露之易晞，如閃電之易滅，當作如是觀看。可見世間之事，諸行無常，有生還有滅，非真有也。惟我如如不動之性，湛若太虛，超萬劫而常存，歷千古而不變，其福德豈有限量哉。

彙解　自如來若來若去至此，凡四節，爲一段，亦申足上卷之義。如來無來無去，一真常住，無相者也。凡夫滿界滿塵，虛妄爲實，著相者也。惟能空我見，破法相，人法雙絶，知見皆真，乃爲般若極則。結以不取於相，如如不動二句，爲全部《金經》結穴，直指般若本體，是修持法，是演説法，是住降法，是滅度法，即所謂無所住而生其心也，即所謂無爲法也。一切有爲法，作六如觀，則以空世法證入空心法，尤爲修行人第一喫要關頭，佛之傳心俱在於此。以之到彼岸，證菩提，不難矣。是爲經之下卷。

佛説是經已，長老須菩提及諸比邱、比邱尼，優婆塞、優婆夷，一切世間天、人、阿修羅，聞佛所説，皆大歡喜，信受奉行。

註　比邱，男僧也。比邱尼，女僧也。優婆塞，居士也。優婆夷，道姑也。天人阿修羅，六道中之三道也。聞佛所説，具聞慧也。皆大歡喜，妙契本心，具思慧也。信受奉行，解行發心，具修慧也。

論　此阿難尊者贊記之語，乃結經常儀也。通篇最重一信字。須菩提三問信心，佛言於此章句能生信心，一念生淨信，得聞是經不驚不怖不畏，信心不逆，如是信解。其最嚴重者，則曰信心清淨，即生實相，實相者般若也。至此煞出信受奉行四字，聆佛所説，頓悟二空，直超佛地矣。足見此經能度大衆入大乘，證大果，人因法悟，法藉人宏，要在人起淨信耳。

講　佛既大闡般若之法，説經已畢，啓請之長老須菩提已領心印矣。其同會聽法有出家修道之比邱、比邱尼焉，有在家修道之優婆塞、優婆夷焉。一切世間之人，天上之人，并阿修羅之神，聞佛此經，各言下見性，幸正法之難遇，欣今日之躬逢，莫不淨信承受，遵奉持行，雖億萬劫來，永證金剛不壞身也。發菩提心者，不奉持般若，何由到彼岸哉。

總解　《金剛》一經，佛祖傳心祕旨也。大要以清淨爲體，以發心爲用，以不著四相、不住六塵爲了空，以平等修善法爲功夫，以無我得成於忍爲實詣，以如如不動爲究竟，以六如爲觀智，而全經起修則必以信心爲入門，至於六度、四果、五眼、三心尤爲竅要。佛每遇緊要關節處，便較量福勝，讚嘆流通。直至於今，金剛智眼放光動地，諸佛列祖以此傳法印心，六道衆生因之滅罪證果，皆由如來與空生一番問答，發啓此段大事因緣，所以得聞此經也。佛之慈悲深矣，持是經者，其報佛恩哉。

金剛般若波羅蜜經

校勘記

〔一〕「即」，底本作「師」，據文意改。

〔二〕「色」，底本作「聲」，據底本原校改。

（李勁整理）

金剛般若波羅密經易解（一）

清 謝承謨註釋

萬靈蠢蠢，率皆以無上道作文字解，吾佛惺惺，即以文字發明心地，說三藏十二部經，大包法界，細入微塵。謂太虛在人心中，只如一塵一毫毛裡有無量佛世界。佛之大慈，於大千世界中，無一物不度，必至度盡衆生而後已。大哉法王，不圖復有此五千四百卷不可思議之無量法寶也。經來東土已數千年，至今盛行於世者，無如《金剛經》，誠以此經言簡義精，乃反約之道也。愚常於參究之下，拜讀是經，不啻完如渾璞，細若剥蕉。盖以人欲盡淨而天理流行，剥盡蕉心，方覺妙手空空，乃洗心之一大法也。《金剛經》又稱《功德經》。夫人自無始以來，重重寃親罪福，宛如春蠶作繭，自纏自縛，永無脫離。此經若於蠶以抽絲，忽然頓斷，與人解粘去縛，現出自性天真，便是超凡入聖一大轉機，而寃親亦解釋平等矣。愚於童時讀此經，至如是住、如是降伏其心，恍然有會。嗣讀古德註解，有訓如是即道者，有謂指下文言者，二俱無過。第禪宗以道在心解，不在於語言文字。我佛說法四十九年，不曾道著一字，却字字皆開示悟入之機。在善會者於心行路絕，言語道斷時，如人飲水，冷暖自知，哭不得，笑不得，方是善讀經者。但此可與知者道，未可以概語人也。

同參謝子於此道得印心焉，博綜羣經十餘載，自信見道親切，且當仁不讓。於是發擔荷心，即以掛壁之口，摩空之手，註成《金剛經易解》一部見示。第見其語語妙諦，字字真詮，開人悟入之機，如穿成一串摩尼，實有點睛破壁之妙，又如無縫天衣，圓轉無痕，真古今一大快事而不愧爲易解者矣。苟得此而讀之，未悟者可由之而見道，即已悟者亦可藉此以證明，默識心通，人牛不見，將見四相俱遣，不啻衣珠在手，即紹佛鎡基，道統有在，自當慶快平生，卓絕今古矣。世有識者，必不以愚言爲河漢也。是爲序。

光緒己丑莫春珠浦南宗後裔來雲子唐養愚譔。

余於内典素未宣究，初不知其道爲何如也。迨橐筆從軍，與貫三謝子共事一方，晨夕清談，多所啓發，稔爲出塵之士，而非世俗常談也。相從既久，乃知三教大道靡不精研貫徹，而於釋氏經論尤深造焉。始恍然其含光隱耀，淡然寡營者，良有以也。每謂人生數十年，殫精神，竭智慮，以博身家温飽，虛生浪死，悲苦相尋，於此而不思出離，殊爲可惜，況我輩重以刼外餘生，滄桑振觸者哉。余聞之而不禁怦然心動也。因取《石註金剛經》一部，教余誦習研求，自然獲益。乃初閲時，苾然不解，雖經質問，亦未了了。迨行持既久，昔所不解者，今則解之，昔所能解者，今則更進一層矣。久久參尋，愈索愈奇，心地日進乎精明，方知此經之妙，有不可以言語形容者。大哉佛慈，於大千世界中，一切含靈蠢動，無不普度，必至普度衆生而後已。誠哉是言，洵非虛語。第經中又謂，若有衆生如來度者，如來即有我、人、衆生、壽者。盖言人當見性自度，佛所説經，不過爲人解粘去縛，並無實法與人，故云我所説法，如筏喻者。今則去佛漸遠，知識難逢，倘不藉經中文字，以自參究，亦何由自度哉。余故讀經，至無我相、人相、衆生相、壽者相，而知四相不除，終難進益。吾人妄念紛紜，必須掃盡萬緣，如斷一握亂絲，一斷俱斷，與道方有相應分。又經中應無所住、應如是住、如是降伏其心等語，大有深意，須細加玩味，方見洗心要法。但行之既久，自然天真發現，有不期然而然者，此非箇中人不知。第經旨甚深，非藉指示，猝難領解。今謝子以慧心慧性，十餘年精參默契，造詣功深，一旦發擔荷心，即用點睛之手，註成《金剛經易解》一部。言雖淺近，而於圓通妙諦指陳簡要，真足開人悟入之機，而使後之學者共得津梁，同登覺路，實古今來一大快事。普願見聞，同修同證，他日靈山會上，共結善緣，庶[三]不負一片婆心爲先導耳。余久借他山，深資麗澤，茲因經註梓成，故略敘其緣起，佈告同人，以共慶云。

光緒己丑莫春月上浣真州圓覺居士劉紹南敬序。

《金剛經》者，乃諸佛之心源，衆生之慧命也。故其指陳心法，簡要詳明，掃盡浮詞，獨標正覺。蓋自佛法西來，從上單傳之旨，莫不以此爲入道之梯航，誠法寶也。迨臨濟諸公出，而創禪機，施棒喝，不立語言，直指見性，一切經典直欲束之高閣。雖若别開生面，寔由參學之流不務觀心，徒事向外馳求，致蹈説食數寶之譏。故令暫息外緣，使之斬斷葛藤，真常獨露，特救一時之弊耳。是則非經之過，而不善誦習者之過也。故在唐時，此經註解已有八百餘家，誠以此經爲入道之梯航，而研心之先務也。顧諸註或出或没，或存或亡，不復并見於世。今所存者尚數十家，如天親菩薩及諸大德論註，或禪或教，闡揚佛旨，無不曲盡精微，各臻其妙，但其詞意幽深，殊非初機所易曉。今此經遍海内，幾於家誦户習，然欲求其暢明宗旨，由之入道者，卒不多覯，豈非以甚深般若研窮不易而又乏導引之具歟。近世惟石天基先生註解此經最爲詳盡，但覺迂拘，未易使人頓悟。僕於此經夙躭誦習，暇輒搜求旨趣，又得益友切磋，故雖資性庸愚，亦似微有所得，爰不揣固陋，註成全部，顔之曰《易解》。於中頗復引申圓義，或者謂此經屬頓教所攝，今乃附麗于圓宗，不與古判相剌謬乎。然《法華》稱三獸渡河，三車出宅，法無二致，殊異在人。讀是經者，苟能默契旁通，則由頓入圓，非爲分外。凡所註詞，除訓詁故寔外，悉皆自抒管見，概不拾人牙慧，標窃貪功。一切經論亦不敢繁稱博引，使人易生煩厭而窒靈機。有志探元者，或可藉以當老馬之助焉。特是聞見寡陋，矢口談經，不免妄言之咎。倘有高明辱而教之，則幸甚。

光緒十五年歲次己丑三月之望毗陵居士謝承謨貫三氏序。

校勘記

〔一〕底本據《卍續藏》。

〔二〕「蔗」，疑爲「庶」。

緒言

一、此經古德判爲頓教，以其直指菩提，别無支蔓故耳。又以一門深入，不偹諸行，故特謂之頓，而不謂之圓。愚謂此經頓而兼圓。何則。經中雖一往明空，而復云於法不説斷滅相。夫斷滅不存，乃中道也，中即圓義。又云：如來所得阿耨多羅三藐三菩提，於是中無實無虚。無實無虚則有無不立，有無不立即非有非無，非有非無即有無兼該，有無兼該即雙照雙泯，乃至離即離非，是即非即，開權顯寔，即實而權，爲實施權，即權而實，是則頓中有圓也。至如佛説第一波羅蜜，即非第一波羅蜜，是名第一波羅蜜，三句之類，經中甚多，若從而推廣之，則三句而亦涵四句之義，非頓而兼圓乎。四句，謂有句、無句、非有非無句、亦有亦無句。第以一門頓入，不具諸法，僅得謂之兼圓，而不得謂之純圓也。然准台宗四教，謂《般若》帶通别明圓，則兼圓之説爲不誣矣。總之，法無定向，深淺由人，智者見之謂之智，仁者見之謂之仁，是在當人領會耳。台宗四教謂藏、通、别、圓也。

一、依教修觀，此經觀法具偹，層次井然。前云：凡所有相，皆是虚妄，若見諸相非相，即見如來。此即空觀，了知一切皆空，法亦如幻故。繼云：汝莫作是念，如來不以具足相故得阿耨多羅三藐三菩提。此即假觀，了知一切名相從緣生故。又云：如來所得阿耨多羅三藐三菩提，於是中無實無虛。此即中觀，了知色即是空，空即是色，一即一切，一切即一故。若欲習是觀法而能從空入假，由假明中，過去、現在、未來三心難覓，我、人、衆生、壽者四相都融，心心印心，念念非念，便得中道了義。是則由淺入深，漸趨中道，即頓中有漸也。

一、佛法大海，信爲能入，故云信爲道源功德母，信能長養諸善根。如經中較量功德多寡，及微塵、世界之類，寔實非誑，不可以我所未經聞見，便認爲甚言之辭。試思金口誠言，豈有虛假。縱一時未能悟徹斯理，亦須諦信不疑，自有一朝，涣然氷釋。到此地位，方知佛語非誑，善願同仁，各宜深信。

凡夫畏空執有，二乘厭有取空。畏空執有，謂之常見。厭有取空，謂之斷見。又通謂之倒見，執有執空，兩俱成病。此經爲開示利根凡夫，故先破其執相，而節次較量功德，以顯有爲福報終

遜無爲，離相布施，迥超著相。又恐學人棄有取空，故復策之以不落兩頭，直超無上。盖斷常終成凡外，而離相頓證無生，何去何從，孰得孰失，理自易明，我輩何幸而獲聞此妙法，能無努力進修，以毋負佛慈諄諄明誨。

一、讀經先要明宗，盖一經自有一經宗旨，倘宗旨不明，則馳騖無歸。如此經以無住爲宗，但了得無住之旨，便爲已得要領，其他多説少説皆餘緒矣。又佛所説法，多於要妙處圓轉如環，似無端倪可尋。讀經者往往於圓轉迴環之處茫然無據，已眼不明，且稱爲有意搬弄者，所謂正言似反也。不知無上大道，其要妙正在圓轉處。若不如是説，其理終不圓明。宗旨若明，則於迴環層叠之處，縱使羣山萬壑，自能理會而不爲所迷。

一、讀經以明心爲上，明心以解義爲先。至於持誦經文，不求解悟，祇可薦亡滅罪，作得世間功德而已。若悟法明心，則頓超三界，永除後有，且歷劫寃親，悉皆度脱，顧不偉哉。是則欲

明心地，講義不可以不先，由有言以迄無言，自不覺而成正覺，理固然也。惟夙根深厚，一聞千悟者，不在此例，然民鮮能之。

一、讀經非他書可比，餘書惟看讀一過，略能記其梗概，便可不須再讀。讀誦大乘經典，自非聖人，決不能過目便了，必須細心玩味，默意參尋，其義乃出。始則因註而明講解，繼則并不需註，一意深參，久久自發現行。所謂制心一處，無事不辦，到得一旦豁然之後，方知此中妙義無窮，真如飲水，冷煖自知，并不能吐露向人，是爲衹可自怡悦，不堪持贈君也。既得一經悟徹，然後更誦他經，自不勞迎刃而解。

一、講解儒書，必有一定之理，不可移易。而佛經則不然，要當不泥不背，是以難耳。故古德云：依文解義，三世佛冤。又云：離經一字，便同魔説。讀者能於不泥不背中有個入頭處，識得眉横鼻直，方可與讀是經。

一、經旨甚深，猝難曉解。註經者若更加以奥衍之辭，仍未能了了，而不便初機。是以今註概從簡易，讀者取其意而略其文可也。矧讀經惟求印證，何暇旁求。迨至脱然契證，能所兩忘，恍如雪山中夜忽睹明星相似。方知窮諸玄辨，如一毫置於大虚，竭世樞機，似一滴投於巨壑，雖復珠玉盈前，於己無益。斯時則經且不須，註於何有。但如敲門磚子，不得不借用一番耳。

一、經中較量功德及執相觀佛之説，徵詰重重，不厭煩瑣。有謂由淺入深，故見重複，有謂緣讀[二]來聽者，佛故申説之。竊以爲不然。若謂由淺入深，則細玩前後經旨，其重複處無大異辭，何云淺深。若謂因續聽重説者，則佛説三藏經典，豈遂無續聽之人，何不聞再三申説而獨於此經有之，決無是理。誠以説此希有難信之法，佛以慧眼觀察衆心，非經三五番申説不能諦信無疑。佛特知之，故不厭其辭之煩，所以爲大慈悲也。又佛所言説，多取證於須菩提，以明見無歧異，法如是故。

一、經稱持誦功德遠勝寶施者，良以信心受持，即是多善根福德因緣。又經義若未能頓悟，但得誦持不懈，其義漸明，自堪證悟，但不可預期速效。迨至悟明之後，雖若經文淺顯，而意義仍自無窮，愈索愈深，愈探愈妙，即終身玩味，終無止境。此經之所以甚奇，而持誦功德所以殊勝也。至誦經須淨除塵妄，一意精專，字字分明，斯爲正軌。不必定求靜室，定須設像，有暇即念，毋待後時，須知佛在心頭，不在外相莊嚴也。

一、三教大道殊塗同歸，實無二致。經云空除四相即聖人之四絕，無説即聖人之無言，五戒即五常，三毒即三戒，人我普度即《大學》之明新，法施均蒙即《中庸》之位育。種種相符，言難罄述，顧謂佛教而有異乎。至於妙道精微，聖人所罕言者，佛則詳言之。我輩生當像季，倘非釋氏之書，則凡精一執中，歸仁位育，與夫一貫無言之旨，何由而明。此東坡所謂學佛而後知儒者，信然。

一、此經如天衣無縫，本無段落可尋。迨天親菩薩始判爲二十七疑，如寶施者不及持説功德，以須菩提反覆生疑，故佛節次爲之解説，欲令斷疑生信也。然此説非時俗所尚，不甚通行。今經三十二分，爲梁昭明太子所定，然所分斷落間亦有欠妥處，但於行持究屬無礙，況今世俗盛行，故且因之以仍其舊。

一、平寔商量，禪門所忌範圍不過教義所宗。今以粗淺言辭解釋甚深經旨，非禪非教，於意云何，矧今善註多多，有如珠玉盈前，而安用是邱里之言爲。特是深文奥義，難喻於里閭，且法喻雖多，究其指歸，總以圓通爲至。所謂佛法無多子，亦儒稱一貫之意也。區區之心，寔願見聞共證，以勿負慈悲普度之義焉。苟無乖經旨，幸勿以粗淺棄之。

一、藏經極多，而獨於此經亟亟講求者，良由在家善信，有志修持，除淨土一門外，莫不以此經與《心經》爲常課。誠以兩經簡潔，便於行持，而居家又時有塵緣紛擾，若必欲遍參全藏，不惟事有未遑，亦且力所不逮。然既持經，自宜講解，因解生悟，自能心性開明而成正覺，則受持也而可不講求哉。至《心經》尤爲直捷簡括，故特附註於後，以質大方。

一、吾人在塵勞中，既未出離，則凡治家接物，一切俗緣自不能無。然須念娑婆劇苦，幻質無常，不求出離，沉淪永劫。佛所説經，無非教人離苦得樂。離苦之要，端在明心。明心之法，當於塵緣之暇，屏除雜念，澄心默坐，一意精參。或於平旦，披衣起坐，默自提撕。然亦不必過於用意，但令心不繫緣，日久自然有會。惟不可預存期效，時至自彰。倘得妙趣，尤當益加精進，毋怠厥志，自然功不唐捐，而獲益無量矣。有志之士，請嘗試之，決不相賺。

右臚各條，幸望留心，不無小補。貫三謹識。

校勘記

〔一〕「讀」，疑爲「續」。

誦經簡要

人人可誦，不拘官民僧俗。時時可誦，不拘日中朝暮。洗手便誦，不拘有香無香。漱口便誦，不拘吃葷吃素。默亦可誦，不拘高聲低聲。少亦可誦，不拘全部半部。鬧市中亦可誦，何必静室。身到處皆可誦，何必對佛。無音節亦可誦，何必敲魚。行坐立皆可誦，何必跪讀。止要志虔意誠，神凝氣斂，耳不旁聞，目無他見，口不雜言，心無雜念，遍數頻加，多多益善，暑往寒來，功無有間，如此精專，自有靈驗。壽延福增，災消禍散，生死誰拘，輪迴可斷。一心不亂，自然鬼服神欽，真性常存，何愁天塌地陷。到得西方化佛迎，誦經功德於兹見。誦經功德，感應無邊。但恐人事匆忙，性根遲鈍，不能受持全經，則四句偈等亦堪持誦，具大功德。經中四句偈有四：無我相，無人相，無衆生相，無壽者相。一。凡所有相，皆是虚妄，若見諸相非相，即見如來。二。若以色見我，以音聲求我，是人行邪道，不能見如來。三。一切有爲法，如夢幻泡影，如露亦如電，應作如是觀。四。以上四偈，隨念一偈，功德無邊，亦能見性。但得信心受持，自然功德無量。

金剛般若波羅密經易解卷上 般音鉢，若音惹。後凡言般若者倣此。

姚秦三藏法師鳩摩羅什譯
毗陵謝承謨貫三氏註釋
真州劉紹南圓覺氏
刊上蔣春同蘭言氏
刊上錢松齡覺之氏校訂

此經以喻法爲名，實相爲體，無住爲宗，斷疑爲用，大乘爲教相。以喻法爲名者，金剛，喻也，般若，法也。般若，華言智慧。金中之剛，至堅至利，能碎萬物，此經能斷衆生疑執，取以爲喻。波羅密，華言到彼岸。衆生在生死海中，無有窮極，修此般若，能到涅槃彼岸。經者，常也，法也。梵語修多羅，此云契經，謂契理契機也。以寔相爲體者，經云若人得聞是經，即生寔相，寔相即無相也。以無住爲宗者，宗訓要，經云應無所住而生其心，此經多以無住破著故。以斷疑爲用者，由經力用，能斷妄執故。以大乘爲教相者，經云爲發大乘者説，爲發最上乘者説。此乃一經宗要，不可不知，故首列焉。若更略解經題，則云人苟具堅剛之志以修行，則智慧自生，乘此智慧，直達涅槃彼岸，故云《金剛般若波羅密經》。會心之士，即此經題，亦堪悟入，不在見聞之多寡也。

〇法會因由分第一

分，去聲，後倣此。

○言此會乃説法之因緣所由起也。佛與人隨宜説法，解粘去縛，使之證悟。今大衆會集聽講，故稱法會云。

如是我聞：

佛之從弟阿難從佛出家，博聞强記。佛説法四十九年，阿難於結集經藏時録出，一字不遺，故稱多聞第一。此阿難言，如是之法，我親從佛所聞，欲啓人信也。

一時，佛在舍衛國祇樹給孤獨園，

祇音其。

○一時者，彼一時也。佛者，教主。舍衛，西域國名。祇樹給孤獨園，謂祇陀太子施樹，給孤獨長者買園，請佛居住，乃説法處也。給孤獨長者，以好施孤獨得名，曾在王舍城見佛聞法，欲請佛至舍衛國，佛令先覓住處，因見祇陀太子園林蔭清幽，欲以價買。太子戲云：須以金布滿園中，即賣與。長者歸，輦金布滿園中。太子感其誠，因與園施樹，共立精舍。

與大比丘衆千二百五十人俱。

比，去聲，後同。

○比丘，乞士也，上乞法於佛以資慧命，下乞食於人以資色身。言大以别其小。千二百五十人者，恒隨佛聽法之人也。自如是我聞至此，謂之通序，以諸經首多用此數語故。佛入滅時，阿難問佛：一切經首當安何語。佛云：當安如是我聞等語。非但我法如是，三世諸佛悉皆如是也。

爾時，世尊

爾時，彼一時也。世尊，謂世所共尊，佛有十號，此其一也。

食時，著衣持鉢，

著，入聲，後同。

○食時，言當午前可以乞食時也。佛制過午不食，且自不蓄食物，以去其貪。使各行乞，以去其驕。著衣者，服僧伽黎也。鉢者，應量器也，或瓦或鐵。食量各有大小，鉢則各隨量置。

入舍衛大城乞食。於其城中，

園在城外，城中則人烟輳集之處，故入城中乞食。

次第乞已，

已，音以，下同。

○佛心平等，不舍貧而從富，不越富以就貧，次第行乞，使人均沾福德也。

還至本處，飯食訖，

飯，音反，食，音嗣。

○訖，畢也。乞食歸來，飯食已畢。

收衣鉢，

收拾衣鉢，示有條理而順規制。

洗足已，

佛修苦行，不使色身安於逸樂，故行則跣足。今欲跏趺，先須洗足。

敷座而坐。

敷，布也。布座跏趺，將以說法也。

○善現啓請分第二

善現，即須菩提，乃此經發起之人，盖由其啓請而得普聞妙法也。

時，長老須菩提，

齒德俱尊曰長老。梵語須菩提，華言空生，亦名善現。

在大衆中，即從座起，

須菩提爲上首弟子，解空第一。今欲中問真空無相之法，故從衆中起座也。

偏袒右肩，右膝著地，

袒，露也。右肩偏露以示順，右膝跪地以示敬。

合掌恭敬而白佛言：

合掌以示歸敬，而啓白於佛云。

希有，世尊，

希，少也。言少有者，我世尊也。未致問辭，先歎希有。

如來善護念諸菩薩，善付囑諸菩薩。

如來者，經云：無所從來，亦無所去，故名如來。若欲廣明，更有多義。須菩提稱佛善能護佑、調伏現在諸菩薩，令其入道，善以妙法付囑未來諸菩薩，令其修習。

世尊，善男子、善女人

善男子、善女人，在凡而修出世行者，故名之爲善。須菩提問言，設有善信男女於此。發阿耨多羅三藐三菩提心，

阿，無也。耨多羅，上也。三，正也。藐，等也。菩提，覺也。言人若能發此無上正等正覺之心者。

云何應住，云何降伏其心。

應不應之應，平聲。降伏之降，平聲，後同。

○應，當也。言未知其心，當何所安住而不外馳。妄念來時，如何降伏而不令起。此乃修行至要，洵切問也。於時世尊入甚深般若，諸根悅豫。須菩提睹相知意，故假申問答，欲得世尊反覆辨論，以申明真空無相之旨。非徒自悟，亦欲使在會及後之學者得住心、降妄之法爲下手工夫，以證至道。其嘉惠來學，寔無量矣。

佛言：善哉，善哉，

須菩提問意深合佛旨，故亟稱其善也。

須菩提，如汝所說，如來善護念諸菩薩，善付囑諸菩薩。

佛呼須菩提言：誠如汝適所云如來善護念付囑之語。

汝今諦聽，當爲汝說。

爲，去聲，後同。

○汝須誠聽，吾當爲汝言之。

善男子、善女人發阿耨多羅三藐三菩提心，

若善信男女而發此無上正等正覺之心者。

應如是住，如是降伏其心。

其心當如是而住，當如是而降伏其妄心。

如是二字不可作泛語讀過，是一絶妙心法，即無住生心之謂，非特指下文而言也。故此經始終皆稱如是，盖吾人心本虚靈，與佛同體，祇緣無量劫來，妄念紛乘，曾無休息，由此妄念生出八萬四千種塵勞，舍生受生，輪迴不已，無有出期。佛慈憐憫，因而説法度人，俾得離諸苦惱，頓證真如，以復其本體之明。然修行法要，先須淨除妄念，務令心不繫緣，不思善惡等事，因任自然，如如而住，從此進修，自得明心見性。莊子亦云：虚室生白，吉祥止止。此爲修行正軌，乃住心、降妄之要訣。千古聖賢皆以此爲下手工夫，佛故亟稱之。若舍此别修，便成邪魔外道。顧諸人於此往往輕忽看過，誠爲可惜。兹特拈出，以公同志。

唯然，世尊，願樂欲聞。

唯，音委，樂，音要。

○唯者，應之速而無疑也。樂，喜好也。

須菩提聞佛説住心、降妄之法，要而不煩，恍然契悟，故亟應而然之。但慮在會及後之聞者，未必皆能以一二語而頓階契證，故願佛更引申其説，庶使聞者不致茫然無據。

○大乘正宗分第三

乘，去聲，後同。

○言佛説此法，乃修習大乘之真正宗要也。

佛告須菩提，諸菩薩摩訶薩

諸，衆也。菩，普也，薩，濟也，言能普度衆生也。摩訶，廣大也。佛告須菩提曰：若有衆菩薩及大菩薩等，欲修習大乘正法者。

應如是降伏其心：

當如上所云如是之法而降伏其妄心，斯可矣。

所有一切衆生之類，

衆生之衆，平聲，後同。

○衆，多也。言菩薩既以如是之法降伏其妄心，而證悟不退矣。但既名稱菩薩，尤應自他俱利，隨類度生，夫不有一切衆生在乎。衆生，指卵、胎至無想之類。佛謂輪王亦是凡夫，以其未超三界，尚在輪迴，故概以衆生目之。有謂衆生僅指一己之妄心而言者，不合下文語氣。且惟論自度，則局於二乘，而與大乘普度之旨相背，故不取焉。

若卵生，若胎生，若濕生，若化生，

卵生，飛禽之屬。胎生，人畜之屬。濕生，魚龍之屬。化生，蚊蝱之屬。又人與旁生，具有四生。諸天、地獄、中陰，惟是化生。鬼通胎、化二生。皆屬欲界。

若有色，

謂色界天。

若無色，

無色界天。欲界、有色、無色謂之三界。

若有想，

謂色處天。

若無想，

無所有處天。

若非有想，

非想天。

非無想，

非非想處天。

我皆令入無餘涅槃而滅度之。

涅，不生也。槃，不死也。修成正果，則永脱生死。無餘涅槃，乃如來究竟彼岸也。菩薩之人惟以度生爲事，如上衆生之類，悉皆令證涅槃妙果而度脱之，此廣大心也。

如是滅度無量、無數、無邊衆生，實無衆生得滅度者。

菩薩雖以度生爲事，而度脱如許不可計量之衆生，然其心寔不存一度生之見而自以爲功。

何以故。須菩提，

菩薩所以不存度生之見者，此何故哉。

須菩提當知。

若菩薩有我相、人相、衆生相、壽者相，即非菩薩。

有相無相之相，去聲，後同。

○但知有己爲我相，分别彼此爲人相，蔑視羣生爲衆生相，希冀長生爲壽者相。若菩薩有此四相，而心存分别，謂之四倒，是則妄念紛乘，悲心不普，又何云菩薩哉。

○妙行無住分第四

行，音恨。

○言菩薩於布施妙行心無住著，寔無所希冀而爲此也。

復次，須菩提，

復，去聲，後同。

○復次，再告之辭也。

菩薩於法應無所住，行於布施。

行，如字。施，去聲，後同。

○住，猶著也。此承上章而言，菩薩之人，既已離相度生，更宜離相行施，所謂無爲而無所不爲也。但菩薩法式，應行施而不著布施之相。此則三輪體空，而爲無住行施。布施有二：一、法施，二、財施。説法度人，謂之法施。濟人財物，謂之財施。三輪，謂施者、受者及所施物。

所謂不住色布施，不住聲、香、味、觸、法布施。

在眼曰色，在耳曰聲，在鼻曰香，在舌曰味，在身曰觸，在意曰法，此謂六塵。言菩薩所謂無住行施者，不當於塵境生心也。

須菩提，菩薩應如是布施，不住於相。

言菩薩當以所謂如是之法而行布施，心不著於塵境之相，則得之矣。

何以故。

夫行施而不著相者，此何故哉。

若菩薩不住相布施，其福德不可思量。

思量，稱量之量，平聲，後同。

○蓋菩薩行施而不著布施之相者，其所得福德，正不可以心思較量多寡矣。福德，猶言福報。菩薩之人惟以布施爲助行，期於速證，不應但求世間福報也。

須菩提，於意云何，

佛呼須菩提而詰之曰：於汝意中以爲何如耶。

東方虚空可思量不。

不，音否，問辭也，下同。

○佛欲顯無相行施獲福之大，故設言諸方皆有空處，試思東方虚空之處，其廣大可能以心思計量否。

不也，世尊。

不，音弗，答辭也，下同。

○須菩提悟佛問意，而知東方虚空，自不可以心思量其廣大，故以不也答之。

須菩提，南西北方、四維上下虚空可思量不。

四維，四角也。佛又呼須菩提而問之曰：東方虚空，其廣大既不可以心思較量矣。若南西北方及四維上下亦各有空處，其空處有可以心思較量者否。

不也，世尊。

須菩提以東方虚空，其廣大既無限量，則他方虚空亦皆無限量，故仍以不也答之。

須菩提，菩薩無住相布施，福德亦復如是不可思量。

佛呼須菩提而告之曰：汝既知諸方虚空，其廣大皆不可以心思較量矣，當知菩薩不住相布施，其所得福德亦如虚空之廣大而不可以思量焉。顧可住相行施而僅取有爲福報哉。

須菩提，菩薩但應如所教住。

須菩提當知，菩薩之人，但應如我所教無住行施之法而安住其心，則得之矣。此叮嚀之辭也。

○如理實見分第五

言修行人當知寔相無相之理，乃爲如寔而見。盖色身是妄，若但向色身覓佛而不見心佛，是不名爲寔見也。

須菩提，於意云何，可以身相見如來不。

佛欲令人各見自心法身真佛，毋徒向外馳求而昧己靈，故呼須菩提而詰之曰：於汝意中以爲何如耶。可僅以色身外相而見如來否。

不也，世尊。不可以身相得見如來。

須菩提悟佛問意，若徒以色身覓佛，必不能見自性如來，故即以不也答之，而言人固不可徒以色相見佛而昧法身真佛也。

何以故。

夫不可以身相見如來者，此何故哉。

如來所説身相，即非身相。

盖如來所説身色外相，即非法身真相，誠不可徒以色相而求真佛也。

佛告須菩提：凡所有相，皆是虚妄。

佛以須菩提既悟問意，故告之曰：凡一切色身外相，皆是虚妄不寔。所謂有形終歸壞，無相乃名真也。乃習丹道者，專在色身上摸索，縱活千年，終歸於盡，究何益哉。

若見諸相非相，則見如來。

若人見一切色相而不存有相之見，即能見真性如來矣。

○正信希有分第六

言人聞此經典而能諦信不疑，是人善根深厚，方得具此正信，真乃希有之士也。

須菩提白佛言：世尊，頗有衆生得聞如是言説章句，生實信不。

須菩提意謂，今我等親炙於佛，得聞如是之妙法，固應諦信遵行。第恐後之聞者，未必遂能生信，故啓白於佛，而言將來頗復有人得聞佛説如是妙法之章句，亦能不滋疑懼，而生真寔信心否。

佛告須菩提，莫作是説。

佛以聖賢雖不常有，然佛法豈遂滅絶，何可蔑視將來遂無人信受，故告須菩提曰：汝莫漫作是説。

如來滅後，後五百歲，有持戒修福者，

五百歲有五個，盖言運會變遷之期也。言雖如來入滅之後，最後五百歲中，必有大心凡夫能擔荷大乘正法而堅持戒律，勤修福德者焉。此如來，佛自謂也。

於此章句能生信心，以此爲實，

是人於我今所説之章句，聞之而必能生正信之心，以我此言爲真寔非誑。

當知是人不於一佛二佛，三四五佛而種善根，已於無量千萬佛所種諸善根。

然此聞而生信者，寔非根行淺薄之徒。當知此人已曾歷劫薰修，善根深厚，且不僅於一佛二佛以至四五佛處種植善根而來，曾於無量佛所種植善根而來矣。

聞是章句，乃至一念生淨信者，

惟其善根深植，故聞我説如是之章句而即生信心焉，然是人則固善根深植矣。抑知更有一念之頃，聞説是法，能生真淨信心者，其所植善根亦非淺鮮。

須菩提，如來悉知悉見，是諸衆生得如是無量福德。

佛呼須菩提而言：彼聞法生信者，佛以智慧覺照，盡能知見此等衆生，以善根深植之故，必能各如其信心而得福德皆無量矣。所謂信心生一念，諸佛盡皆知也。

何以故。

夫聞法生信，而獲福無量者，果何故哉。

是諸衆生無復我相、人相、衆生相、壽者相，

盖此等衆生，由善根深植，已探法要，而其心已不復有我、人等四相之見矣。

無法相，亦無非法相。

是人不惟不著我、人等相，并不於正法而生取執之相，亦不以非法而生舍離之相，心境如如，絶無纖翳。

何以故。

夫其諸相永離者，此何故哉。

是諸衆生若心取相，則爲著我、人、衆生、壽者。

蓋此等衆生，其心若於一處而生取著之相，則一著永著，即爲著我、人等四相者矣。

若取法相，即著我、人、衆生、壽者。

言不惟餘相不應取著，乃至正法，雖固由之入道，於此而若生取執，則亦猶著我、人等四相矣。

何以故。若取非法相，即著我、人、衆生、壽者。

夫所謂一切離相者，果何故哉。蓋取執即能害道，不惟正法不宜取著，即非法亦不宜生厭離。若以非法而生厭離之心，則爲取非法相。既有此相，即亦猶著夫四相也。

是故，不應取法，不應取非法。

以故學道之人，其心不應以正法而生取著，尤不應以非法而生厭離。二者皆爲著相，故皆不應取。

以是義故，如來常説，汝等比丘知我説法如筏喻者，

夫以不應著相之故，故我常向汝等比丘説，須知我平日爲汝等説法，不過爲人解粘去縛，曾無寔法與人，正如以筏度人之喻，不可便認以爲真法而生取執也。筏者，竹簰，所以濟渡。經云：過河須用筏，到岸不須船。以喻如來説法度人，既已得悟，法亦應舍離也。

法尚應捨，何況非法。

學者於聞法悟道之後，即正法尚當捨離，方免礙道，何況本非正法，可不急捨而存計議乎。

○**無得無説分第七**

言如來在昔聞法證果，雖有得而寔無得，即今説法度人，亦有説而寔無説，總欲破人執相之見耳。

須菩提，於意云何，

此如來反復破人著相之見，故復以己躬下事示人，堅人深信，因呼須菩提而告之曰：於汝意中以爲何如耶。

如來得阿耨多羅三藐三菩提耶，如來有所説法耶。

此如來，佛自謂也。言我在昔歷劫修行，得成正覺，豈真有無上正等正覺之法可得耶。即今與汝等隨宜説法，又豈有寔法可與人耶。佛致詰辭，總欲破人執著之見耳。

須菩提言：如我解佛所説義，無有定法名阿耨多羅三藐三菩提，

解，去聲，後同。

○解，悟也。須菩提了解佛旨，故言我今解悟佛語之意，寔無有一定呆法可名之爲無上正等正覺而盡人皆堪修證者。蓋修行證果，各有時節因緣，如一方決不能療萬病也。

亦無有定法如來可説。

夫既無定法可名，亦自無定法可説。

何以故。如來所説法，皆不可取，不可説，

夫所謂法無定向者，此何故哉。蓋我佛所説之法，固皆度人之具，然不可心生取著而成法縛。惟當心領神會，不堪吐露向人。

非法，非非法。

法無定相，故云非法。然如來説法利生，普令得度，不可謂之無法，故云非非法。

所以者何。一切賢聖，皆以無爲法而有差别。

差，音雌。

○自阿那含以下爲賢，阿羅漢以上爲聖。世間爲有爲法，皆係識神用事。出世爲無爲法，因任自然，無處用力。差，等差也。言所以

謂法無定者何哉，盖一切出世賢聖，莫不皆由無爲正法而證道，但其根性有淺深，故證果亦有差別耳。

○依法出生分第八

謂以此經法修持，自利利人，即能出離羣生於濁世而徑登彼岸矣。

須菩提，於意云何，

佛欲顯持經獲福之勝，故呼須菩提而告之曰：於汝意中以爲何如耶。

若人滿三千大千世界七寶以用布施，

三千大千世界，乃一佛教化之所。盖一個日月運行之所爲一世界，如此千個世界爲一個小千世界，一千個小千世界爲一個中千世界，一千個中千世界爲一個大千世界。所謂三千大千者，乃舉小千、中千、大千而言，寔則一個大千世界也。七寶，謂金、銀、琉璃、玻璃、車渠、赤珠、馬腦也。言若有人布滿大千世界七寶而以之布施邀福，則所施甚大矣。

是人所得福德甯爲多不。

甯，猶詎也。言是人布施如此之大，其所得福報，詎多否耶。

須菩提言：甚多，世尊。

須菩提以此人布施之大，則其獲福固應無量，故以甚多答之。

何以故。是福德，即非福德性，是故如來説福德多。

福德性，自性福德也。盖依經修證，見自本性乃爲自性福德。言所謂寶施得福之多者，何哉。但因離性布施，僅得有爲福德而非見性福德。此乃如來所説福德多之意也。

若復有人於此經中受持，乃至四句偈等，

偈，音計。

○持者，執持不捨之意。偈，猶詩也。佛言若更有人而不求有爲福德，惟修見性工夫，能於我所說此經之章句受持讀誦，雖至少而僅持四句偈等。自來言四句偈者聚訟紛紜，迄無定論。有謂指無我相四句者，有謂凡所有相四句者，有謂若以色見我四句者，有謂一切有爲法四句者。所指雖殊，總不出無相之旨，究有何異而必欲爭執彼此哉。況此經正破執相，乃於四句偈而反欲指以寔之，是破相而仍著相也，惡乎可。或又謂佛秘而不言者，是大不然。試思佛說三藏十二部，多方指示，乃於四句偈而獨秘之，有是理哉。按經中凡言四句偈者，上則有乃至字，下則有等字。細玩語意，所謂乃至、等者，盖少之之辭，言雖少而乃至四句偈耳，此特泛言之也。顧欲確指以寔之，不與無相之經旨相拂戾哉。不可以不辯。

爲他人說，其福勝彼。

　言若人既自持經獲益，又能推己及人，爲人講說而化導之，則修證功深，自他俱利，視彼寶施之福德，固不侔矣。盖寶施獲福固爲多，然徒增頑福，難出輪迴，譬如無量家資而坐享銷耗，財雖多，終有竭也。持誦經文雖甚少，然半偈明心，頓超塵劫，譬如爲山累土，而日漸增高，力雖微，終有成也。兩兩相形，其爲優劣，不待智者而明矣。佛慈明誨，可不信行哉。

何以故。須菩提，一切諸佛及諸佛阿耨多羅三藐三菩提法，皆從此經出。

　言持經獲福之所以殊勝者，果何故哉。須菩提知否。自來一切修成諸佛，及諸佛所修無上正覺之法，無不皆從此經中流出，故稱《般若》爲佛母焉。

須菩提，所謂佛法者，即非佛法。

　佛恐聞此經法殊勝，又生法執，故呼須菩提而告之曰：所謂無上正覺之佛法者，乃睹色聞聲，各有悟入之由，並非有一定死法可名之爲佛法也。

○一相無相分第九

一相者，諸法寔相也。言諸法雖云有寔相而究無定相，是不宜取執也明矣。

須菩提，於意云何，須陀洹能作是念我得須陀洹果不。

洹，音浣，下同。

○須陀洹，華言預流，謂此人見惑已斷，得預聖人之流也。見惑，謂見事物而心生計議也。佛欲示人離相證道之旨，故呼須菩提而問之曰：於汝意中以爲何如耶，聲聞乘有四果，初果名須陀洹，證是果者，其心以爲我今已得須陀洹果否。聲聞屬二乘，謂聞説法音聲而證果也。

須菩提言：不也，世尊。

須菩提乃此中過來之人，故聞佛問而知證是果者，其心必不存一得果之心，故以不也答之。

何以故。須陀洹名爲入流，而無所入，

須陀洹所以不存得果之心者，何故哉。蓋須陀洹但有入流之名而無入流之相也。

不入色、聲、香、味、觸、法，是名須陀洹。

須陀洹既不爲得果著相，即於六塵境界都無染著，所以名爲須陀洹也。

須菩提，於意云何，斯陀含能作是念我得斯陀含果不。

此佛歷舉四果而徵問之也。斯陀含，華言一來，此人於欲界九品思惑已斷六品，更須欲界一度受生，故云一來也。思惑，謂觸念生心也。佛呼須菩提而再詰之曰：聲聞乘二果名斯陀含，證此果者，其心以爲我今已得斯陀含果否。

須菩提言：不也，世尊。

須菩提以初果之人且不作得果之念，況等而上之哉，故亦以不也答之。

何以故。斯陀含名一往來，而實無往來，是

名斯陀含。

言斯陀含所以不存得果之念者何哉。蓋斯陀含雖有往來之名，而心無往來之相，是以名爲斯陀含也。

須菩提，於意云何，阿那含能作是念我得阿那含果不。

那，音羅，下同。

○阿那含，華言不來。此人於欲界九品思惑斷盡，不來欲界受生，故云不來也。佛又呼須菩提而詰之曰：聲聞乘三果名阿那含，證是果者，其心以爲我今已得阿那含果否。

須菩提言：不也，世尊。

須菩提以阿那含亦不存得果之念，故仍以不也答之。

何以故。阿那含名爲不來，而實無不來，是名阿那含。

言阿那含所以不存得果之念者何哉。蓋其名雖謂爲不來，而心且無不來之相，是以名爲阿那含也。

須菩提，於意云何，阿羅漢能作是念我得阿羅漢道不。

阿羅漢，華言無學。此人於三界煩惱悉已斷盡，究竟真理，無法可學，故云無學。又阿羅漢將入佛乘，故不言果而言道也。佛又呼須菩提而詰之曰：聲聞乘四果名阿羅漢，證是果者，其亦以爲我今已得阿羅漢道否。

須菩提言：不也，世尊。

須菩提以阿羅漢煩惱斷盡，豈更存得道之念，故仍以不也答之。

何以故。寔無有法名阿羅漢。

言阿羅漢所以不存得道之念者何哉。蓋阿羅漢固得無相之法，然寔無得法之心而名之爲阿羅漢也。

世尊，若阿羅漢作是念我得阿羅漢道，即爲著我、人、衆生、壽者。

須菩提白佛而言，若阿羅漢心作是念，

謂我已得阿羅漢正道，則其心已著相。既著得道之相，即亦猶著我、人等四相也，又何云阿羅漢哉。

世尊，佛説我得無諍三昧，人中最爲第一，是第一離欲阿羅漢。

三昧，華言正受，猶云妙理也。須菩提復以自己所得印證於佛，故稱世尊而言，佛見我與物無諍，而稱我爲已得無諍三昧，於人中最爲第一可貴，是第一等能脱離五欲之阿羅漢也。蓋非離欲無諍，亦不能進道矣。

我不作是念我是離欲阿羅漢。

然佛雖稱我爲離欲阿羅漢，我寔未嘗作是念而云我是離欲阿羅漢也。

世尊，我若作是念我得阿羅漢道，世尊則不説須菩提是樂阿蘭那行者。

行，音恨。

○阿蘭那，華言無諍。須菩提復稱世尊而言，我若曾作此念而云我得阿羅漢道者，世尊便不説須菩提，是喜好無諍之行者矣。

以須菩提實無所行，而名須菩提，是樂阿蘭那行。

無所行之行，如字。

○無所行，行所無事也。言佛所以稱須菩提得無諍三昧者，以須菩提雖有修證，寔亦行所無事耳。故佛説我是喜好無諍之行者，然我寔無喜好之心存於中也。

○莊嚴淨土分第十

法以無得爲得，心以無住爲住。清淨自然，並不著相執有，此爲莊嚴自心淨土，非若設像供養之爲莊嚴也。

佛告須菩提，於意云何，

佛欲以已之往事示人，使之堅信，故告須菩提曰：於汝意中以爲何如耶。

如來昔在然燈佛所，於法有所得不。

此如來，佛自謂也。然燈佛，釋迦之師也。

言如我昔日在本師處聞法頓證，其時本師果有秘法授我而真有所得乎。

不也，世尊，

須菩提以佛佛相傳，雖有得法之名，然皆自修自度，非有秘法與人，不假修爲，便堪證果，故即以不也答之。

如來在然燈佛所，於法寔無所得。

言佛昔在本師處，雖云得法，其寔得無所得耳。

須菩提，於意云何，菩薩莊嚴佛土不。

土，讀作杜，盖東西異音耳。佛又恐人不求見性，專以造寺塑像種種裝飾而爲莊嚴，故呼須菩提而詰之曰：汝意以爲何如耶，諸菩薩曾以外相莊嚴而爲莊嚴佛土否。

不也，世尊。

須菩提以諸菩薩決不以外相莊嚴而爲莊嚴自心佛土，故以不也答之。

何以故。莊嚴佛土者，即非莊嚴，是名莊嚴。

夫我所謂菩薩不事外相莊嚴者，何故哉。盖莊嚴佛土者，非有莊嚴之迹，乃各自淨其心，是則名之爲莊嚴耳。

是故，須菩提，諸菩薩摩訶薩應如是生清淨心，

佛以須菩提所言莊嚴之意，深契其旨，故即是之而又呼之曰：須知諸菩薩及大菩薩等，應以所云如是之法而生其清淨之心。清淨心者，謂心不起絲毫雜念也。生字尤爲要妙。佛恐學人但求心淨，一向沉空守寂，宛如槁木死灰，則又落偏枯而非中道，故特云生清淨心，便覺活潑潑地。

不應住色生心，不應住聲、香、味、觸、法生心，

言菩薩之心，既不宜落空，亦不宜附物。雖曰生心，不當於六塵上有所粘著也。

應無所住而生其心。

盖不惟不應於塵境上生心，即一切境緣

均不應有所粘著，此爲無住生心之妙法耳。我佛教人如此入細，千古傳心妙訣無逾於此，可謂要言不煩。宜乎六祖一聞此語，便爾悟入，吾輩可弗勉諸。

須菩提，譬如有人，身如須彌山王，於意云何，是身爲大不。

須彌山高出天外，間隔四天下，其大無比，故稱山王。佛欲人自見法身之大，故設辭以問須菩提曰：假如有人，其色身如須彌山王之大，汝意以爲何如，是人之身，亦曾爲大否。

須菩提言：甚大，世尊。何以故。佛説非身，是名大身。

須菩提知佛問意而言，若以色身而論，則如須彌之身可云甚大矣。然所謂大者，何故哉。是特以色身言之耳。若佛所謂法身者廣大如虚空，非有相，非無相，非色身之身，故云非身，是則可名爲大身耳，豈區區色身之比哉。

○無爲福勝分第十一

謂以七寶行施，固雖甚多，但享世間頑福，其福有量，若持經化導，終成至道，永享無爲真福，其福轉勝也。

須菩提，如恒河中所有沙數，如是沙等恒河，於意云何，是諸恒河沙甯爲多不。

佛又申言持説之獲福勝於寶施，故呼須菩提而詰之曰：假如以恒河中所有之沙數，一沙復作一恒河，汝意以爲此沙數恒河之沙曾爲多否。此極言其無量也。恒河，西域河名，週四十里，其沙甚細。佛每於此説法，故欲言多，輒取河沙以爲喻。甯，猶曾也。

須菩提言：甚多，世尊，

須菩提以恒沙之多何可數計，故以甚多答之。

但諸恒河尚多無數，何況其沙。

言但計一河沙數之恒河，其多且已無數，

何況衆河之沙而能計其數哉。

須菩提，我今實言告汝，若有善男子、善女人以七寶滿爾所恒河沙數三千大千世界，以用布施，得福多不。

佛以須菩提言衆恒河沙之多不可數計，故呼之曰：我今以真實之言告汝，設有善信男女於此，以七寶布滿爾頃所謂衆河沙數之大千世界以爲布施，其所得福曾爲多否。第八分中曾言大千世界寶施不及持説之福，今復言衆河沙數之大千世界寶施，則其多尤難計量而獲福亦更無窮矣。佛屢設喻，極顯持説之勝耳。

須菩提言：甚多，世尊。

須菩提以設有如許寶施，獲福豈有限量，故以甚多答之。

佛告須菩提，若善男子、善女人於此經中，乃至授持四句偈等，爲他人説，而此福德勝前福德。

佛以寶施獲福終不及持説之勝，故告須菩提曰：若有善信男女，受持此經中章句，乃至僅持四句偈等，且與人解説，使之信受，此人所得福德已超勝於前寶施之福德矣。夫持説之殊勝若此，人胡不勉而行之。

○尊重正教分第十二

言持説此經之處，自天、人以迄修羅，並皆呵護，是彼等亦知尊重正教也。

復次，須菩提，隨説是經，乃至四句偈等，

此承上章，申言持説之勝不惟獲福無量，故復呼須菩提曰：若人隨意解説此經之章句，或少而至四句偈者。

當知此處，一切世間天、人、阿修羅，皆應供養，如佛塔廟，

供養並去聲。

○阿修羅有四種：一屬天趣，能與帝釋爭衡，一屬人趣，一屬鬼趣，一屬畜生趣。

藏佛舍利之處爲塔，奉佛形像之處爲廟。言持説此經之人之處，所有諸世間中，若天、若人、若修羅等皆當恭敬供養，如奉佛之塔廟焉。蓋彼等之所供養者，以此無上希有之法難見難逢，故猝遇之而生欽敬也。

何況有人盡能受持、讀誦。

對文曰讀，背文曰誦。夫隨説經中章句者，天、人且如許尊重，況復有人而能持誦全經，其爲崇奉又當何如耶。

須菩提，當知是人，成就最上第一希有之法。

是人既能持誦全經，必能研求厥旨，自可由之入道，佛故呼須菩提曰：汝當知此持經之人，以信受此經之故，必能成就夫最尊最上第一等世間所少有之妙法而功不唐捐焉，顧不偉哉。

若是經典所在之處，即爲有佛，若尊重弟子。

言若此經所在之處，雖無佛而即爲有佛。若持誦此經之人即爲所應尊重之大弟子焉，其爲尊重何如耶。則此經之殊勝誠非淺鮮，見聞之者可不敬信受持以期證悟哉。

○如法受持分第十三

言此經之殊勝，既得聞之，自當敬信受持。然受持而不知如是生心之法，不免入於歧途，故云如法受持也。

爾時，須菩提白佛言：世尊，當何名此經，我等云何奉持。

是時須菩提聞佛説此經之勝妙，因不禁欣喜而白佛云：世尊，當以何名名此經。我等得聞此經，自當信受奉持，而奉持之法未審云何。

佛告須菩提，是經名爲《金剛般若波羅蜜》，以是名字，汝當奉持。

佛以須菩提請問經名及受持之法，得其要領，故告之曰：是經名之爲《金剛般若波羅蜜》，以喻若具堅剛之志以修行，則智慧自生，乘此智慧，直達涅槃彼岸。所以命此名者，欲令汝等顧名思義，當秉此義而奉持之，則庶乎幾矣。

所以者何。須菩提，佛說般若波羅蜜，即非般若波羅蜜。

佛所說經，處處不落實迹，是其心法要妙。如上說奉持之法，又恐人著相生執，便非中道了義，故急折之曰：我之所以教汝等奉持之法者何哉。須菩提當知，佛說般若波羅蜜之旨，但得心知即是，並非教人常著一般若波羅蜜之見於胸中也。此意最宜辨明，所謂毫釐有差，天地懸隔也。

須菩提，於意云何，如來有所說法不。

佛欲廣離相之意，故呼須菩提而詰之曰：於汝意中以爲何如耶，如來常爲汝等說法，果有實法與人否。

須菩提白佛言：世尊，如來無所說。

須菩提聞佛問辭，審知說法者無法可說之義，故即白佛云：世尊，如來雖云說法，其實說無所說耳。

須菩提，於意云何，三千大千世界所有微塵，是爲多不。

此如來欲人知塵界色身均皆幻妄不實，雖復美大，與真性中總無關涉，故呼須菩提而詰之曰：於汝意中以爲何如耶，若大千世界中所有微塵，其數曾爲多否。夫世界微塵豈有限量，佛盖取以喻人妄念之多也。

須菩提言：甚多，世尊。

須菩提以大千世界微塵多不可量，故以甚多答之。

須菩提，諸微塵，如來說非微塵，是名微塵。

須菩提既答佛微塵甚多之語，佛又呼其名曰：是諸微塵，佛皆不著微塵之相。塵本與我無涉，故說爲非微塵。然塵相宛然，是亦名之爲微塵而已。盖喻妄念雖多，若不起心隨之，則妄念亦不能爲礙矣。

如來説世界，非世界，是名世界。

蓋自佛而觀，不惟塵埃微物爲幻妄，即大而世界，亦是人心一念造成，劫火燒時，終須壞滅。故云如來説世界，亦不著世界之相，即非世界矣。然世界宛然，是亦名之爲世界而已。

須菩提，於意云何，可以三十二相見如來不。

佛又呼須菩提曰：於汝意以爲何如耶，如來色身有三十二種相好，見此相者，可云真見如來否。蓋言如來色身，雖復種種相好，亦屬幻妄，故不當以此見如來也。《筏喻經》云：三十二相者，一、身清淨，二、身端直持重，進止如象王，三、身不傾動，四、容儀俻，五、骨際如鈎鎖，六、毛孔出異香，七、身邊光一丈，八、光照身而行，九、頂有肉髻，十、髮長好，十一、髮青紺色不亂，十二、面俱滿足如滿月，十三、眉如初月，十四、眉間白毫相，十五、眼修廣，十六、鼻高不露孔，十七、耳輪輻相垂成，十八、頰輔如獅子，十九、口出無上香，二十、舌廣長薄，二十一、一音報衆聲，二十二、兩手過膝，二十三、膝骨堅圓，二十四、足下千輻輪相，二十五、行時足離地四寸，印文現，二十六、行步如鵞王，二十七、住處安無能動，二十八、威鎮一切，二十九、説法不著相，三十、等視衆生，三十一、隨衆生意，和悦與語，三十二、一切惡心衆生，見即和悦。此皆奇相也。他説互有異同。

不也，世尊，不可以三十二相得見如來。

須菩提悟無相之旨，聞佛問辭，即以不也答之而言，寔不可僅以三十二相而見如來也。

何以故。如來説三十二相，即是非相，是名三十二相。

夫不可僅以色身見佛者，何哉。以如來所説三十二相者，乃色身幻相而非法身真相，是特名之爲三十二相也。

須菩提，若有善男子、善女人以恒河沙等身命布施，

佛前言寶施雖多，不及持經功德，蓋寶施者外財也，獲福尚有限量。今言善男女等更以恒沙身命而爲布施，此爲内財，人所難捨，則其獲福尤無量矣。蓋設喻重重，極顯持説之殊勝也。大慈悲語，曷可忽諸。

若復有人於此經中，乃至授持四句偈等，爲他人説，其福甚多。

言以身命布施，其獲福固遠勝寶施者矣。然若有人而能受持此經中章句，或少而僅持四句偈等，既自行持，又復宣説化導，則自他俱利，頓階證悟，其所獲福較命施者而甚多矣，非殊勝哉。

○離相寂滅分第十四

言行人於一切處而離諸幻相，則真性寂然，滅盡諸有，斯心體圓明，永臻常定矣。

爾時，須菩提聞説是經，深解義趣，涕淚悲泣而白佛言：希有，世尊，

解，音懈，後同。

○解，猶悟也。是時須菩提聞佛説此經，反覆明辨，深悟此中妙義，既傷聞法之遲暮，猶幸至道之親承。正如浪子還鄉，重瞻慈父，衣珠故在，客作徒勞，迴思苦海無邊，浮沉長劫。故不覺涕泗横流，頓生悲感，而白於佛，歎言舉世所少有者我世尊也。

佛説如是甚深經典。我從昔來，所得慧眼，未曾得聞如是之經。

曾，音層。

○言佛説如是極深妙之經典，我雖從昔日以來已得慧眼，能觀天上及界外，無不了然，然終未嘗得聞佛今所説如是之經，爲極深而最簡，又何幸而得聞之哉。

世尊，若復有人得聞是經，信心清淨，則生

實相，

須菩提言以如是之深經，自既聞之矣，又稱世尊而言：若更有人得聞是經，深信不疑，心常清淨，即能生夫寔相。寔相者，無相也。

當知是人成就第一希有功德。

言是人既心生寔相，吾知其必證菩提妙果而可云成就第一等最希有之功德焉。

世尊，是實相者，則是非相，是故如來說名寔相。

此須菩提解說寔相之義，故稱世尊而言：實相即是非相，以明真空無相，非一切色相之謂，是則如來說名寔相也。

世尊，我今得聞如是經典，信解受持，不足爲難。

須菩提慮後之修行者去佛漸遠，正法難聞，故復稱世尊而言：我今親承佛訓，得聞此經，又得佛詳加剖晰，毫無疑滯，則我之信解受持自不爲難矣。

若當來世，後五百歲，其有衆生得聞是經，信解受持，是人則爲第一希有。

五百歲說現前言。若於將來之世，最後五百歲中，若有衆生於本所不聞者，以有緣故，忽聞此經而能信解受持，不滋疑懼，當知是人夙根深厚，便爲第一希有之人矣。

何以故。此人無我相、人相、衆生相、壽者相。

所謂是人爲第一希有者，何哉。蓋了悟此經，深生信解，便明無相之旨，則其心必無我、人等四相也。

所以者何。我相即是非相，人相、衆生相、壽者相即是非相。

所以謂是人悟無相者，何哉。若有我相之見，即非真知寔相矣。既知我相非相，則人相等三亦非寔相也明矣。

何以故。離一切諸相，則名諸佛。

夫以我、人等爲非相者，何哉。蓋行人貴見相而離相，若不著諸相，是人雖未證佛果，終當成就，是即可名之爲諸佛矣。

佛告須菩提：如是，如是，

佛以須菩提所言深合經旨，故告之曰如是如是，所以深許之也。

若復有人得聞是經，不驚、不怖、不畏，當知是人甚爲希有。

言若更有人而得聞是經，其心不驚怖、不畏懼者，則其解行甚深，迥超儕輩，是人殊爲世間所希有者矣。

何以故。須菩提，如來說第一波羅密，即非第一波羅密，是名第一波羅密。

波羅密有六種，謂持戒、布施、忍辱、精進、禪定、智慧。般若，解脱。第一波羅密，即般若也。以此經正說般若，故稱第一。佛言：我云是人爲希有者何哉。蓋大乘正法，決非小根器人所能承載。須菩提當知，離諸名相者，不惟我、人等相爲應離，乃至如來所說第一波羅密法，究係說無所說，則亦非波羅密矣。但如來說法熾然，何嘗緘默。既爲人說此波羅密法，是即名之爲第一波羅密耳。

須菩提，忍辱波羅密，如來說非忍辱波羅密。

佛以般若波羅密既不可以相求之，則諸波羅密皆不應有所取執也明矣。然諸波羅密中，惟忍辱爲最難，故呼須菩提而告之曰：忍辱波羅密，如來亦不以難行之故而生著相也。

何以故。須菩提，如我昔爲歌利王割截身體，

此如來以己昔行忍辱之行以證之也，言我所謂不著忍辱之相者何哉。如我昔日曾受歌利王割截身體，此爲人所難忍者也，而我能忍之。歌利，華言極惡。佛於宿世作仙人時，修忍辱行，山中宴坐，遇歌利王出遊。王時方憩息，醒而不見左右宮女，入山，見衆女圍繞仙人禮拜。王大怒曰：何以恣情觀我女

色。仙人曰：我不貪女色。王曰：云何見色不貪。仙人曰：持戒。王曰：何名持戒。仙人曰：忍辱即是。王乃用刀割仙人身，問曰：痛否。仙曰：不痛。王即節節支解之，問曰：還嗔恨否。仙曰：我尚非有，何有嗔恨。時四天王大怒，雨石以警之，王乃止。歌利王，即後之憍陳如，佛初成道時所度者也。我於爾時無我相、無人相、無衆生相、無壽者相。

言我爾時雖行此難行之事，然自我視之，如以湯沃雪，與心性無與，蓋緣胸中無四相之見存焉耳。

何以故。我於往昔節節支解時，若有我相、人相、衆生相、壽者相，應生嗔恨。

蓋我之所能忍辱者何哉。緣空無我相故耳。若於支解肢節時而心有我、人等相，則必不能忍受而生嗔恨矣。嗔，怒聲也。

須菩提，又念過去於五百世作忍辱仙人，於爾所世無我相、無人相、無衆生相、無壽者相。

佛又呼須菩提而告之曰：我念過去之世，於五百世前已曾作忍辱仙人，行忍辱行。我於彼時即無四相之見，以明修此苦行非止一世，寔欲勉人勿以難忍之行而遂生嗔恨，致令修不能成也。蓋六波羅密惟此爲難，此能順受，餘即易爲，佛故於此特言之。

是故，須菩提，菩薩應離一切相發阿耨多羅三藐三菩提心。

言以是故須菩提當知，菩薩之人其心應離一切色相而發此無上正等正覺之心者，庶與斯道方有相應分。

不應住色生心，不應住聲、香、味、觸、法生心，應生無所住心。若心有住，則爲非住。

言發此無上道心者，設遇六塵境界，皆不宜住心生執。然百物不思，心易昏沉，故應不住境緣，而心地仍要清明，斯爲要訣。若心忽緣外物，便非住心正軌，即爲非所住而住矣。

是故，佛説菩薩心不應住色布施。

是以佛説菩薩之心一切無住，雖行布施而不住色相，是爲行所無事，不自居功，亦不望報也。

須菩提，菩薩爲利益一切衆生，應如是布施。

須菩提，當知菩薩行施，雖不生取著，然普願衆生離苦得樂，使之獲益，乃合菩薩法式。但其心惟任自然，不假勉強，方爲如是行施耳。

如來説一切諸相，即是非相。又説一切衆生，即非衆生。

蓋自佛眼而觀，凡一切色相皆屬幻妄不寔，故云非相。及觀一切衆生與我同體，何分彼此，故云非衆生。蓋佛心平等，非若衆生之偏私自好，利欲薰心。此生、佛之所以異也。

須菩提，如來是真語者、實語者、如語者、不誑語者、不異語者。

須菩提，當知我説此經，汝等切勿疑議。佛戒妄語，的係誠言，故云真寔語，如寔而非欺誑之語。不異語者，如來説法始終如是也。佛語每多重復，緣人驟聞正論，信心爲難，故不惜申説再三，以誘掖奬勸之也。我佛大慈，能毋感發。

須菩提，如來所得法，此法無實無虚。

須菩提，我今爲汝等説此法，皆我所昔得。汝等不得以此法爲寔而生執著，亦不得以此法爲虚而怠行持。惟以如是之心而學如是之法，斯可矣。

須菩提，若菩薩心住於法而行布施，如人入暗，則無所見。

須菩提，菩薩之人固不應住相行施矣。然設云我此布施是爲如法，則爲住法行施而生法相，便如人處暗中，惟見黑暗，他無所見也。

若菩薩心不住法而行布施，如人有目，日光明照，見種種色。

種，上聲。

○若菩薩之心不住於法而行施者，則如有目之人，又有日光照耀，種種色相悉皆明了。此所以不應住相而行施也。

須菩提，當來之世，若有善男子、善女人能於此經受持讀誦，

佛屢言持經功德之勝以勵人，故呼須菩提曰：後來世中，若有善信男女能持誦此經者，其善根爲不淺矣。

則爲如來以佛智慧，悉知是人，悉見是人，皆得成就無量無邊功德。

言持誦此經之人，我以佛之智慧，盡能知見是人，或久或暫，必得成就無限量、無邊際之大功德焉。蓋遵信行持，功無虛棄，終至證果而後已，謂非大功德乎。

○持經功德分第十五

言持經功德之勝遠超於恒沙身命布施，況行之較易而收功甚鉅，人胡不自勉而坐失此勝方便哉。

須菩提，若有善男子、善女人，初日分以恒河沙等身布施，中日分復以恒河沙等身布施，後日分亦以恒河沙等身布施，

分，去聲。

○初日分，寅、卯、辰時也。中日分，巳、午、未時也。後日分，申、酉、戌時也。此如來更設喻以極顯持説之勝也。故呼須菩提曰：若有善信男女於此每日三時而皆以恒河沙等身命布施者，則視寶施功德不可以同年而語者矣。

如是無量百千萬億劫以身布施，

言是人每日三時而以恒河沙命布施，復經無量長劫，則所施身命不可計量而獲福亦

更無量矣。此固必無之事，即使有之，終屬有爲法，徒享世間頑福，與心性毫無交涉，故下文復顯持說之勝。

若復有人聞此經典，信心不逆，其福勝彼，

言彼命施者獲福固無量矣，然若有人而得聞此經，信心不疑，則雖未行持，而所得福德已超勝於彼矣。

何況書寫、受持、讀誦、爲人解說。

夫聞經生信，已勝身命布施，況復鈔寫、持誦又爲人解說者乎，則其獲福之多自不待言矣。

須菩提，以要言之，是經有不可思議、不可稱量、無邊功德。

要，平聲。

○要，約也。言約而言之，此經寔有不可以心思計議、不可以秤稱斗量，有如是之無邊功德焉。

如來爲發大乘者說，爲發最上乘者說。

然如來此經爲發心求大乘法者所說，爲求最上乘者而說，非爲下劣凡夫而說也。盖其根行淺薄，縱聞勝法，難發信心，所謂下士聞道大笑之，良可歎也。

若有人能受持、讀誦、廣爲人說，如來悉知是人、悉見是人，皆得成就不可量、不可稱、無有邊、不可思議功德。

若更有人能持誦此經，遍爲人解說而化導之，我皆知見是人必能成就難稱量、無邊際、不可思議之功德焉，盖極形其莫可比數也。

如是人等，則爲荷擔如來阿耨多羅三藐三菩提。

荷，去聲。

○荷，負也。言此持說之人，即爲負荷擔當如來無上正法者矣。

何以故。須菩提，若樂小法者，著我見、人見、衆生見、壽者見，則於此經不能聽受、讀誦、爲人解說。

所謂持説之人即爲能荷如來正法者，何哉。須菩提當知，若樂小乘法者，則於人、我等見成敵兩立，是則四相熾然，而於此甚深經典反生疑謗。既不能信受行持，自不堪爲人解説，良以己眼不明，遂至誤入岐途而失此勝妙功德耳。

須菩提，在在處處若有此經，一切世間天、人、阿修羅所應供養。

須菩提當知，若樂小法者，於此無上正法既不能行持獲益矣。設有大心衆生正信堅固，隨其所在之處，苟有此經，則經之所在，彼一切世間天、人以迄修羅皆應恭敬供養者矣。

當知此處，則爲是塔，皆應恭敬，作禮圍繞，以諸華香而散其處。

華即花字。

○言此經所在之處，雖非塔而即爲是塔，若天、人、修羅見於此處，便皆尊重恭敬，禮拜而圍繞之，且以名華異香布散其處，其爲尊異又何如耶。盖佛菩薩説法之處，常有天人散華其上，以示虔潔，故云。

金剛經易解卷上

金剛經易解卷下

○能淨業障分第十六

言持誦此經之人，雖宿世罪孽重大，由經力故，即能消滅而證道果，詎不重哉。

復次，須菩提，善男子、善女人受持讀誦此經，若爲人輕賤，是人先世罪業，應墮惡道，

此佛顯經能滅罪，愈見力用之大，故承上章之意，而復告須菩提曰：若善男女等能持誦此經者，宜爲天人欽敬矣，乃或反爲人輕賤者，何哉。良以是人先世曾作惡孽，應招惡果，倘非今世聞經生信，賴此持誦功德

作一大轉機，便應墮入地獄、餓鬼、畜生三惡道中，豈僅爲人輕賤而已哉。以今世人輕賤故，先世罪業則爲消滅，當得阿耨多羅三藐三菩提。

然是人以今世爲人輕賤之故，其前生所作罪孽，冥中即爲之消除滅盡，且不惟滅罪，又能得證無上覺法，則此經之功力豈淺鮮哉。

須菩提，我念過去無量阿僧祇劫，於然燈佛前，得值八百四千萬億那由他諸佛，悉皆供養承事，無空過者。

他音拖。

○阿僧祇，華言無量。那由他，華言一萬萬。佛又引己昔供佛功德，以證持經之勝，故呼須菩提曰：我記過去之世，經無量長劫，於本師然燈古佛已前，得遇無數諸佛，我皆供養奉事，斷無空過而不供奉者，其爲功德固亦多矣。

若復有人於後末世，能受持讀誦此經，所得功德於我所供養諸佛功德百分不及一，千萬億分、乃至算數、譬喻所不能及。

承上而言事佛之功德雖多，然若有人於末劫世信根愈薄、經道漸滅之時能持誦此經，則可期證悟，而所得功德，以我供養諸佛之功德視之，雖百千萬億分終不能及其一分，乃至無可比數之分數亦不能及其一分也。極言持誦功德之多，非他功德所能彷佛也。

須菩提，若善男子、善女人於後末世有受持讀誦此經，所得功德，我若具說者，或有人聞，心則狂亂，狐疑不信。

佛呼須菩提曰：我頃所言持經功德第略言之耳。若善男女等於末世時有能持誦此經者，其所得功德，我若如寔而言者，或人不明此中道理，驟聞斯語，其心必驚駭狂惑，反增迷亂而狐疑不信焉。所謂可爲知者道，難與俗人言也。狐疑者，狐性善疑，冬日渡河，行於氷上，但恐氷薄没水，先往河邊聽水無聲，往返數四，然後乃渡，故曰狐疑。

須菩提，當知是經義不可思議，果報亦不可思議。

佛既歷言此經之勝，因復呼須菩提曰：汝當知此經妙義無窮，非淺根智人所能測識。彼持誦者即得善果福報，若謗毀者必得惡果業報。其爲果報，皆不可以心思而計議者焉，可以慎諸。

○究竟無我分第十七

言大乘正法無得無説乃爲究竟，又豈有我、人等相而爲正法哉。

爾時，須菩提白佛言：世尊，善男子、善女人發阿耨多羅三藐三菩提心，云何應住，云何降伏其心。

是時，須菩提以在會聽法之人及後之求道者於佛説住心、降妄之法恐未盡明了，故復白佛曰：善男女等，若發求無上正等正覺之心者，其真心應如何住著。妄心起時，如何降伏。此乃一經之要，故不憚煩瑣，再申問答，欲使羣疑盡釋，無礙修途，而慈悲普度之心亦可見矣。

佛告須菩提，善男子、善女人發阿耨多羅三藐三菩提心者，當生如是心：我應滅度一切衆生，

此佛以志求大乘者須發大心，故告須菩提曰：善男女等發無上道心者，當生如是之心而度脱一切衆生，此即降住之法也。盖二乘之人惟求自度，悲心不普。志求大乘者，自雖未度，先須度人，是爲菩薩發心。

滅度一切衆生已，而無有一衆生寔滅度者。

言善男女等，雖已度脱一切衆生，則願非虚設，而其心乃不自居功，並不見有一衆生爲我滅度者，此爲如是生心。

何以故。須菩提，若菩薩有我相、人相、衆生相、壽者相，則非菩薩。

夫彼度生而不以衆生之爲我度者，何哉。

須菩提當知，若菩薩存一度生之念，則有我、人等四相，而即非大乘菩薩矣。

所以者何。須菩提，寔無有法發阿耨多羅三藐三菩提心者。

所謂菩薩度生而不執相者何哉。須菩提，當知此無上正法寔無有生法執而能發無上覺心者，蓋執相求道，終難成就也。

須菩提，於意云何，如來於然燈佛所，有法得阿耨多羅三藐三菩提不。

佛欲人諦信法無得心，故又引己事以質須菩提曰：於汝意中以爲何如耶，我昔於然燈佛所，曾爲有法以證得無上道否。

不也，世尊。如我解佛所説義，佛於然燈佛所，無有法得阿耨多羅三藐三菩提。

須菩提因佛問而知法由自悟，無法可使之然，故即以不也答之，而稱世尊曰：如我解悟佛所説意，我佛於然燈佛所寔無有法能得此無上覺法者，良由自悟耳。

佛言：如是，如是，須菩提，實無有法如來得阿耨多羅三藐三菩提。

佛以須菩提答辭深契其旨，故丞[一]是之而又呼之曰：我昔於本師處，雖云得法，亦乃得無所得，非有別法而爲得無上覺也。

須菩提，若有法如來得阿耨多羅三藐三菩提者，然燈佛則不與我授記：汝念來世，當得作佛，號釋迦牟尼。

授記者，授與預記，將來得果也。釋迦，華言能仁。牟尼，華言寂滅。寂滅爲體，即是如字，能仁爲用，即是來字。佛呼須菩提曰：我昔若有別法而能得無上覺者，我本師即不與我受記而云汝於來生當得成佛，號曰釋迦牟尼。蓋惟受記者，可見授受之間得無所得，非有秘傳也。若有絲毫作爲，決非大乘正法矣。

以實無有法得阿耨多羅三藐三菩提，是故然燈佛與我授記，作是言：汝於來世，當得作佛，號釋迦牟尼。

夫以我寔無别法而成無上覺之故，是以本師與我授記而言曰：汝於來世必當成佛，而號釋迦牟尼焉。

何以故。如來者，即諸法如義。

昔本師以我佛號爲釋迦牟尼者，何故哉。盖釋迦牟尼四字，義亦譒如來，而如來者，即諸法如如自然之意，人胡不顧名而思義哉。

若有人言如來得阿耨多羅三藐三菩提，須菩提，寔無有法佛得阿耨多羅三藐三菩提。

言人若以我承師授記，皆云得法，因言我真得無上覺法者，須菩提，當知我之所得不過自心明了，僅有得法之名，寔無得法之迹，是故名之爲得無上覺也。

須菩提，如來所得阿耨多羅三藐三菩提，於是中無寔無虚。

須菩提，當知我得無上覺法，於此中間非有寔迹而真爲有得，亦非虚語而絶無所得，盖此中道理，明者方知，言有言無，總成戯論。

是故，如來説一切法皆是佛法。須菩提，所言一切法者，即非一切法，是故名一切法。

是以如來爲汝等所説一切法語，雖無定向，然皆應機設施，引人入勝，則所説者無非佛法。須菩提，當知我之教人所言一切諸法，不過隨其根器而導之，雖一音異演，聞解各殊，寔無二致，非比一切凡外之法各有差殊，但以方便演説種種譬喻，是故名之爲一切法也。

須菩提，譬如人身長大。

此如來更示離相之意，故呼須菩提而詰之曰：假如我所説人身如須彌者，其身爲長大否耶。

須菩提言：世尊，如來説人身長大，則爲非大身，是名大身。

須菩提知佛問意，故稱世尊而言曰：我如來所説人身長大者，乃色身之大，終屬幻妄不寔，非若法身，常存不壞，故雖大而爲非大身。然色相宛然，是則名之爲大身耳。

須菩提，菩薩亦如是，若作是言我當滅度無量衆生，則不名菩薩。

佛以須菩提所言大身之意深契其旨，故呼須菩提而告之曰：菩薩之人雖志在度生，亦當如視大身之虚妄而不存度生之見。若作是言而云我當滅度無量衆生，則其心爲有生可度，便成執相，是則不得名爲菩薩矣。

何以故。須菩提，實無有法名爲菩薩。

所謂著相度生不名菩薩者，何哉。須菩提，當知菩薩之人雖有修證而不執法相，是則名之爲菩薩也。

是故，佛説一切法無我、無人、無衆生、無壽者。

是以我常爲汝等説一切佛法，皆應遣著而不存人、我等見，方爲正法。

須菩提，若菩薩作是言我當莊嚴佛土，是不名菩薩。

夫菩薩度生，既不應執相，則莊嚴亦不應著相也。須菩提，當知若菩薩而云我當莊嚴佛土者，是即不得名爲菩薩矣。蓋莊嚴淨土者，乃自淨其心，不生執相，斯爲莊嚴自心佛土。若著意莊嚴，與夫建立塔廟，種種裝飾，皆不得謂之莊嚴也。

何以故。如來説莊嚴佛土者，即非莊嚴，是名莊嚴。

所謂著相嚴之非者何哉。蓋我所説莊嚴佛土者，但有莊嚴之名，不存莊嚴之迹，是即名之爲莊嚴也。

須菩提，若菩薩通達無我法者，如來説名真是菩薩。

須菩提當知，度生爲利他，莊嚴爲自利。菩薩之人，既能自他俱利，而不執相矣。然大患莫若於有身。世間衆生，皆因心存我見，遂生出種種妄執，不能脱離，是有我累之也。若菩薩能遣著我執，人我一如，即爲通達無我法者。我説是人可名之爲真菩薩矣。蓋求道之人要人欲淨盡，斯天理流行，若有絲毫罣礙，即難期開悟矣。有心斯道者，先須無我。

○一體同觀分第十八

言如來大慈等觀一切，不存私己之心，不作輕人之見，至公無私，故得證窮法界。

須菩提，於意云何，如來有肉眼不。

如來所證五眼六通，逈超儕輩，雖菩薩亦不能究其極，而其所以然者，第以平等心而行普度行耳。故呼須菩提而詰之曰：汝意以爲何如耶。如來色身有肉眼否。

如是，世尊，如來有肉眼。

須菩提以如來色身現在，故即是之而云如來有肉眼，但如來肉眼雖若無異於人，寔不異而異耳。

須菩提，於意云何，如來有天眼不。如是，世尊，如來有天眼。

佛復問須菩提而言：如來有天眼否。須菩提以佛五眼具足，故以有天眼答之。

須菩提，於意云何，如來有慧眼不。如是，世尊，如來有慧眼。須菩提，於意云何，如來有法眼不。如是，世尊，如來有法眼。須菩提，於意云何，如來有佛眼不。如是，世尊，如來有佛眼。

歷問諸眼，須菩提皆答無異辭，就所見而言耳。若佛五眼觀照之境，則非須菩提所能知矣。《華嚴經》云：五眼者，肉眼見一切色，天眼見一切衆生心，慧眼見衆生諸根境界，法眼見一切法相寔相，佛眼見如來十力。又古德偈云：天眼通非礙，肉眼礙非通，慧眼惟觀俗，法眼了知空，佛眼如千日，照異體還同。此之五眼，通該十界而優劣有殊，若如來五眼，則皆佛眼也。

須菩提，於意云何，如恒河中所有沙，佛說是沙不。如是，世尊，如來說是沙。

佛欲設喻衆生妄心之多，故先以恒沙詰

須菩提曰：如恒河中所有之沙，佛亦云是沙否。須菩提以沙見無異，故即是之而云如來説是沙。

須菩提，於意云何，如一恒河中所有沙，有如是沙等恒河，是諸恒河所有沙數佛世界，如是寧爲多不。

此佛以世界喻妄心之多也。故呼須菩提而詰之曰：汝意以爲一恒河中所有之沙數，一沙復作一恒河，設佛世界如衆恒河沙數之多，亦曾爲多否。

甚多，世尊。

須菩提以恒沙世界且多不可量，況衆恒河沙之佛世界乎，故以甚多答之。

佛告須菩提，爾所國土中所有衆生，若干種心，如來悉知。

佛以須菩提既答世界甚多之語，故復告之曰：爾知佛世界如衆恒沙之爲多矣，抑知爾國土中衆生之妄心更爲多否。夫一人之妄心既爾，衆人之妄心無窮，尤爲不可數計。但彼等雖具若干種心，我以佛眼觀之，悉皆知見。盖衆心雖多，無非妄耳。

何以故。如來説諸心，皆爲非心，是名爲心。

所謂衆生諸心我能悉知者何哉。盖我説彼等諸心無非私妄，皆不得爲真如之心。然真妄皆出於一心，是亦名之爲心耳。

所以者何。須菩提，過去心不可得，現在心不可得，未來心不得。

夫我所謂衆心非心者何哉。須菩提，當知真妄雖殊，總不出過去、現在、未來三種心量。然過去心已過隨滅，現在心念念遷謝，未來心尚屬未至，當從何處覓心耶。奈衆生不知此理，隨逐妄念，變幻流轉，以故心念之多無有窮極，是爲生滅法。若任念起，心不隨之，則念而無念，無念而念，縱有三心萬念不能爲礙矣。思之。

○法界通化分第十九

言佛心平等，遍法界中無不流通度化。若以寶施福德而入無相之心，則三輪體空，此法界之所以通化也。

須菩提，於意云何，若有人滿三千大千世界七寶以用布施，是人以是因緣得福多不。

此佛又舉寶施獲福，轉眼成空，且與心性總無交涉，欲勉人人修途也。故呼須菩提而詰之曰：汝意以爲何如耶，若人滿大千世界七寶而爲施者，是人以寶施因緣，其得福曾爲多否。

如是，世尊，此人以是因緣得福甚多。

須菩提以世間福報計之，則此人以寶施之多，其得福固應無量矣，故以甚多答之。

須菩提，若福德有寔，如來不說得福德多。

佛以寶施獲福雖多，於心性毫無關涉，故呼須菩提曰：此寶施福德，終成幻妄。若於心性寔有所濟，則如來不謂之得福多矣。盖寶施之福僅得世間福報耳，修行人所不取。

以福德無故，如來說得福德多。

緣以寶施福德於心地工夫毫無寔濟，是以如來僅謂之得福多也。然福報雖多，終有窮竭，則區區享受又何足云。佛盖勉以勤修出世功德，毋徒種世間福德也。

○離色離相分第二十

言人欲見佛時，須離色相求之。若見自性如來，方爲真見，不當於色相而求真佛也。

須菩提，於意云何，佛可以具足色身見不。

佛恐人昧於自心即佛、自心是佛之語而於色相上覓佛，故呼須菩提而詰之曰：於汝意中以爲何如耶，人若欲見佛，可僅於其足諸相之色身而見之否。

不也，世尊，如來不應以具足色身見。

須菩提聞佛問辭，而知色身覓佛非法身

真佛，故以不也答之，而言欲見如來，不當僅以具足色身而見之也。

何以故。如來説具足色身，即非具足色身，是名具足色身。

所謂不可以色身見佛者何哉。蓋如來所云具足色身，即非可僅以色身而云見佛也，别有法身存焉。但今色相宛然，是亦名之爲具足色身而已。

須菩提，於意云何，如來可以具足諸相見不。

佛又恐人以見佛相好，即云見佛，故又呼須菩提而詰之曰：於汝意以爲何如耶，如來色身有三十二相，八十隨形，具足諸相，見此相者，名見佛否。

不也，世尊，如來不應以具足諸相見。

須菩提以見佛相好不名真見，故仍以不也答之而言：欲見如來，不當僅以具足諸相見之也。

何以故。如來説諸相具足，即非具足，是名諸相具足。

夫不可以諸相見佛者何哉。誠以如來所説諸相具足者，係色身佛，非法相之具足也。然身相具在，是亦名之爲諸相具足而已。此言欲見佛者，不當向外馳求，須尋自己法身真佛，方名真見。若但見佛相好，於己無益。

○非説所説分第二十一

言如來説法，説而無説，總無定法與人。聞之者不當僅記言説，自無心解以塞悟門也。

須菩提，汝勿謂如來作是念我當有所説法。莫作是念。

佛恐人僅記佛語，不事參求，如聖門學者多以言語觀聖人，故呼須菩提而告之曰：我常向汝等説法，乃欲汝等解悟也。若既解悟，法亦應捨。汝慎勿謂如來曾作是念而云，我今當以何等法語説與汝等，使汝等服膺弗失。我初寔無此念，汝等切勿作此見解。蓋法因人設，但隨地解説，非有一定成規而爲説法也。何以故。若人言如來有所説法，即爲謗佛，不能解我所説故。

所謂汝莫作如來説法之念者，何哉。蓋人若言如來有何定法説與人者，此人便爲謗佛，以其未能解我所説法之故也。

須菩提，説法者，無法可説，是名説法。

須菩提，當知説法者初無定法可説，不過隨在去其粘著，是即名之爲説法耳。又佛説法四十九年，未曾道著一字，隨説隨掃，不落寔迹，是謂説無可説。

爾時，慧命須菩提白佛言：

是時，須菩提聞佛説此經，去其疑滯，解證甚深，上堪紹佛心宗，續佛智慧，下能開示衆生，頓超生死，故稱慧命。又道法集於厥躬，寔衆生之慧命也。

世尊，頗有衆生於未來世聞説是法，生信心不。

須菩提以自發信解，得聞妙法，故稱世尊而言：頗能有衆生，於未來之世，去佛漸遠，而得聞此法，能生信受之心否。蓋逆知後來衆生鮮能發正信之心也。

佛言：須菩提，彼非衆生，非不衆生。

佛因須菩提之問而言：未來衆生驟聞此法，固未必盡能信受。然必有大心衆生忽聞正法，便發信心，勤修解證。但此衆生者，寔非等閒之人，然現處衆生之中，則又不得謂之非衆生也。

何以故。須菩提，衆生衆生者，如來説非衆生，是名衆生。

所謂衆生非不衆生者何哉。蓋稱彼信心衆生爲衆生者，寔則我説此人爲非衆生矣。蓋其既發信心，自能修行證果，但現未離儕類，是亦名之爲衆生耳。

〇無法可得分第二十二

言學佛者，雖有得法之名，寔無得法之迹，

盖法無可説，則亦得無所得也。

須菩提白佛言：世尊，佛得阿耨多羅三藐三菩提，爲無所得耶。

須菩提既悟無得無説之旨而復設此問者，恐在會及後之聞者尚滋疑議，故白佛而稱世尊云：我佛在本師處所得無上正等正覺之法，寔爲得，無所得耶。

佛言：如是，如是，須菩提，我於阿耨多羅三藐三菩提，乃至無有少法可得，是名阿耨多羅三藐三菩提。

佛以須菩提問意深合無得無説之旨，故亟是之而又呼之曰：我昔於此無上正法，乃至毫髮之間，并不存有所得心，亦無所得之迹，但寔有所證，是特名之爲無上正法耳。

○淨心行善分第二十三

言菩提正法一切平等，不生分别，自得證悟，是以清淨心而行善也。

復次，須菩提，是法平等，無有高下，是名阿耨多羅三藐三菩提。

此佛承上章而告須菩提曰：此菩提正法一切平等，並無高下，依此而修，是即名之爲無上正覺之法矣。

以無我、無人、無衆生、無壽者，修一切善法，則得阿耨多羅三藐三菩提。

所謂是法平等者，以不存人、我等見，不生分别，如是而勤修一切大乘正善之法，即得無上正等正覺之法矣。

須菩提，所言善法者，如來説即非善法，是名善法。

佛以頃言修諸善法之語，又恐人心存取捨之見，故呼須菩提曰：所謂善法者，如來非教人以善法而執持不捨之謂。蓋雖奉行衆善，而其心若行所無事，是則可名爲修善法者矣。佛所説法都無所著，往往如是，學者能體此意以修，則庶乎幾矣。

○福智無比分第二十四

言受持此經者，其福德智慧無可比論也。蓋行持精進，終至證果，永享法樂，其福智詎有涯哉。

須菩提，若三千大千世界中所有諸須彌山王，如是等七寶聚，有人持用布施，

一小世界有一須彌，大千世界則有百萬須彌矣。須彌爲衆山之長，故稱山王。佛呼須菩提曰：若大千世界中所有諸須彌山，以七寶堆積，亦若如是之多，設若有人以此而持用布施，則其福德應無量矣。

若人以此《般若波羅密經》，乃至四句偈等，受持讀誦，爲他人説，於前福德百分不及一，百千萬億分，乃至算數、譬喻所不能及。

言寶施之福固無量矣。然若有人持誦此經，雖至僅持四句偈而復爲人解説者，視彼寶施福德，縱百千萬分以至無可數説之分，終不能及此持説之一分也。寶施福德不及持説，佛屢言者，良以鈍根衆生信心難發，我佛大慈，故不惜叮嚀數四以啓發之，普度之心益滋切矣。

○化無所化分第二十五

言如來雖化度羣生而不見有生之可度，是無我、人等相也，故云化無所化。

須菩提，於意云何，汝等勿謂如來作是念我當度衆生。須菩提，莫作是念。

佛又恐人以如來願存普度，遂疑爲有意之爲，故呼須菩提曰：於汝意以爲何如耶。汝等慎毋謂如來隨類度生，即心存是念而云我當度盡衆生。須菩提，當知如來度生，不見有生爲我所度，汝切莫作是念而云如來有意度生也。

何以故。寔無有衆生如來度者。若有衆生如來度者，如來則有我、人、衆生、壽者。

所謂汝莫作是念者何故哉。蓋如來說法度生，亦惟令自修自度而我不與焉，是則非寔有衆生爲如來度者。若見有生爲如來所度，則既見有生，即見有我，我、人、生、壽四相宛然。既有四相，則亦不得謂之如來矣。須菩提，如來說有我者，則非有我，而凡夫之人以爲有我。

佛以頌說如來無我之見，恐人疑佛說法時亦有爾我之稱，故呼須菩提曰：如來常時爲汝等說法所稱有我者，係泛指人我之辭，非確有我見也，乃凡夫不悟，遂爲寔有真我。我見既生，則人等諸相熾然俱生，因而真性日漓，去道愈遠，我見害之也。須菩提，凡夫者，如來說則非凡夫。

須菩提，當知彼凡夫者在如來等觀一切，亦不以凡夫視之，況能回心向道，則初發心時便成正覺，尚得以凡夫目之哉。

○法身非相分第二十六

言法身乃非相之相，迥出有無，非若色身可執相而求。若以色相覓佛，則失之矣。須菩提，於意云何，可以三十二相觀如來不。

佛呼須菩提而詰之曰：人可即以三十二相好而觀如來否。佛前已設此問，今復申問者，恐人疑心未盡，欲因須菩提之答以釋群疑也。須菩提言：如是，如是，以三十二相觀如來。

須菩提以佛先問色相見佛之語，曾答以不可以三十二相見如來矣。然如來色相現在，彼欲瞻仰金容者，未嘗不即此而觀之。揆其答意，特謂觀望之觀，非謂觀心覓佛之觀也，故云：如是，如是，以三十二相觀如來。佛言：須菩提，若以三十二相觀如來者，轉輪聖王則是如來。

須菩提答意佛固知之，但恐人仍著相求佛而不覓法身，亦復何益，故又折之曰：

若以相好觀如來者，則輪王所修福德亦具三十二相，即可謂之如來矣。轉輪王，掌管四天下者。

須菩提白佛言：世尊，如我解佛所説義，不應以三十二相觀如來。

須菩提領解佛旨，故稱世尊而言：如我解佛頃所説義，自不當以三十二相而觀如來矣。

爾時世尊，而説偈言：

若以色見我　以音聲求我
是人行邪道　不能見如來

是時，世尊以須菩提既答離相觀佛之語，乃繫以偈辭，引申其説曰：若人於睹色聞聲中欲求見我者，則爲邪見而行邪道矣，尚得見如來哉。蓋色、聲覓佛，愈覓愈離，故《中庸》亦以聲臭俱無爲至也。但聲臭俱無時，是何景象，有識之者否。

○無斷無滅分第二十七

言佛以此經一往破相，恐成斷滅，故於此揭明并不離相，以見真空不空，非竟斷滅也。

須菩提，汝若作是念，如來不以具足相故得阿耨多羅三藐三菩提，

佛以此經一往破相，而前分又折須菩提相好觀佛之語，特恐人不悟其旨，即落空亡而成斷滅，故於此呼須菩提而告之曰：汝勿以我説離相之故，遂成斷滅之見，便謂如來并不以具足相而得無上正等正覺之法也。惟當一切不著，一切不離，方爲中道。嘗見別本，有將如來不以具足相故兩句中不字删去者，蓋謂此經以破相爲宗，不當於此又説有相，自相拂戾。不知如來説法不偏不倚，不落有無，亦不廢有無，方成圓義，若將此處不字删去，則全經但説空義，無不空義，便墮偏枯，且與下文不説斷滅相語不相呼應。故此一字，

寔全經之關鍵，可妄删乎。附辨於此，明者自知。

須菩提，莫作是念，如來不以具足相故得阿耨多羅三藐三菩提。

此重言之辭也，故呼須菩提而云：汝切莫作是念，謂如來不以具足相而遂成正覺也。

須菩提，汝若作是念發阿耨多羅三藐三菩提心者，説諸法斷滅。莫作是念。

佛又呼須菩提曰：汝若作此念，則發無上正等正覺之心者，便説一切諸法悉皆斷滅者矣。汝慎莫作是念，又叮嚀之也。

何以故。發阿耨多羅三藐三菩提心者，於法不説斷滅相。

所以教汝莫作此念而成斷見者何哉。蓋發此無上正等正覺之心者，於菩提正法决不説有斷滅之相。若法有斷滅，又何云無上正法哉。

○不受不貪分第二十八

言菩薩雖修衆善而不存欲受福德之心，惟不貪故功德轉勝也。

須菩提，若菩薩以滿恒河沙等世界七寶，持用布施，

佛呼須菩提曰：若有菩薩以恒沙世界之七寶持作布施，其所得福固應多矣。以喻無相求道，功德無比也。

若復有人知一切法無我，得成於忍，此菩薩勝前菩薩所得功德。

若有他菩薩知一切法從因緣生，緣生無性，無性故無我，無我則諸相都無所著，如是而修，必成正覺。原其所以得成者，其得力處全在一忍字上下手。蓋一切無諍，則貪私易去，私去則明，明則覺生而至於道矣。是此菩薩所修見性功德，不遠勝於前菩薩所得寶施之功德哉。此曉人以毋貪有漏福報而

不修見性功德也。

何以故。須菩提，以諸菩薩不受福德故。

所謂性修功德勝寶施者何哉。須菩提，當知緣此諸菩薩所修持曾無貪受福德之心，故勝於彼也。

須菩提白佛言：世尊，云何菩薩不受福德。

須菩提聞佛不受福德之語，便疑爲拒而不受之意，故白佛而稱世尊曰：菩薩修爲，何故不受福德耶。

須菩提，菩薩所作福德，不應貪著，是故説不受福德。

佛以須菩提誤會不受福德之意，故呼而告之曰：菩薩所作福德非必拒而不受，但不應心生貪著，是故説不受福德也。然惟不生貪著，而受福愈多矣。

○威儀寂靜分第二十九

言佛法身清淨，寂滅無爲，無有去來坐臥之相，不當於此而覓如來也。

須菩提，若有人言如來若來若去、若坐若臥，是人不解我所説義。

此佛重言法身非相以結之也。故呼須菩提曰：若有人言如來不可以色相見者，何今來、去、坐、臥四威儀中睹佛身相，非即如來在是哉。然此特色身佛，非法身佛也。但睹此相，不求見性，於己何益。我謂是人終不解我前所説無相之義也。

何以故。如來者，無所從來，亦無所去，故名如來。

所謂是人不解我説之義者何哉。蓋如來者，寔無來去之相，如如而住，故名如來。曷不顧名思義而求正見，乃欲於色相求之，其可哉。

○一合理相分第三十

言世界之大，亦屬衆塵和合而成幻妄不

寔，故云塵世。乃凡夫不了，以爲真寔，是不知一合相之義耳。

須菩提，若善男子、善女人，以三千大千世界碎爲微塵，於意云何，是微塵衆甯爲多不。

佛謂世界、微塵均屬幻妄，恐人以塵界宛然，遂爲真寔，故呼須菩提而詰之曰：今之世界皆衆塵和合而成，若有善男女等，以三千大千世界析爲微塵，汝意以爲此微塵之數曾爲多否。言執相而求，則塵多無數。蓋以微塵喻妄念之多也，人若生心著妄，則妄念愈多。若任其起滅而心不隨之，則妄念雖多，亦不能爲我害矣。

須菩提言：甚多，世尊。

須菩提知佛問意，謂若以世界微塵而論，則不勝其多，故以甚多答之。

何以故。若是微塵衆實有者，佛則不説是微塵衆。

所謂塵多者何哉。盖衆塵幻妄生滅無常，若以衆塵之多而計其寔有者，佛則不説爲微塵衆多矣。盖衆塵雖多，與我無與也。

所以者何。佛説微塵衆，則非微塵衆，是名微塵衆。

所謂塵非寔有者何哉。盖佛説微塵衆多者，并不著有微塵衆多之相，但塵相宛然，是亦名爲微塵衆多而已。

世尊，如來所説三千大千世界，則非世界，是名世界。

須菩提因論微塵之幻妄，并推言世界之非真，故稱世尊而言：所謂幻妄不寔者，不獨微塵之小爲然也。即世界之大，亦是積塵所成，不可便認爲真寔不壞。但今世界宛然，是亦名之爲世界而已。盖惟真性乃歷劫常存，其他有形之物終有壞時，故云非寔。乃世人不知，率皆認幻成真，遂成倒見。

何以故。若世界實有者，則是一合相。如來説一合相，則非一合相，是名一合相。

所謂世界非真者何哉。若以世界爲寔有者，不知其爲衆塵和合而成，即是一和合之相也。故如來說此一合相，亦不存一合相之見，但既有此相，即亦名之爲一合相而已。

須菩提，一合相者，則是不可說，但凡夫之人貪著其事。

佛以須菩提所答深得無相之旨，故復呼而告之曰：所謂一合相者，不惟不當見爲真寔，并不容有言說。但世之凡夫不明此理，遂以塵界爲寔有而心生取著，以致種種塵勞紛然並起，儼如塵霧障天而失其清明，但得心不附物，則物不礙人，而清光又大來矣。

○知見不生分三十一

言修行人當淨除一切知見，乃至正法，亦不應生心取著，是爲知見不生。

須菩提，若人言佛說我見、人見、衆生見、壽者見，須菩提，於意云何，是人解我所說義不。

此佛申言離相之說以結經也。蓋相粗而見細，故稱見焉。佛呼須菩提曰：若有人言，佛爲汝等說法，每稱爲我、人、生、壽四者之見，但四見之宜去取，是人恐未能知。須菩提，汝意謂云何，是人果能解我所說四見之義否。蓋欲因須菩提之答而證之也。

不也，世尊，是人不解如來所說義。

須菩提知佛問意，故即以不也答之，而復稱世尊曰：我識是人寔不解如來所說四見之義也。

何以故。世尊說我見、人見、衆生見、壽者見，即非我見、人見、衆生見、壽者見，是名我見、人見、衆生見、壽者見。

所謂是人不解佛說之義者何哉。蓋世尊所說我、人、生、壽之見者，謂是見應捨而不應執，是則名爲我、人、生、壽之見耳。

須菩提，發阿耨多羅三藐三菩提心者，於一切法，應如是知，如是見，如是信解，不生法相。

佛以須菩提所答深合問意，故又呼之曰：所謂是見非見者，不惟四見應離，即發無上覺心者，雖云求道，而於一切正法但當如是而知，如是而見，如是而信心解悟，不生分別於其間，并不生執法之心而成法相焉。如是解見前。

須菩提，所言法相者，如來説即非法相，是名法相。

須菩提當知，所謂法相者，以不應取執，生㊂相便非法相，若生取執，是名法相矣。

○應化非真分三十二

言佛之出世，乃應以化度衆生而來，然特於夢幻人世教修如幻法門，勿認以爲真寔事也。

須菩提，若有人以滿無量阿僧祇世界七寶持用布施，

經中寶施不及持説之語，言之稔矣。然佛終恐人貪求福報，蔑視修持，故於此特再言之，以結全經，其叮嚀之意深矣。佛呼須菩提曰：設若有人以布滿無量無數世界之七寶持用布施者，所施之多又遠勝於大千矣。其所獲福亦應多甚，然寶施之福雖多，終有窮極。

若有善男子、善女人，發菩提心者，持於此經，乃至四句偈等，受持讀誦，爲人演説，其福勝彼。

言彼寶施福德固爲多矣。若有善男女等發無上覺心而受持此經，乃至僅持四句偈等，既自行持，又爲人演説經義，則其福德已超勝於彼寶施者矣。演説視解説爲尤細。

云何爲人演説。不取於相，如如不動。

所以爲人演説經義者，果何如哉。惟當一切不著，不涉名相，而真性圓明，常自如如，湛然不動，無有去來生滅之相。如是而説，即爲善於演説，庶使聞者皆獲益焉。

何以故。

一切有爲法　如夢幻泡影

如露亦如電　應作如是觀

所謂説法不取相者，何哉。盖涉於名相，是世間法，非出世法。世間爲有爲法，斯有爲法是假非真，如夢境之空，如幻變之妄，如水中泡旋起旋滅，如鏡中影忽有忽無，如曉露之易乾，如電光之倏滅。此有爲法如此六事，如是而觀，方爲正觀。若他觀者，名爲邪觀，學者尚其審之。

佛説是經已，長老須菩提，及諸比丘、比丘尼，優婆塞、優婆夷，一切世間天、人、阿修羅，聞佛所説，皆大歡喜，信受奉行。

佛説此經已畢，斯時在會之長老須菩提，及出家僧尼，在家居士爲優婆塞，婦女爲優婆夷，并一切世間之天、人、修羅等，聞説此經，悉皆證悟，乃大歡喜，而信心虔受，遵奉行持焉。夫當時之聞經者，既各獲益以去矣。所願盡未來際，若聞若見，共證菩提，是所深願。

金剛經易解卷下終

校勘記

〔一〕「丞」，疑爲「亟」。

〔二〕「生」，疑爲「法」。

（李勁整理）